JN410680

譯註 思政殿訓義

資治通鑑綱目 22

陳 宣帝 太建 4년 ~ 隋 文帝 開皇 10년

編著 朱熹

訓義 思政殿(朝鮮 世宗)

책임번역 李忠九

공동번역 金奎璇 朴勝珠 李承容

李承俊 李孝宰 黃鳳德

전통문화연구회

飜譯委員

企劃編輯	東洋古典飜譯編輯委員會
飜譯硏究管理	南賢熙
編　　著	朱　熹
訓　　義	思政殿(朝鮮 世宗)
責任飜譯	李忠九
共同飜譯	金奎璇 朴勝珠 李承容 李承俊 李孝宰 黃鳳德
潤　　文	朴勝珠
校　　訂	李孝宰
出　　版	白俊哲
裝　　幀	김진디자인

圖書管理

事業管理	白漢基
企劃管理	金康潤
弘報管理	李和春
普　　及	徐源英
古典情報化	安成守

思政殿訓義 資治通鑑綱目을 발간하며

본회가 東洋古典의 飜譯과 敎育, 情報化 등 古典現代化 사업을 시작한 지 어느덧 25년이 지났다. 그간 많은 어려움이 있었으나 1988년 본회가 발족한 뒤 동양고전 번역사업에 착수하여 四書三經을 註까지 懸吐完譯함으로써 東洋學과 韓國學 전공자들의 필독서가 되어 敎育界와 文化界까지 많은 영향을 주었다.

본회에서는 四書三經, 十三經 등 儒家의 핵심 경전을 번역하는 동시에 동양고전의 한 축인 歷史 고전에도 눈을 돌려 ≪通鑑節要≫, ≪國語≫, ≪戰國策≫뿐만 아니라, 동양 역사 철학의 진수가 담긴 ≪春秋左氏傳≫을 완역함으로써 東洋學과 韓國學 연구에 礎石과 架橋를 마련하였다. 이러한 성과를 바탕으로 經史一體의 모범인 ≪資治通鑑綱目≫ 완역을 기획하여 번역에 착수하였다.

'經史一體'란 經典과 歷史가 하나라는 동양의 독특한 관념인데, 이는 기록을 통해 인물과 사건을 도덕적으로 평가하는 풍토를 낳았다. 이러한 기록문화의 중시는 다른 문화권에서는 엄두도 못 낼 막대한 역사 기록을 남기게 하는 배경이 되었다. 굳이 중국 역사서를 언급할 것 없이 ≪朝鮮王朝實錄≫, ≪承政院日記≫, ≪日省錄≫ 같은 방대한 우리의 역사문헌은 이를 잘 보여준다. 이러한 우리 선조들의 역사 서술에 큰 영향을 미친 책이 바로 朱熹의 ≪資治通鑑綱目≫이다.

≪資治通鑑綱目≫은 조선시대 經筵에서 가장 많이 읽은 역사서이자 우리나라 역사 서술에 가장 큰 영향을 미쳤다는 점에서 현재 韓國學 硏究에 필수적인 동양 역사 고전이라 할 수 있다. 비록 중국의 역사서이지만, 우리 先學들이 중국의 性理學을 독자적으로 계승 발전시킨 것처럼 ≪資治通鑑綱目≫ 역시 우리의 입장에서 보다 정밀하고 종합적으로 읽고자 하였다. 그 결실이 바로 世宗朝 때 간행된 思政殿訓義本 ≪資治通鑑綱目≫이다.

동양의 대표적 역사서는 紀傳體의 ≪史記≫, 編年體의 ≪資治通鑑≫, 綱目體의 ≪資治通鑑綱目≫으로 대변된다. 北宋 때의 司馬光은 帝王이 여가에 친람하여 정치에 도움이 되게 할 목적으로 ≪資治通鑑≫을 편찬하였고, 朱熹는 ≪資治通鑑≫을 바탕으로 이를 압축적으로 정리하여 보다 읽기 쉽게 하면서 유교적 褒貶을 엄정히 내렸다는 점에서, 이 책들은 제왕의 정치교과서 역할을 하였다. 이런 ≪資治通鑑≫과 ≪資治通鑑綱目≫에 대해 조선조 문화군주였던 세종의 주도하에 연구가 진행되었으며, 그 결과물이 바로 思政殿訓義本 ≪資治通鑑≫과 ≪資治通鑑綱目≫이다.

思政殿은 景福宮의 便殿으로, 세종이 이곳에서 당대 뛰어난 문신들을 참여시켜 ≪資治通鑑≫과 ≪資治通鑑綱目≫에 대한 訓義의 편찬을 주도하였다. 訓義는 의미를 해석한다는 뜻으로, 思政殿訓義는 기존 중국에서 이루어진 ≪資治通鑑≫과 ≪資治通鑑綱目≫의 주석을 集大成하고 군주와 신하들이 읽기 쉽도록 우리만의 주석서를 만든 것이다. 중국 이외 나라에서 ≪資治通鑑≫과 ≪資治通鑑綱目≫ 전체에 주석을 단 것은 조선이 처음일 것이다.

현재까지도 ≪資治通鑑≫과 ≪資治通鑑綱目≫을 원전으로 읽기 위해서는 중국의 연구 성과에 의지하여야 했다. 비록 ≪資治通鑑≫은 중국, 일본, 한국에서 번역되었으나 주석까지 완역되지 못하였고, ≪資治通鑑綱目≫도 중국에서 본문만 번역된 상황이다. 이번 우리나라의 독자적인 주석서인 思政殿訓義本 ≪資治通鑑綱目≫의 완역을 통해 기존에 잊혔던 세종 시기의 ≪資治通鑑綱目≫에 대한 연구 성과를 알리는 동시에, 이를 동양학과 한국학 연구에 활용할 수 있는 기반을 마련하고자 한다. 아울러 이를 통해 古典現代化의 水準을 높이고 融合的이고 自生的인 학문연구가 이루어질 수 있기를 바라는 바이다.

끝으로 이번 思政殿訓義本 ≪資治通鑑綱目≫의 번역에 참여하여 헌신하시는 모든 분들께 무한한 감사를 드린다. 또한 고전현대화에 대한 政府의 지대한 關心과 支援에 감사를 드리며, 그간 직간접으로 지도편달하여 주신 학계와 교육계 및 문화계 인사 여러분께 심심한 謝意를 표하며, 앞으로도 따뜻한 관심과 엄정한 叱正을 부탁드리며 내내 평강과 행복을 기원한다.

社團法人 傳統文化硏究會 理事長 李啓晃

凡 例

1. 본서는 南宋 때 朱熹가 編著하고, 朝鮮 世宗 때 思政殿에서 訓義한 ≪資治通鑑綱目≫을 번역한 것으로 ≪譯註 思政殿訓義 資治通鑑綱目≫ 제22책이다.
2. 본서의 底本은 서울대학교 규장각 소장본(奎7500, 藍書 口訣)이며, 규장각(奎7512, 朱書 口訣)과 국립중앙도서관(한古朝50-5, 墨書 口訣) 소장본을 참조하였다. 이들은 모두 木版本으로, 大字(綱)는 晉陽大君(世祖)이 써서 鑄造한 丙辰字, 中小字(目, 訓義 등)는 甲寅字로 되어 있다.

   이 밖에도 嚴文儒와 顧宏義가 校點한 ≪資治通鑑綱目≫(≪朱子全書≫ 8~11, 上海古籍出版社・安徽教育出版社, 2002), 文淵閣四庫全書 ≪御批資治通鑑綱目≫, 朝鮮 世宗 때 간행된 思政殿訓義 ≪資治通鑑≫(국립중앙도서관 일산古221-43), 標點資治通鑑小組에서 標點한 ≪資治通鑑≫(中華書局, 1992(제5판)) 등을 참고하였다.
3. 綱과 目의 원문에는 규장각(奎7500, 奎7512)과 국립중앙도서관(한古朝50-5)의 口訣本을 참조하여 懸吐하였고, 訓義는 한국에서 재래로 사용해오던 표점방식을 보완하여 文理의 이해를 돕는 수준에서 간략히 標點하였다.
4. '綱'과 '目'을 구분하기 위해 각각 번역문 앞에 【綱】과 【目】을 표기하였다. 目은 내용이 길 경우 의미 단락별로 分節하였다. 訓義는 저본에 위치하는 곳에 따라 해당 원문에 ①, ②, ③ 등으로 표기하고 綱이나 目 아래에 번역문과 원문을 배치하였다.

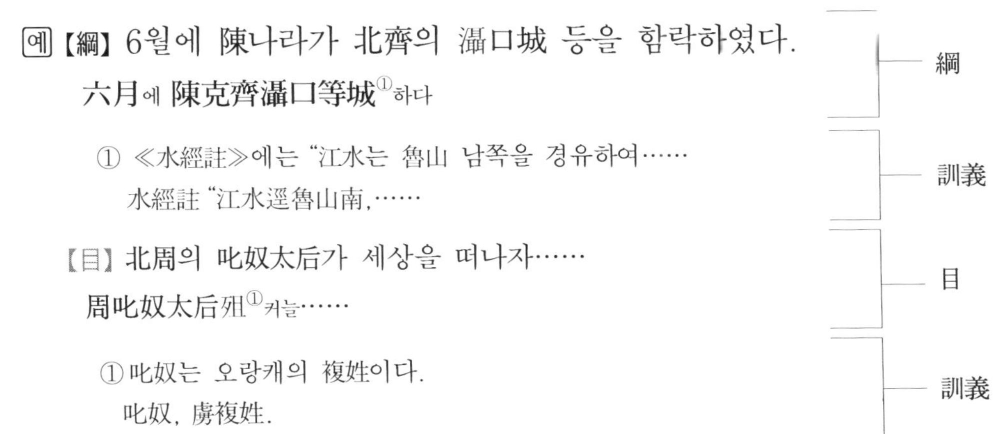
예 【綱】 6월에 陳나라가 北齊의 濡口城 등을 함락하였다.
六月에 陳克齊濡口等城①하다

① ≪水經註≫에는 "江水는 魯山 남쪽을 경유하여……
水經註 "江水逕魯山南,……

【目】 北周의 叱奴太后가 세상을 떠나자……
周叱奴太后殂①커늘……

① 叱奴는 오랑캐의 複姓이다.
叱奴, 虜複姓.

5. 번역문은 한글과 한자를 혼용하였으며, 맞춤법과 띄어쓰기는 한글 맞춤법과 표준어 규정을 따랐다.
6. 원문이나 번역문의 한자 중에 僻字나 讀音이 특수한 글자는 한글로 音을 달아주었다.
7. 譯註는 校勘, 人物, 制度, 官職, 역사적 사건, 인용문의 出典, 異說, 故事, 전문용어, 難解語 등에 관한 사항을 밝혔다.
8. 校勘은 원문의 誤字, 脫字, 衍文, 倒文 등을 대상으로 하였다.
9. 본서에 대한 독자의 이해를 돕고자 본서의 해설을 실었다.
10. 附錄에 실린 年表는 綱을 중심으로 ① 君王의 즉위와 사망, 年號, 改元 ② 정치, 경제, 사회, 문화의 주요 사건 ③ 주요 인물의 행적과 사망 등을 서술하되, 東洋史 학술 연표들을 참고하였다.(參考書目 年表 관련 자료 참조)
11. 본서의 校勘에 사용된 符號는 다음과 같다.
   ( )〔 〕: (저본의 誤字)〔교감한 正字〕
   〔 〕: 저본의 脫字 보충
   ( ) : 저본의 衍字 표시
12. 본서에 사용한 주요 부호는 다음과 같다.
   " " : 인용
   ' ' : " " 안의 재인용
   「 」: ' ' 안의 재인용
   『 』: 「 」 안의 재인용
   ( ) : 원문의 讀音 및 번역문의 間註
   〔 〕: 번역문의 이해를 돕기 위한 原文의 漢字나 句節 표기, 譯註에서 인용한 원문표기
   ≪ ≫ : 書名
   < > : 篇章名, 作品名, 補充譯
   【 】: 綱과 目의 표시
   ◑, ○ : 저본에 사용된 부호 遵用
13. 본서 訓義에 사용한 標點은 다음과 같다.
   . : 문장의 종결
   , : 한 문장 안에서 句나 節의 구분이 필요한 곳
   · : 대등한 명사나 구절의 병렬
   " " : 인용
   ' ' : " " 안의 재인용
   「 」: ' ' 안의 재인용

目 次

≪思政殿訓義 資治通鑑綱目 22≫ 解說

≪資治通鑑綱目≫은 중국 宋나라 때 朱熹가 司馬光의 ≪資治通鑑≫을 바탕으로 綱目體로 편찬한 책이다. 조선시대 학자들에게 절대적 영향을 미쳤으며, 經筵에서 講讀된 대표적 史書이다. ≪思政殿訓義 資治通鑑綱目≫은 朝鮮 世宗이 大臣들과 學士들에게 명하여 ≪자치통감강목≫과 관련된 서적을 모아 연구하여 주석하게 한 것이다. '思政殿'은 景福宮의 便殿이고, '訓義'는 '의미를 해석한다'는 뜻으로 '思政殿訓義'는 세종이 思政殿에서 대신・학사들과 더불어 ≪자치통감강목≫을 읽고 주석을 단 것을 가리킨다.

≪思政殿訓義 資治通鑑綱目 22≫은 저본의 제35권 상・하와 제36권 상에 해당하며, 시기적으로 陳나라 宣帝 太建 4년(572)에서 隋나라 文帝 開皇 10년(590)까지를 다루고 있다.

당시 중국은 서쪽의 장안을 중심으로 한 北周, 동쪽의 鄴을 중심으로 한 北齊, 강남의 陳나라로 나뉘어 있었다. 북주 武帝 宇文邕은 권력을 장악하고 있던 宇文護를 제거하고 국가의 기강을 바로잡았다. 반면에 북제의 後主 高緯는 名臣 斛律光을 죽이고 穆提婆, 陸令萱 등의 姦臣을 총애하면서 나라가 어지러워졌다. 이를 틈타 북주 무제가 북제를 공격하여 멸망시켰다.

당시 북방 초원지대에는 유목민족인 突厥이 세력을 크게 확대하여 중국의 북방을 위협하자 북주 무제는 직접 군대를 이끌고 정벌하였다가 병사하게 된다. 이에 그의 아들 宇文贇이 즉위하였으나 폭정을 일삼다가 병사하자 그의 장인이었던 楊堅이 정권을 장악한다. 양견은 尉遲迥의 반란을 진압하고 황제에 오르니, 이가 바로 隋 文帝이다. 수 문제는 각종 제도를 개혁하여 국력을 크게 증진시킨다.

한편 남쪽의 陳나라는 後主 陳叔寶의 폭정에 의해 쇠퇴하고 있었다. 특히 張貴妃가 정사에 관여하고 간신인 施文慶, 孔範, 江摠 등이 정권을 흔들면서 나라가 혼란해졌다. 이에 수 문제는 晉王 楊廣을 元帥로 삼아 楊素, 賀若弼, 韓擒虎 등을 보내 진나라를 정벌하여 멸망시켰다. 수나라의 중국 통일은 晉나라 이후 360년간 분열을 마감하고 새로운 시대를 연 중대한 역사적 사건이었다. 또한 수 문제의 각종 개혁 정치는 후대에 지대한 영향을 미쳤다.

思政殿訓義 資治通鑑綱目 제35권 상

-陳 宣帝 太建 4년(572)~陳 宣帝 太建 9년(577)-

≪資治通鑑綱目≫ 제35권은 壬辰年(572) 陳나라 宣帝 太建 4년, 北齊 後主 武平 3년, 北周 武帝 建德 원년부터 시작하여 癸卯年(583) 陳나라 後主 至德 원년, 隋나라 文帝 開皇 3년까지이니, 모두 12년이다.

起壬辰陳宣帝太建四年과 齊後主武平三年과 周武帝建德元年하여 盡癸卯陳後主至德元年과 隋文帝開皇三年하니 凡十二年이라

壬辰年(572)

陳나라 宣帝 陳頊 太建 4년이고, 北齊 後主 高緯 武平 3년이고, 北周 高祖 武帝 宇文邕 建德 원년이다.

陳太建四年이요 齊武平三年이요 周建德元年[1)]이라

【綱】 봄 2월에 北齊가 祖珽을 僕射로 삼았다.

春二月에 齊以祖珽爲僕射하다

【目】 胡太后가 北宮에 유폐되고 나서 祖珽이 北魏 保太后의 故事를 끌어대어 陸令萱을 太后로 만들려고 하면서 우선 사람들에게 말하기를 "육영훤이 비록 婦人이지만 실로 걸출한 인물이니, 女媧 이후로 이런 인물은 없었다."라고 하고, 육영훤 역시 조정을 國師라고 하니, 이로 인해 僕射의 지위를 얻었다.

1) 陳太建四年……周建德元年 : ≪資治通鑑綱目≫에는 421년부터 588년까지는 無統이다. 朱熹의 凡例를 보면 正統인 경우 歲年(干支) 다음에 國號, 謚號, 姓名, 年度 등을 大字로 쓰는 데 반해, 無統일 경우 위처럼 小字로 쓴다. 본서의 내용은 無統에 해당하므로 이 부분을 모두 小字로 표기하였다. 隋나라 文帝가 천하를 통일한 589년 이후로는 隋나라를 정통으로 삼아서 大字로 표기하였다.

胡太后既幽北宮에 珽引魏保太后故事하여 欲立陸令萱爲太后①하여 且謂人曰 陸雖婦人이나 然實雄傑하니 女媧以來로 未之有也②라하고 令萱亦謂珽爲國師하니 由此得僕射하다

① 宋 文帝 元嘉 2년(425)에 魏主(北魏 太武帝 拓跋燾)가 保母였던 竇氏를 높여 保太后로 삼았다.
宋文帝元嘉二年, 魏主尊保母竇氏爲保太后.

② 媧는 古華의 切이다. 包犧氏(伏羲氏)가 세상을 떠나자 女媧氏가 대신하여 帝位에 올랐으니, 女帝라고 불렀다.
媧, 古華切. 包犧氏沒, 女媧氏代立, 號女帝.

【綱】 3월 초하루에 일식이 있었다.

三月朔에 日食하다

【綱】 北周主(宇文邕)가 太師 宇文護를 토벌하여 죽였다.

◑ 周主討其太師宇文護하여 殺之[2]하다

2) 周主討其太師宇文護 殺之 : "살육에 임금을 지적한 것이 많았으니 모두 나무란 것이다. 토벌〔討〕을 임금에게 기록한 것은 없었는데 北周主를 기록한 것은 어째서인가. 결단이 황제에게서 나왔기 때문이다. ≪資治通鑑綱目≫은 北周로 들어온 이래로 '宇文護'라고 기록된 것이 모두 열두 번인데, 네 번은 스스로 어느 관직을 하였다고 기록하였고(大司馬, 上柱國, 大冢宰, 太師) 세 번은 어느 사람을 죽였다고 기록하였고(趙貴, 獨孤信, 侯莫陳崇) 세 번은 시해하였다고 기록하였고(中山王, 北周主 宇文覺, 北周主 宇文毓) 한 번은 北齊를 침략하였다고 기록하였고(陳나라 甲申年(564)) 한 번은 패하였다고 기록하였다.(위의 해와 같음) 그 죄가 이와 같으니 토벌〔討〕에 이르지 않으면 그치지 않는 것이다. 〔殺斥主多矣 皆譏也 未有討書主者 書周主 何 斷自上也 綱目自入周以來 書護者凡十二 四書自爲某官(大司馬 上柱國 大冢宰 太師) 三書殺某人(趙貴 獨孤信 侯莫陳崇) 三書弑(中山王 周主覺 周主毓) 一書侵齊(陳甲申年) 一書敗(同上年) 其罪如此 不至於討不止也〕" ≪書法≫

"權臣이 專制하여 임금이 그를 제거하고자 하다가 도리어 재앙을 입지 않은 경우가 없다. 歷代에 살펴보면 魯 昭公과 〈魏나라(曹魏)〉 曹髦와 같은 부류에서 볼 수 있다. 후세 사람들이 이에 의거하여 마침내 權臣을 제거할 수 없는 것이라 여기고 임금이 이를 처리하는 데에 또한 어찌할 수 없는 일로 치부하고 말았으니, 後周(北周) 高祖(宇文邕)가 큰 악인을 제거하는 데에 聲色을 동요하지 않고 여러 해 뿌리박은 악독을 하루아침의 사이에 제거할 줄을 누가 알았겠는가. 그러한 뒤에 큰 간신 큰 악인이라도 제거될 수 없는 이치가 없는 것을 알겠으니 다만 임금에게 그 의지가 없는 것이 걱정일 뿐이다. 北周主는 무려 십여 년 동안 감추어 國事에는 관여하는 것이 없고 宮中에서는 평민의 禮를 행하여 이미 불평하는 마음이 없는 것처럼 하였고 宇文護 역시 자기가 하는 짓에 안주하여 스스로 깨닫지 못하였다. 〈北周主가〉 大寶(천자 자리)에 君臨한 이후 玉珽(玉笏)으로 〈우문호를〉 쳐 죽이기 전까지는 猛禽이 엎드린 듯이 蛟龍이 서린 듯이 벼락이 잠복해 있듯이 日月이 어두운 듯이 하여 털끝만큼도 圭角(남과 맞지 않음)을 드러내지 않았으니 이것은 北周主가 움직이지 않을지언정 움직였다 하면 반드시 성공하는 것이다. 저 지모가 부족하고 지혜가 낮은 임금들은 혹은 말과 안색의 사이에 나타나거나 혹은 경박한 사람들과 도모하여 조급한 경우에는 爪牙(武勇)가 갖추어지지 않았고 늦추어진 경우에는 기밀이 이미 누설되었으며, 또한 그렇지 않은 경우에는 하나의 역적이 제거되지 않은

【目】 예전에 北周 太祖(宇文泰)가 西魏의 丞相이 되어 좌우에 12軍을 세워 도두 丞相府에 소속시켰는데, 태조가 세상을 떠나자 모두 晉公 宇文護의 처분을 받았다. 宇文護의 집을 호위하는 병사가 궁궐보다 많았고, 여러 아들과 官屬들은 모두 탐욕스럽고 잔인하며 제멋대로 행동하니, 士民이 근심을 하였다. 北周主(宇文邕)는 스스로 깊이 감추고 간여하는 일이 없었기에 사람들이 그의 의중을 헤아릴 수 없었다. 우문호가 稍伯大夫 庾季才에게 묻기를 "근래에 天道가 어떻소?"라고 하니, 〈유계재가〉 대답하기를 "근래에 上

상태에서 하나의 역적이 다시 생겨나서 마침내 자신을 죽이고 국가를 잃는 데에 이르는 것은 모두가 이러하였다. ≪資治通鑑綱目≫에서는 우문호의 伏誅에 대해 특별히 北周主가 토벌해 죽였다고 글을 만들었으니 비록 衛公直·長孫覽 등이라도 모두 그 사이에 관여하지 못하였다. 이것이 北周主의 신묘한 기미와 비밀의 운용이 과연 남보다 크게 뛰어난 것이므로 ≪資治通鑑綱目≫에서는 유독 공을 北周主에게 돌렸다. 그러나 한 미천한 신하를 房闥(宮中)에서 죽였는데 기록하기를 '토벌하였다[討]'라고 하여 마치 强敵인 것처럼 하였고, 또 우문호의 권세가 성대하여 두려워할 만한 근심이 있는 것을 드러내어 다행히 그를 이겨서 제거했을 뿐이다. 비록 그러나 이미 '討'라고 기록하고 또한 '伏誅하였다[誅]'라고 기록하지 않은 것은 어째서인가. 우문호는 연이어 두 임금을 시해하여 죄가 죽어도 용서받지 못할 것이다. 北周主는 비록 국가를 전횡한 우문호의 죄를 다스렸으나 그를 죽여도 용서받지 못할 악행(임금을 시해한 죄)을 바로잡지 못하였다. 만일 〈우문호를〉 땅에 자빠뜨려 참수한 뒤에 北周主가 우문호의 大逆을 발표하고 두 임금의 사당에 고하여 그 몸을 죽이고 그 집을 파내어 웅덩이로 만들었다면 ≪자치통감강목≫에서는 반드시 '北周主가 宇文護를 토벌하여 宇文護가 伏誅되었다.'라고 기록했을 것이다. 이것이 또 ≪자치통감강목≫에서 '殺'이라고 기록하고, '誅'라고 기록하지 않은 뜻이다.〔權臣專制 人君將欲去之 未有不反貽禍敗者 觀之歷代 如魯昭曹髦之類 則可見矣 後世因是 遂以權臣爲不可去 而人君處此 亦往往付之無可奈何而遂已 孰知後周高祖 誅鋤大憝 不動聲色 除積年根據之惡於一旦俄頃之間 然後知大姦大惡 未有不可去之理 特患人君無其志耳 夫其韜藏晦匿於十有餘年之久 於國事則無所關預 於宮中則行家人禮 周主既無不平之意 而護亦安於其所爲而不自覺 凡大寶君臨之後 玉珽未擊之前 猶鷙鳥之伏 蛟龍之蟠 雷霆之蟄 日月之晦 絲髮毫芒 不露圭角 此其有所不動 動則必成者也 彼寡謀淺智之君 或形之辭色之間 或謀之輕躁之人 速則爪牙未備 緩則機械已泄 又否則一賊未去 一賊復生 遂至殞身失國者 滔滔皆是 綱目於護之誅 特以周主討殺爲文 雖衛公直長孫覽等 皆無預乎其間 此其神機密運 果有大過人者 故綱目獨歸功周主耳 然以一人臣之微 戮之於房闥之間 乃書曰討 若强敵然者 又以著其權勢之盛 有可畏之虞 幸而勝之去之云爾 雖然既書討矣 又不書誅何哉 護連弑二君 罪不容誅 周主雖能治其專國之罪 而不能正其殺無赦之惡 向使踣地既斬之後 周主發其大逆 告之二君之廟 殘其身 汙其宮而瀦焉 則綱目必以周主討宇文護 護伏誅書之矣 此又綱目書殺不書誅之意〕" ≪發明≫

書法은 '筆法'이란 말과 같다. 朱子는 ≪자치통감강목≫을 편찬할 적에 孔子의 ≪春秋≫ 筆法을 따라 綱과 目으로 나누었는바, 綱은 ≪春秋≫의 經文을, 目은 ≪春秋左氏傳≫의 傳文을 따랐다. ≪자치통감강목≫의 筆法을 밝힌 것으로는 劉友益(宋)의 ≪綱目書法≫, 尹起莘(宋)의 ≪綱目發明≫이 그 대표작이라 할 수 있는데, 이 두 책은 현재 淸나라 聖祖(康熙帝)가 엮은 ≪御批資治通鑑綱目≫에 모두 수록되어 있다. 이 필법은 綱에 주안점이 맞춰져 있는데, 우리나라 학자들이 특별히 이 ≪자치통감강목≫을 愛讀한 이유는 바로 이 필법에 있다. ≪어비자치통감강목≫에는 이외에도 汪克寬(元)의 ≪綱目凡例考異≫ 등 많은 내용이 수록되어 있으나, 본서에서 다 소개하지 못하고 ≪강목서법≫과 ≪강목발명≫의 중요한 것만을 발췌하여 수록하였다. 또한 陳濟(明)의 ≪資治通鑑綱目集覽正誤≫를 인용하여 오류를 바로잡기도 하였다. 본고에서는 각각 ≪書法≫, ≪發明≫, ≪正誤≫로 요약하여 표기하였다.

台星에 변고가 있으니, 公은 정사를 〈皇帝에게〉 돌려주고 관직에서 물러나기를 청해야 합니다."라고 하였다. 우문호가 드디어 그를 멀리하였다.

初에 周太祖爲魏相에 立左右十二軍하여 總屬相府러니 太祖殂에 皆受晉公護處分하니 護第兵衛가 盛於宮闕하고 諸子僚屬이 皆貪殘恣橫하니 士民患之하더라 周主深自晦匿하여 無所關預하니 人不測其淺深이러라 護問稍伯大夫庾季才曰 比日天道何如①오 對曰 頃에 上台有變하니 公宜歸政請老라하니 護遂疏之②하다

① 稍는 所教의 切[3])이다. 後周(北朝)의 稍伯은 ≪周禮≫ 〈地官〉에 나오는 稍人의 직책이다. ≪주례≫ 〈지관 초인〉의 〈鄭玄의 注에〉 "〈초인은〉 縣師가 都鄙와 丘·甸에 명령한 정사를 시행하는 것을 주관한다.[4]) 王城과 300리 떨어진 곳이 稍이다."라고 하였다. 杜佑가 말하기를 "後周(北周)의 地官의 속관에는 方마다 稍伯을 두었는데 中大夫이다. 또 遂마다 小稍伯과 稍大夫를 두었는데, 모두 下大夫이다. 또 小稍伯과 稍正을 두었는데, 上士와 中士이다."라고 하였다. 庾季才가 天文에 밝았기 때문에 宇文護가 그에게 질문한 것이다.
稍, 所敎切. 後周稍伯, 蓋周官稍人之職. 周官稍人"主爲縣師令都鄙丘甸之政. 距王城三百里曰稍." 杜佑曰"後周地官之屬, 有每方稍伯, 中大夫. 又每遂有小稍伯·稍大夫, 皆下大夫. 又有小稍伯·稍正, 上士·中士." 庾季才明於天文, 故護問之.

② ≪隋書≫ 〈天文志〉에 "三台 六星의 별은 둘씩 짝을 이루고 있는데, 文昌星에서 시작하여 招搖星까지 벌여 있으니, 三公의 자리이다. 〈삼태 육성 중에〉 서쪽으로 文昌星에 가까운 두 별을 上台라 한다."라고 하였다. 宇文護가 하늘에 이상한 조짐이 생기기를 원했고, 비록 이상한 조짐이 없더라도 庾季才가 억지로 끌어다 붙여 그 말을 떠들어대어 자신의 일을 이루어 주기를 원하였으나, 그가 이와 같이 대답하였기에 그를 멀리한 것이다.
隋志"三台(태)六星, 兩兩而居, 起文(呂)〔昌〕[5]), 列招搖, 三公之位也. 西近文昌二星, 謂之上台." 護冀天象有異, 雖無異, 欲季才附會, 唱其言以成己事也, 而所對如是故疏之也.

【目】 衛公 宇文直이 宇文護에게 원망이 있어 北周主에게 그를 죽이라고 권하였는데, 北

3) 切 : 反切音을 표시한 것이다. '反(번)'은 뒤집는다(되치다)는 뜻으로 번역을 의미하고, '切'은 자른다는 의미이다. 앞글자의 聲母를 따고 뒷글자의 韻母를 따서 읽는다.

4) 초인은……주관한다 : 縣師와 稍人은 모두 ≪周禮≫ 〈地官 大司徒〉의 屬官이다. 郊里(遠郊의 六鄕)에서 邦國(제후국) 사이에 있는 稍, 甸, 縣, 都의 公邑을 관장하는 관직들이 있는데, 縣師는 이들의 장관으로 上士가 縣師의 職을 담당한다. 稍人은 公邑의 軍賦를 담당하는 관직으로 井田에서 兵車와 군사를 징발하는 일을 관장하는데, 下士가 稍人의 職을 담당한다. ≪周禮≫ 〈地官 稍人〉에 보면 "〈稍人은〉 縣師의 법을 가지고 縣 내의 병사와 병거를 모아서 통솔하여 〈大司馬에게〉 이른다.〔以縣師之灋 作其同徒輂輦 帥而以至〕"고 하였다. '縣師의 법'이란 縣師가 대사마에게 법을 받아서 稍人에 반포한 것을 말한다.

5) (呂)〔昌〕 : 저본에는 '呂'로 되어 있으나, ≪資治通鑑≫ 胡三省 註에 의거하여 '昌'으로 바로잡았다.

周主가 몰래 우문직, 宮伯中大夫 宇文神擧, 內史下大夫 王軌, 右侍上士 宇文孝伯과 그 일을 도모하였다. 北周主가 늘 궁궐에서 우문호를 볼 때마다 항상 집안사람을 대하는 禮法을 썼는데, 이때에 이르러 우문호를 이끌고 태후를 배알하고는 말하기를 "태후께서 음주를 즐겨 여러 차례 간언하였으나 받아들이지 않으십니다."라고 하고는, 이어 품속에 있던 〈酒誥〉를 꺼내어 그에게 주며 말하기를 "부디 형님께서 이것을 가지고 들어가 간언하십시오."라고 하였다. 우문호가 들어가 다 읽기도 전에 北周主가 玉珽(옥으로 만든 홀)으로 뒤에서 그를 내리치자 우문호가 땅에 쓰러졌는데, 우문직이 나와서 그의 목을 베었고, 宮伯 長孫覽 등을 불러 우문호의 子弟와 친족들을 체포하여 죽였다.

衛公直有怨於護하여 勸周主誅之①한대 周主乃密與直及宮伯中大夫宇文神擧와 內史下大夫王軌와 右侍上士宇文孝伯謀之②러라 周主每於禁中見護에 常行家人禮러니 至是하여 引護入謁太后謂曰 太后好飮하여 屢諫未納이라하고 因出懷中酒誥하여 授之曰 願兄以此入諫③하라하니 護入讀未畢에 周主以玉珽으로 自後擊之하니 護踣於地어늘 直出斬之④하고 召宮伯長孫覽等하여 收護子弟親黨하여 殺之⑤하다

① 宇文直은 宇文護와 매우 친밀하였는데, 沌口에서 패배한 일에 연좌되어 파면을 당하였으니, 이로 말미암아 우문호를 원망하였다.
直深昵於護, 及沌口之敗, 坐免官, 由是怨護.

② ≪周禮≫ 〈天官〉에 "宮伯은 王宮의 宿衛와 次舍(숙위 초소와 숙사)에 관한 일을 관장한다. 內史는 王에게 고하여 〈왕이 신하들을 다스리는 수단인〉 爵을 주거나 祿을 주거나 폐하거나 존속하거나 죽이거나 살리거나 주거나 빼앗는 일에 관계된 법(八枋의 법)을 관장하고, 諸侯와 孤(孤卿, 三公 다음가는 벼슬)와 卿과 大夫에게 策命을 내릴 때에는 策書를 작성하여 임명하고, 사방에 일이 있어 제후가 상주문을 올리면 內史가 읽는다."라고 하였다. 後周(北周)는 그 의미와 비슷하게 관직을 두었는데, 隋나라에 이르러서 〈楊忠의〉 '忠'자를 피하여 中書를 內史로 하고, 그 지위와 임무를 더욱 무겁게 하였으며, 左右의 侍臣도 ≪周禮≫의 侍御를 모방하여 관직을 두고 그 명칭을 만들었다. 杜佑가 말하기를 "北周의 제도에 의하면 宮伯中大夫는 天官에 속하고, 內史는 春官에 속하니 中大夫와 下大夫를 두었다."라고 하였다. 宇文神擧는 文帝(宇文泰)의 族子이고, 宇文孝伯은 安化公 宇文深의 아들이다.
周官 "宮伯掌王宮宿衛次舍之職事. 內史掌詔王爵祿廢置殺生予奪之法,[6] 命諸侯孤卿大夫, 則策命之. 凡四方之事書, 內史讀之." 後周蓋髣髴其意以置官, 至隋諱忠字, 以中書爲內史,

6) 內史掌詔王爵祿廢置殺生予奪之法 : ≪周禮≫ 〈春官 內史〉에는 "內史 掌王之八枋之灋 以詔王治 一曰爵 二曰祿 三曰廢 四曰置 五曰殺 六曰生 七曰予 八曰奪(內史는 왕의 여덟 가지 權柄의 법을 관장하여 왕에게 고하여 신하들을 다스리니, 첫 번째는 爵이고, 두 번째는 祿이고, 세 번 째는 廢이고 네 번째는 置이고 다섯 번째는 殺이고 여섯 번째는 生이고 일곱 번째는 予이고 여덟 번째는 奪이다.)"로 되어 있다.

其位任尤重, 左右侍亦倣周官侍御以置官而刱其名. 杜佑曰 "周制, 宮伯中大夫屬天官, 內史屬春官, 有中大夫下大夫." 神擧, 文帝族子, 孝伯, 安化公深之子也.

③ 〈酒誥〉는 ≪書經≫ 〈周書〉의 篇名이다.
酒誥, 周書篇名.

④ ≪禮記≫ 〈玉藻〉에는 "天子는 珽을 꽂는다."라고 하였는데, 陳澔가 말하기를 "珽도 笏이다."라고 하였으니, ≪周禮≫ 〈考工記 玉人〉의 "大圭는 길이가 3尺이다."라고 한 것이 바로 이것이다. 그 모양이 꼿꼿하게 곧아서 굽은 것이 없기 때문에 珽이라 한 것이다. 踣(쓰러지다)는 蒲北의 切이니, 쓰러지는 것이다. ≪資治通鑑≫에는 "衛公 宇文直이 문 안에 숨어 있다가 뛰쳐나와 그의 목을 베었다."라고 하였다.
記玉藻 "天子搢珽", 陳澔曰 "珽亦笏也." 卽玉人所謂 "大圭長三尺者"是也. 以其挺然無所屈, 故謂之珽. 踣, 蒲北切. 僵也. 通鑑 "衛公直匿於戶內, 躍出斬之."

⑤ 長孫覽은 長孫稚의 손자이다.
覽, 稚之孫也.

大圭

【目】 예전에 宇文護가 이미 趙貴 등을 죽였을 때에 여러 장수들이 대부분 스스로 편안하지 못했다. 柱國 侯龍恩은 우문호와 가까운 사이였기에 그의 從弟인 開府儀同三司 侯植이 후용은에게 말하기를 "主上의 춘추가 이미 어리고 〈社稷의〉 안위가 몇 명의 公에게 달려 있으니, 만일 사람을 많이 죽여서 위엄과 권위를 세운다면 어찌 社稷만 계란을 쌓아올린 듯 위태로울 뿐이겠습니까. 우리 종족도 이로 인해 패망할 것이니, 형님이 어찌 말을 하지 않을 수 있습니까."라고 하였다. 후용은이 그의 말을 따르지 않자 후식이 또 틈을 타서 우문호에게 말하기를 "公께서는 骨肉의 친족으로 社稷을 부지하는 일을 담당하고 있으니, 바라건대 王室을 위해 성심을 다하여 伊尹과 周公을 본받는다면 온 나라의 백성들이 매우 다행일 것입니다."라고 하였다.

初에 護既殺趙貴等에 諸將多不自安이러니 柱國侯龍恩이 爲護所親[①]이라 其從弟開府儀同三司植이 謂之曰 主上春秋既富하고 安危繫於數公하니 若多所誅戮하여 以自立威權이면 豈唯社稷有累卵之危리오 吾宗亦緣此而敗하리니 兄安得不言이리오하니 龍恩不能從이어늘 植又乘間言於護曰 公以骨肉之親으로 當社稷之寄하니 願推誠王室하여 擬迹伊周면 則率土幸甚이리라하다

① 侯는 姓이다.
侯, 姓也.

【目】 宇文護가 속으로 그를 꺼리자 侯植이 걱정하다가 죽었는데, 우문호가 실패하고 나서 侯龍恩과 그의 동생 侯萬壽가 모두 죽임을 당했으나 高祖(宇文邕)가 후식을 충성스럽다고 여겨 특별히 그의 자손들은 사면하였다. 齊公 宇文憲은 평소에 우문호가 가까이하고 신임하였기에 우문호가 아뢰고자 하는 일이 있을 때에는 대부분 우문헌에게 上奏하여 아뢰게 하였다. 〈그 안건 중에는 황제가〉 동의하는 경우도 있고 동의하지 않는 경우도 있었는데, 우문헌이 늘 곡진하게 진술하여 잘 전달하니, 北周主도 그의 마음을 잘 헤아렸다. 宇文直이 평소에 우문헌을 꺼렸기에 그를 죽이라고 굳게 청하였으나, 北周主는 허락하지 않았다.

護陰忌之하니 植以憂卒이러니 及護敗에 龍恩及弟萬壽皆死로대 高祖以植爲忠하여 特免其子孫하다 齊公憲素爲護所親任이라 護欲有所陳에 多令憲聞奏한대 或有可不(부)에 憲每曲而暢之하니 周主亦察其心[①]이러니 直素忌憲이라 固請誅之호대 周主不許하다

① 不(부정하다)는 否로 읽는다.
不讀否.

【目】 예전에 宇文孝伯이 北周主와 같은 날에 출생하였기에 太祖(宇文泰)가 그를 총애하고 길러주어 어릴 때에는 北周主와 함께 공부를 하였다. 〈北周主가〉 帝位에 오르자 그를 데려다 곁에 두고자 하여 그와 講習을 하고 싶다고 핑계를 대었기 때문에 宇文護가 의심을 하지 않았다. 우문효백은 사람됨이 침착하고 올바르며 충성되고 성실하여 朝廷政務에 잘하고 못하는 일과 외부의 세세한 일을 〈北周主에게〉 보고하지 않은 적이 없었는데, 이때에 이르러 車騎大將軍에 임명되었다. 北周主가 우문호의 문서와 기록을 열람하다가 庾季才의 편지 두 통을 보았는데, 緯候의 재앙과 복에 대해 잔뜩 말하며 〈황제에게〉 政權을 돌려주어야 한다는 내용이 있었다. 그래서 명을 내려 곡식과 비단을 하사하고 太中大夫로 승진시켰다.

初에 宇文孝伯與周主同日生이라 太祖愛而養之하여 幼與周主同學이러니 及卽位에 欲引致左右하여 託言欲與講習이라 故로 護弗之疑러라 孝伯爲人沈正忠諒하여 朝政得失과 外間細事를 無不以聞이러니 至是하여 以爲車騎大將軍하다 周主閱護書記라가 得庾季才書兩紙하니 盛言緯候災祥하여 宜返政歸權이라 命賜粟帛하고 遷太中大夫[①]하다

① 緯는 7緯인 日月과 五星의 운행을 말하니, 운행이 궤도를 벗어나면 재앙이 된다. 候(5일이

1候임)는 月令의 72候를 말하니, 節氣에 맞지 않으면 재앙이 된다.
緯謂七緯日月五星之行, 失行則爲災. 候謂月令七十二候, 失節則爲災.

【綱】 北周主(宇文邕)가 직접 政事를 다스려 동생인 齊公 宇文憲을 大冢宰로 삼고 衛公 宇文直을 大司徒로 삼았다.

周主親政하여 **以其弟齊公憲**으로 **爲大冢宰**하고 **衛公直**으로 **爲大司徒**하다

【目】 北周主가 비로소 직접 政事를 다스렸는데, 제법 엄한 刑法을 적용하여 비록 骨肉을 나눈 친족이라도 관대하게 용서하는 일이 없었다. 齊公 宇文憲이 비록 冢宰로 승진하였으나 실제로는 그의 권력을 빼앗은 것이다.

또 우문헌의 侍讀인 裴文擧에게 말하기를 "옛날 西魏 말기에는 기강이 없어서 太祖(宇文泰)가 정치를 보좌하였으며, 北周의 皇室이 天命을 받게 되자 晉公(宇文護)이 다시 大權을 잡았으니, 오래된 습속이 일상적인 일이 되어 버려 어리석은 자들은 법도가 응당 이와 같다고 생각한다. 卿이 비록 齊公을 곁에서 모시고 있으나 대번에 신하가 되는 것과 동일하게 생각하여 섬기는 자에게 목숨을 바치려 해서는 안 되오. 올바른 도리로 보필하고 옳은 방도로 권면하여 우리 君臣 사이를 화목하게 하며 우리 형제 사이를 화합하게 하여, 스스로 혐오와 의심을 초래하지 않도록 하시오."라고 하였다.

배문거가 모든 내용을 우문헌에게 아뢰자, 우문헌이 가슴을 가리키고 案席을 어루만지며 말하기를 "내가 일찍부터 품어온 뜻을 공이 어찌 모르겠는가. 다만 충성을 다하고 절개를 다할 뿐이니, 다시 무슨 말을 하겠는가."라고 하였다.

周主始親政에 頗事威刑하여 雖骨肉이라도 無所寬借하니 齊公憲雖遷冢宰나 實奪之權이라 又謂憲侍讀裴文擧曰① 昔魏末不綱에 太祖輔政하고 及周室受命에 晉公復執大權하니 積習生常하여 愚者謂法應如是②라하나니 卿雖陪侍齊公하나 不得遽同爲臣하여 欲死於所事니 宜輔以正道하고 勸以義方하여 輯睦我君臣하고 協和我兄弟하여 勿令自致嫌疑하라한대 文擧咸以白憲하니 憲指心撫几曰 吾之夙心을 公寧不知리오 但當盡忠竭節耳라 知復何言가하더라

① 後周(北周)의 여러 王은 侍讀의 관직을 두었다.
後周諸王有侍讀之官.

② '不綱'은 人君이 큰 강령을 잡아 지키지 못하여 여러 세세한 조목이 어지러워지는 것을 말한다.
不綱, 言人君不能操持大綱, 致衆目紊亂.

【目】 衛公 宇文直은 성품이 겉치레를 좋아하고 기이하며 탐욕스럽고 사나워 속으로 大冢宰가 되기를 원하였으나, 이미 지위를 얻지 못하자 아주 불만스러워하여 다시 大司馬가 되기를 청하여 兵權을 차지하려고 하였다. 北周主가 그의 속마음을 헤아리고 말하기를 "그대의 형제 사이는 연장자와 연소자의 서열이 있으니, 어찌 반대로 아랫자리에 있을 수 있겠는가."라고 하고, 이로 인해 우문직을 大司徒로 삼았다.

衛公直이 性浮詭貪狠하여 意望大冢宰러니 旣不得에 殊怏怏하여 更請爲大司馬하여 欲據兵權하니 周主揣知其意曰 汝兄弟長幼有序하니 豈可返居下列이리오 由是로 用爲大司徒하다

【綱】 여름 6월에 北齊主(後主 高緯)가 丞相 咸陽王 斛律光을 죽이고, 祖珽에게 騎兵과 外兵에 관한 일을 관장하게 하였다.

夏六月에 齊主殺其左丞相咸陽王斛律光하고 以祖珽으로 知騎兵外兵事하다

【目】 祖珽의 위세가 朝野를 뒤흔들 정도가 되자 斛律光이 그를 미워하여 여러 장수에게 말하기를 "변방의 소식과 兵馬에 대한 처분을 눈먼 사람이 전혀 우리들과 논의하지 않으니, 나랏일을 그르칠까 염려된다."라고 하였다. 조정이 이에 대해 알아차리고는 사적으로 곡률광을 시중드는 노복에게 뇌물을 주고 그에 대해 묻자, 노복이 말하기를 "公께서 권세를 잡은 뒤로 相王(斛律光)[7]께서 늘 밤마다 무릎을 안고서 탄식하기를 '눈먼 사람이 들어왔으니, 나라가 반드시 무너지겠구나.' 하였습니다."라고 하였다. 穆提婆가 곡률광의 庶女에게 장가들기를 요구하였으나 허락하지 않았고, 北齊主가 목제파에게 晉陽의 田地를 하사하자 곡률광이 조정에서 말하기를 "이 田地는 神武帝(高歡) 이후로 늘 벼를 심고 말을 길러서 노략질하는 적을 대비하려던 것이니, 지금 목제파에게 하사하면 軍務에 빈틈이 생기는 것이 아니겠습니까."라고 하였다. 이로 인해 조정과 목제파가 모두 곡률광을 원망하였는데, 斛律皇后가 총애를 받지 못하자 조정이 이를 틈타 이간질을 하였다.

祖珽勢傾朝野하니 斛律光惡(오)之하여 謂諸將曰 邊境消息兵馬處分을 盲人全不與吾輩語하니 恐誤國事라하더라 珽覺之하여 私賂光從奴하여 問之①한대 奴曰 自公用事로 相王每夜抱膝歎曰 盲

7) 相王(斛律光) : 斛律光이 당시 左丞相이고 咸陽王에 봉해졌기 때문에 相王이라 한 것이다.(≪新譯資治通鑑≫, 張大可 等 注釋, 三民書局, 2017)

人入하니 國必破矣라하다 穆提婆求娶光庶女한대 不許하고 齊主賜提婆晉陽田이어늘 光言於朝曰 此田神武以來로 常種禾飼馬하여 以擬寇敵[2]하니 今賜提婆면 無乃闕軍務乎아하다 由是로 祖穆皆怨之러니 斛律后無寵이어늘 珽因而間之하니라

① 從(隨從하다)은 才用의 切이다.
從, 才用切

② 神武는 高歡의 諡號이다.
神武, 高歡諡.

【目】斛律光의 동생 斛律羨이 幽州刺史가 되어 역시 군대를 잘 다스리니, 突厥이 그를 두려워하여 '南可汗'이라 하였다. 곡률광은 천성이 절약하고 검소하여 음악과 여색을 즐기지 않았고, 賓客을 만나는 일이 드물었으며, 음식 대접을 하지도 않고 받지도 않았으며, 권세를 탐내지 않았다. 조정에 회의가 있을 때마다 항상 혼자 나중에 말을 하였으나 하는 말이 이치에 합당하였고, 군대를 움직일 적에는 자신의 부친인 斛律金의 법도를 모방하여 軍營을 어디에 세울지가 결정되지 않으면 끝내 軍幕으로 들어가지 않았다. 어떤 경우에는 하루 종일 앉지 않았고, 몸에서 갑옷과 투구를 벗지 않고서 늘 士卒보다 앞장섰으며, 사졸이 죄를 지은 경우에는 큰 막대기로 등을 내리치기만 하고 함부로 죽인 적이 없었으니, 군사들이 모두 앞장서서 그를 위해 목숨을 바치려 하여 成年이 되어 군대에 몸담은 이후로 패배한 적이 없었다.

斛律光

光弟羨이 爲幽州刺史하여 亦善治兵하니 突厥畏之하여 謂之南可汗이라하더라 性節儉하여 不好聲色하고 罕接賓客하며 杜絶饋餉하며 不貪權勢[1]라 每朝廷會議에 常獨後言호대 言輒合理하고 行兵에 效其父金之法하여 營舍未定이어든 終不入幕하고 或竟日不坐하여 身不脫介胄하여 常爲士卒先하고 士卒有罪어든 唯大杖撾背하고 未嘗妄殺하니 衆皆爭爲之死하여 結髮從軍에 未嘗敗北(배)러라

① ≪資治通鑑≫에는 "斛律光이 비록 아주 존귀한 신분의 신하였지만, 천성이 절약하고 검소하였다."라고 하였다.
通鑑"光雖貴極人臣, 性節儉."

【目】 北周의 韋孝寬이 몰래 讖謠를 지어 말하기를 "百升이 하늘로 날아오르니, 明月이 長安을 비춘다."라고 하고, 또 말하기를 "높은 산은 밀지 않아도 저절로 무너지며, 떡갈나무는 붙들지 않아도 절로 우뚝하네."라고 하고는 간첩을 시켜 이것을 鄴城에 퍼뜨리게 하였다. 祖珽이 그 讖謠를 이어서 짓기를 "눈먼 늙은이는 등에 큰 도끼를 받고, 말이 많은 늙은 어미는 말을 하지 못하네."라고 하여 그의 妻兄인 鄭道蓋에게 이것을 〈北齊主(後主)에게〉 아뢰도록 하였다. 祖珽이 陸令萱과 그 讖謠를 풀이하기를 "百升은 斛이고, 눈먼 늙은이는 臣 祖珽을 이르며, 말이 많은 늙은 어미는 陸氏(陸令萱)을 말하는 듯합니다. 또 斛律氏는 여러 대에 걸쳐 大將을 지냈기에 明月(斛律光)의 명성은 關西에서 진동하고 豐樂(斛律羨)의 위세는 突厥에서 드날리고 있으며, 딸은 皇后가 되고 아들은 公主에게 장가를 들었으니, 讖謠가 매우 두려워할 만합니다."라고 하였다.

周韋孝寬密爲謠言曰 百升飛上天하니 明月照長安이라하고 又曰 高山不推(퇴)自崩하며 槲木不扶自擧라하여 令諜傳之於鄴①이어늘 珽因續之曰 盲老公背受大斧요 饒舌老母不得語라하여 使其妻兄鄭道蓋로 奏之②하고 珽與陸令萱으로 因解之曰 百升者는 斛也요 盲老公은 謂珽이요 饒舌老母는 似謂陸氏也라 且斛律은 累世大將이라 明月聲震關西하고 豐樂威行突厥하며 女爲皇后하고 男尙公主하니 謠言甚可畏也③라하다

① 推(밀다)는 吐雷의 切이다. 槲(떡갈나무)은 음이 斛이니, 나무이름이다.
推, 吐雷切. 槲音斛, 木名.
② '饒舌'은 말이 많다는 뜻이다.
饒舌, 多言也
③ '明月'은 斛律光의 字이고, '豐樂'은 그의 아우 斛律羨의 字이다.
明月, 斛律光字, 豐樂, 光弟羨字.

【目】 北齊主가 이 일을 韓長鸞에게 물었는데, 한장란이 옳지 않다고 하자 일이 마침내 잠잠해졌다. 마침 丞相府佐 封士讓이 몰래 아뢰기를 "斛律光이 이전에 서쪽을 토벌하고 돌아올 적에 皇帝께서 계신 都城(鄴城)에 다다라서는 叛逆을 꾀하려고 집에 쇠뇌와 갑옷을 감추어두었으며, 노복이 천 명 가량 되었습니다. 만약 일찍 도모하지 않으면 일을 예측할 수 없을까 두렵습니다."라고 하였다. 北齊主가 祖珽을 불러 그 일에 대해 말하자, 조정이 "使者를 보내어 駿馬를 하사하시면 곡률광이 반드시 들어와 감사 인사를 할 것이니, 그 틈을 타서 그를 체포하소서."라고 하니, 北齊主가 조정의 말대로 하였다. 곡

률광이 涼風堂에 이르자 劉桃枝가 뒤에서 그를 가격하니, 쓰러지지 않고 돌아보며 말하기를 "유도지 너는 늘 이와 같은 일을 하지만, 나는 나라에 죄를 짓지 않았다."라고 하였다. 유도지가 세 명의 힘센 무사와 함께 그를 때려죽이니, 피가 땅에 흘러 핏자국을 깎아내었으나 흔적이 끝내 없어지지 않았다.

齊主以問韓長鸞하니 長鸞以爲不可라하여 事遂寢이러니 會丞相府佐封士讓이 密啓云 光前西討還에 逼帝城하여 將行不軌하여 家藏弩甲하고 奴僮千數라 若不早圖면 恐事不可測이니이다하니 齊主召珽告之한대 珽請遣使賜以駿馬하면 光必入謝니 因而執之하소서하니 齊主如其言이라 光入至涼風堂이어늘 劉桃枝自後撲之하니 不仆하고 顧曰 桃枝常爲如此事어니와 我不負國家①하노라하다 桃枝與三力士로 拉殺之하니 血流於地하여 刻之호대 迹終不滅②하더라

① 北齊는 文宣帝(高洋) 이후로 매번 여러 王과 大臣을 죽일 때마다 劉桃枝가 팔을 걷어붙이고 그 일을 하였기 때문에 斛律光이 이렇게 말한 것이다.
齊自文宣以來, 每殺諸王大臣, 桃枝率攘臂爲之, 故光云然.
② 刻(깎아내다)은 初限의 切이니, 깎아낸다는 뜻이다.
刻, 初限切, 削也.

【目】이에 詔書를 내려 斛律光이 반란을 꾀하였다고 말하고는 그의 두 아들을 함께 죽였다. 祖珽이 郎[8]인 邢祖信으로 하여금 斛律光의 집안을 〈몰수하여〉 帳簿에 기록하도록 하였는데, 활 15자루, 연회용 화살 100개, 칼 7자루, 하사받은 창 2자루를 얻었다. 조정이 다시 무슨 물품을 얻었는지 묻자, 형조신이 말하기를 "대추나무 방망이 20묶음을 얻었으니, 다른 사람과 싸움을 한 노비에게 잘잘못을 따지지 않고 즉시 100대를 때리려고 준비해놓은 것이었습니다."라고 하니, 조정이 크게 부끄러워하였다. 〈형조신이〉 나오자 사람들이 그의 강직한 태도를 탓하니, 형조신이 분개하며 말하기를 "어진 宰相이 오히려 죽었는데, 내가 어찌 여생을 아까워하겠는가."라고 하였다.

於是에 下詔하여 稱其謀反하여 幷殺其二子①라 珽使郎邢祖信으로 簿錄光家②하여 得弓十五宴射箭百刀七賜矟二③하니 珽問更得何物이어늘 祖信曰 得棗杖二十束호니 擬奴與人鬪者를 不問曲直하고 卽杖之一百이라한대 珽大慙④하더라 及出에 人尤其抗直한대 祖信慨然曰 賢宰相이 尙死하니 我何惜餘生이리오하다

8) 郎 : ≪資治通鑑≫에는 '二千石郎'으로 되어 있다. 胡三省의 注에 "北齊의 제도에 二千石郎은 畿外 지역의 잘잘못 등에 관한 일을 관장한다."고 하였다.

① 두 아들은 斛律世雄과 斛律恒伽이다.
二子, 世雄・恒伽.
② 郎은 관직이름이다.
郎, 官名.
③〈'得弓十五宴射箭百刀七賜稍二'는〉 몰래 숨겨둔 무기가 아님을 밝힌 것이다.
明非私藏兵器.
④ 대추나무는 견고하고 결이 치밀하여 방망이로 쓸 수 있다.
棘木堅而密理, 可以爲杖.

【目】〈北齊主가〉 賀拔伏恩을 보내어 역말을 타고 가서 斛律羨을 체포하도록 하였는데, 幽州에 도착하자 문을 지키던 사람이 〈곡률선에게〉 말하기를 "使者가 갑옷을 입고 말이 땀을 흘리니 城門을 닫아야 합니다."라고 하였다. 곡률선이 말하기를 "칙사를 어찌 막아서야 되겠는가."라고 하고 나가서 만나보았는데, 하발복은이 그를 체포하여 죽이고 다섯 명의 아들도 죽였다. 北周主(宇文邕)가 그 소식을 듣고는 이 때문에 전국에 크게 사면령을 내렸다.

遣賀拔伏恩하여 乘驛捕羨할새 至幽州하여는 門者白호대 使衷甲하고 馬有汗하니 宜閉城門[①]이라하니 羨曰 勅使를 豈可拒也리오하고 出見之한대 伏恩執而殺之하고 及其五子[②]하니 周主聞之하고 爲赦其境內[③]하다

① 使(사신)는 疏吏의 切이니, 아래도 동일하다. 使는 勅使를 말한다.
使, 疏吏切, 下同. 使謂勅使也.
② 勅使는 使者로 칙명을 받고 온 사람을 말한다. 五子는 斛律伏護, 斛律世達, 斛律世遷, 斛律世辨, 斛律世酋이다.
勅使, 謂使者奉勅而來. 五子, 伏護・世達・世遷・世辨・世酋.
③〈'爲赦其境內'는〉 그의 죽음을 다행으로 여긴 것이다. 爲(때문에)는 去聲이다.
幸其死也. 爲, 去聲.

【目】胡氏(胡寅)가 다음과 같이 평하였다.

"斛律明月(斛律光)이 장군은 될 수 있었으나 宰相의 재목은 아니었다. 이때에 祖珽의 무리가 北齊의 皇室을 혼란하게 하였는데, 斛律光이 높은 宰相이 되어 군주에게 밝게 고하여 여러 사람이 나라를 미혹하게 한 죄를 낱낱이 지적하여 유배를 보내거나 처형하지 못하고 쓸데없는 말로 제멋대로 꾸짖었으니, 무슨 도움이 되었겠는가. 만일 주관하

는 데 지혜와 힘이 부족함을 스스로 헤아려 권력을 놓고 떠났다면 그래도 가득 차면 넘치는 재앙을 면할 수 있었을 터인데, 곡률광의 지혜가 여기에는 크게 미치지 못하였으니, 죽임을 당한 것이 당연하다."

胡氏曰 斛律明月이 能爲將矣나 相則未也라 方是時하여 祖珽之徒가 濁亂齊室이어늘 光爲上相하여 不能明告於君하여 數諸人迷國之罪하여 放流殛竄하고 而以空言肆罵하니 夫將何補리오 若自量智力不足辦者하여 委權而去하면 猶或免於滿溢이로대 而光之智大不及此也하니 其及宜矣로다

【目】祖珽이 드디어 侍中 高元海와 함께 北齊의 政權을 장악하였다. 고원해의 아내는 陸令萱의 甥姪이었기에 고원해가 자주 육영훤이 비밀스럽게 한 말을 조정에게 알렸다. 조정이 領軍이 되기를 요구하자, 고원해가 北齊主에게 말하기를 "孝徵(祖珽의 字)은 漢族이고 눈이 멀었으니, 허락해서는 안 됩니다."라고 하였다. 北齊主가 이를 조정에게 알렸는데, 조정이 드디어 고원해가 누설한 密語를 육영훤에게 알리자, 육영훤이 진노하여 고원해를 鄭州刺史로 내쫓았으니, 조정이 이로부터 要職을 오로지 주관하여 騎兵과 外兵에 관한 일을 총괄하였다. 北齊主는 늘 신임하는 宦官으로 하여금 〈조정을〉 부축하여 모시고 출입하게 하였고, 늘 황제가 쓰는 책상에 함께 앉아 政事를 논의하고 결정하였다.

◑ 珽遂與侍中高元海로 共執齊政하니 元海妻는 陸令萱之甥也라 元海數(삭)以令萱密語로 告珽이러니 珽求爲領軍이어늘 元海密言於齊主曰 孝徵은 漢人이요 目盲하니 不可니이다하니 齊主以告珽한대 珽遂以元海所泄密語로 告令萱하니 令萱怒하여 出元海刺鄭州①하니 珽自是로 專主機衡하여 總知騎兵外兵事②하다 齊主常令中要人으로 扶侍出入하고 每同御榻하여 論決政事③하더라

① ≪魏書≫ 〈地形志〉에 "天平 연간(534~537) 초기에 潁州를 설치하여 長社城에 治所를 두었는데, 武定 7년(549)에 鄭州로 고치고 潁陰城에 治所를 두었다. 北周가 北齊를 멸망시키고 鄭州를 고쳐 許州라 하고, 滎陽에 鄭州를 설치하였다."라고 하였다.
地形志 "天平初, 置潁州, 治長社城, 武定七年, 改鄭州, 治潁陰城. 周滅齊, 改鄭州曰許州, 於滎陽置鄭州."

② 機는 쇠뇌의 발사 장치이고, 衡은 저울이니, 要職을 비유한다. 尙書의 직분은 기밀사항을 관장하고 직임은 인사권을 담당한다. 北齊의 제도에 의하면 尙書郞은 中兵과 外兵이 있는데, 각기 좌우로 나누었다. 左外兵은 河南과 潼關 동쪽의 여러 州를 담당하였고, 右外兵은 河北과 潼關 서쪽의 여러 州와 丁帳(壯丁 기록부) 및 물자를 징발하고 군사를 징발하는 등의 일을 담당하였다.
機, 弩牙, 衡, 權衡, 以喩要職. 尙書職掌機密, 任居銓衡. 後齊制, 尙書郞有中兵・外兵, 各分

左右. 左外兵掌河南及潼關已東諸州, 右外兵掌河北及潼關已西諸州丁帳及發召征兵等事.

③ 中要人은 宦官 중에 신임을 받는 자이다.

中要人, 宦官之親要者.

【綱】가을 8월에 北齊主(高緯)가 皇后 斛律氏를 폐위하였다.

秋八月에 齊主廢其后斛律氏하다

【綱】北周가 杜杲(두고)를 使臣으로 삼아 陳나라로 가게 하였다.

◑ 周使杜杲如陳하다

【目】杜杲가 陳나라에 이르자 陳主(宣帝 陳頊)가 그에게 말하기를 "만일 合從의 계책을 써서 北齊를 도모하려면 樊城과 鄧城을 우리에게 주어야 할 것이다."라고 하니, 두고가 대답하기를 "합종의 계책을 써서 북제를 도모하는 것이 어찌 우리 나라에 이익이 되겠습니까. 반드시 城과 鎭이 필요하다면 북제에게 얻기를 기다려야 하는데 먼저 漢水의 남쪽을 요구하시니, 使臣은 감히 명을 받들지 못하겠습니다."라고 하였다.

杲至陳이어늘 陳主謂之曰 若合從圖齊면 宜以樊鄧見與라하니 對曰 合從圖齊가 豈弊邑之利리오 必須城鎭인댄 宜待得之於齊어늘 先索(삭)漢南하니 使臣不敢聞命이라하더라

【綱】北齊가 昭儀 胡氏를 세워 皇后로 삼았다.

齊立昭儀胡氏爲后하다

【目】예전에 胡太后가 덕망을 잃은 것을 부끄러워하여 北齊主(高緯)에게 환심을 사기를 원하여 자기 오빠의 딸을 단장시켜 궁중에 두고 北齊主로 하여금 그녀를 만나보도록 하니, 北齊主가 과연 기뻐하여 받아들여 昭儀로 삼았다. 斛律皇后가 폐위되자 陸令萱이 穆夫人을 황후로 세우려고 하였는데, 태후는 소의를 황후로 세우고 싶었으나 〈자신의〉 힘으로는 〈뜻을〉 이룰 수가 없었다. 그리하여 말을 겸손하게 하고 禮를 후하게 하여 육영훤에게 자매를 맺기를 요구하니, 육영훤 역시 胡昭儀의 총애가 한창 높아졌기 때문에 어쩔 수 없이 祖珽과 함께 北齊主에게 그녀를 皇后로 세우라고 아뢰었다.

初에 胡太后自愧失德하여 欲求悅於齊(王)〔主〕[9)]하여 乃飾其兄女置宮中하고 令齊主見之한대 齊主果悅하여 納爲昭儀①러니 及斛律后廢에 陸令萱欲立穆夫人한대 太后欲立昭儀호대 力不能遂라 乃卑辭厚禮로 以求令萱結爲姊妹하니 令萱亦以昭儀寵幸方隆으로 不得已與祖珽으로 白齊主立之하다

① 胡太后의 오빠는 바로 胡長仁이다.
兄卽長仁.

【綱】 9월 초하루에 일식이 있었다.

九月朔에 日食하다

【綱】 겨울 10월에 北齊가 昭儀 穆氏를 세워 右皇后로 삼았다.

◑ 冬十月에 齊立昭儀穆氏하여 爲右后[10)]하다

【目】 北齊의 陸令萱이 穆昭儀를 세워 皇后로 삼고자 하였는데, 胡皇后가 총애를 받아 사이를 벌려놓을 수 없다고 여겨 사람을 시켜 厭蠱의 술수를 행하였는데, 호황후가 드디어 정신이 불안정하여 말하고 웃는 것이 일정하지 않으니, 北齊主(高緯)가 그녀를 싫어

9) (王)〔主〕: 저본에는 '王'으로 되어 있으나, ≪資治通鑑≫ 胡三省 註에 의거하여 '主'로 바로잡았다.

10) 齊立昭儀穆氏 爲右后 : "두 황후가 나란히 있게 함은 禮가 아니다. 漢나라(前趙)로부터 3后를 세운 것을 기록하고(晉 愍帝 建興 4년(316) 劉聰) 이에 이르러 右皇后를 세운 것을 기록하였다. 이 뒤로 4后를 세운 것을 기록하고(陳나라 己亥年(579) 北周) 5后를 세운 것을 기록하였으니(陳나라 庚子年(580) 北周) 이루 다 나무랄 수가 없다.〔竝后 非禮也 自漢書立三后(晉愍帝建興四年劉聰) 至是書立右后 後此書立四后(陳己亥年周) 立五后(陳庚子年周) 不可勝譏也〕" ≪書法≫
"임금이 황후를 세우는 것은 法을 乾坤, 日月, 陰陽의 뜻에서 취한 것이다. 임금은 밖을 다스리고 황후는 안을 다스리니, 宸極(제왕)과 一體가 되어 天下에 어머니가 되기 때문이다. 嬪御의 다음과 같은 이들은 모두 妾일 뿐이다. 그러므로 禮를 기록하는 이는 天子가 황후를 세우는 데에 1后, 2夫人, 9嬪, 27世婦, 81御妻를 말하였으니 또한 王朝 百官의 무리가 명령을 한 사람에게 듣는 것과 같이 하였던 것이다. 국가에 두 임금이 없는데 어찌 2后가 있을 수 있는가. 옛날 劉聰은 夷狄의 무리로서 일찍이 3后를 세웠다가 곧이어 또한 멸망하였다. 지금 〈北齊主〉 高緯가 혼몽 음탕하며 부도덕하여 총애 받는 자들이 가득한데다 이미 胡氏를 세웠는데 또 穆氏를 세워서 마침내 左皇后·右皇后의 칭호가 있게 되어 장차 몰락하게 될 것은 진실로 말할 것도 없다. 그러나 ≪資治通鑑綱目≫에서 곧바로 책에 기록하지 않을 수 없는 것은 또한 亂亡의 자취를 드러내어 뒷날의 경계로 삼은 것이다.〔人君立后 取法乾坤日月陰陽之義 君治外而后治內 所以齊體宸極 母儀天下 若夫嬪御而次 則皆妾耳 故記禮者 謂天子立后 一后 二夫人 九嬪 二十七世婦 八十一御妻 亦猶王朝百官之衆 聽命於一人者也 國無二主 安得二后 昔劉聰以夷狄醜類 嘗立三后 尋亦亡滅 今高緯昏淫不道 嬖倖盈朝 旣立胡氏 又立穆氏 遂有左皇后右皇后之稱 將就淪滅 固無足道 然綱目不得不直書于冊者 亦以著亂亡之跡爲後戒也〕" ≪發明≫

하였다. 육영훤이 어떤 날 아침에 皇后의 옷을 穆昭儀에게 입혀 휘장 안에 앉히고 北齊主에게 말하기를 "이와 같은 사람이 皇后가 되지 않으면 어떤 사람을 皇后로 삼겠습니까."라고 하니, 北齊主가 마침내 그녀를 세워 右皇后로 삼고 胡氏를 左皇后로 삼았다.

齊陸令萱欲立穆昭儀爲后호대 以胡后有寵不可間이라하여 乃使人行厭蠱之術①한대 胡后遂精神恍惚하여 言笑無恒하니 齊主惡(오)之러니 令萱一旦에 忽以后服으로 被昭儀하여 坐之帳中하고 謂齊主曰 如此人이 不作皇后면 遣何物人作이니잇고하니 齊主乃立爲右皇后하고 以胡氏爲左皇后하다

① 厭蠱는 厭魅와 蠱毒[11]을 말한다.
厭蠱, 謂厭魅蠱毒也.

【綱】 11월에 北周가 上善殿을 헐었다.

十一月에 周毁上善殿[12]하다

【目】 北周主가 道會苑에서 노닐다가 上善殿이 장엄하고 화려하다고 여겨 불태웠다.

周主遊道會苑할새 以上善殿壯麗라하여 焚之하다

【綱】 12월에 北齊主(高緯)가 皇后 胡氏를 폐위하였다.

十二月에 齊主廢其后胡氏[13]하다

---

11) 厭魅와 蠱毒 : 厭魅는 邪術로 저주하여 꿈 따위에 무서운 형상이 보이게 하여 죽이는 것이고, 蠱毒은 남을 저주하는 데 쓰는 벌레로, 온갖 벌레를 그릇에 담아 두면 서로 잡아먹고 최후까지 남는 것이 있는데, 그것이 귀신처럼 생겼고 사람에게 禍를 입힌다.

12) 周毁上善殿 : "장엄하고 화려하다고 여겼기 때문이니 특별히 기록하여 찬미한 것이다. 여기서 上善殿을 헐은 것을 기록하고, 아래에 宮室의 장엄하고 화려한 것을 헐었다고 기록하였으니 北周主는 이에 현명한 군주라고 말할 수 있다. ≪資治通鑑綱目≫이 끝날 때까지 宮殿을 헐은 것을 기록한 것은 네 번이다.(이해에 北周 上善殿, 丁酉年(577)에 北周의 宮室이 장엄하고 화려한 것, 唐 中宗 嗣聖 5년(688)에 乾元殿, 憲宗 元和 4년(809)에 安國寺碑樓이다.) 큰 바람이 불어 王路堂을 헐은 것은 거기에 들지 않았다.(新나라 王莽 地皇 원년(20))〔以壯麗故也 特書美之 此書毁上善殿 下書毁宮室之壯麗者 周主於是可謂賢主矣 終綱目宮殿書毁四(是年 周上善殿 丁酉年 周宮室壯麗者 唐中宗嗣聖五年 乾元殿 憲宗元和四年 安國碑樓) 大風毁王路堂不與焉(新莽地皇元年)〕" ≪書法≫

13) 齊主廢其后胡氏 : "이에 陸令萱이 胡太后를 격동시키자 태후가 노하여 胡皇后를 불러내어 즉시 머리를 깎아서 집으로 돌려보내고 폐위하여 庶人으로 삼았는데, 北齊主를 지척한 것은 어째서인가. 마음속의 생각을 주벌한 것이다. 穆氏를 세워서 右皇后로 삼았으니 본래 胡氏를 폐위할 마음이 있었던 것이다.〔於是令萱激太后 太后怒 呼后出 剃其髮 送還家 廢爲庶人 則其斥齊主 何 誅意也 立穆氏爲右后 則固有廢胡氏之心矣〕" ≪書法≫

【目】 陸令萱이 어느 날 아침에 太后의 앞에서 노한 안색을 드러내며 말하기를 "도대체 어떤 조카딸이 이와 같은 말을 만들어 내었습니까."라고 하니, 태후가 그 까닭을 묻자, 육영훤이 말하기를 "말할 수 없습니다."라고 하였다. 굳이 묻자 마침내 말하기를 "〈胡皇后가〉 大家(北齊主)에게 말하기를 '태후의 행동이 대부분 법도에 맞지 않으니 교훈으로 삼게 할 수 없습니다.' 하였습니다."라고 하였다. 태후가 크게 진노하여 호황후를 불러내어 즉시 머리를 깎아서 집으로 돌려보내고 폐위하여 庶人으로 삼았다. 이로부터 육영훤과 穆提婆의 위세가 궁궐 안팎을 휩쓸어 관직을 팔고 뇌물을 받고 獄事를 그릇되게 판결하였으며, 하사하는 일로 창고에 저장된 물건을 텅 비게 하였다. 태후 이하가 모두 그들의 지시를 받아 죽이고 살리며 주고 빼앗는 일을 오직 그들의 뜻대로 하였는데, 얼마 후에 右皇后 穆氏를 皇后로 삼았다.

陸令萱一旦에 於太后前에 作色言曰 何物親姪이 作如此語오하니 太后問其故한대 令萱曰 不可道이니이다하다 固問之하니 乃曰 語大家云호대 太后行多非法하니 不可以訓이라하니 太后大怒하여 呼后出하여 立剃其髮하여 送還家하여 廢爲庶人하니 自是로 令萱提婆勢傾內外하여 賣官鬻獄하고 賜與傾府藏이라 自太后以下가 皆受其指麾하여 殺生與奪을 唯意所欲이러니 尋以右后穆氏로 爲皇后하다

【綱】 突厥의 木杆可汗(阿史那俟斤)[14]이 죽자 그의 아우 佗鉢可汗(이름 불명)이 즉위하였고, 또 동서로 나누어 두 명의 可汗을 세웠다.

突厥木杆可汗死어늘 弟佗鉢可汗立하고 又分立東西二可汗하다

【目】 木杆可汗이 그의 아들 阿史那大邏便을 버리고 그의 아우를 세웠으니, 바로 佗鉢可汗이다. 따로 나누어서 爾伏可汗(阿史那攝圖)을 세워 동쪽 방면을 통치하게 하고 步離可汗을 세워 서쪽 방면을 다스리게 하였는데, 北周 사람들이 그들과 화친을 하여 해마다 명주와 솜 및 여러 빛깔의 비단 10만 단을 주고, 北齊에서도 역시 그들에게 많은 뇌물을 주니, 타발가한이 더욱 교만해져 부하들에게 말하기를 "남쪽에 있는 두 아이가 늘

14) 木杆可汗(阿史那俟斤) : ≪隋書≫ 〈突厥傳〉에 보면 俟斤은 다른 이름이 燕都라고 하였다. 俟斤은 고대 투르크어에 '이르킨(irkin)'의 음차라 하여 돌궐의 관명으로 보는 설이 있다.(≪隋書 外國傳 譯註≫, 동북아역사재단, 2009)

나에게 효도하게 한다면 어찌 가난을 근심하겠는가."라고 하였다.

阿史那皇后가 北周主(高緯)에게 총애를 받지 못했는데, 神武公 竇毅가 襄陽公主에게 장가들어 낳은 딸이 오히려 어렸으므로 北周主에게 은밀하게 말하기를 "지금 北齊와 陳나라가 솥발처럼 대치하고 있고 突厥이 한창 강성하니, 바라건대 처남은 감정을 억제하고 〈돌궐을〉 위로하고 어루만져 백성을 유념하소서."라고 하니, 北周主가 깊이 받아들였다.

木杆捨其子大邏便而立其弟하니 是爲佗鉢可汗이라 分立爾伏可汗하여 統東面하고 步離可汗하여 統西面①한대 周人與之和親하여 歲給繒絮錦綵十萬하고 齊亦厚賂之하니 佗鉢益驕하여 謂其下曰 但使我在南兩兒常孝면 何憂於貧②이리오 阿史那后無寵於周主러니 神武公竇毅가 尙襄陽公主하여 生女尙幼라 密言於周主曰 今齊陳鼎峙하고 突厥方强하니 願舅抑情慰撫하여 以生民爲念하소서하니 周主深納之③하다

① 爾伏可汗은 바로 阿史那攝圖이다. 步離可汗은 佗鉢可汗의 아우로, 褥但可汗의 아들이다.
爾伏可汗, 卽攝圖也. 步離可汗, 佗鉢弟, 褥但可汗之子.

② '在南兩兒'는 爾伏可汗과 步離可汗 두 명을 말하니, 西北 지방을 나누어 맡았는데 모두 남쪽으로는 中國에 가까웠다.
在南兩兒, 謂爾伏・步離二人, 所部分西北, 皆南近中國.

③ 拓跋魏(北魏)는 尖山에 神武郡을 설치하였다. 竇毅는 竇熾의 형의 아들이다. 襄陽公主는 北周主의 누이로, 큰 딸이 唐 高祖(李淵)에게 시집을 갔으니, 바로 唐 太宗(李世民)의 모친이다. '鼎峙'는 北齊와 陳나라와 北周가 솥발처럼 대치하는 형세를 이루었다는 뜻이다.
拓跋魏置神武郡於尖山. 毅, 熾之兄子也. 襄陽公主, 周主之姊也, 女長嫁唐高祖, 卽太宗之母也. 鼎峙, 齊・陳及周三國鼎峙.

癸巳年(573)

陳나라 宣帝 陳頊 太建 5년이고, 北齊 後主 高緯 武平 4년이고, 北周 高祖 武帝 宇文邕 建德 2년이다.

陳太建五年이요 齊武平四年이요 周建德二年이라

【綱】 봄 정월에 北齊가 高阿那肱을 錄尙書事로 삼았다.

春正月에 齊以高阿那肱으로 錄尙書事하다

【目】 高阿那肱이 穆提婆와 韓長鸞과 함께 국가의 주요 政事를 처리하였으니, 이들을 '삼귀'라고 불렀다. 나라를 좀먹고 백성에게 해를 끼치는 일이 나날이 더욱 심해졌으며, 한장란은 士人을 더욱 미워하여 아침저녁으로 참소를 일삼았고, 항상 칼을 차고 말을 달리며 눈을 부릅뜨고 주먹을 불끈 쥐고는 남을 집어 삼킬 위세를 지니고 있었으니, 조정의 士人이 일을 문의하면서 감히 올려다보지 못했다.

阿那肱與穆提婆韓長鸞으로 共處衡軸하니 號曰三貴①라 蠹國害民하여 日月滋甚하고 長鸞尤疾士人하여 朝夕에 唯事譖訴하며 常帶刀走馬하고 瞋目張拳하여 有噉人之勢하니 朝士咨事에 莫敢仰視하더라

① 수레의 멍에가 衡이고, 바퀴를 지탱하는 것이 軸이다. 수레는 이 두 가지가 없으면 운행을 할 수 없기 때문에 이로써 비유한 것이다.
車軛曰衡, 持輪者曰軸. 車非二者不行, 故以爲喩.

【綱】 北齊가 文林館을 설치하였다.

齊置文林館[15)]하다

【目】 北齊主(高緯)가 文學을 제법 좋아하니, 祖珽이 아뢰어 文林館을 설치하여 侍郎 李德林과 顔之推에게 文林館의 일을 공동으로 주관하도록 하여 ≪修文殿御覽≫을 함께 편찬하도록 하였다.

齊主頗好文學하니 祖珽奏置文林館하여 以侍郎李德林顔之推로 同判館事하여 共撰修文殿御覽①하다

① 北齊 大統 연간(535~551) 중에 東宮을 헐어버리고 修文殿 등의 殿을 세웠다.
齊大統中, 毁東宮, 起修文等殿.

【綱】 3월에 北周에서 흰 사슴을 잡았다.

三月에 周獲白鹿하다

15) 齊置文林館 : "館을 기록한 것이 없었는데 여기에 기록한 것은 어째서인가. 나무란 것이다. 北齊의 정치가 날로 어지러워져서 文治를 닦는 데에 급급해 하였으나 또한 말단적인 것이다. ≪資治通鑑綱目≫이 끝날 때까지 館을 기록한 것은 두 번이다.(이해(573)에 文林館, 唐 高祖 武德 9년(626)에 弘文館이다.)〔館未有書者 書此 何 譏也 齊政日亂 而汲汲於修文 抑末矣 終綱目書館二(是年文林 唐高祖武德九年弘文)〕" ≪書法≫

【目】北周의 太子가 흰 사슴을 잡아서 바쳤는데, 北周主(高緯)가 조서를 내려 말하기를 "德에 있는 것이지 상서로움에 있지 않다."라고 하였다.

周太子獲白鹿以獻한대 周主詔曰 在德이요 不在瑞니라

【綱】여름 4월에 陳나라의 將軍 吳明徹이 군대를 이끌고 北齊를 공격하여 江北의 몇 개 郡을 탈취하였다.

夏四月에 陳將軍吳明徹이 將兵擊齊하여 取江北數郡하다

【目】陳主(陳頊)가 北齊의 정벌을 도모할 적에 公卿이 각기 의견을 달리하였는데, 오직 鎭前將軍 吳明徹만이 계책을 결정하여 출정하기를 청하였다. 陳主가 公卿에게 말하기를 "내 뜻은 이미 정해졌으니, 元帥를 추대해야 할 것이다."라고 하니, 여러 사람들이 논의하여 中權將軍 淳于量의 지위가 중대하다고 여겨 함께 서명하여 추대하였다. 僕射 徐陵이 홀로 말하기를 "오명철은 집이 淮水의 동쪽에 있어 저들의 풍속을 잘 알고 있으며, 지금에 장수의 지략이나 사람의 재주로 보더라도 역시 그보다 뛰어난 사람이 없습니다."라고 하니, 尙書 裴忌가 말하기를 "臣의 의견도 徐僕射와 같습니다."라고 하였다.

陳主謀伐齊할새 公卿各有異同호대 唯鎭前將軍吳明徹이 決策請行①한대 陳主謂公卿曰 朕意已決하니 可擧元帥라하니 衆議以中權將軍淳于量이 位重이라하여 共署推之②러니 僕射徐陵獨曰 吳明徹이 家在淮左하여 悉彼風俗하고 將略人才當今에 亦無過者③니이다하니 尙書裴忌曰 臣同徐僕射로소이다하다

① 梁 武帝(蕭衍)가 八鎭將軍을 두었으니, 鎭東將軍·鎭西將軍·鎭南將軍·鎭北將軍은 다만 밖(지방)의 일을 시행하고, 鎭左將軍·鎭右將軍·鎭前將軍·鎭後將軍은 다만 안(중앙)의 일을 시행하였다.
梁武帝置八鎭將軍, 東西南北止施在外, 左右前後止施在內.

② 梁나라에서 四中將軍(中軍將軍·中衛將軍·中權將軍·中撫將軍)을 두었는데, 八鎭將軍과 동일하게 官品이 2品이었다. 그러나 四中將軍의 반열[16]은 四征將軍(征東將軍·征西將軍·征南將軍·征北將軍)보다 높았고, 八鎭將軍의 반열은 四征將軍보다 낮았다. 그러므로 淳于量의 지위가 중대하다고 한 것이다.

16) 반열 : 원문의 班은 24班을 가리킨 것이다. 南朝 梁나라 때 將軍의 官階에 새롭게 두었는데, 天監 7년(508)에 125개의 將軍號에 10品·24班을 정하였다.

梁置四中將軍, 與八鎭將軍同擬官品第二. 然四中班四征之上, 八鎭班四征之下, 故以量位爲重.
③ 吳明徹은 秦郡 사람이다.
明徹, 秦郡人.

【目】徐陵이 그의 말에 호응하여 말하기를 "裴忌 역시 훌륭한 副將입니다."라고 하였다. 드디어 吳明徹을 都督征討諸軍事로 삼고 배기를 監軍事로 삼아 군사들을 거느리고 北齊를 정벌하도록 하니, 오명철은 秦郡으로 출정하였고 黃灋氍는 歷陽으로 출정하였다.

北齊 사람들이 陳나라의 군대를 막을 계책을 논의하였는데, 開府儀同三司 王紘이 말하기를 "官軍이 근래에 누차 패배하여 인심이 동요하고 있습니다. 만일 다시 나가서 江淮에 주둔하면 북쪽의 오랑캐(突厥)와 서쪽의 도적(北周)이 피로한 틈을 타고 쳐들어올까 두려우니, 〈그렇게 되면〉 대세는 기울게 될 것입니다. 조세를 절감하고 요역을 덜어주어 백성을 쉬게 하고 병력을 기르며, 조정을 화목하게 하고 원근에 있는 사람들이 진심으로 歸附하게 하는 것만 못합니다. 〈그렇게 되면〉 천하가 모두 맑고 깨끗해질 터이니, 어찌 다만 陳나라뿐이겠습니까."라고 하였다.

陵應聲曰 裴忌亦良副也니이다하니 遂以明徹로 都督征討하고 忌로 監軍事하여 統衆伐齊한대 明徹出秦郡하고 黃灋氍(법구)出歷陽하니 齊人議禦陳師할새 開府儀同三司王紘曰 官軍比屢失利하여 人情騷動①하니 若復出頓江淮하면 恐北狄西寇乘弊而來하니 則世事去矣②리니 莫若薄賦省(생)徭息民養士하고 使朝廷協睦하고 遐邇歸心하니 天下皆當肅淸하리니 豈直陳氏而已리오하다

① 歷史를 상고해보면 근년 이래로 北齊의 군사들이 패배하지 않은 적이 없다는 내용은 宜陽과 汾北의 전투에서 北周와 북제가 번갈아 승리하고 패배한 일인 듯하니, 북주의 군대가 비록 퇴각하였으나, 북제의 군대 역시 피로에 지쳐 있었다.
考之史, 比年以來, 齊師未嘗失利, 蓋爭宜陽·汾北, 周·齊更(경)勝迭負, 周師雖退, 齊師亦疲也.
② 北狄은 突厥을 말하고, 西寇는 北周를 말한다.
北狄, 謂突厥. 西寇, 謂周.

【目】〈北齊主(高緯)가 王紘의 말을〉 따르지 않고 군대를 파견하여 歷陽을 구원하도록 하였는데, 黃灋氍가 그들을 공격하여 무찔렀다. 北齊가 또 開府儀同三司 尉破胡를 파견하여 秦州를 구원하도록 하자, 趙彦深이 秘書監 源文宗에게 개인적으로 계책을 물으니, 원문종이 말하기를 "조정의 정예병을 필시 여러 장수에게 많이 내주지는 않을 것이니,

수천 명 이하의 병력은 吳人(陳나라)의 먹잇감이 되기에 충분하고, 울파호의 인품은 王께서도 알고 계시니, 그의 패배는 아침이 아니면 저녁의 일이 될 것입니다. 王琳에게 오로지 맡기는 것만 못하니, 淮南에서 3, 4만 명을 불러 모으면 풍속이 서로 통하여 죽을힘을 다해 싸울 수 있고, 이와 겸하여 옛 장수에게 명을 내려 병력을 이끌고 淮北에 주둔하도록 하면 충분히 굳게 지킬 수 있을 것입니다. 게다가 왕림이 陳項(陳나라의 군주)에 대해 필시 북쪽을 향하는 신하로서 섬기지 않을 것[17]은 분명합니다. 만일 王琳을 진심으로 대하지 않고 다시 다른 사람을 파견하여 간섭한다면 다시 재앙을 초래할 것이니, 더욱 그렇게 해서는 안 됩니다."라고 하였다.

不從하고 遣軍救歷陽이어늘 瀥虤擊破之한대 齊又遣開府儀同三司尉破胡하여 救秦州①할새 趙彦深私問計於秘書監源文宗한대 文宗曰 朝廷精兵을 必不肯多付諸將이니 數千已下는 適足爲吳人之餌요 破胡人品은 王之所知니 敗績之事가 匪朝伊夕②이라 莫若專委王琳하니 招募淮南三四萬人하면 風俗相通하여 能得死力이요 兼命舊將將之하여 屯於淮北하면 足以固守요 且琳之於項에 必不肯北面事之가 明矣니 若不推赤心於琳하고 更(갱)遣餘人掣肘하면 復成速禍하리니 彌不可爲③리라하다

① 北齊 사람들이 秦郡에 秦州를 두었다.
齊人於秦郡置秦州.
② 趙彦深이 宜陽王에 봉해졌기 때문에 王이라고 한 것이다.
彦深封宜陽王故稱之.
③ '掣肘'는 팔의 관절을 당기는 것이다. 宓子賤이 單父(선보)의 고을 수령이 되었는데 魯君에게 말을 하여 두 명의 관리를 요청하여 함께 고을로 갔다. 두 경의 관리에게 글을 쓰게 하고는 팔을 잡아당겨 글씨를 잘 쓰지 못하면 그때마다 그들에게 화를 내었다. 관리들이 견디지 못하고 돌아가 魯君에게 고하자, 魯君이 말하기를 "이는 내가 그의 정사를 간섭할까 염려해서 그런 것일 뿐이다."라고 하였다. 복자천은 이로 인해 선보 고을을 잘 다스렸다. 후에 '掣肘'라고 말하는 경우는 여기에서 유래하였다.
掣肘, 挽臂節也. 宓子賤爲單父宰, 言於魯君, 請與二吏, 俱至邑. 使二吏書而掣其肘, 書不工, 輒怒之. 吏不能堪, 歸以告魯君. 魯君曰"是慮我掣其肘耳." 宓賤是以能爲單父. 後之言掣肘者本此.

【目】 趙彦深이 탄식하기를 "이 계책이 진실로 제압하여 승리하기에 충분하지만, 10일을 다투었으나 이미 채택되지 못하였다. 時事가 이 지경에 이르렀으니 어찌 다 말을 할 수

17) 북쪽을……것 : 북쪽을 향하는 것은 신하로서 임금을 섬긴다는 뜻이다.

있겠는가."라고 하고, 이어 서로 돌아보며 눈물을 흘렸다. 源文宗의 이름은 彪이니, 源子恭의 아들이다. 원문종의 아들 源師가 祠部郎의 일을 관장하면서 한번은 高阿那肱에게 말하기를 "龍星이 나타났으니 기우제를 지내야 합니다."라고 하였는데, 高阿那肱이 놀라며 말하기를 "그 색깔이 어떤가?"라고 하였다. 원사가 말하기를 "龍星이 처음 나타났으니, 예법에 따라 기우제를 지내야 하는 것이지 진짜 용이 나타난 것은 아닙니다."라고 하니, 고아나굉이 진노하여 말하기를 "漢兒가 〈쓸데없이〉 일을 많이 만들어 별자리까지 다 아는 척을 하는구나."라고 하고, 드디어 제사를 지내지 않았다. 원사가 나와서 몰래 탄식하며 말하기를 "禮가 이미 없어졌으니, 北齊가 오래갈 수 있겠는가."라고 하였다.

彦深歎曰 此策이 誠足制勝이언정 爭之十日에 已不見從하니 時事至此하니 安可盡言이리오 因相顧流涕하니 文宗의 名은 彪니 子恭之子也라 文宗子師가 攝祠部郎하여 嘗白高阿那肱호대 龍見(현)當雩①라한대 阿那肱驚曰 其色如何오하니 師曰 龍星初見(현)하니 禮當雩祭라 非眞龍也라하니 阿那肱怒曰 漢兒多事하여 彊知星宿(수)라하고 遂不祭어늘 師出竊歎曰 禮既廢矣라 齊能久乎②아하다

① ≪春秋左氏傳≫에는 "龍星이 나타나면 기우제를 지냈다."라고 하였는데, 杜預의 註에 이르기를 "龍星이 나타나는 때는 建巳月(陰曆 4월)이다. 蒼龍은 東方七宿의 總體(全體)인데, 初昏에 東方에 나타난다. 이때에는 만물이 무성해지기 시작하지만 비가 내려야 성장한다. 그러므로 하늘에 제사를 지내어 멀리 百穀을 위하여 단비가 내리기를 기원한다."라고 하였다. 鄭玄이 말하기를 "雩는 탄식하며 비를 내려달라고 기원하는 제사이다."라고 하였다. 孔穎達이 말하기를 "하늘의 사방에는 7宿가 있어 각각 하나의 형상을 이룬다. 東方에는 용의 형상을 이루고 西方에는 범의 형상을 이루되, 모두 남쪽으로 머리를 두고 북쪽으로 꼬리를 뻗었다. 南方에는 새의 형상을 이루고 北方에는 거북의 형상을 이루되, 모두 서쪽으로 머리를 두고 동쪽으로 꼬리를 뻗었다."라고 하였다. ≪五代志≫[18]에 "後齊(北齊)가 孟夏에 龍星이 나타나자 기우제를 지내야 된다고 여겨 夏郊의 동쪽에서 太微宮[19]의 五精帝[20]에게 제사를 지냈는데, 그 위에 둥근 壇을 만들고 곡식이 여물기를 빌며 顯祖 文宣帝(高洋)를 배향하였다."라고 하였다.

春秋左氏傳曰 "龍見(현)而雩." 杜預注云 "龍見建巳之月, 蒼龍宿(수)之體, 昏見(현)東方, 萬物始

18) 五代志 : 이는 ≪五代史志≫ 즉 ≪隋書≫의 〈志〉를 가리킨 것으로 보인다. ≪수서≫와 ≪오대사지≫는 별개의 책으로, 나중에 ≪오대사지≫가 ≪수서≫에 합간된 것이다. ≪수서≫는 唐 太宗 貞觀 10년(636)에 만들어졌으며, 이때에는 〈紀〉와 〈傳〉만 존재하였다. 이후 梁·陳·北齊·北周·隋 5代의 제도를 편찬한 것이 ≪오대사지≫로, 唐 高宗 顯慶 원년(656)에 완성되었다.

19) 太微宮 : 옥황상제가 거주하는 천상의 궁궐이다.

20) 五精帝 : 五帝座라고도 하며, 5개의 별로 이루어져 있는데, 太微垣의 좌우 담장 안의 가운데쯤에 놓여 있는 별자리이다. 五帝는 5방위를 담당하는 다섯 신에 해당하는데, 동쪽의 靑帝, 서쪽의 白帝, 남쪽의 赤帝, 북쪽의 黑帝, 중앙의 黃帝를 지칭한다.

盛, 待雨而大, 故祭天, 遠爲百穀祈甘雨." 鄭玄曰 "雩, 吁嗟求雨之祭." 孔穎達曰 "天之四方, 皆有七宿, 各成一形, 東方成龍形, 西方成虎形, 皆南首而北尾, 南方成鳥形, 北方成龜形, 皆西首而東尾." 五代志 "後齊以孟夏龍見而雩, 祭太微五精帝於夏郊之東, 爲圓壇於其上, 祈穀實, 以顯祖文宣帝配."

② 여러 源氏는 본래 鮮卑族인 禿髮氏에서 나왔다. 高氏는 鮮卑에서 태어나 성장하여 스스로 '鮮卑'라 명명하고 숨긴 적이 없었다. 선비가 드디어 스스로 귀한 종족이라 일컬으며 대체로 中華 사람들을 '漢兒'라고 하였으니, 대체로 업신여기고 꾸짖는 뜻이 담겨 있다.
諸源本出於鮮卑禿髮. 高氏生長於鮮卑, 自命爲鮮卑, 未嘗以爲諱. 鮮卑遂自謂貴種, 率謂華人爲漢兒, 率侮詬之.

【目】北齊의 군대는 키가 크고 건장하며 완력이 있는 사람을 선발하여 선봉부대를 만들어 蒼頭·犀角·大力이라 불렀으니, 그 기세가 매우 예리하였다. 또 활을 잘 쏘는 西域의 胡族이 있었는데 쏘는 족족 명중시키니, 陳나라의 군대가 더욱 두려워하였다. 전투가 벌어지려 하자 吳明徹이 巴山太守 蕭摩訶에게 말하기를 "만약 이 胡族을 죽이면 저들의 군대는 사기가 떨어질 것이다."라고 하니, 소마가가 말하기를 "응당 公을 위하여 그들을 잡겠습니다."라고 하였다. 오명철이 이에 북제에 투항한 사람을 불러서 소마가에게 〈胡族을〉 가리켜 보이게 하니, 소마가가 말을 달려 북제의 군대로 향하였다. 胡族이 몸을 빼어 진영 앞으로 나가 활을 당기고 발사하기 전에 소마가가 작은 끌〔銑鋧〕을 던져 그들의 이마를 맞추니, 손을 움직일 때마다 그들이 쓰러졌으며, 大力 10여 명이 나와서 싸웠으나 소마가가 또 그들의 목을 베었다. 그리하여 북제의 군대가 대패하였다.

齊師選長大有膂力者하여 爲前隊하여 號蒼頭犀角大力하니 其鋒甚銳[①]라 又有西域胡善射하여 弦無虛發이라 陳軍尤憚之러니 將戰에 吳明徹謂巴山太守蕭摩訶曰 若殪此胡면 則彼軍奪氣矣[②]리라한대 摩訶曰 當爲公取之호리라하다 明徹乃召降(항)人하여 使指示之한대 摩訶馳馬衝齊軍하니 胡挺身出陳하여 彀弓未發[③]이러니 摩訶擲銑鋧하여 中其額하니 應手而仆[④]하고 大力十餘人出戰이어늘 摩訶又斬之하니 於是에 齊軍大敗하니라

① 隊(군대)는 徒對의 切이니, 부대이다.
隊, 徒對切, 部隊也.
② 殪(죽이다)는 음이 翳이니, 죽인다는 뜻이다.
殪, 音翳, 死也.
③ 彀는 古豆의 切이니, 당긴다는 뜻이다.
彀, 古豆切, 張也.

④ '銑鋧'은 음이 跣現이니, 작은 끌이다.
銑鋧, 音跣現, 小鑿也.

【目】 尉破胡가 출정할 때에 王琳이 말하기를 "吳(陳나라)의 병사는 몹시 날래므로 좋은 계책으로 그들을 제압해야 하니, 부디 가벼이 전투를 벌이지 마시오."라고 하였는데, 尉破胡가 그 말을 따르지 않다가 패배하였다. 北齊가 이에 왕림으로 하여금 壽陽으로 나아가 병력을 모집하여 陳나라의 군대를 막도록 하였다. 瓦梁城·廬江城·歷陽城·合肥城이 모두 陳나라에 투항하자, 黃瀍氈가 약탈을 금지하고 수비하던 군사들을 위로하며 그들에게 맹세를 받고 풀어주니, 高唐城·齊昌城·瓜步城·胡墅城 등이 역시 陳나라에 투항하였다.

破胡之出師也에 王琳謂曰 吳兵甚銳하니 宜以長策制之요 愼勿輕鬪하라한대 破胡不從而敗하니 齊乃使琳으로 赴壽陽하여 召募以拒陳하다 瓦梁廬江(瀝)〔歷〕[21]陽合肥가 皆降於陳이어늘 瀍氈禁侵掠撫戍卒하여 與之盟而縱之①하니 高唐齊昌瓜步胡墅等城이 亦降於陳②하다

① ≪五代志≫로 상고해보면 瓦梁城은 江都郡 六合縣 경계에 있다. 살펴보건대 ≪魏書≫ 〈地形志〉에 "梁나라가 廬江郡을 설치하고 灊縣에 治所를 두었다."라고 하였다.
以五代志考之, 瓦梁城當在江都郡六合縣界. 按地形志 "梁置廬江郡, 治灊縣."

② ≪五代志≫에는 "同安郡 宿松縣에 梁나라가 高唐郡을 두었다. 蘄春郡 蘄春縣은 옛날에 '蘄陽'이라 불렀는데, 梁나라가 '蘄水'로 고쳤으며, 後齊(北齊)가 고쳐 '齊昌'이라 하고 齊昌郡을 두었다."라고 하였다. 墅(교외)는 承與의 切이다. 瓜步城과 胡墅城 두 城은 모두 六合縣 경계에 있는데, 강에 닿아 있다.
五代志 "同安郡宿松縣, 梁置高唐郡. 蘄春郡蘄春縣, 舊曰蘄陽, 梁改蘄水, 後齊改曰齊昌, 置齊昌郡." 墅, 承與切. 瓜步·胡墅二城, 皆在六合縣界, 臨江.

【綱】 5월에 北齊가 祖珽을 北徐州刺史로 삼았다.

五月에 齊以祖珽爲北徐州刺史하다

【目】 北齊는 和士開가 政權을 잡은 이후로 政事가 무너지고 문란해졌는데, 祖珽이 政權을 잡게 되자 제법 재주와 명망이 있는 사람을 거두어 등용하고 쓸모없는 관원을 도태시켰다. 또 宦官들과 소인배들을 내치려고 하였는데 陸令萱과 穆提婆가 매우 의견을 달

21) (瀝)〔歷〕: 저본에는 '瀝'으로 되어 있으나, ≪資治通鑑≫에 의거하여 '歷'으로 바로잡았다.

리하자, 祖珽이 中丞 麗伯律에게 넌지시 말하여 主書 王子沖이 뇌물을 받은 일을 탄핵하도록 하였다. 이 일을 목제파에게 파급시켜 육영훤과 함께 모두 연좌되게 하고자 하였고, 또 皇后의 무리를 끌어들여 후원세력으로 삼고자 하여 胡皇后의 오빠인 胡君瑜를 中領軍으로 삼고, 胡君璧을 御史中丞으로 삼기를 청하였다. 육영훤이 진노하여 그들을 배척해 내보내었는데, 胡皇后가 얼마 뒤에 폐위되었다.

祖珽이 나날이 더욱 소외당하자 宦官들이 다시 함께 그를 참소하였다. 北齊主(高緯)가 祖珽에 대해서 육영훤에게 묻자, 육영훤이 평상을 내려와 절을 하며 말하기를 "이 늙은 婢妾은 응당 죽어야 합니다. 孝徵(祖珽)은 큰 奸臣이니, 사람들이 실로 알기가 어렵습니다."라고 하였다. 北齊主가 韓長鸞으로 하여금 조사하도록 하여 〈祖珽이〉 거짓으로 칙령을 내려 하사품을 받은 일 등 10여 건을 밝혀내고는 〈祖珽을〉 北徐州刺史로 내보냈다.

齊自和士開用事以來로 政體隳紊이러니 及珽執政에 頗收舉才望하며 沙汰人物하고 又欲黜諸閹豎及群小輩한대 陸令萱穆提婆議頗同異어늘 珽乃諷中丞麗伯律하여 令劾主書王子沖納賂라 事連提婆하여 欲使與令萱皆連坐①하고 且欲引后黨爲援하여 乃請以胡后兄君瑜爲中領軍하고 君璧爲御史中丞한대 令萱怒排出之러니 胡后尋廢라 珽日以益疏하니 諸宦者更共譖之어늘 齊主以問令萱한대 令萱下牀拜曰 老婢應死니이다 孝徵大是奸臣이니 人實難知니이다 齊主令韓長鸞으로 檢案하여 得其詐出勅受賜等十餘事라 出刺北徐州②하다

① 麗는 姓이고, 伯律은 이름이다. 後齊(北齊)의 제도에 의거하면 中書省에는 舍人과 主書가 각기 10명이 있었다.
麗, 姓也, 伯律, 其名. 後齊制中書省有舍人主書各十人.

② 檢은 살피다, 찾다, 조사하다, 들추어내다는 뜻이다. 案은 상고하여 증거로 삼는다는 뜻이며, 역시 들추어내다는 뜻이다. ≪五代志≫에는 "琅邪郡에는 옛날에 北徐州를 두었다."라고 하였다.
檢, 察也, 搜也, 校也, 擧也. 案, 考驗也, 亦擧也. 五代志 "琅邪郡, 舊置北徐州."

【綱】北齊主(高緯)가 蘭陵王 高長恭을 죽였다.

齊主殺其蘭陵王長恭하다

【目】北齊의 蘭陵武王 高長恭은 용모가 준수하고 용감하였는데, 邙山의 전투에서 승리한

일로 인해 위세와 명성이 성대하였다. 武士들이 그 일을 노래하여 〈蘭陵王入陳曲〉을 만들자 北齊主가 그를 시기하였다. 〈고장공이〉 段韶를 대신하여 여러 군대를 지휘하여 定陽을 공격할 적에 〈재물을〉 거두어들이는데 제법 힘을 기울이자 그와 가까웠던 尉相願이 질책을 하였는데, 고장공이 대꾸하지 않았다. 울상원이 말하기를 "邙山의 전투에서 승리한 일로 인해 〈남들의 시기를 받게 되어〉 자신을 깎아내리려고 한 것이 아니겠습니까."라고 하니, 고장공이 그렇다고 말하였다. 울상원이 말하기를 "조정에서 만일 王을 시기하면 즉시 이 일을 가지고 죄를 삼을 것이니, 재앙을 피하려다 더 빠르게 불러들이는 꼴이 아니겠습니까."라고 하였다. 고장공이 눈물을 흘리며 계책을 묻자 울상원이 말하기를 "王이 다만 병을 핑계 대어 집에 머무르고, 세상일에 간여하지 않는 방법뿐입니다."라고 하니, 고장공이 옳다고 여겼으나 물러나지 못했다. 江淮에서 전쟁이 벌어지자 고장공은 다시 장군이 될까 두려워하여 병을 앓으면서도 치료하지 않으니, 北齊主가 酖毒으로 그를 죽였다.

齊蘭陵武王長恭이 **貌美而勇**이러니 **以邙山之捷**으로 **威名大盛**이라 **武士歌之爲蘭陵王入陳曲**하니 **齊主忌之**①러라 **及代段韶督諸軍攻定陽**에 **頗務聚斂**②이어늘 **其所親尉相願**이 **責之**한대 **長恭未應**하니 **相願曰 豈非以邙山之捷**으로 **欲自穢乎**아 **長恭曰 然**하다하니 **相願曰 朝廷若忌王**하면 **卽當用此爲罪**니 **無乃避禍而更速之乎**아하다 **長恭涕泣問計**한대 **相願曰 王但屬**(촉)**疾在家**요 **勿預時事而已**③라한대 **長恭然之而未能退**러니 **及江淮用兵**에 **恐復爲將**하여 **有疾不療**한대 **齊主酖殺之**하다

① 邙山의 전투에서 승리한 일은 陳 文帝 天嘉 5년(564)에 보인다. 杜佑가 말하기를 "北齊의 蘭陵王 高長恭은 재주와 무력이 있고 용모가 준수하였는데, 늘 가면을 쓰고 적을 상대하였다. 한번은 金墉城 아래에서 北周의 군대를 공격하였는데, 용맹이 三軍 중에서 으뜸이었다. 北齊 사람들이 그를 장하게 여겨 이 춤을 추면서 그가 지휘하고 공격하는 모습을 재현하고는 〈蘭陵王入陳曲〉이라 하였다."라고 하였다.
邙山之捷, 見(현)陳文帝天嘉五年. 杜佑曰"北齊蘭陵王長恭, 才武而貌美, 常著(착)假面以對敵. 嘗擊周師金墉城下, 勇冠三軍. 齊人壯之, 作此舞, 以效其指麾擊刺之容, 謂之蘭陵王入陳曲."

② 太建 3년(571)에 段韶가 定陽城을 포위하니 北周의 汾州刺史 楊敷가 굳게 지키며 항복을 하지 않았다. 당시에 단소가 병으로 일어나지 못하자, 高長恭이 壯士 1000여 명을 동남쪽 계곡 입구에 매복하게 하였는데, 성안에 식량이 다 떨어져 楊敷가 달아나자 매복한 병력이 그를 공격하여 사로잡았다.
太建三年, 韶圍定陽城, 周汾州刺史楊敷固守不下, 時韶臥病, 長恭乃令壯士千餘人伏於東南澗口, 城中糧盡, 敷走, 伏兵擊擒之.

③ 屬은 음이 燭이니 의탁한다는 뜻이다.
屬音燭, 託也.

【綱】6월에 陳나라가 北齊의 灄口城 등을 함락하였다.

六月에 陳克齊灄口等城[①]하다

① ≪水經註≫에는 "江水는 魯山 남쪽을 경유하여 왼편에서 湖口水를 만들고, 또 동쪽으로 灄口水와 합류하는데, 물은 安陸縣에서 위로 沔水를 이어받아 동쪽으로 가고 灄陽縣 북쪽을 경유하여 동남쪽으로 江水로 유입된다."라고 하였다.
水經註 "江水逕魯山南, 左得湖口水, 又東合灄口水, 水上承沔水於安陸縣而東, 逕灄陽縣北, 東南注于江."

【綱】北齊主(高緯)가 南苑에서 노닐다가 따라갔던 관리 60명을 죽이고, 高阿那肱을 司徒로 삼았다.

◑齊主遊南苑할새 殺其從官六十人하고 以高阿那肱으로 爲司徒[22)]하다

---

22) 齊主遊南苑……爲司徒 : "60인을 기록한 것은 어째서인가. 北齊主를 심하다고 여긴 것이다. 이에 賜死한 자가 60인인데 혹은 더위 먹어 죽었다고도 한다. 그렇다면 사람을 정치로 죽인 것이므로 '죽였다〔殺〕'라고 기록하였다. ≪資治通鑑綱目≫에서 '노닐다〔遊〕'라고 기록한 것이 8번인데 노닐다가 백성을 해친 것은 燕主 慕容熙만 한 자가 없고, 노닐다가 신하를 죽인 것은 北齊主 高緯만 한 자가 없다.(秦 始皇 29년(B.C. 218)에 자세하다.)〔書六十人 何 甚齊主也 於是賜死者六十人 或曰暍死也 然則殺人以政矣 故書殺 綱目書遊八 遊而殘民 莫如燕主熙 遊而殺臣 莫如齊主緯(詳秦始皇二十九年)〕" ≪書法≫

"北齊主가 南苑에서 노닐 때 따라갔던 관리 60명이 죽었는데 ≪資治通鑑綱目≫에서 '죽였다〔殺〕'라고 기록하고 그 죄를 기록하지 않았다. 齊氏(北齊)는 이에 이르러 멸망이 이미 드러났으니 진실로 일상적인 도리로 규율할 수 없다. 그러나 高緯(北齊主)가 비록 혼몽 광포하다고 해도 高洋의 暴虐한 데에는 이르지 않았는데 어찌하여 갑자기 따라갔던 관리들을 죽임이 이와 같이 많은 데에 이르렀는가. ≪資治通鑑≫을 살펴보면 '죽음을 내린 자가 60인이다.〔賜死者六十人〕'라고 하였는데 ≪北史≫ 〈齊本紀 下〉를 참고해보면 더위 먹어 죽은〔暍死〕 이가 60인이다 ≪자치통감≫은 이보다 뒤에 나왔으니 진실로 ≪北史≫를 바른 것으로 해야 하겠다. 이른바 '賜死'는 '暍'자의 오자일 뿐이다. ≪자치통감강목≫에서는 무엇을 보고 '殺'이라고 기록하였는가. 일찍이 ≪孟子≫ 〈梁惠王 上〉을 살펴보았는데, '사람을 죽이는 데에 몽둥이와 칼을 쓰는 것이 다릅니까?'라고 하자, 양혜왕이 '다르지 않습니다.'라고 대답하고 '칼과 정사로 사람을 죽이는 것이 차이가 있습니까?'라고 하자, 양혜왕이 '다르지 않습니다.'라고 대답하였다. 몽둥이와 칼은 진실로 사람을 죽일 수 있으나 정사로 사람을 죽이는 것에 있어서는 진실로 몽둥이와 칼을 쓰는 것에 견줄 것이 아닌데 어찌하여 일률적으로 논하는가. 혹은 죽음은 비록 같지 않으나 죽게 된 이유는 같으므로 무릇 사람을 죽을 처지에 놓은 것은 몽둥이와 칼인지 칼과 몽둥이인지를 물을 필요가 없이 그 실상은 똑같이 죽인 것이니 이른바 몽둥이도 죽인 것이고 칼도 죽인 것이고 정사도 죽인 것이다. 지금 北齊主가 한여름에 노닐어 苑囿를 내달리다가 마침내 따라갔던 관리를 더위 먹어 죽게 한 것이 60人에 이르렀으니 이는 까닭 없이 그들을 몰아서 죽음으로 가게 한 것이다. 비록 칼로 죽인 것은 아니지마는 이 또한 더위 먹어 죽게 하여 죽인 것이니 죽이지 않았다고 말할 수가 없다. 先儒(宋나라 劉皐)가 한 말에 '政事로 백성을 죽이지 말고 재화로 자손을 죽이지 말고 學術로 천하 후세 사람을 죽이지 말라.'라고 하였는데, 北齊主는 까닭 없이 노닐다가 따르는 백성들을 죽을 곳에 두었으니 이는 바로 ≪맹자≫에 말한 정사로 그들을 죽였다는 것이고, 先儒가 말한 정사로 사람

【綱】 가을 7월에 陳나라가 北齊의 군대를 무찌르고, 巴州・青州・山陽・廣陵 등의 城을 함락하였다.

◑ 秋七月에 陳敗齊師하고 克巴青州山陽廣陵等城하다

【目】 北齊가 陸騫을 파견하여 齊昌을 구원하도록 하였는데, 巴水와 蘄水 사이로 출정하여 陳나라의 장수 周炅과 마주쳤다. 주경이 야위고 약한 병졸을 남기고 위장 군사를 배치하여 〈북제의 군대를〉 맞이하게 하고, 자신은 정예병을 이끌고 사잇길을 따라 〈북제 군대의〉 후방을 공격하여 크게 무찌르고 巴州에서 승리하였다. 북제의 王琳이 壽陽을 지키고 있었는데, 陳나라의 吳明徹은 왕림이 처음 들어와서 군사들의 마음이 견고하지 않다고 여겨 밤을 틈타 그들을 공격하니, 城이 함락되고 山陽과 盱眙가 陳나라에 투항하였다. 陳나라가 다시 북제의 青州・馬頭・廣陵 등의 城을 함락하였다.

齊遣陸騫하여 救齊昌한대 出巴蘄하여 遇陳將周炅[①]하니 炅留羸弱設疑兵以當之하고 身帥(솔)精銳하여 由間道하여 邀其後하여 大破之하고 克巴州[②]하다 齊王琳保壽陽한대 陳吳明徹이 以琳初入에 衆心未固라하여 乘夜攻之하니 城潰하고 山陽盱眙降陳[③]이라 陳復克齊青州馬頭廣陵等城[④]하다

① '出巴蘄'는 巴水와 蘄水의 사이로 출정하였다는 말이다. 炅은 古迥의 切이다.
出巴蘄, 謂出巴水・蘄水之間也. 炅, 古迥切.

② 後齊(北齊)는 黃岡에 巴州를 두었다.
後齊置巴州於黃岡.

③ ≪五代志≫에는 "江都郡 山陽縣에 옛날에 山陽郡을 두었다."라고 하였다. 盱眙는 음이 吁怡이다. 盱眙縣 역시 江都에 속하니, 옛날에 盱眙郡을 두었다.
五代志 "江都郡山陽縣, 舊置山陽郡." 盱眙, 音吁怡. 盱眙縣亦屬江都, 舊置盱眙郡.

을 죽였다는 것이다. ≪資治通鑑綱目≫에서 '더위 먹어 죽었다〔暍死〕'라고 기록하지 않고 기록하기를 '죽였다〔殺〕'라고 하였으니 글자를 바꾸어 의리를 일으킨 것이다. 北齊主가 비록 그 책임을 면하려고 해도 오히려 할 수 있겠는가.〔齊主遊南苑 從官死者六十人 綱目書殺而不書其罪 齊氏至是滅亡已著 固不可律以常理 然緯雖昏狂 未至如洋之暴虐 何乃一旦戮其從官 至若是之多耶 考之通鑑 則曰賜死者六十人 及參以北史本紀 乃是暍死六十人耳 通鑑出於後來 固當以北史爲正 所謂賜死 乃暍字之誤而已 綱目何見而以殺書之哉 嘗觀孟子有曰 殺人以梃與刃 有以異乎 曰 無以異也 以刃與政有以異乎 曰 無以異也 夫梃刃固可殺人 至於殺人以政 固非梃刃之比 何爲一槪論之 豈知殺雖不同 而所以殺之者則同耳 故凡置人死地者 不必問梃之與刃 刃之與政 其實則均爲殺之 所謂梃亦殺也 刃亦殺也 政亦殺也 今齊主以盛夏遨遊 馳逐苑囿 遂使其從官暍死者 至於六十人 則是無故驅之就死 雖非以兵刃殺之 是亦以暍死殺之 不謂之殺不可也 先儒有言 毋以政事殺人民 毋以貨財殺子孫 毋以學術殺天下後世 齊主無故逸遊 置從官於死地 此正孟子所謂殺之以政 而先儒所謂以政事殺人者也 綱目不書暍死 而書曰殺 變文起義 齊主雖欲曲辭其責 尙可得乎〕" ≪發明≫

④ ≪五代志≫에는 "鍾離郡 塗山縣은 옛날 當塗縣 지역이니, 後齊(北齊)가 馬頭郡을 두었다."라고 하였다. 여기의 廣陵은 江都의 廣陵이 아니라 東豫州 新息縣의 廣陵이다.
五代志 "鍾離郡塗山縣, 古當塗(也)〔地〕[23], 後齊置馬頭郡." 此廣陵, 非江都之廣陵, 乃東豫州新息之廣陵也.

【綱】 8월에 北周의 太子 宇文贇이 太子妃 楊氏를 맞아들였다.

八月에 周太子贇이 納妃楊氏[24]하다

【目】 太子妃는 隨公 楊堅의 딸이다. 太子는 소인과 가까이하는 것을 좋아하였는데, 左宮正 宇文孝伯이 北周主(宇文邕)에게 말하기를 "皇太子의 나이가 어리고 뜻과 학업이 아직 이루어지지 않았으니, 올바른 사람을 잘 선발하여 황태자의 스승과 벗으로 삼아 훌륭한 자질을 보좌하게 하소서. 만일 그렇게 하지 않으면 후회해도 소용이 없을 것입니다."라고 하니, 北周主가 용모를 단정히 하며 말하기를 "올바른 사람이라면 어찌 다시 卿보다 훌륭한 사람이 있겠는가."라고 하고 이에 다시 尉遲運을 右宮正으로 삼았다.

北周主가 한번은 萬年縣의 縣丞인 樂運에게 묻기를 "太子는 어떤 사람인가?"라고 하니, "보통 사람입니다."라고 대답하였다. 北周主가 齊公 宇文憲을 돌아보며 말하기를 "모든 관료들이 나에게 아첨을 하는데, 오직 악운의 말만 충직할 뿐이다."라고 하였다. 이어 악운에게 보통 사람의 정상에 대해 묻자, 대답하기를 "齊 桓公이 이와 같은 사람이니, 管仲이 보좌하였을 때는 霸者가 되었고, 豎貂[25]가 보좌하였을 때는 어지러워졌으니, 선한 일을 할 수도 있고 악한 일을 할 수도 있는 사람입니다."라고 하였다. 北周主가 말하기를 "내가 잘 알겠다."라고 하고, 宮官을 잘 선발하여 태자를 보좌하니, 태자가

23) (也)〔地〕: 저본에는 '也'로 되어 있으나, ≪資治通鑑≫ 註에 의거하여 '地'로 바로잡았다.

24) 周太子贇 納妃楊氏 : "太子가 妃를 맞아들인 것은 기록하지 않는데 여기서 기록한 것은 어째서인가. 隋나라의 찬탈 시작을 드러낸 것이다. ≪資治通鑑綱目≫이 끝날 때까지 太子가 妃를 맞아들인 것을 기록한 것은 세 번이니(晉나라 賈氏, 宋나라 江氏, 北周 楊氏) 모두 까닭이 있는 것이다. 이를 버려두면 기록할 것이 없다.〔太子納妃不書 此其書 何 著隋簒之始也 終綱目書太子納妃三(晉賈氏 宋江氏 周楊氏) 皆有故者也 舍是無書者矣〕" ≪書法≫
"太子가 妃를 맞아들인 것은 일찍이 晉나라 賈氏에게서 보았다. 그러나 행한 것이 없으면 기록하지 않았다. 北周 宇文贇이 楊氏를 맞아들인 것을 특별히 책에 기록하였으니 한편으로는 우문빈의 性質이 어리석은 실상을 기록하고, 한편으로는 우문빈 后의 아버지가 정권을 얻는 단서를 기록하였을 뿐이다. 어찌 까닭 없이 기록하였겠는가.〔太子納妃 嘗於晉賈氏見之矣 然非有所爲 則不書也 周贇納楊氏特書于冊 一以紀贇性質愚下之實 一以紀贇后父得政之端耳 夫豈無故而書之哉〕" ≪發明≫

25) 豎貂 : 齊 桓公의 환관이었던 豎刁를 말한다. 그는 桓公에게 매우 총애를 받았는데, 환공이 죽은 뒤에는 끝내 易牙, 開方 등과 함께 齊나라를 어지럽혔다.

기뻐하지 않았다.

妃는 隨公堅之女也라 太子好昵近小人이어늘 左宮正宇文孝伯이 言於周主曰 皇太子春秋尙少하고 志業未成하니 請妙選正人하여 爲其師友하여 調護聖質하소서 如或不然이면 悔無及矣리이다하니 周主斂容曰 正人豈復過卿이리오 乃復以尉(울)遲運으로 爲右宮正[①]하다 周主嘗問萬年丞樂運曰 太子는 何如人[②]고하니 對曰 中人이니이다한대 周主顧謂齊公憲曰 百官佞我호대 唯運所言이 乃忠直耳로다하고 因問運中人之狀한대 對曰 如齊桓公이 是也라 管仲相之則霸하고 豎貂輔之則亂하니 可與爲善이요 可與爲惡이니이다하니 周主曰 我知之矣로라 乃妙選宮官以輔之하니 太子不悅하더라

① 尉遲運은 尉遲迥의 동생의 아들이다.
運, 迥之弟子也.
② 萬年은 縣의 이름이니, 京兆에 속한다.
萬年, 縣名, 屬京兆.

【綱】 겨울 10월에 北齊主(高緯)가 侍中 張雕와 崔季舒를 죽였다.

冬十月에 齊主殺其侍中張雕崔季舒하다

【目】 北齊의 國子祭酒 張雕는 經典을 北齊主에게 가르치고, 이어 총애를 받던 胡族 何洪珍과 결탁을 하였다. 하홍진이 장조를 추천하여 장조가 侍中이 되어 〈北齊主에게〉 크게 委任과 신임을 받았는데, 장조가 공로를 세워 은혜에 보답하고자 하여 〈조정의 득실을〉 논의하고 〈조정의 인물을〉 포폄하여 회피한 바가 없고, 궁궐에서 긴요하지 않은 비용은 덜어내고 좌우의 교만하고 방종한 신하들을 단속하였다. 〈北齊主의〉 총애를 받던 신하들이 곁눈질을 하며 몰래 그를 함정에 빠트릴 계획을 꾸몄다.

齊國子祭酒張雕以經授齊主하고 因與寵胡何洪珍으로 相結[①]이러니 洪珍薦雕爲侍中하여 大見委信한대 雕欲立效以報恩하여 論議抑揚하여 無所回避하고 省(생)宮掖不急之費하고 禁約左右驕縱之臣하니 貴倖側目하여 陰謀陷之하더라

① 何洪珍은 胡族으로, 北齊主가 총애하였다.
洪珍, 胡兒也, 齊主嬖寵之.

【目】 左丞 封孝琰과 侍中 崔季舒는 모두 祖珽에게 두터운 대우를 받았다. 한번은 祖珽에게 말하기를 "〈그대는〉 衣冠을 갖춘 士族 출신의 宰相입니다."라고 하니, 皇帝의 측근에

있던 사람들이 그를 미워하였다. 마침 北齊主(高緯)가 晉陽으로 가려고 하자, 최계서가 장조와 의논하기를 "壽陽이 포위되었고 大軍이 나가서 막고 있으니, 소식을 전하는 使臣이 갔다가 돌아올 적에 〈군사의 대치 상황을 황제에게 아뢰고〉 지휘할 내용을 물을 것이고, 게다가 도로의 〈백성들이〉 서로 놀라 황제의 어가가 남쪽의 도적을 두려워 피하는 것이라 생각한다면 民心이 반드시 놀라 동요할 것이다."라고 하고 드디어 황제의 어가를 따르는 文官과 連名으로 諫言을 올리니, 당시에 높은 지위에 있던 趙彦深 등이 뜻을 달리하였다. 최계서가 그들과 다투어 일이 결정되지 않았는데, 韓長鸞이 갑자기 北齊主에게 말하기를 "漢族 출신의 관리들이 連名하여 모두 서명을 하였으니, 필시 반란을 일으키지 않으리라 보장할 수 없습니다."라고 하니, 北齊主가 이미 서명을 한 사람을 다 불러서 含章殿에 모으고는 최계서 등 여섯 명의 목을 베고 드디어 晉陽으로 갔다.

左丞封孝琰과 侍中崔季舒는 皆祖珽所厚①라 嘗謂珽爲衣冠宰相이라하니 近習惡(오)之러니 會齊主將如晉陽할새 季舒與雕로 議以爲壽陽被圍하고 大軍出拒하니 信使往還에 須稟節度요 且道路相驚하여 以爲大駕畏避南寇라하면 則人情必致駭動이라하여 遂與從駕文官으로 連名進諫하니 時貴臣趙彦深等이 意有異同이어늘 季舒與爭未決이러니 長鸞遽言於齊主曰 諸漢官連名總署하니 未必不反이니이다 齊主悉召已署名者하여 集含章殿하여 斬雕季舒等六人하고 遂如晉陽②하다

① 封孝琰은 封隆之의 동생의 아들이다.
孝琰, 隆之之弟子也.
② 여섯 명은 張雕, 崔季舒, 封孝琰, 劉逖, 裴澤, 郭遵이다.
六人, 雕・季舒及封孝琰・劉逖・裴澤・郭遵.

【目】 胡氏(胡寅)가 다음과 같이 평하였다.

"張雕가 北齊主의 侍讀官이 되어 스승과 벗의 의리를 겸하였는데, 황제의 총애를 받던 사람과 결탁하여 자신의 뜻을 시행하려고 하였으니, 그는 속으로 필시 '우선 그와 합세하여 조금 뜻을 굽히더라도 문제될 것이 없으니, 이처럼 하지 않으면 큰 공을 이룰 수가 없다.'라고 생각했을 것이다. 그러나 이는 떳떳한 법〔經〕을 운용하는 것이 王良이 말고삐를 운용하는 것만도 못하여, 정도에서 벗어난 방법으로 짐승을 만나는 것이 비천한 방법임을 잊고서 10마리의 짐승을 잡기를 바라다가 뜻을 이루지도 못하고 이로 인해 죽임을 당하였다.[26] 장조는 儒者라고 하기에는 한참 부족하다."

26) 王良이……당하였다 : 王良은 옛날 말을 잘 몰았던 사람이다. 왕량이 일찍이 趙簡子의 幸臣 奚를 태우고 말을 법대로 몰자, 해가 온종일 짐승을 한 마리도 잡지 못하고는 王良을 일러 천하의 賤工

胡氏曰 張雕侍讀齊君하여 義兼師友어늘 乃交結嬖人하여 欲行其志하니 其意必曰 姑與之合하여 少貶無傷也니 不如是면 不可以成大功이라하나 是其用經이 不如王良之用轡也하여 忘詭遇之賤하고 冀十禽之獲이라가 志不得就하고 用殞厥軀하니 末哉라 雕之爲儒哉여

【綱】陳나라의 군대가 北齊의 壽陽을 공격하여 함락하고 刺史인 王琳을 죽였으며, 북제의 昌州·徐州 등의 城을 탈취하였다.

陳師攻齊壽陽하여 克之하고 殺其刺史王琳하고 遂取齊昌徐州等城하다

【目】吳明徹이 壽陽을 공격할 적에 肥水에 둑을 쌓아서 城에 물을 주입하니, 성안에서는 설사병과 浮腫으로 죽은 사람이 열에 여섯 일곱이었다. 北齊의 皮景和 등이 수양을 구원하였는데, 병력이 수십만이었다. 수양과 30리 떨어진 곳에 주둔한 채 진격하지 않고 장수들이 모두 두려움에 떨자, 오명철이 말하기를 "군대의 일은 신속함이 중요한 법인데, 저들은 진영을 갖추고도 진격하지 않고 스스로 銳鋒을 꺾으니, 감히 전투를 하지 못할 것이 분명하다."라고 하고는 이어 공격하여 함락시켜 王琳 등을 사로잡아 建康으로 압송하였다.

왕림의 모습은 여유가 있고 고아하여 기쁨과 분노를 안색에 드러내지 않았고, 천 명이나 되는 佐吏의 姓名을 모두 기억하였으며, 형벌을 남용하지 않았으며, 재물을 가벼이 여기고 兵士를 아껴 장수와 병사의 마음을 얻었으며, 북제의 사람들 역시 그의 충성과 의리를 중시하였다. 사로잡히게 되자 옛날 그의 휘하에 있던 장수와 병졸 가운데 그 모습을 본 사람들이 흐느끼며 올려다보지 못하였고, 그를 위해 다투어 목숨을 보전해달라고 청하였으며, 물품을 보내기도 하였다. 오명철은 그가 변고를 일으킬까 두려워 사자를 보내어 뒤쫓아가서 그의 목을 베도록 하니, 곡을 하는 사람들의 울음소리가 우레소리와 같았다.

吳明徹攻壽陽할새 堰肥水以灌城하니 城中腫泄死者什六七①이러라 齊皮景和等救壽陽하니 衆

이라고 했다가, 그 후에 왕량이 다시 奚를 태우고 고의로 말 모는 법도를 지키지 않고 짐승을 속여서 만나게 해주자, 奚가 하루아침에 짐승을 열 마리나 잡고는 왕량을 일러 천하의 良工이라 하고, 왕량을 자기 수레의 마부로 삼고자 하였다. 그리하여 趙簡子가 왕량에게 奚의 마부가 되어 달라고 말하자, 왕량이 듣지 않고 거절하여 말하기를 "내가 법대로 몰면 온종일 짐승을 한 마리도 잡지 못하고, 속여서 만나게 해주면 하루아침에 열 마리를 잡으니, 나는 그런 小人과는 수레를 함께 탈 수 없습니다."라고 하였다.(≪孟子≫ 〈滕文公 下〉)

數十萬이라 去壽陽三十里에 頓軍不進하고 諸將皆懼어늘 明徹曰 兵貴神速이로대 而彼結營不進하고 自挫其鋒하니 其不敢戰明矣라하고 乃攻拔之하고 擒王琳等하여 送建康이라 琳體貌閑雅하여 喜怒不形於色하고 佐吏千數를 皆能識(지)其姓名②하며 刑罰不濫하며 輕財愛士하여 得將卒心하고 齊人亦重其忠義러니 及被擒에 故將卒見者가 皆歔欷不能仰視하고 爭爲請命하며 及致資給③한대 明徹恐其爲變하여 遣使追斬之하니 哭者聲如雷러라

① 肥水는 壽陽城을 경유하여 淮水로 들어간다.
肥水過壽陽城而入淮.
② 識(기억하다)은 음이 志이고 기억한다는 뜻이다.
識音志, 記也.
③ 爲(위하다)는 去聲이다.
爲, 去聲.

【目】 어떤 노인이 술과 포를 가지고 와서 王琳에게 제사를 지내면서 통곡하여 애도의 뜻을 다하고 그의 피를 거두어 떠났으니, 그 소문을 들은 사람들 가운데 눈물을 흘리지 않은 사람이 없었다. 北齊主(高緯)가 그 소식을 듣고 매우 근심하자, 穆提婆 등이 말하기를 "가령 국가가 黃河 이남 지역을 다 잃는다고 해도 오히려 하나의 龜茲國[27]을 만들 수 있습니다. 잠시 머무는 것 같은 인생이 더욱 가련하니 오직 즐거운 일만 추구해야 하는데, 어찌 근심을 하겠습니까."라고 하였다. 총애를 받던 좌우의 신하들이 이어 함께 찬성하고 호응하니, 北齊主가 즉시 크게 기뻐하여 술을 마시고 노래 부르며 북을 두드리고 춤을 추었다.

有一叟以酒脯來祭할새 哭盡哀하고 收其血而去하니 聞者莫不流涕하더라 齊主聞之하고 頗以爲憂한대 穆提婆等曰 假使國家로 盡失黃河以南이라도 猶可作一龜茲國이니이다 更可憐人生如寄하니 唯當行樂이니 何用愁爲리오하니 左右嬖臣因共贊和之한대 齊主卽大喜하여 酣歌鼓舞하더라

【目】 陳나라가 吳明徹을 車騎大將軍 豫州刺史로 삼고, 陳主(陳頊)가 술자리를 마련하여 술잔을 들어 徐陵에게 권하기를 "사람을 잘 알아보는 卿에게 상을 내리겠다."라고 하니, 서릉이 자리에서 일어나 피하며 말하기를 "책략의 결정은 皇帝의 마음에서 나온 것이지, 臣의 힘이 아닙니다."라고 하였다. 드디어 齊昌·淮陰·朐山·濟陰·北齊의 南徐州

27) 龜茲國 : 타클라마칸 사막의 북쪽, 지금의 庫車 지역에 있던 작은 나라이다. 이 나라는 크기가 아주 작아 작은 나라를 비유하는 말로 쓰인다.

등의 城을 함락하자, 북제의 北徐州 백성들이 병력을 일으켜 陳나라에 호응하여 州城을 핍박하니, 祖珽이 城門을 닫지 말도록 명을 내리고, 사람들이 큰 거리에 나가지 못하도록 금지하였다. 반란을 일으킨 자들이 城이 이미 텅 빈 것을 의아해하며 대비를 하지 않았는데, 祖珽이 갑자기 북을 치며 하늘을 진동시키자 반란을 일으킨 자들이 모두 놀라서 달아났다가 얼마 후에 다시 진영을 정비하여 城으로 향하였다. 祖珽이 參軍 王君植으로 하여금 병력을 이끌어 막게 하고, 자신은 말을 타고 진영으로 나가 좌우로 활을 쏘았는데, 반란을 일으킨 자들은 앞서 그가 눈이 멀었다는 말을 듣고 그가 나올 수 없을 것이라 생각하였다가 갑자기 그를 보고는 크게 놀랐다.

陳以明徹爲車騎大將軍豫州刺史①하고 陳主置酒하여 擧杯屬(촉)徐陵曰 賞卿知人②하노라하니 陵避席曰 定策聖衷이요 非臣力也니이다하다 遂克齊昌淮陰朐山濟陰(濟)〔齊〕[28]南徐州等城③하니 齊北徐州民多起兵以應陳하여 逼其州城이어늘 祖珽命不閉城門하고 禁人不得出衢路하니 反者疑城已空하여 不設備어늘 珽忽令鼓譟震天하니 反者皆驚走라가 旣而요 復結陳向城이어늘 珽令參軍王君植으로 將兵拒之하고 自乘馬臨陣하여 左右射한대 反者先聞其盲하고 謂不能出이라가 忽見之大驚이러라

① 陳나라가 壽陽을 다시 豫州로 만들었다.
陳以壽陽復爲豫州.

② 屬은 음이 燭이니, 권하다는 뜻과 같다.
屬音燭, 猶勸也.

③ 朐는 음이 劬이다. ≪五代志≫에는 "東海郡에 朐山縣이 있다. 鍾離郡 化明縣은 옛날에 '睢陵'이라고 하였는데, 濟陰郡에 두었다." 濟는 齊가 되어야 하니, '齊南徐'로 써서 〈陳나라〉 京口의 南徐州와 구분한 것이다. ≪五代史≫로써 상고해보면 北齊의 南徐州는 본래 下邳郡 宿豫縣에 설치했다.
朐音劬. 五代志"東海郡有朐山縣. 鍾離郡化明縣, 故曰睢陵, 置濟陰郡." 濟當作齊, 書齊南徐, 以別京口之南徐. 以五代史考之, 齊之南徐州, 本置於下邳郡宿豫縣.

【目】 穆提婆는 城이 함락되기를 원하여 구원병을 파견하지 않았는데, 祖珽이 한편으로 전투를 치르고 한편으로 수비를 하니, 반란을 일으킨 자들이 마침내 흩어져 달아났다. 陳나라가 王琳의 머리를 建康의 저자에 매달도록 하니, 〈왕림 휘하의〉 옛 관리였던 朱瑒이 徐陵에게 편지를 보내어 그의 葬禮를 지낼 수 있도록 허락해달라고 청하자, 陳主가 허락을 하였다. 주창이 왕림을 八公山 곁에 묻으니, 의리로 맺어진 옛 친구들 가운

28) (濟)〔齊〕: 저본에는 '濟'로 되어 있으나, ≪資治通鑑≫ 胡三省 註와 이곳 訓義 ③에 의거하여 '齊'로 바로잡았다.

데 장례에 참석한 자들이 수천 명이었다. 얼마 후에 壽陽 사람 茅智勝 등이 몰래 그의 棺을 鄴으로 보냈는데, 北齊에서 開府儀同三司를 追贈하고, 諡號를 '忠武'라고 하였으며, 轀輬車[29]를 지급하여 장사를 지내도록 하였다.

穆提婆欲令城陷하여 不遣援兵이어늘 斑且戰且守하니 反者竟散走하다 陳懸王琳首於建康市하니 故吏朱瑒致書徐陵하여 請許其葬이어늘 陳主許之한대 瑒瘞琳於八公山側하니 義故會葬者數千人①이러라 尋有壽陽人茅智勝等이 密送其柩於鄴이어늘 齊贈開府儀同三司하고 諡曰忠武라하고 給轀輬車以葬之②하다

① '義故'는 의리에 감동한 무리와 친구이다. 일설에 義故는 의리로 맺어진 옛 친구라고 한다. 義故, 感義之徒及故人也. 一說, 義故, 故舊以義結者.

② 秦나라와 漢나라 이후로 天子의 장례 때에는 轀輬車를 사용하였다. 自秦漢以來, 天子葬用轀輬車.

【綱】 北齊가 侍婢였던 馮氏를 세워 淑妃로 삼았다.

齊立婢馮氏爲淑妃[30]하다

【目】 穆皇后의 총애가 줄어들고 그 侍婢였던 馮小憐이 크게 총애를 받았는데, 北齊主(高緯)가 그녀와 생사를 함께 하기로 맹세하여 淑妃로 삼았다.

穆后愛衰하고 其侍婢馮小憐 (太)〔大〕[31]幸이러니 齊主與之誓同生死하여 以爲淑妃하다

【綱】 陳나라의 定州刺史 田龍升이 江北 지역을 가지고 배반하여 北齊로 들어가자, 陳나라가 토벌하여 평정하였다.

陳定州刺史田龍升以江北으로 叛入于齊어늘 陳討平之하다

29) 轀輬車 : 皇帝의 장례 때에 사용하는 喪車이다.

30) 齊立婢馮氏爲淑妃 : "淑妃를 세운 것은 기록하지 않았는데 馮氏는 어찌하여 기록하였는가. 계집종이므로 특별히 기록하였다 계집종을 세워 妃로 삼았으니 지나쳤다. 계집종을 세워 后로 삼았으니 심하구나.(晉 愍帝 建興 4년(316)에 漢主 劉聰이 계집종 樊氏를 세웠고, 五代 乙未年(935)에 閩主 王璘이 아버지의 계집종 陳氏를 세웠고, 丙申年(935)에 閩主 王昶이 아버지의 계집종 李氏를 세웠다.)〔立淑妃不書 書馮氏 何 婢也 故特書之 立婢爲妃 過矣 立婢爲后 甚哉(晉愍帝建興四年 漢主聰 立婢樊氏 五代乙未年 閩主璘 立父婢陳氏 丙申年 閩主昶 立父婢李氏)〕" ≪書法≫

"淑妃는 宮嬪인데 어찌하여 또한 책에 기록하였는가. 寵愛의 사사로움과 계집종을 세운 죄를 드러낸 것이다.〔淑妃宮嬪耳 何以亦書于冊 著其寵愛之私 立婢之罪也〕" ≪發明≫

31) (太)〔大〕 : 저본에는 '太'로 되어 있으나, ≪資治通鑑≫에 의거하여 '大'로 바로잡았다.

【目】 예전에 梁나라의 定州刺史 田龍升이 城을 가지고 陳나라의 安州刺史 周炅에게 투항하였다. 이때에 이르러 陳나라가 주경을 불러 조정으로 들어오게 하였는데, 전용승이 江北의 6州와 7鎭을 가지고 배반하여 北齊로 들어가니, 陳나라가 주경을 보내어 토벌하여 그의 목을 베고, 강북 지역을 모두 회복하였다.

初에 梁定州刺史田龍升以城降於陳安州刺史周炅①이러니 至是에 陳徵炅入朝한대 龍升以江北六州七鎭으로 叛入于齊어늘 陳遣炅討斬之하고 盡復江北之地하다

① 定州는 梁나라 때 蒙蘢城에 治所를 두었다. 살펴보건대 ≪五代志≫에는 "西魏가 安陸에 安州를 두었다."라고 하였으니, 梁나라와 陳나라 때에는 安州가 없었다. ≪隋書≫ 〈周法尙傳〉에 "周炅이 定州刺史가 되었다."라고 하였으니, 어쩌면 '安'字는 '定'字의 誤字인 듯하다. 定州, 梁置治蒙蘢城. 按五代志"西魏置安州於安陸", 梁陳無安州." 隋書周法尙傳 "炅爲定州刺史", 或者安字其定字之誤歟.

甲午年(574)

陳나라 宣帝 陳頊 太建 6년이고, 北齊 後主 高緯 武平 5년이고, 北周 高祖 武帝 宇文邕 建德 3년이다.

陳太建六年이요 齊武平五年이요 周建德三年이라

【綱】 봄 정월에 北周에서 조칙을 내려 齊公 宇文憲 등의 작위를 모두 올려 왕으로 삼았다.

春正月에 周詔齊公憲等하여 皆進爵爲王[32)]하다

【綱】 2월 초하루에 일식이 있었다.

◑ 二月朔에 日食하다

32) 周詔齊公憲等 皆進爵爲王 : "작위를 올려 王으로 삼은 것을 기록한 것이 많은데, 모두 스스로 올린 것이다. 반드시 拓跋猗盧에 대해 아무개의 작위를 높여 王으로 삼았다고 쓰고, 齊公 宇文憲에 대해 조칙을 내려 아무개 등의 작위를 모두 높여 王으로 삼았다고 썼으니 그런 뒤에야 나무람이 아니다.〔書進爵爲王多矣 皆自進也 必若猗盧書進某爵爲王 齊公憲書詔某等皆進爵爲王 然後爲非譏矣〕" ≪書法≫

【綱】 北齊의 朔州行臺 高思好가 병력을 일으켜 반란을 도모하였다가 패배하여 죽었다.

◑ **齊朔州行臺高思好擧兵反**이라가 **敗死**하다

【目】 高思好는 본래 高氏의 양자였다. 날래고 용맹하여 변방의 진영에서 인심을 얻었다. 北齊主(高緯)가 총애하는 신하를 시켜 朔州에 가도록 하였는데, 〈총애하는 신하가〉 예우를 하지 않자, 고사호가 분노하여 드디어 반란을 일으켜 말하기를 "들어가서 군주의 곁에 있는 악한 자를 제거하고자 한다."라고 하고는 진군하여 陽曲에 이르렀다가 군대가 패배하여 물에 몸을 던져 죽었다. 그의 휘하 병력 2천 명을 劉桃枝가 포위하여 한편으로는 죽이고 한편으로는 회유하였으나 끝내 항복하지 않아서 모두 죽이고 말았다.

思好는 本高氏養子라 驍勇得邊鎭人心이러니 齊主使嬖臣至州한대 不禮之어늘 思好怒하여 遂反云호대 欲入除君側之惡이라하고 進軍至陽曲하여 軍敗하여 投水死①라 其麾下二千人을 劉桃枝圍之하여 且殺且招호대 終不降하고 以至於盡하다

① ≪五代志≫에는 "太原郡 汾陽縣을 옛날에 '陽曲'이라고 하였다.'라고 하였다.
五代志 "太原郡汾陽縣, 舊曰陽曲."

【綱】 3월에 北周의 太后 叱奴氏가 세상을 떠났다.

三月에 **周太后叱奴氏殂**[33]하다

【目】 北周의 叱奴太后가 세상을 떠나자 北周主(宇文邕)가 倚廬에 머물렀는데, 아침저녁으로 1溢의 쌀밥을 올렸다. 衛王 宇文直이 齊王 宇文憲을 참소하여 말하기를 "술을 마시고 고기를 먹고 있습니다."라고 하니, 北周主가 말하기를 "나는 齊王과 이복형제로 모두 嫡統이 아닌데, 다만 나 때문에 어깨를 드러내고 머리카락을 묶었으니, 너는 부끄러워해야 한다. 너는 太后의 친아들로 특별히 자애로운 총애를 받았으니, 다만 응당 스스

33) 周太后叱奴氏殂 : "喪禮를 잘 마친 것을 기록하여 아름답게 여긴 것이다. 漢나라 文帝가 〈삼년상의〉 옛 제도를 폐기하자, 후세의 군주 중에 상례를 잘 마친 이는 晉 武帝, 魏 文帝, 北周 武帝 세 임금뿐이므로 특별히 기록한 것이다.〔書嘉終喪也 自漢文廢古 後之人主能終制者 晉武魏文周武三君而已矣 故特書之〕" ≪書法≫

로 힘쓰고 다른 사람을 평론하지 말라."라고 하였다.

葬禮를 지낼 때에 이르러 北周主가 맨발로 陵이 있는 곳에 가서 조서를 내리기를 "삼년상은 天子에게도 공통으로 적용되는 사항이지만 軍國의 일이 중요하니, 직접 조정의 政事를 다스려야 한다. 그러나 喪服을 입는 제도와 廬幕에 거처하는 예법은 대체로 예전의 법도를 따라서 한없는 슬픔을 표출할 것이니, 모든 관원은 의당 〈태후께서〉 유언으로 남긴 命을 따라 장례를 치른 뒤에 喪服을 벗도록 하라."라고 하였다. 公卿이 임시방편으로 마련한 제도를 따르기를 청하였으나 北周主가 허락하지 않았고, 마침내 삼년상의 제도를 시행하며 五服 이내의 친척들도 禮法에 규정된 대로 따르도록 하였다.

周叱奴太后殂[①]커늘 周主居倚廬할새 朝夕에 進一溢米[②]러니 衛王直譖齊王憲하여 言其飮酒食肉한대 周主曰 吾與齊王으로 異生이니 俱非正嫡이로니 特以吾故로 同袒括髮하니 汝當愧之[③]니라 汝親太后子로 特承慈愛하니 但當自勉이요 無論他人하라 及葬에 周主跣行至陵所하여 詔曰 三年之喪은 達於天子로대 但軍國務重하니 須自聽朝어니와 衰(최)麻之節과 苫廬之禮는 率遵前典하여 以申罔極[④]호리니 百僚는 宜依遺令하여 旣葬而除[⑤]라 公卿固請依權制호대 周主不許하고 卒申三年之制하며 五服之內도 亦令依禮[⑥]하니라

① 叱奴는 오랑캐의 複姓이다.
叱奴, 虜複姓.

② '倚廬'는 담장에 기대어 땅에 닿게 하여 만드는데, 楣柱가 없다. '一溢'은 24분의 1승이다.
倚廬, 倚牆至地而爲之, 無楣柱. 一溢, 二十四分升之一也.

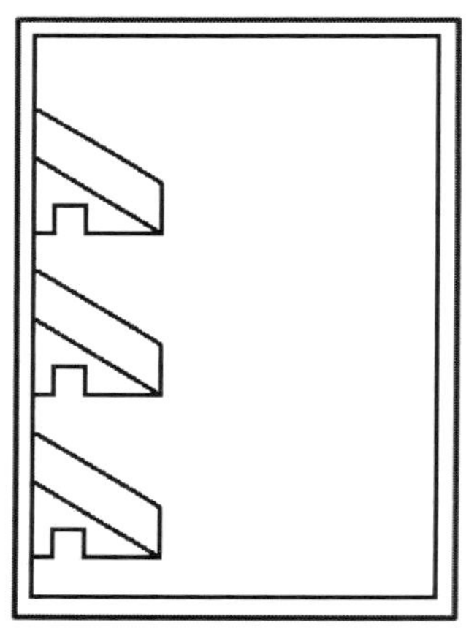
倚廬

③ 異生은 이복동생을 말한다. 袒은 웃통을 드러낸다는 뜻이다. 括은 묶는다는 뜻이니, 麻로 머리카락을 묶는 것이다.
異生, 謂異母也. 袒者, 肉袒. 括者, 結也, 以麻約髮.

④ ≪詩經≫ 〈小雅 蓼莪〉에 "아버지는 나를 낳으시고 어머니는 나를 기르셨도다. 이 은덕을 갚고자 해도 하늘처럼 넓고 커서 끝이 없도다."라고 하였다.
詩 "父兮生我, 母兮鞠我, 欲報之德, 昊天罔極."

⑤ 〈'除'는〉 상복을 벗는다는 뜻이다.
除服也.

⑥ 五服은 3년 동안 입는 斬衰服, 1년 동안 입는 齊衰服, 9개월 동안 입는 大功服, 5개월 동안 입는 小功服, 3개월 동안 입는 緦麻服이다.
五服者, 斬衰(최)三年服, 齊衰(자최)期年服, 大功九月服, 小功五月服, 緦麻三月服.

【目】 胡氏(胡寅)가 다음과 같이 평하였다.

"漢 文帝가 喪期를 단축한 이후로[34] 결연히 삼년상을 시행한 자는 오직 晉 武帝(司馬炎)와 北魏의 孝文帝(拓跋宏)와 北周의 高祖(宇文邕)이니, 시행하기 어려운 일이라 할 만하다. 그러나 ≪春秋≫의 의리는 賢者에게는 항상 완전무결하기를 요구한다. 진 무제는 이미 裴秀와 杜預에게 미혹되어 禮를 시행한 것이 갖추어지지 않았고, 北魏 孝文帝는 禮가 갖추어진 듯하였으나 입을 복이 아닌데 喪服을 입었다. 北周 高祖는 喪服을 입는 제도와 廬幕에 거처하는 예법으로 삼년상의 제도를 마쳤으니, 가장 賢者다운 행실이나 通喪[35]을 미루어 밝혀 五服 이내의 친척에게만 그치고 신하들에게까지 적용하지 않았으니, 천하를 교화하여 君臣의 의리를 드러낸 것이 아니다. 또 喪中에 자주 대궐 밖으로 행차하였으며, 문 안에 침입해온 도적이 없는데 군대를 일으켜 이웃 나라를 정벌하였으니, 모두 禮法에 할 수 없는 일이다. 高祖가 배우지 않았고, 좌우에 옛일을 살펴볼 신하가 없어서 그런 일을 도와서 이루었기 때문이다."

胡氏曰 自漢文短喪之後로 能斷然行三年者는 惟晉武帝魏孝文周高祖니 可謂難得矣라 然春秋之義責備賢者하니 晉武旣爲裴杜所惑하여 行禮不備①하고 魏孝文之禮若備矣나 而服非所服이요 周高祖衰(최)麻苫塊로 卒三年之制하니 最爲賢行②이니라 然推明通喪하여 止於五服之內하고 不及群臣하니 非所以敎天下하여 著於君臣之義也하고 而又在喪에 頻出遊幸하며 無門庭之寇어늘 興師伐隣하니 皆禮所不得爲者라 由高祖不學하고 左右에 無稽古之臣하여 以輔成之也니라

① 裴·杜는 裴秀와 杜預이다.
裴·杜, 裴秀·杜預.
② 거적자리에 자는 것은 부모가 풀 속에 있음을 슬퍼하는 것이며, 흙덩이를 베는 것은 부모가 흙 속에 있는 것을 슬퍼하는 것이다.
寢苫者, 哀親之在草, 枕塊者, 哀親之在(士)〔土〕[36]也.

【綱】 여름 5월에 北周가 佛敎와 道敎를 폐지하고 淫祠를 헐었다.

夏五月에 周廢佛道敎하고 毁淫祠[37]하다

---

34) 漢 文帝가……이후로 : 漢 文帝가 三年喪의 제도를 하루를 한 달로 계산하는 以日易月制로 고쳐서 36일 만에 상복을 벗게 한 것을 말한다.(≪漢書≫ 권4 〈文帝紀〉)
35) 通喪 : 부모의 상에 삼년복을 입는 것은 위나 아래나 통용되는 상례라는 말이다. ≪論語≫ 〈陽貨〉에 "자식이 태어나서 3년이 지난 뒤에야 부모의 품을 벗어나니 삼년상이야말로 천하의 공통된 상이라 할 것이다."라고 하였다.
36) (士)〔土〕 : 저본에는 '士'로 되어 있으나, ≪資治通鑑≫ 胡三省 註에 의거하여 '土'로 바로잡았다.

【目】 예전에 北周主(宇文邕)가 三教의 先後를 정하여 儒教를 가장 중시하고 道教를 다음으로 여기고, 佛教를 가장 뒤로 여겼는데, 이때에 이르러 드디어 佛教와 道教를 폐지하고 經典과 影像을 다 훼철하였으며, 승려와 道士를 모두 환속시켰으며, 祀典에 기록되지 않은 여러 淫祠를 모두 없앴다.

初에 周主定三教先後하여 以儒爲先하고 道爲次하고 釋爲後러니 至是에 遂禁佛道二教하고 經像悉毁하며 沙門道士를 竝還俗하며 諸淫祠非祀典所載者를 盡除之①하다

① 經은 二教의 서적을 말하고, 像은 佛像과 天尊像[38]을 말한다.
經謂二教之書, 像謂佛像天(草)〔尊〕.[39]

【目】 胡氏(胡寅)가 다음과 같이 평하였다.

"물건이 변질되면 벌레가 자라나고 나무가 썩으면 좀벌레가 생겨나며, 사람이 적어지면 짐승이 번식하고, 기운이 쇠하면 사악한 기운이 깃드는 법이다. 中國에 異端이 있는 것이 역시 그와 같아 聖王이 출현하지 않아 三綱이 무너졌으며, 九法[40]이 망하였다. 그리하여 常道에 벗어나 어그러진 說이 제멋대로 유행하여 막을 수가 없었는데, 北周 武帝(宇文邕)가 떨쳐 일어나 물리쳐 제거하였으니, 그 뜻이 좋다. 그러나 끝내 끊어내지 못한 것은 무엇 때문인가. 이단을 물리치려고 하는 자는 반드시 儒術을 높이고 賢人을 구하여 仁義를 밝히고 教化를 일으킨 뒤에야 人心이 바로잡히고 邪說이 종식된다. 그런데 북주 무제가 이에 대해서는 내버려두었고, 또 더구나 지나치고 어리석은 후계자가 그의 뒤를 이었으니 말할 나위가 있겠는가."

胡氏曰 物壞則虫育하고 木朽則蠹生하고 人少則禽獸繁하고 氣衰則邪沴入①하나니 中國之有異

---

37) 周廢佛道教 毁淫祠 : "이에 佛教는 두 번 폐출되고, 道教는 세 번 폐출되었다. 그러나 北魏는 沙門을 주살하였다가 7년 만에 회복하였고, 北周는 佛教와 道教를 폐지하였다가 6년 만에 회복하였으니 異端을 박멸하기 어려움이 이와 같구나.〔於是佛教再黜 道教三黜矣 然魏誅沙門 七年而復 周廢二教 六年而復 其異端撲滅之難如此哉〕" ≪書法≫
이러한 불교 탄압을 역사상 三武一宗의 法難이라 한다. 北魏 太武帝, 北周 武帝, 唐 武宗, 五代 後周 世宗 때의 廢佛을 말한다.

38) 天尊像 : 道教의 神像을 말한다.

39) (草)〔尊〕 : 저본에는 '草'로 되어 있으나, ≪資治通鑑≫ 註에 의거하여 '尊'으로 바로잡았다.

40) 九法 : ≪書經≫ 〈周書〉의 洪範九疇를 말한다. 이는 천하를 다스리기 위한 아홉 가지의 원리로서, 箕子가 周 武王에게 가르쳐준 것이다. 즉 五行・五事・八政・五紀・皇極・三德・稽疑・庶徵・五福이다.

端也亦然하여 聖王不作에 三綱淪하며 九法斁(두)라 於是에 反常悖道之說이 肆行而不可遏矣어늘 周武奮然攘而闢之하니 其意善矣라 然終不能絶은 何也오 曰 欲闢異端者가 必隆儒術求賢人하여 明仁義興教化而後에 人心正하며 邪說息矣어늘 周武於此에 闕如也요 又況繼以嗣子之狂昏哉아

① 沴은 徒典의 切이니, 혼란하다는 뜻이다. 일설에는 沴(상하게 하다)는 郎計의 切이니, 기가 서로 상하게 하는 것을 '沴'라 한다고 하였다.
沴, 徒典切, 陵亂也. 一說, 沴郎計切, 氣相傷謂之沴.

【綱】 北周가 동전을 바꾸어 五行大布錢을 주조하였다.

周更(경)鑄五行大布錢하다

五行大布錢

【目】 1개를 10개에 해당시켜 布泉과 함께 통행시켰다.

一當十하여 與布泉竝行하다

【綱】 北周가 通道觀을 건립하였다.

周立通道觀[41)]하다

【目】 〈통도관을 건립하여〉 聖賢의 가르침을 하나로 통일하였다.

以壹聖賢之教也라

【綱】 가을 7월에 北周의 衛王 宇文直이 반란을 일으켰다가 죽임을 당했다.

秋七月에 周衛王直反이라가 伏誅하다

【目】 北周主(宇文邕)가 雲陽으로 갈 적에 尉遲運과 長孫覽에게 太子를 보필하여 長安을 지키도록 하였다. 衛王 宇文直이 원한과 분노를 쌓았다가 북주주가 외부에 있는 틈을 타서 드디어 자신의 무리를 이끌고 肅章門을 기습하여 불을 질러 문을 태웠다. 울지운

41) 周立通道觀 : "統一함을 아름답게 여긴 것이다. 北周主는 높일 것을 알았다고 말할 수 있다. 그러므로 기록하여 아름답게 여긴 것이다. 《資治通鑑綱目》이 끝날 때까지 觀을 기록한 것은 일곱 번이다.(漢 武帝 元封 2년(B.C. 109)에 자세하다.) 오직 聽訟觀·總明觀·通道觀에만 나무라는 말이 없다. 〔嘉統一也 周主可謂知所宗矣 故書美之 終綱目書觀七(詳漢武帝元封二年) 惟聽訟總明通道 非譏辭〕" 《書法》

이 궁궐 안의 목재와 평상, 걸상을 가져다가 불길을 키우고 기름을 부으니, 불길이 더욱 거세졌다. 우문직이 진격할 수 없어서 물러나자 울지운이 머물러 지키던 병력을 인솔하여 공격하였는데, 우문직이 크게 패배하여 荊州로 달아났다. 北周主가 돌아와서 우문직을 사로잡아 죽이고 울지운을 대장군으로 삼았다.

周主如雲陽할새 以尉(울)遲運長孫覽으로 輔太子守長安이러니 衛王直積怨憤이라가 因周主在外하여 遂帥(솔)其黨하여 襲肅章門하여 縱火焚之[①]어늘 運取宮中材木牀榻하여 以益火하고 油灌之하니 火轉熾라 直不得進하여 乃退어늘 運帥留守兵擊之한대 直乃大敗奔荊州어늘 周主還에 擒直殺之하고 以運爲大將軍하다

① 예전에 皇帝(北周主)가 衛王 宇文直의 집을 빼앗아 東宮으로 만들고는 우문직에게 살 곳을 선택하라고 하였다. 우문직이 府署를 두루 보았으나 마음에 드는 곳이 없었는데, 마지막에는 허물어진 陟岵寺를 선택하여 그곳에 살려고 하였다. 齊王 宇文憲이 우문직에게 말하기를 "아우는 자손이 많으니, 이곳이 좁지 않겠는가."라고 하니, 우문직이 말하기를 "제 한 몸도 스스로 용납하기 어려운데, 어찌 자손을 논하겠습니까."라고 하였다. 우문직이 한번은 황제를 따라 사냥을 하러 갔다가 항오를 어지럽혔는데, 황제가 사람들 앞에서 그를 매질하자 우문직이 원한과 분노를 쌓아두었다. 肅章門의 肅章은 宮門의 이름이다. 唐나라 長安 太極宮의 太極殿 뒤쪽과 兩儀殿 앞쪽의 중앙이 朱明門이고, 동쪽이 虔化門이고, 서쪽은 肅章門이니, 北周의 남은 제도이다.
初帝取衛王直第爲東宮, 使直自擇所居. 直歷觀府署, 無如意者, 末取廢陟岵寺, 欲居之. 齊王憲謂直曰"弟子孫多, 此無乃褊小." 直曰"一身尙不自容, 何論子孫." 直嘗從帝校獵而亂行, 帝對衆撻之, 直積怨憤. 肅章門, 肅章, 宮門名. 唐長安太極宮, 太極殿後, 兩儀殿前, 中爲朱明門, 東(門)〔則〕[42]虔化門, 西則肅章門, 蓋周遺制.

【綱】 겨울 12월에 陳나라가 孔奐을 吏部尙書로 삼았다.

冬十二月에 陳以孔奐爲吏部尙書하다

【目】 당시에 새로 淮河와 泗水 지역을 회복하자, 공격하여 전투에 참가한 사람과 투항하여 귀의해온 사람에 대해 논공행상하는 일이 복잡하였다. 孔奐이 감식안이 정밀하고 민첩하여 청탁을 받아들이지 않고 일에 막힘이 없었으니, 사람들이 모두 기뻐하며 승복하였다.

42) (門)〔則〕: 저본에는 '門'으로 되어 있으나, ≪資治通鑑≫ 胡三省 註에 의거하여 '則'으로 바로잡았다.

時에 新復淮泗하여 攻戰降附에 功賞紛紜①이어늘 奐識鑑精敏하고 不受請托하고 事無凝滯하니 人皆悅服이러라

①〈'攻戰降附功賞'은〉 공격하여 전투에 참여한 사람은 공로의 차례를 매기고, 투항하여 귀의해온 사람은 포상의 차례를 매기는 것이다.
攻戰敍其功, 降附敍其賞.

【綱】 北齊가 南陽王 高綽을 죽였다.

齊殺其南陽王綽[43)]하다

【目】 高綽이 잔혹하고 포학한 일을 즐겨 한번은 어떤 부인이 아이를 안고 있는 모습을 보고는 아이를 빼앗아 개에게 먹이로 주고, 다시 아이의 피를 부인에게 발라 개를 풀어 잡아먹게 하였다. 北齊主(高緯)가 그 일에 대해 듣고는 쇠사슬로 묶어 행재소에 오게 하였는데, 고작이 도착하자 풀어주고는 묻기를 "州에 있을 때 무슨 일이 가장 즐거웠는가?"라고 하니, 고작이 대답하기를 "그릇에 전갈을 모아두고 그 속에 원숭이를 두고 관찰하는 것이 가장 즐거웠습니다."라고 하였다. 北齊主가 즉시 명을 내려 전갈을 찾도록 하여 전갈을 욕조에 넣어두고는 벌거벗은 사람을 욕조 속에 눕게 하자, 비명을 지르며 데굴데굴 굴렀다. 北齊主가 고작과 그 모습을 보고 계속해서 크게 웃고는 고작을 꾸짖기를 "이처럼 즐거운 일을 어찌 驛馬로 급히 보고하여 아뢰지 않았는가."라고 하였다.

---

43) 齊殺其南陽王綽 : "南陽王은 殘虐하였으니, 죄인이다. '주살하였다〔誅〕'라고 기록하지 않고 게다가 작위를 갖춘 것은 어째서인가. 韓長鸞이 誣告하여 죄가 아닌 것으로 죽였기 때문이다. 高綽의 지나친 살육에 ≪資治通鑑綱目≫에서는 반드시 '齊主'라고 지적하여 기록하였으니 여기에서는 어찌 다만 齊라고 썼는가. 죄에 차이가 있기 때문이다. 그러므로 趙郡王 高叡를 죽인 데에 '主'라고 기록하지 않고(己丑年(569)), 南陽王 高綽을 죽인 데에 '主'라고 기록하지 않았으니(이해(574)) ≪자치통감강목≫에서 일의 경중을 헤아린 것이 자세하다.〔南陽殘虐 罪人也 不書誅 且具爵 何 長鸞誣告殺不以罪也 高綽濫殺 綱目必斥書齊主 此則曷爲止書齊 罪有分也 是故殺趙郡王叡不書主(己丑年) 殺南陽王綽不書主(是年) 綱目之權衡審矣〕" ≪書法≫

"高綽이 殘虐하고 부도덕하였는데 어찌하여 '죽였다〔殺〕'라고 기록하면서 그 관직을 제거하지 않았는가. 고작은 비록 죽었어도 남은 죄가 있으니, 만일 北齊主가 〈고작을〉 쇠사슬로 묶어 행재소에 오게 했을 때를 맞아서 즉시 고작의 죄를 살펴 주살하였다면 다시 무슨 말을 할 것인가. 지금 이미 고작을 용서하고서 그와 함께 사람을 죽이며 장난을 쳤고, 또 權倖의 誣告에 고작이 반란했다고 한 것 때문에 죽였으니, 고작이 비록 죄가 있으나 죽음은 그의 죄가 아니었다. 이 때문에 書法이 이와 같다.〔綽之殘虐不道 何爲書殺而不去其官 綽雖死有餘辜 使齊主當鏁詣行在之時 卽按其罪誅之 夫復何說 今旣宥之 而與之殺人爲戲 又因權倖誣告其反而戮之 則是綽雖有罪 死非其罪矣 是以書法如此〕" ≪發明≫

이로 말미암아 고작이 크게 총애를 받았는데, 韓長鸞이 고작을 시기하여 사람을 시켜 그가 모반을 꾀하였다고 무고하게 하여 그를 죽였다.

綽喜爲殘虐하여 嘗見婦人抱兒하고 取以飼狗하며 復以兒血로 塗婦人하여 縱狗食之[①]러니 齊主聞之하고 鏁詣行在러니 至而宥之하고 問在州에 何事最樂[②]고하니 對曰 聚蠍於器하고 置狙其中觀之가 極樂[③]이러이다 齊主卽命索蠍하여 置浴斛하고 使人裸臥斛中하니 號叫宛轉[④]이어늘 齊主與綽臨觀하고 喜噱不已[⑤]하여 因讓之曰 如此樂事를 何不早馳驛奏聞고 由是大有寵이러니 韓長鸞疾之하여 使人誣告其反하여 殺之하다

① 高綽은 世祖 高湛의 아들이다.
綽, 世祖湛子.

② 高綽이 定州刺史가 되었다.
綽爲定州刺史.

③ 蠍(전갈)은 許竭의 切이다. 사람을 쏘는 해충으로, 淮河 건너 북쪽 지역에 있다. ≪通俗文≫에 "꼬리가 긴 것이 蠆이고, 꼬리가 짧은 것이 蠍이다."라고 하였다.
蠍, 許竭切. 螫人蟲, 渡淮以北卽有之. 通俗文 "長尾曰蠆, 短尾曰蠍."

④ '浴斛'은 욕조이다.
浴斛, 浴器也.

⑤ 噱은 其虐의 切이니, 크게 웃는다는 뜻이다.
噱, 其虐切, 大笑也.

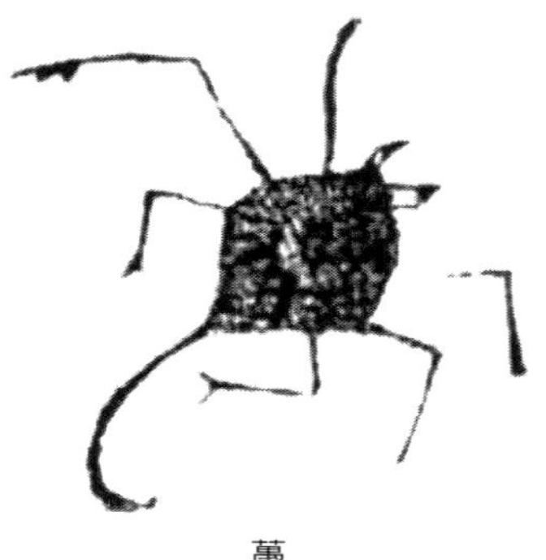
蠆

乙未年(575)

陳나라 宣帝 陳頊 太建 7년이고, 北齊 後主 高緯 武平 6년이고, 北周 高祖 武帝 宇文邕 建德 4년이다.

陳太建七年이요 齊武平六年이요 周建德四年이라

【綱】봄 2월 초하루에 일식이 있었다.

春二月朔에 日食하다

【綱】 3월에 北周가 開府儀同三司 伊婁謙을 北齊에 使臣으로 보냈는데, 北齊 사람들이 그를 〈북제에〉 억류하였다.

◑ 三月에 周使開府儀同三司伊婁謙如齊한대 齊人留之[44]하다

【目】 北齊主(高緯)는 말이 어눌하여 조정의 관원들을 접견하는 것을 좋아하지 않았고, 자신이 총애하고 가까이하는 사람이 아니면 말을 주고받은 적이 없었으며, 성품이 나약하여 남들의 시선을 견디지 못하였으니, 비록 大臣이 國事에 대해 아뢰더라도 올려다보지 못하게 하였다. 世祖(武成帝 高湛)의 사치스러운 遺風을 계승하여 後宮이 모두 보배로운 옷을 입고 진귀한 음식을 먹고, 다투어 신기하고 정교한 것을 만들었으며, 궁궐의 정원을 성대하게 세워 극도로 웅장하고 화려하게 하였는데, 기호가 일정하지 않아 자주 헐어버리고 또 다시 짓게 하였다. 〈휴식할 때가 없어〉 밤에는 불을 피워 공사하는 곳을 비추고 날씨가 추우면 물을 끓여 흙 반죽을 만들게 하였다. 재앙이 발생하거나 도적이 출현할 때마다 자신을 책망하거나 반성하지 않고 오직 設齋[45]를 많이 하여 功德을 닦는 일로 여겼다. 스스로 비파를 타는 것을 즐겨 〈無愁曲〉을 만드니, 민간에서는 그를 '근심이 없는 天子'라고 하였다.

---

44) 周使開府儀同三司伊婁謙如齊 齊人留之 : "나라를 엿본 것이다. ≪資治通鑑綱目≫이 끝날 때까지 사신 보냈는데 억류했다고 기록한 것이 세 번이다.(漢 武帝 元狩 3년(B.C. 116) 任敞, 이해(575) 伊婁謙, 後周 辛亥年(951) 姚漢英) 오직 任敞만 이름을 기록하지 않았으니, 使命을 더럽혔기 때문이다. 〔覘國也 終綱目使書留三(漢武帝元狩三年任敞 是年伊婁謙 周辛亥年姚漢英) 唯任敞不書名 辱命也〕" ≪書法≫
"北周가 伊婁謙을 北齊에 使臣으로 보냈는데, 북제 사람들이 그를 〈북제에〉 억류하였다.'라고 기록하였는데, 보낸 것과 억류한 것의 원인을 보지 못하겠다. 그러나 얼마 안 되어 북주 사람들이 북제를 정벌하여 마침내 그 나라를 폐허로 만들었으니 이루겸이 나라를 엿본 사람임을 비로소 알겠다. 高緯는 無道하여 마음 내키는 대로 음탕 사치하였고 이웃 적이 틈을 엿보아 행동하여 사신을 보내 엿보았는데 다행히 무리로 인하여 실정이 다 드러나게 되었다. 만일 고위가 조금 사람의 심정이 있었다면 반드시 퍼뜩 뛸 듯이 두려워할 줄 알며 변방 방어를 신중히 하고 인재를 발탁해 기용하여 현악기 줄을 바꾸듯이 하여 前轍을 고쳐서 국가를 보위할 계책을 하고 적을 대처할 방비를 하는 것이 옳았다. 이미 그렇게 하지 못하였으니 비록 다시 그 사신을 억류하였으나 마침내 또한 무슨 이익이 되었는가. ≪資治通鑑綱目≫에서는 '이루겸을 북제에 사신으로 보냈다'라고 위에서 기록하고, 分注〔目〕에서 '北齊의 淫亂한 자취'를 아래에 수록하였으니 고위가 미혹되어 돌아오지 못하고 조금도 깨달을 줄 모르는 뜻을 보여서 후일의 경계를 삼게 한 것이다. 그렇다면 북제의 멸망은 진실로 북주 사람이 멸망시킨 것이 아니라 北齊가 스스로 멸망한 것일 뿐이다.〔書周使伊婁謙如齊 齊人留之 而不見所遣及所留之因 然未幾周人伐齊 遂墟其國 始知婁謙乃覘國之人耳 高緯無道 極意淫侈 隣敵觀釁而動 遣使窺覘 幸因其徒 泄露情實 使緯稍有人心 則必躍然知懼 戒飭邊備 擢用人才 改絃易轍 以爲保國之計 待敵之防可也 旣不能然 雖復留其使人 竟亦何益 綱目書婁謙如齊於上 而以分注載齊淫亂之蹟於下 所以見其迷而不反 略不知悟之意 爲後戒也 然則齊之亡也 固非周人滅之 齊自滅耳〕" ≪發明≫

45) 設齋 : 佛供을 위하여 음식물을 마련하여 승려에게 공양하는 일을 말한다.

齊主言語澁吶하여 不喜見朝士하고 非寵私昵狎이면 未嘗交語[①]하며 性懦하여 不堪人視하니 雖大臣奏事나 莫得仰視러라 承世祖奢泰之餘하여 後宮皆寶衣玉食하고 競爲新巧하며 盛修宮苑하여 窮極壯麗호대 所好不常하여 數(삭)毁又復[②]라 夜則然火照作하고 寒則以湯爲泥라 每有災異寇盜에 不自貶損하고 唯多設齋하여 以爲修德이라 好自彈琵琶하여 爲無愁之曲하니 民間謂之無愁天子[③]라하더라

① 澁(말을 더듬다)은 色立의 切이니, 〈말이〉 유창하고 순하지 못한 것이다. 吶은 女劣의 切이니, 말을 더듬는 것이다.
澁, 色立切, 不滑順也. 吶, 女劣切, 聲不出也.

② 數(자주)은 음이 삭이다.
數, 音朔.

③ ≪五代志≫에는 "황제가 현악기에 의지하여 노래하였는데, 별도로 새 음률을 채집하여 〈無愁曲〉을 만들었다. 음조가 그윽하고 슬픈 심상이 극진하였는데, 胡兒와 환관의 무리를 시켜 일제히 따라 부르게 하였다. 곡조와 음악이 끝나면 눈물을 흘리지 않는 이가 없었으며, 도로에 행차했을 때나 때때로 말 위에서 연주하기도 하였다. 즐거움이 가면 슬픔이 찾아오니, 결국 이로 인해 나라가 망하였다."라고 하였다.
五代志 "帝倚絃而歌, 別採新聲爲無愁曲, 音韻窈窕, 極於哀思, 使胡兒閹宦輩齊唱和之. 曲終樂闋, 無不殞涕, 雖行幸道路, 或時馬上奏之. 樂往哀來, 竟以亡國."

【目】 華林園에 貧兒村을 세우고 스스로 남루한 옷을 입고 그 사이에서 구걸하러 다니는 일을 즐거움으로 삼았으며, 총애하고 신임하는 陸令萱, 穆提婆, 高阿那肱, 韓長鸞 등이 조정의 정치를 주관하였고, 宦官인 鄧長顒, 陳德信, 胡兒(胡族)인 何洪珍 등이 아울러 중요한 권력에 참여하였다. 관직은 재물을 써서 나아갔고, 訟事는 뇌물을 써서 이루었으며, 蒼頭[46)]인 劉桃枝 등이 官衙를 설치하고 王에 봉해졌다. 그 나머지 노래하고 춤을 추던 사람과 귀신을 보는 사람 중에 분수에 넘치는 부귀를 얻은 사람이 거의 만 명을 헤아렸고, 〈황제와 다른〉 여러 姓氏로 王에 봉해진 자들이 백 명을 헤아렸으며, 官衙를 설치한 사람이 천여 명이었다. 儀同三司[47)]에 봉해진 사람은 셀 수가 없었으며, 개와 말과 매에 이르러서도 儀同三司와 郡君의 호칭이 있어 모두 봉록을 받아먹었다. 한 번 놀이를 하는 데 드는 비용이 걸핏하면 수만 단위를 넘었다. 이윽고 나라의 곳간이 텅 비게 되자, 郡과 縣을 내려주어 관직을 팔아 돈을 받도록 하였다. 이로 말미암아 郡守와 縣令이 되는 사람은 대부분 장사치들이어서 다투어 탐욕을 일삼고 방종하였으니, 백성

46) 蒼頭 : 머리에 검은 두건을 두른 사람으로, 곧 사내종을 가리킨다.
47) 儀同三司 : 三公이 아니면서 儀章을 삼공과 같이 하는 散官을 가리킨다.

들이 살 수가 없었다.

華林縱逸

於華林園에 立貧兒村하고 自衣藍縷之服하여 行乞其間하여 以爲樂①하며 寵任陸令萱穆提婆高阿那肱韓長鸞等이 宰制朝政하고 宦官鄧長顒陳德信胡兒何洪珍等이 竝參預機權이라 官由財進하고 獄以賄成하며 蒼頭劉桃枝等이 皆開府封王하고 其餘歌舞人見鬼人等이 濫得富貴者가 殆將萬數②요 庶姓封王者가 以百數요 開府千餘人이요 儀同無數하고 乃至狗馬及鷹에 亦有儀同郡君之號하여 皆食其祿하며 一戲之(賞)〔費〕[48]가 動踰巨萬하니 旣而요 府藏空竭이어늘 乃賜郡縣하여 使賣官取直(치)하니 由是爲守令者率多商賈(고)하여 競爲貪縱하니 民不聊生이라

① 衣(입다)는 於旣의 切이다. 의복이 구멍이 나고 헤어져 메추라기를 매단 것과 같은 것이 남루한 것이다.
衣, 於旣切. 衣服穿弊如懸鶉者爲藍縷.

②'見鬼人'은 무당과 박수의 무리를 말한다.
見鬼人謂巫覡輩也.

48) (賞)〔費〕: 저본에는 '賞'으로 되어 있으나, ≪資治通鑑≫에 의거하여 '費'로 바로잡았다.

【目】 北周主(宇文邕)가 〈北齊의〉 정벌을 도모하여 변방의 진영에 명을 내려 물자를 비축하도록 하고 지키는 병력을 늘리라고 하였는데, 북제 사람들이 그 소식을 듣고는 역시 수비 병력을 늘렸다. 북주의 柱國 于翼이 간언하기를 "국경을 서로 침략하면 서로 승부를 겨루는 일이 발생하니, 다만 군사와 군비를 낭비하게 되고 큰 계책에는 이익이 없습니다. 戒嚴을 풀고 우호 관계를 지속하여 저들이 해이해져 방비를 하지 않게 만든 뒤에 틈을 타서 저들이 예상하지 못한 곳을 공격하여 한 번에 빼앗는 것만 못합니다."라고 하니, 北周主가 그의 말대로 따랐다.

周主謀伐之하여 命邊鎭益儲偫하고 加戍卒한대 齊人聞之하고 亦增守禦하니 周柱國于翼諫曰 疆埸相侵에 互有勝負하니 徒損兵儲요 無益大計라 不如解嚴繼好하여 使彼懈而無備然後에 乘間出其不意하여 一擧可取也니이다하니 周主從之①하다

① 行裝을 정리하는 것을 '辨嚴', '戒嚴'이라고 하는데, 여기에서 '解嚴'이라고 한 것은 과감히 시행하지 못했다는 말이다.
凡治行李曰辨嚴曰戒嚴, 此云解嚴, 謂不果行也.

【目】 韋孝寬이 상소를 올려 세 가지 계책을 아뢰었다. 첫 번째는 다음과 같다. "北齊는 淮河 이남 지역이 모두 陳氏(陳나라)의 차지가 된 뒤로부터 안으로는 민심이 흩어지고 밖으로는 배반하여 계책과 힘이 소진되었습니다. 우리 大軍이 만약 軹關을 나가서 〈평탄한 길로〉 수레를 나란히 하여 전진하여 陳氏와 掎角의 형세를 이루어 廣州의 義軍을 三鵶에서 출병하게 하고, 山南에서 날랜 정예 병사들을 모아서 黃河를 따라 내려가게 하고, 다시 北山의 稽胡를 보내어 幷州와 晉州로 가는 길을 차단하여 모든 길로 함께 진격하여 아울러 오랑캐의 도성으로 달려가게 한다면 〈北齊의 군대가〉 반드시 멀리서 깃발만 보고도 달아나고 흩어져서 〈우리 군대가〉 가는 곳마다 〈북제의 군대를〉 물리치고 죽일 수 있을 것입니다."

韋孝寬上疏陳三策하니 其一曰 齊自長淮之南이 悉爲陳氏所取로 內離外叛하고 計盡力窮하니 大軍若出軹關하여 方軌而進하여 兼與陳氏로 共爲掎角하고 幷令廣州義旅로 出自三鵶①하고 又募山南驍銳하여 沿河而下②하고 復遣北山稽胡하여 絶幷晉之路③하여 百道俱進하여 竝趨虜庭하면 必當望旗奔潰하여 所向摧殄하리이다

① 北魏 永安 연간(528~530)에 魯陽에 廣州를 설치하였다. 北魏는 東廣州와 西廣州로 분리하

였다. 서쪽으로는 三鵶谷에 이어져 魯陽의 경계에 있다.
魏永安中, 置廣州於魯陽. 魏分東西廣州, 西屬(촉)三鵶谷, 在魯陽界.

② 北周는 長安을 도읍으로 삼았는데, 褒州, 漢州, 荊州, 襄州를 山南이라 하였다.
周都長安, 以褒・漢・荊・襄爲山南.

③ 稽胡는 南匈奴의 남은 종족으로 河東郡과 西河郡의 경계에 흩어져서 험준한 산에 의지하여 살았으니, 長安의 북쪽에 있었다.
稽胡, 南匈奴之餘種, 散在河東西河郡界, 阻山而居, 在長安北.

【目】 두 번째는 다음과 같다. "만약 국가에서 다시 훗날을 위한 계책을 도모하여 즉시 크게 군사를 일으키지 않는다면 陳나라 사람과 〈연합하여〉 北齊의 병력을 나누어야 합니다. 三鵶 북쪽과 萬春 남쪽에 屯田을 널리 경영하여 미리 〈근량을〉 비축하고 날랜 병사들을 모아 부대를 만듭니다. 북제는 이미 동남쪽에 敵軍(陳나라 군대)이 있어 병력과 軍馬가 서로 대치하고 있으니, 우리가 기습 병력을 보내어 북제의 국경을 격파하고, 저들이 만약 군대를 일으켜 달려와 구원하면 우리는 성벽을 견고히 하고 들판을 깨끗이 비워 저들이 멀리 물러가기를 기다렸다가 돌아와 다시 군대를 출동시킵니다. 항상 변방의 군대를 이용하여 저들의 중요한 지점에 있는 병력을 견제하면 우리는 하룻밤을 버틸 양식을 낭비하지 않아도 되고 저들은 명령에 따라 달려오는 수고로움이 있을 것이니, 1, 2년 사이에 〈북제의 군대는〉 반드시 절로 흩어지고 배반할 것입니다. 또 齊氏(北齊)는 방종하며 포악하고 정치가 여러 군데에서 나오며 訟事와 官職을 〈돈을 받고〉 팔고 충직한 사람을 꺼리고 해치니, 온 경내가 근심하여 조만간에 망할 것입니다. 이 틈을 타서 번개처럼 쓸어버린다면 일은 마른 나뭇가지를 꺾는 것처럼 쉬울 것입니다."

其二曰 若國家更爲後圖하고 未卽大擧인댄 宜與陳人으로 分其兵勢니이다 三鵶以北과 萬春以南에 廣事屯田하여 預爲貯積하고 募其驍悍하여 立爲部伍[①]라가 彼旣東南有敵하여 戎馬相持[②]하니 我出奇兵하여 破其疆埸하고 彼若興師赴援이어든 我則堅壁淸野하고 待其去遠하여 還復出師라 常以邊外之軍으로 引其腹心之衆하면 我無宿舂之費하고 彼有奔命之勞하리니 一二年中에 必自離叛[③]하리이다 且齊氏淫暴하고 政出多門하며 鬻獄賣官하고 忌害忠直하니 闔境嗷然하여 覆亡可待라 乘間電掃하면 事等摧枯[④]하리이다

① 萬春은 지명이다. ≪新唐書≫ 〈地理志〉에는 "武德 5년(622)에 龍門을 분리하여 萬春縣을 설치하였다."라고 하였으니, 이는 옛날의 지명으로 縣을 이름한 것이다. 三鵶 북쪽과 萬春 남쪽은 韋孝寬이 北周의 동북쪽 경계를 드러내어 가리킨 것이니, 양쪽 끝을 들어 말한 것이다.

萬春, 地名. 新唐志 "武德五年, 析龍門置萬春縣", 蓋以舊地名名縣也. 三鵶以北, 萬春以南, 孝寬表指周東北之境, 擧兩端而言.

② 〈'彼旣東南有敵戎馬相持'는〉 北齊 사람과 陳나라 사람이 적이 된 것을 말한다.
謂齊人與陳人爲敵也.

③ ≪莊子≫ 〈逍遙遊〉에 "백 리를 가는 자는 전날 밤에 양식을 찧어서 준비해야 한다."라고 하였다.
莊子 "適百里者, 宿舂糧."

④ '嗷然'은 여러 사람이 근심한다는 뜻이다.
嗷然, 衆口愁也.

【目】 세 번째는 다음과 같다. "만약 다시 형세를 따라 국력을 비축하여 재차 시기를 엿보려 한다면 다시 이웃 나라와의 우호 관계를 회복하고 맹약을 거듭 시행하여 백성들과 무리들을 편안히 하며 상인들을 왕래하도록 하고 匠人들에게 혜택을 주며, 정예병을 길러서 비축하고 위엄을 길러 틈을 엿보아 움직여야 합니다. 이것이 오래 운용할 수 있는 장기적인 책략이니, 가만히 앉아서도 절로 兼幷할 수 있을 것입니다."

〈韋孝寬의〉 상소를 올리자 北周主가 開府儀同三司 伊婁謙을 불러 內殿으로 들어오게 하여 조용히 말하기를 "짐은 군대를 출동시키려 하니, 어떤 일이 먼저인가?"라고 하니, 대답하기를 "齊氏(北齊)는 가무에 빠지고 술에 탐닉하며, 적들의 銳氣를 꺾을 수 있는 將帥 斛律明月(斛律光)이 이미 讒言으로 인해 죽임을 당하여 上下의 마음이 떠났고, 길을 가는 행인들은 〈분노하지만 감히 말을 하지 못하고〉 눈짓으로만 서로의 뜻을 전하니, 이러한 상황에서는 빼앗기가 쉽습니다."라고 하였다. 〈北周主가〉 이루겸을 보내어 북제를 聘問하여 틈을 엿보도록 하였는데, 이루겸의 參軍인 高遵이 북제 사람들에게 실정을 고하자 북제 사람들이 이루겸 등을 억류하고 보내주지 않았다.

其三曰 若欲更存遵養하여 且復相時인댄 則宜還崇隣好하여 申其盟約하여 安民和衆하며 通商惠工하며 蓄銳養威하여 觀釁而動이니 斯乃長策遠馭니 坐自兼幷也[①]니이다 書奏에 周主引開府儀同三司伊婁謙하여 入內殿하여 從容謂曰 朕欲用兵하니 何者爲先[②]고하니 對曰 齊氏沈溺倡優하고 耽昏麴蘖하며 其折衝之將斛律明月이 已斃於讒口하여 上下離心하고 道路以目하니 此易取也니이다 乃使謙聘於齊하여 以觀釁이러니 其參軍高遵이 以情告齊人한대 齊人留謙等不遣하다

① 相(보다)은 息亮의 切이다. '通商惠工'은 장사꾼을 왕래하게 하여 서로 부족한 물건을 옮기게 하고, 百工에게 혜택을 주어 연장을 예리하게 하여 물건을 만드는 것을 말한다.
相, 息亮切. 通商惠工, 謂通商旅以遷其有無, 惠百工以利其器用.

② 伊婁는 오랑캐의 複姓이다.
伊婁, 虜複姓.

【綱】 여름 4월에 陳나라가 雲龍門에서 무늬가 있는 비단 이불을 불태웠다.

夏四月에 陳焚文錦于雲龍門[49]하다

【目】 陳나라의 監豫州 陳桃根이 靑牛를 얻어서 바쳤는데, 陳主(陳頊)가 돌려주었고, 또 表文을 올려 무늬를 넣어 짜서 만든 비단 이불을 바쳤는데, 조서를 내려 雲龍門 밖에서 그것을 태우게 하였다.

陳監豫州陳桃根이 得靑牛以獻한대 陳主還之하고 又表上織成羅文錦被한대 詔於雲龍門外에 焚之하다

【目】 胡氏(胡寅)가 다음과 같이 평하였다.

"신기하고 정교한 것을 만들어 황제의 마음을 어지럽힌 사람은 陳桃根이다. 무늬를 넣어 만든 비단 이불이 무슨 죄가 있겠는가. 의리상 당연히 진도근에게 책임을 물어 관직에서 내쫓아 궁궐 안팎에 경계를 보이더라도 오히려 그런 일을 근절시키지 못할까 염려된다. 그런데 지금 물자만 낭비하고 그 일을 벌인 사람은 처벌하지 않았으니, 진도근은 반드시 '皇帝가 나에게 본래 분노하는 마음이 없는데, 우선 돈후하고 소박한 마음을 천하에 보이려고 그런 것이다.'라고 생각할 것이니, 역시 무슨 꺼리는 마음이 있겠는가."

胡氏曰 作爲奇巧하여 以蕩上心者는 陳桃根也라 羅文錦被가 夫何罪焉이리오 義當詰責桃根하여 削去官任하여 以戒中外라도 恐猶不能絶也어늘 今徒費其物而不治其人하니 彼必謂上於我에 本無怒心이로대 姑以敦朴으로 示天下爾라하리니 則亦何所憚哉리오

【綱】 가을 7월에 北周主(宇文邕)가 北齊를 정벌하여 河陰에서 이기고 金墉을

49) 陳焚文錦于雲龍門 : "晉 武帝가 雉頭裘(꿩 머리털로 만든 갖옷)를 전각 앞에서 불태운 것은 기록하지 않고 '이상한 의복을 바치지 말라〔毋得獻異服〕'(晉 戊戌年(278))라고 기록했을 뿐이니 여기서 쓴 것은 어째서인가. 성실을 추구한 것이다. ≪資治通鑑綱目≫이 끝날 때까지 비단을 불태운 것은 세 번이다.(이해(575), 隋 文帝 開皇 15년(589), 唐 玄宗 開元 2년(714))〔晉武帝焚雉頭裘於殿前不書 書毋得獻異服而已(晉戊戌年) 此其書 何 迹誠也 終綱目書焚錦三(是年 隋文帝開皇十五年 唐玄宗開元二年)〕" ≪書法≫

공격하여 이기지 못하고 돌아왔다.

秋七月에 **周主伐齊**하여 **克河陰**하고 **攻金墉不克而還**[50)]하다

【目】이에 앞서 北周主가 홀로 齊王 宇文憲과 內史 王誼와 함께 北齊의 정벌을 모의하고, 또 納言 盧韞을 보내어 驛馬를 타고서 세 차례 安州總管 于翼에게 가서 책략을 묻게 하였는데, 다른 사람들은 알지 못했다. 이때에 이르러 비로소 북제를 정벌한다는 조서를 내리고 河陽으로 출병하려고 할 적에 內史上士 宇文弢이 말하기를 "북제가 비록 無道하지만 藩鎭에는 인물들이 있는데, 지금 하양으로 출병을 하니 〈하양은〉 정예 병력이 모인 곳이라 뜻을 이루기가 어렵습니다. 만일 汾曲으로 출병을 하면 지키는 병력이 적고 山地가 평탄하니 공격하여 쉽게 함락할 수 있을 것입니다."라고 하였다.

先是에 周主獨與齊王憲及內史王誼로 謀伐齊하고 又遣納言盧韞乘馹하여 三詣安州總管于翼하여 問策하니 它人莫知[①]러라 至是에 始下詔伐齊하고 將出河陽에 內史上士宇文弢(필)[②]曰 齊雖無道나 藩鎭有人이어늘 今出師河陽하니 精兵所聚라 恐難得志니 如出汾曲하면 戍小山平하니 則攻之易拔矣[③]니이다하다

① 北周 保定 4년(564)에 宗伯을 納言으로 고쳤다. 馹은 驛站이다. 北周가 安陸에 安州를 설치하였다.
周保定四年, 改(御)〔宗〕[51)]伯爲納言. 馹, 驛傳也. 周置安州於安陸.

② 弢은 弼의 古字이다.
弢, 古弼字.

③ 汾曲은 汾水의 굽이진 곳이다.
汾曲, 汾水之曲也.

【目】民部中大夫 趙煚이 말하기를 "河南과 洛陽은 사방으로 적들의 공격을 받을 수 있는 곳이니, 비록 얻더라도 지켜낼 수가 없습니다. 청컨대 河北을 따라 곧장 太原으로 향하여 그들의 소굴을 무너뜨리면 한 번에 평정할 수 있을 것입니다."라고 하였다.

遂伯下大夫 鮑宏이 말하기를 "예전에 여러 차례 洛陽으로 출병하였으나 저들이 이미

50) 周主伐齊……攻金墉不克而還 : "齊公 宇文憲에게는 '침략하였다〔侵〕'라고 기록하고(己丑年(569)), 여기서는 '정벌하였다〔伐〕'라고 기록한 것은 어째서인가. 이에 北周主가 친히 정사를 하고, 北齊는 혼란이 이미 극에 달하였다. 道가 있는 나라가 無道한 나라를 압박하였으므로 '伐'이라고 기록하였다.〔齊公憲書侵(己丑年) 此其書伐 何 於是周主親政 齊亂已極矣 以有道加無道 故書伐〕" ≪書法≫

51) (御)〔宗〕: 저본에는 '御'로 되어 있으나, ≪資治通鑑≫ 胡三省 註에 의거하여 '宗'으로 바로잡았다.

방비를 하고 있었기에 늘 이기지 못하였습니다. 만일 汾川과 潞川으로 병력을 진격시켜 곧바로 晉陽을 기습하여 저들이 예상치 못한 곳을 공격한다면 〈이 계책이〉 가장 좋은 계책일 듯합니다."라고 하였다.

北周主가 모두 따르지 않고 병력 6만 명을 이끌고 곧장 河陰으로 향하였다. 8월에 北齊의 경계 지역에 들어가서 나무를 베고 농작물을 짓밟는 것을 금지시켜 이를 어기는 자들은 모두 斬首하였고, 河陽의 큰 城을 공격하여 함락하였다. 齊王 宇文憲이 진격하여 洛口를 포위하여 두 城을 함락하고 浮橋를 불태웠다.

民部中大夫趙煚(경)[①]曰 河南洛陽은 四面受敵하니 縱得之라도 不可守니 請從河北하여 直指太原하여 傾其巢穴이면 可一擧而定하리이다 遂伯下大夫鮑宏[②]曰 往日에 屢出洛陽호되 彼旣有備라 故每不捷하니 如進兵汾潞하여 直掩晉陽하여 出其不虞면 似爲上策[③]이니이다 周主皆不從하고 帥(솔)衆六萬하여 直指河陰이라 八月에 入齊境하여 禁伐樹踐稼하여 犯者皆斬하고 攻河陽大城拔之하고 齊王憲進圍洛口하여 拔二城하고 焚浮橋[④]하다

① 民部는 大司徒에 속한다. 煚은 俱永의 切이다.
民部, 蓋屬大司徒. 煚, 俱永切.

② 遂伯은 ≪周官≫의 遂師의 직책과 비슷하다. 杜佑가 말하기를 "北周 地官에 소속된 직책에 左遂伯과 右遂伯이 있으니, 中大夫이다. 小遂伯은 下大夫로 鄕마다 1인을 둔다."라고 하였다. 鮑宏은 鮑泉의 아우이다.
遂伯, 蓋髣髴周官遂師之職. 杜佑曰 "周地官之屬有左右・遂伯, 中大夫也. 小遂伯則下大夫, 每鄕一人." 宏, 泉之弟也.

③ '汾潞'는 汾川과 潞川이다. 鮑宏이 군대를 출동시켜 平陽과 上黨을 공격하려고 한 것이다.
汾潞, 謂汾川・潞川. 宏欲出師以攻平陽・上黨也.

④ 洛口는 洛水가 黃河로 들어가는 입구이니, 여기에 城을 설치하였다.
洛口, 洛水入河之口, 於此置城.

【目】 北齊의 都督 傅伏이 永橋에서 밤에 中潬城으로 들어갔는데, 北周 사람들이 포위하였으나 함락하지 못했다. 洛州刺史 獨孤永業이 金墉을 지켰는데, 北周主가 공격하였으나 함락하지 못하자, 독고영업이 밤새도록 말구유 2천 개를 만드니, 북주 사람들이 그 소식을 듣고 大軍이 또 올 것이라고 생각하여 두려워하였다. 9월에 北周主가 병이 나서 밤에 병력을 이끌고 돌아가자 부복이 行臺 乞伏貴和에게 말하기를 "북주의 군사들이 지쳤으니, 정예 기병 2천을 얻어 추격하면 격파할 수 있습니다."라고 하였는데, 걸복귀화

가 허락하지 않았다. 齊王 宇文憲 등이 항복시키고 함락한 城이 30여 곳이었는데, 모두 버리고 지키지 않았다.

齊都督傅伏이 自永橋夜入中潬(단)城이어늘 周人圍之不下①하다 洛州刺史獨孤永業이 守金墉한대 周主攻之不克이러니 永業通夜에 辦馬槽二千하니 周人聞之하고 以爲大軍且至라하여 憚之러라 九月에 周主有疾하여 夜引兵還이어늘 傅伏謂行臺乞伏貴和曰 周師疲弊하니 願得精騎二千하여 追擊하면 可破也리라한대 貴和不許하다 齊王憲等降拔이 三十餘城이어늘 皆棄不守②하다

① 潬(돌아 흐르다)은 음이 袒이다. 河陽에 세 城이 있는데, 南城, 北城, 中潬이 이것이다. 永橋는 지역이 三城과 가까우니, 살펴보건대 懷縣에 永橋鎭이 있다. 懷縣은 隋나라와 唐나라 때의 懷州 武德縣이었다.
潬, 音袒. 河陽有三城, 南城・北城・中潬是也, 永橋地近三城. 按懷縣有永橋鎭, 懷縣, 隋・唐爲懷州武德縣.

② 降은 적을 맞이하여 항복한다는 뜻이고, 拔은 병력으로 공격하여 함락한다는 뜻이다.
降者, 迎降, 拔者, 以兵力攻拔.

【綱】 윤9월에 陳나라가 北齊의 군대를 呂梁에서 격파하였다.

閏月에 陳敗齊師于呂梁하다

【綱】 겨울 12월 초하루에 일식이 있었다.

○冬十二月朔에 日食하다

丙申年(576)

陳나라 宣帝 陳頊 太建 8년이고, 北齊 後主 高緯 隆化 원년이고, 北周 高祖 武帝 宇文邕 建德 5년이다.

陳太建八年이요 齊隆化元年이요 周建德五年이라

【綱】 봄 2월에 北周가 太子 宇文贇을 보내어 吐谷渾을 정벌하였다.

春二月周遣其太子贇伐吐谷渾하다

【綱】 여름 6월 초하루에 일식이 있었다.

○**夏六月朔日食**하다

【綱】 陳나라의 太子詹事 江摠이 면직되었다.

○**陳太子詹事江摠免**[52)]하다

【目】 예전에 陳나라의 太子 陳叔寶가 江摠을 太子詹事로 삼으려고 하자 孔奐이 말하기를 "강총은 潘岳과 陸機와 같은 화려한 文才를 지녔지만 東園公과 綺里季 같은 실제가 없으니, 〈태자첨사로 삼아서는〉 안 됩니다."라고 하였다. 태자가 이 일로 깊이 원한을 품고 자신이 직접 陳主(陳頊)에게 말하자 陳主가 허락하려고 하였는데, 공환이 말하기를 "강총은 화려한 문재를 지닌 사람입니다. 태자도 화려한 문재가 적지 않은데, 어찌 강총의 지도를 받겠습니까. 바라건대 돈후하고 중후한 인재를 선발하여 보필하고 인도하는 직책을 맡게 하십시오."라고 하였다. 陳主가 말하기를 "그렇다면 가능한 사람이 누구요?"라고 하니, 공환이 말하기를 "王廓은 집안이 대대로 아름다운 덕망이 있으며, 식견과 성품이 돈독하고 민첩하니, 맡길 만합니다."라고 하였다. 태자가 당시에 그 옆에서 말하기를 "왕곽의 아버지가 王泰이니, 태자첨사가 되기에는 적당하지 않습니다."라고 하니, 공환이 말하기를 "范曄은 范泰의 아들이지만 역시 태자첨사가 되었습니다."라고 하였다. 태자가 고집스레 쟁론하자 陳主가 마침내 태자의 의견을 따랐다. 강총이 마침내 태자와 밤늦도록 술을 마시고 태자의 良娣인 陳氏를 거두어 養女로 삼았다. 태자가 자주 微服 차림으로 나가서 강총의 집에서 놀았는데, 陳主가 노하여 강총을 파면하였다.

初陳太子叔寶가 欲以江摠爲詹事①어늘 孔奐曰 江有潘陸之華나 而無園綺之實하니 不可②하니이다 太子深以爲恨하여 自言於陳主한대 將許之러니 奐奏曰 江摠은 文華之士라 太子文華不少하니 豈藉

52) 陳太子詹事江摠免 : "詹事일 뿐인데 어찌하여 기록하였는가. 陳나라를 망하게 한 것은 江摠의 무리이므로 기록하였다.〔詹事耳 何以書 亡陳者摠輩也 故志之〕" ≪書法≫
"'江摠이 면직되었다〔江摠免〕'라고 기록하고 '강총을 면직시켰다〔免江摠〕'라고 기록하지 않은 것은 강총이 스스로 罪로 면직된 것이다. 그러나 강총은 東宮의 관원인데 이미 경박함으로 파면되었으니 太子도 따라서 알 수 있다. 陳主가 비록 강총을 파면하였으나 아들의 경박함을 알지 못했으니 멸망함이 또한 마땅하다.〔書江摠免而不書免江摠者 摠自以罪免也 然摠爲宮臣 旣以浮薄斥免 則爲太子者從可知矣 陳主雖能免摠 而不知其子之浮薄 亡亦宜哉〕" ≪發明≫

於揔이리오 願選敦重之才하여 以居輔導之職하나이다하여늘 陳主曰 然則誰可者오하니 奐曰 王廓世有懿德하고 識性敦敏하니 可以居之니이다 太子時在側曰 廓父名泰니 不宜爲太子詹事③니이다하니 奐曰 范曄卽范泰之子로대 亦爲太子詹事하니이다하니 太子固爭한대 陳主從之하니 揔遂與太子로 爲長夜之飮하고 養良娣陳氏爲女라 太子亟(기)微行遊揔家어늘 陳主怒하여 免揔官④하다

① 江揔은 江斅의 증손자이다.
揔, 斅之曾孫也.

② 晉 惠帝(司馬衷)가 太子였을 때에 潘岳과 陸機가 모두 東宮의 관직을 지냈다. 東園公과 綺里季가 漢나라의 太子 劉盈을 보필하자, 高帝(漢 高祖)가 마침내 太子를 바꾸지 못했다.
晉惠帝爲太子, 潘岳·陸機皆爲東宮官. 園公·綺里季羽翼漢太子盈, 高帝遂不易太子.

③ 〈'廓父名泰 不宜爲太子詹事'는〉 부친의 이름〔諱〕을 피휘해야 하니, 이 관직을 맡기는 것은 마땅하지 않다고 말한 것이다.53) 王泰는 王曇首의 증손자이고 王儉의 조카이다.
謂回避父諱, 不宜居是官也. 泰, 曇首之曾孫, 儉之姪也.

④ 살펴보건대 ≪漢書≫ 〈外戚傳〉에 "太子에게는 太子妃가 있고, 良娣가 있고, 孺子가 있으니, 모두 세 등급이다."라고 하였다. 亟(자주)는 去吏의 切이다.
按漢外戚傳"太子有妃, 有良娣, 有孺子, 凡三等." 亟, 去吏切.

【綱】 北齊의 司徒 趙彦深이 卒하였다.

齊司徒趙彦深이 卒하다

【目】 趙彦深이 죽은 뒤에 조정의 지위가 높은 신하 가운데 국가의 주요 기밀을 관장하는 사람은 오직 侍中 斛律孝卿 한 사람뿐이었고, 그 나머지는 모두 北齊主(高緯)의 총애를 받는 신하였다.

彦深旣卒에 朝貴典機密者가 惟侍中斛律孝卿一人而已요 其餘皆嬖倖也①러라

① 斛律孝卿은 斛律羌擧의 아들이다.
孝卿, 羌擧之子也.

【綱】 北周의 太子 宇文贇이 長安으로 돌아왔다.

周太子贇還長安하다

53) 부친의……것이다 : 王廓의 부친인 王泰의 '泰'와 太子詹事의 '太'가 음이 같으므로 피휘하여 태자첨사를 맡아서는 안 된다는 것이다.

【目】 태자는 군대에 있으면서 덕망을 많이 잃었고, 太子宮尹 鄭譯과 王端 등은 모두 태자의 총애를 받았다. 군대가 돌아오자 大將軍 王軌 등이 그에 대해 보고하니, 北周主가 진노하여 태자를 매질하고 이어서 정역 등을 除名하였는데, 태자가 다시 정역을 불러 예전처럼 놀며 가까이하였다. 北周主가 태자를 아주 엄격하게 대하여 조회할 때마다 나아가고 멈추는 것을 신하들과 다름이 없게 하였고, 태자가 술을 즐겼으므로 술을 금지시켜 東宮에 보내지 못하도록 하였고, 잘못을 저지르면 번번이 종아리를 쳤다. 한번은 태자에게 말하기를 "옛날부터 태자 중에 폐위당한 자가 몇 명이더냐? 〈태자 이외의〉 나머지 아들이라고 어찌 〈太子로〉 세울 수 없겠느냐."라고 하고, 마침내 동궁 관원에게 명을 내려 태자의 말과 행동을 기록하여 매달 보고하도록 시켰다. 태자가 두려워하여 실정을 속이고 언행을 꾸미자, 이로 말미암아 허물과 악행이 〈北周主에게〉 보고되지 않았다. 왕궤가 한번은 小內史 賀若弼과 말을 하다가 "태자는 반드시 〈나라를 다스리는 重任을〉 감당할 수 없을 것이다."라고 하니, 하약필이 왕궤에게 그에 대해 〈北周主에게〉 아뢰라고 권하였다. 왕궤가 그 후에 〈北周主를〉 모시고 앉아 있다가 말하기를 "태자가 어질고 효성스럽다는 소문이 없으니, 폐하의 집안일이 제대로 완수하지 못할까 두렵습니다. 폐하께서 늘 하약필이 文武의 뛰어난 재주를 지니고 있다고 여기시니, 역시 늘 이 점이 우려가 됩니다."라고 하였다.

太子在軍多失德하고 宮尹鄭譯王端等이 皆有寵①이러니 軍還에 大將軍王軌等이 言之한대 周主怒하여 杖太子하고 除譯等名호대 太子復召譯하여 戲狎如初러라 周主遇太子甚嚴하여 每朝見에 進止與群臣無異하고 以其嗜酒로 禁酒不得至東宮하고 有過에 輒加捶撻이라 嘗謂之曰 古來太子被廢者가 幾人고 餘兒豈不堪立耶아하고 乃勅宮官하여 錄其言動하여 每月에 奏聞하니 太子畏懼하여 矯情修飾이라 由是로 過惡不上聞이러라 王軌嘗與小內史賀若弼로 言太子必不克負荷라하니 弼勸軌陳之한대 軌後因侍坐言曰 太子仁孝無聞하니 恐不了陛下家事하노이다 陛下恒以賀若弼로 有文武奇才라하니 亦常以此爲憂니이다하다

① 北周는 太子宮尹을 두었으니, 太子詹事의 직책이다. 鄭譯은 鄭儼의 형의 손자이다.
周置太子宮尹, 蓋卽詹事之職. 譯, 儼之兄孫也.

【目】 北周主가 賀若弼에게 묻자, 〈하약필이〉 대답하기를 "皇太子가 허물이 있다는 말은 아직 듣지 못하였습니다."라고 하였다. 〈하약필이〉 물러난 뒤에 王軌가 하약필이 말을

바꾸었다고 나무라자, 하약필이 말하기를 "태자는 나라의 儲副[54)]인데 어찌 쉽게 말을 꺼내겠는가. 일에 차질이 있으면 곧 滅族을 당할 것이다. 본래 공이 〈태자의〉 장점과 단점을 은밀히 아뢸 것이라 생각했는데, 어찌 드디어 드러내놓고 말을 할 수 있단 말인가."라고 하니, 왕궤가 오랫동안 입을 닫고 있다가 마침내 말하기를 "나는 나라에 전적으로 마음을 두었기에 마침내 사사로운 계책을 염두에 두지 않았다. 그렇지만 방금 전에 여러 사람 앞에서 말은 한 것은 실로 적절한 행동이 아니었다."라고 하였다. 그 후에 〈왕궤가〉 궁중의 연회를 이용하여 北周主의 수염을 쓰다듬으며 말하기를 "사랑스럽고 좋아할 만한 늙은이지만, 다만 後嗣가 미약한 것이 원망스러울 뿐입니다."라고 하였다.

周主以問弼한대 對曰 皇太子未聞有過로소이다하다 旣退에 軌讓弼反覆한대 弼曰 太子는 國之儲副니 豈易發言이리오 事有蹉跌이면 便至滅族이라 本謂公密陳臧否러니 何得遂至昌言①고하니 軌默然久之라가 乃曰 吾專心國家라 遂不存私計호니 向者對衆은 實非所宜러라 後因內宴하여 捋帝鬚曰② 可愛好老公이나 但恨後嗣弱耳로다하다

① '蹉跌'은 다리가 디딜 곳을 잃은 것이다. 昌은 드러난다는 뜻이니, '昌言'은 드러내놓고 말하는 것이다.
蹉跌, 足失據也. 昌, 顯也, 昌言, 顯言也.
② 捋은 郎括의 切이니, 잡는다는 뜻이다.
捋, 郎括切, 攬也.

【目】이보다 앞서 北周主가 宇文孝伯에게 묻기를 "나의 아들은 근래 어떠한가?"라고 하니, 우문효백이 대답하기를 "太子께서는 근래에 폐하의 위엄을 두려워하여 더 이상 잘못을 저지르지 않습니다."라고 하였다. 술자리를 끝나자 北周主가 우문효백을 질책하며 말하기를 "王軌가 이에 대해 말을 하였으니, 公은 나를 속였다."라고 하였다. 우문효백이 재차 절을 하고 말하기를 "臣이 듣건대 아버지와 아들 사이는 다른 사람이 말하기 어렵다고 합니다. 신은 폐하께서 〈태자에 대해〉 자애로운 마음을 차마 끊을 수 없음을 알기에 마침내 입을 다물고 말하지 않았습니다."라고 하였다. 北周主가 오랫동안 잠자코 있다가 마침내 말하기를 "짐이 이미 公에게 맡겼으니, 공은 힘쓰도록 하라."라고 하였다.

王軌가 또 자주 말하기를 "태자는 社稷을 받들 수 있는 군주가 아니며, 普六茹堅(楊

---

54) 儲副 : 다음 대를 이을 임금이라는 뜻으로, 太子를 말한다.

堅)[55)]은 배반하는 관상을 지녔습니다."라고 하니, 北周主가 기뻐하지 않으며 말하기를 "반드시 天命이 있는 곳이 있다면 어찌할 수 있겠는가."라고 하였다. 楊堅이 그에 대해 듣고는 매우 두려워하여 자신을 깊이 감추었다. 北周主는 왕궤 등의 말이 그럴 법하다고 여겼으나, 다만 漢王 宇文贊은 둘째 아들이고 또 재주가 없으며, 나머지 아들은 모두 어렸으므로, 〈태자를〉 폐하지 않았다. 齊王 宇文憲 역시 말하기를 "양견의 모습이 비범하니, 남의 아래에 있을 사람이 아닌 듯합니다. 청컨대 빨리 제거하소서."라고 하였다. 北周主가 이에 대해 纖伯下大夫 來和에게 물었는데, 來和는 평소에 양견을 따르는 사람이었기에 대답하기를 "隨公(楊堅)은 정말로 절개를 지킬 사람입니다."라고 하였다.

先是에 周主問宇文孝伯曰 吾兒比來何如오하니 對曰 太子比懼天威하여 更無過失이니이다 罷酒에 周主責孝伯曰 執有此言이어늘 公爲誑矣①로다 孝伯再拜曰 臣聞父子之際는 人所難言이라 臣知陛下不能割慈忍愛할새 遂爾結舌호이다 周主默然久之하여 乃曰 朕已委公矣라 公其勉之하라하다 軌又數(삭)言太子非社稷主요 普六茹堅이 有反相②이니이다하니 周主不悅曰 必天命有在인댄 將若之何오 楊堅聞之하고 懼深自晦匿하더라 周主深以軌等言爲然호대 但漢王贊次長又不才요 餘子皆幼라 故得不廢하니라 齊王憲亦言 堅相貌非常하니 恐非人下라 請早除之③하소서하니 周主以問纖伯下大夫來和하니 和素附堅이라 對曰 隨公正是守節人耳④이니이다하다

① 誑은 속이다는 뜻이다.
誑, 欺也.

② 楊堅의 부친 楊忠이 北周 太祖(宇文泰)를 따라 여러 차례 戰功을 세워 普六茹라는 姓氏를 하사받았다.
堅父忠, 從周太祖屢有戰功, 賜姓普六茹氏.

③ 楊堅의 모습은 용의 얼굴에 이마에는 기둥 같은 뼈가 다섯이 있어 정수리로 들어가고 눈빛이 밖으로 반사하였으며, 손바닥에 '王'자 문양이 있었다. 상체가 길고 하체가 짧았으며 침착하고 매우 엄중하였다.
堅爲人龍顔, 額有五柱入頂, 目光外射, 有文在手曰王. 長上短下, 沈深嚴重.

④ 杜佑가 말하기를 "北周의 地官의 소속에 方마다 纖伯을 두었는데 中大夫이며, 縣마다 小纖伯을 두었는데 下大夫이다."라고 하였다.
杜佑曰 "周地官之屬, 每方纖伯, 中大夫也, 每縣小纖伯, 則下大夫."

【目】 胡氏(胡寅)가 다음과 같이 평하였다.

---

55) 普六茹堅(楊堅) : 普六茹가 姓이고 堅이 이름이다. 西魏에서 오랜 집안에 蕃姓을 나누어주었는데, 楊忠에게는 普六茹氏를 내려주었다.

"太子 宇文贇이 재주가 없는 인물인 줄은 高祖(宇文邕)가 알고 있었다. 만약 국가를 위해 원대한 계책을 세워 大業을 齊王 宇文憲에게 맡겼다면 어찌 결국에 망했겠는가. 堯·舜은 천하를 위해 인물을 선택하여 오히려 다른 姓氏에게 〈天子의 자리를〉 맡겼는데, 東宮(太子)이 이미 재주가 없고 나머지 아들도 유약하면 어찌 齊王에게 〈天子의 자리를〉 주는 것이 더 나은 것만 하겠는가. 〈北周主(宇文邕)가〉 王軌에게 天命이라고 말한 것은 諫言을 막고 기뻐하지 않는 뜻이니, 아, 〈애정에〉 가려졌구나."

胡氏曰 贇之不才를 (世祖)〔高祖〕[56]知之矣①라 若爲國家遠慮하여 以大業으로 付齊王憲이면 豈遂亡乎리오 唐虞爲天下擇人하여 尙付之異姓이어든 東宮既不才요 餘子又幼弱이면 曷若授之齊王之爲愈乎리오 其語王軌天命云者는 拒諫咈然之意也라 吁亦蔽矣로다

① 世祖는 내 생각으로는 高祖가 되어야 한다.
世祖管見作高祖.

【綱】 겨울 10월에 北周主(宇文邕)가 北齊를 정벌하여 平陽을 취하니, 11월에 北齊主(高緯)가 공격하였으나 이기지 못하였다. 12월에 北周主가 다시 북제를 정벌하였는데, 北齊主가 크게 패배하여 晉陽으로 달아났다가 드디어 鄴으로 도망쳤다. 晉陽 사람들이 安德王 高延宗을 옹립하여 지켰는데, 北周主가 〈진양을〉 함락하여 그를 사로잡았다.

冬十月에 周主伐齊取平陽하니 十一月에 齊主攻之不克하다 十二月에 周主復伐齊한대 齊主大敗走晉陽이라가 遂奔鄴하니 晉陽人이 立安德王延宗以守어늘 周主拔而執之하다

【目】 北周主(宇文邕)가 신하들에게 말하기를 "예전에 北齊의 국경 안으로 들어가서 군사들의 움직임을 살펴보니 거의 아이들 장난과 같았다. 더구나 북제의 조정이 혼란하여 정치는 여러 소인배에게서 나오고 백성은 애달피 부르짖어 아침에 저녁 일을 헤아리지 못하고 있다. 하늘이 〈좋은 기회를〉 주는데, 받지 않으면 후회로 남을까 두렵다. 晉州는 본래 高歡이 일어난 지역이고, 〈북제 전 지역을〉 장악할 수 있는 요충지이다.[57] 지

56) (世祖)〔高祖〕: 저본에는 '世祖'로 되어 있으나, ≪御批資治通鑑綱目≫에 의거하여 '高祖'로 바로잡았다.
57) 晉州는……요충지이다 : 北魏 말기에 爾朱榮이 高歡을 晉州刺史로 삼았는데, 이를 바탕으로 고환은 爾朱氏를 멸하고 東魏의 실권을 장악하였다.

금 가서 진주를 공격하면 저들이 반드시 와서 구원할 것이니, 내가 군대를 단속하여 기다렸다가 그들을 공격하면 반드시 이길 것이다. 그렇게 한 뒤에 破竹之勢를 타고서 북을 두드리며 동쪽으로 가면 충분히 그들의 소굴을 끝까지 공격하여 天下를 통일할 수 있을 것이다."라고 하였다. 여러 장수가 대부분 출병을 원하지 않자, 北周主가 말하기를 "기회를 놓쳐서는 안 되니, 나의 군대를 막는 자가 있으면 응당 軍法으로 다스릴 것이다."라고 하였다. 그리하여 北周主가 직접 군대를 거느리고 北齊를 정벌하였다.

周主謂群臣曰 前入齊境에 見其行師하니 殆同兒戲라 況其朝廷昏亂하여 政由群小하고 百姓嗷然하여 朝不謀夕하니 天與不取면 恐貽後悔하노라 晉州는 高歡所起之地요 鎭攝要重[①]이니 今往攻之면 彼必來援이니 吾嚴軍以待하여 擊之必克이요 然後乘破竹之勢하여 鼓行而東이면 足以窮其巢穴하여 混同文軌矣리라 諸將多不願行이어늘 周主曰 機不可失이니 有沮吾軍者면 當以軍法裁之호리라 於是에 自將伐齊하다

① 攝은 총괄하여 장악한다는 뜻이다.
攝, 摠持也.

【目】 이보다 앞서 北齊의 晉州行臺인 張延儁이 공정하고 정직하고 근면하고 민첩하며 물품을 비축해두고 대비를 하니, 백성들이 안심하고 생업에 종사하였으며, 경계 지역 안에는 걱정거리가 없었다. 총애를 받던 여러 신하들이 그를 미워하여 교체시키자 이로 말미암아 公私가 번거로워지고 혼란스러웠다. 北周主가 晉州에 도착하여 內史 王誼를 파견하여 여러 군대를 감독하여 平陽城을 공격하여 항복받도록 하였는데, 북제의 군대가 크게 무너지자 드디어 진주를 함락하였다. 北齊主(高緯)는 馮淑妃와 天池에서 사냥을 하고 있을 적에, 〈진주가〉 위급하다고 알리는 사람이 세 차례나 이르자 丞相 高阿那肱이 말하기를 "大家(北齊主)께서 한창 즐기시는 중인데, 변방에서 일어난 작은 일을 어찌 긴급히 보고하겠는가."라고 하였다. 저녁에 이르러 使者가 도착하니, 平陽이 이미 함락된 뒤였다. 北齊主가 돌아가려고 할 적에 풍숙비가 다시 한 번 사냥감을 포위하여 잡기를 청하자 北齊主가 그녀의 말대로 하였다.

先是에 齊晉州行臺張延儁이 公直勤敏하고 儲偫有備하니 百姓安業하고 疆埸無虞러니 諸嬖倖이 惡(오)而代之하니 由是로 公私煩擾러니 周主至晉州하여 遣內史王誼하여 監諸軍하여 攻平陽城降之하니 齊兵大潰어늘 遂克晉州하다 齊主方與馮淑妃로 獵於天池[①]할새 告急者三至하니 丞相高阿那肱曰 大家正爲樂이어늘 邊鄙小事를 何急奏聞고하니 至莫(모)에 使(시)至則平陽已陷矣[②]러라 齊

主將還할새 妃請更殺一圍한대 從之하다

① ≪新唐書≫ 〈地理志〉에는 "嵐州 靜樂縣에 天池祠가 있다."라고 하였다.
唐書地理志 "嵐州靜樂縣有天池祠."
② 使(사신)는 疏吏의 切이다.
使, 疏吏切.

【目】 11월에 〈北齊主(高緯)가〉 스스로 大軍을 거느리고 平陽에 도착하였는데 위용과 기세가 매우 성대하였다. 北周主(宇文邕)가 서쪽으로 돌아가서 그 銳鋒을 피하려고 하였는데, 大將軍 宇文忻이 간언하기를 "폐하의 훌륭한 武力으로 적들이 혼란하고 방종한 틈을 타서 〈공격하는데〉 어찌 이기지 못할 것을 근심하십니까. 만약 北齊가 훌륭한 主君을 얻어 君臣이 협력한다면 비록 湯王과 武王 같은 위세가 있더라도 쉽게 평정하지 못할 것입니다."라고 하였다. 京兆 사람 王韶가 말하기를 "어지러운 나라를 공격하여 취하고 망할 나라를 업신여기는 것은 바로 오늘에 달려 있습니다. 그런데 〈이런 좋은 기회를〉 버려두고 퇴각하려고 하시니, 臣은 이해하지 못하겠습니다."라고 하였다. 北周主가 비록 그 말을 좋게 여겼으나 마침내 梁士彦을 晉州刺史로 삼고 돌아가니, 北齊의 군대가 드디어 平陽을 포위하여 밤낮으로 공격하였다.

城 내부는 위급하여 城樓와 성가퀴가 모두 무너졌고, 외부에서 구원병이 이르지 않아 군사들이 모두 두려움에 떨었다. 양사언은 가슴이 복받쳐 올랐으나 태연한 모습으로 장수와 병사에게 말하기를 "죽음이 오늘에 있으니, 나는 그대들을 위하여 앞장서겠다."라고 하였다. 그리하여 용맹하고 맹렬하게 일제히 떨쳐 일어나 고함소리가 땅을 진동하였으니, 한 사람 당 100명을 당해내지 않는 이가 없었다.

북제의 군대가 조금 물러나자 마침내 妻妾, 軍民, 婦女로 하여금 밤낮으로 성을 보수하게 하여 3일 만에 완성하였다. 북제 사람들이 땅굴을 파서 平陽을 공격하여 성이 10여보 정도 무너지자 장수와 병사들이 그 형세를 타고 〈성안으로〉 진입하려고 하였다. 北齊主가 명령을 내려 잠시 중지시키고 馮淑妃를 불러 그 광경을 보게 하려고 하였는데, 풍숙비가 단장하느라 제때에 오지 않았다. 北周 사람들이 나무를 가지고 무너진 부분을 메우니, 성이 결국 함락되지 않았다.

十一月에 自帥(솔)大軍하여 至平陽하니 聲勢甚盛이라 周主欲西還以避其鋒한대 大將軍宇文忻諫曰[①]以陛下之聖武로 乘敵人之荒縱하여 何患不克이리오 若使齊得令主하여 君臣協力이면 雖湯

武之勢나 未易平也이니이다 京兆王韶曰② 取亂侮亡이 正在今日하니 釋之而去는 臣所未諭로소이다 周主雖善其言이나 竟以梁士彦으로 爲晉州刺史而還하니 齊師遂圍平陽하여 晝夜攻之한대 城中危急하여 樓堞皆盡하고 外援不至하니 衆皆震懼러라 士彦慷慨自若하여 謂將士曰 死在今日하니 吾爲爾先호리라하다 於是에 勇烈齊奮하여 呼聲動地하니 無不一當百이라 齊師少却이어늘 乃令妻妾軍民婦女로 晝夜修城하여 三日而就하니 齊人作地道攻平陽하여 城陷十餘步어늘 將士乘勢欲入한대 齊主勅且止하고 召馮淑妃觀之할새 淑妃粧點不時至어늘 周人以木拒塞之하니 城遂不下하다

① 宇文忻은 宇文貴의 아들이다.
忻, 貴之子也.
② 王韶는 〈집안이〉 대대로 京兆에 살았는데, 당시에 軍正을 맡고 있었다
韶世居京兆, 時爲軍正.

【目】北周主(宇文邕)가 長安으로 돌아가서 다음 날 詔書를 내려 다시 北齊를 정벌하도록 하였다. 12월에 平陽에 도착하여 20여 리에 걸쳐 진을 쳤다. 북제의 병사들이 성의 남쪽에 판 참호[58] 북쪽에 진을 쳐서, 아침부터 申時(오후 3~5시)까지 서로 대치하고 〈승부를〉 결정짓지 못했다. 北齊의 高阿那肱이 말하기를 "우리의 병력이 비록 많지만 전투를 감당할 사람이 적으니, 싸우지 말고 물러나서 高梁橋를 지키는 것만 못합니다."라고 하니, 北齊主(高緯)가 마음을 결정하지 못하였다. 여러 內參이 말하기를 "저들 역시 天子이고, 우리 역시 천자입니다. 저들은 오히려 멀리에서 왔는데, 우리가 어찌 참호를 지키며 약한 모습을 보이겠습니까."라고 하니, 北齊主가 "이 말이 옳다."라고 하였다. 그리하여 참호를 메우고 남쪽으로 군대를 이끌었다.

北周主가 크게 기뻐하고 여러 군대를 정돈하여 공격을 하니, 병력이 맞붙기 시작하자, 北齊主가 馮淑妃와 나란히 말을 타고 전투를 구경하였다. 북제의 동쪽 편 군대가 조금 퇴각하자 풍숙비가 두려워하며 말하기를 "군대가 패배하였습니다."라고 하였고, 穆提婆가 말하기를 "大家(北齊主)께서는 떠나십시오. 大家께서는 떠나십시오."라고 하였다. 北齊主가 즉시 풍숙비를 데리고 高梁橋로 달아나자, 開府儀同三司 奚長이 간언하기를 "반쯤 진격했다가 반쯤 퇴각하는 것은 전투에서 일상적으로 있는 일입니다. 폐하의 말발굽이 한번 움직이면 사람들의 마음이 놀라고 동요되어 다시 진작시킬 수가 없습니다. 바라건대 속히 돌아가서 그들을 위로하여 안심시키십시오."라고 하였다.

58) 성의……참호 : 北齊 사람들이 北周의 군대가 갑자기 쳐들어올까 염려하여 平陽城 남쪽에 참호를 팠는데, 喬山에서 汾水에까지 이르렀다. 자세한 내용은 ≪資治通鑑≫ 참조.

장군 張常山이 후미에서 와서 역시 말하기를 “군대가 이윽고 집결하여 정돈을 마쳤으니, 至尊께서는 돌아가셔야 합니다.”라고 하였다. 北齊主가 그의 말을 따르려고 하였는데, 목제파가 말하기를 “이 말은 믿기가 어렵습니다.”라고 하니, 北齊主가 드디어 풍숙비를 데리고 북쪽으로 달아났다. 북제의 군대가 크게 궤멸되어 전사한 사람이 만여 명이었고, 버려진 군사 물자와 무기가 산처럼 쌓였다. 安德王 高延宗만이 홀로 군대를 온전히 하여 돌아갔다. 이에 앞서 北齊主는 풍숙비에게 공로가 있다고 여겨 그녀를 左皇后로 삼으려고 하면서 內參을 보내어 晉陽에 가서 〈皇后의 衣服인〉 褘衣와 翟服을 가져오게 하였는데, 도중에 만나서 풍숙비에게 〈皇后의 의복을〉 입도록 한 뒤에 떠났다.

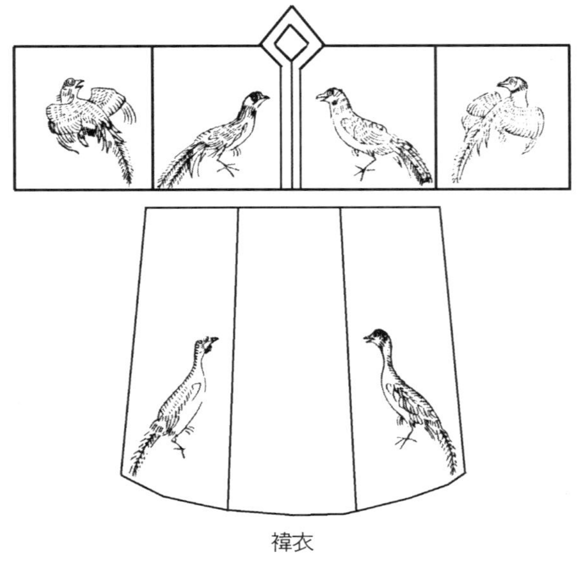
褘衣

周主還長安하여 明日에 下詔復伐齊하고 十二月에 至平陽하여 置陳二十餘里하니 齊兵陳於城南塹北하여 自旦至申히 相持不決이러라 齊高阿那肱曰 吾兵雖多나 堪戰者少하니 不如勿戰하고 却守高梁橋①니이다하여늘 齊主意未決이러니 諸內參曰② 彼亦天子요 我亦天子라 彼尙能遠來어늘 我何爲守塹示弱이리오 齊主曰 此言是也라하고 於是에 塡塹南引이어늘 周主大喜하여 勒諸軍擊之하니 兵纔合에 齊主與馮淑妃로 竝騎觀戰이라가 東偏小却한대 淑妃怖曰 軍敗矣로다하고 穆提婆曰 大家去하소서 大家去하소서하니 齊主卽以淑妃로 奔高梁橋한대 開府儀同三司奚長諫曰 半進半退는 戰之常體라 陛下馬足一動하면 人情駭亂하여 不可復振하니 願速還安慰之하소서하다 將軍張常山自後至하여 亦曰 軍尋收訖하니 至尊宜回니이다하니 齊主將從之러니 穆提婆曰 此言難信이니이다하니 齊主遂以淑妃로 北走한대 齊師大潰하여 死者萬餘人이요 資械委棄山積이러라 安德王延宗이 獨全軍而還하다 〔先是〕59)에 齊主以淑妃爲有功이라하여 將立爲左皇后할새 遣內參하여 詣晉陽하여 取褘翟等이라가 遇於中途하여 命淑妃著(착)之而後去③하다

① ≪魏書≫ 〈地形志〉에 “晉州 平陽縣에 高梁城이 있다.”라고 하였다. ≪水經註≫에 “汾水가 高梁의 옛 성 서쪽을 경유하니, 옛날 高梁의 터이다. 晉文公이 懷公을 이곳에서 죽였다. 汾水

59) 〔先是〕: 저본에는 ‘先是’가 없으나, ≪資治通鑑≫에 의거하여 보충하였다.

가 또 남쪽에 있으니, 平陽縣 동쪽을 지난다."라고 하였다.
地形志 "晉州平陽縣有高梁城." 水經註 "汾水逕高梁故城西, 故高梁之墟也, 晉文公害懷公於此. 汾水又南, 過平陽縣東."

② 內參은 환관이다.
內參, 宦者也.

③ 褘(왕후의 의복)는 음이 輝이다. 살펴보건대 ≪周禮≫ 〈天官 內司服〉에 "王后의 六服에 褘衣와 揄狄과 闕狄이 있다."라고 하였다. 鄭司農(鄭衆)이 말하기를 "褘衣는 채색이 있는 의복이다. 狄은 翟이 되어야 하니, 翟은 꿩의 이름이다. 王后의 의복은 翟의 문양을 새겨 넣고 채색을 하여 옷에 꿰매어 장식으로 만든 것이다."라고 하였다.
褘音輝. 按周禮 "王后六服, 有褘衣・揄狄・闕狄." 鄭司農云 "褘衣, 畫衣也. 狄, 當爲翟, 翟, 雉名. 王后之服, 刻繪爲翟之形而彩畫之, 綴於衣以爲文章."

【目】 **北周主**(宇文邕)가 平陽에 들어갔다가 얼마 뒤에 돌아가고자 하였는데, 梁士彦이 〈北周主의〉 말 고삐를 잡고 간언하기를 "지금 北齊의 군대가 달아나 흩어졌고 사람들의 마음이 모두 동요하고 있으니, 그들의 두려움을 이용하여 공격하면 형세로 보아 반드시 승리할 수 있을 것입니다."라고 하니, 北周主가 그의 말을 따라 마침내 諸將을 이끌고 북제의 군대를 추격하였다. 諸將이 서쪽으로 돌아가기를 굳게 청하자, 北周主가 말하기를 "적을 놓아주면 우환이 생기는 법이니, 경들이 만약 의심한다면 짐이 혼자 가겠다."라고 하니, 諸將이 마침내 감히 말을 하지 못하였다. 北齊主(高緯)가 晉陽에 들어가서 조정의 신하들에게 계책을 물으니, 모두 말하기를 "조세를 줄이고 부역을 그치게 하여 민심을 위로하고, 속히 남은 병력을 수습하여 城을 등지고 죽기를 각오하고 싸워야 합니다."라고 하였다. 北齊主는 北朔州로 향하여 마침내 突厥로 달아나고자 하니, 여러 신하가 모두 안 된다고 하였으나, 〈北齊主는〉 그들의 말을 따르지 않았다. 高阿那肱이 반란을 꾀한다고 고변하는 자가 있었는데, 터무니없는 말이라고 하여 그의 목을 베었다.

周主入平陽에 既而欲還한대 梁士彦叩馬諫曰 今齊師遁散에 衆心皆動하니 因其懼而攻之면 其勢必擧니이다하니 周主從之하여 遂帥諸將追齊師한대 諸將固請西還이어늘 周主曰 縱敵患生하나니 卿等若疑면 朕將獨往호리라하니 諸將乃不敢言이라 齊主入晉陽하여 問計於朝臣한대 皆曰 宜省(생)賦息役하여 以慰民心하고 速收遺兵하여 背城死戰이니이다 齊主欲向北朔州하여 遂奔突厥하니 群臣皆以爲不可라호대 不從①하다 有告阿那肱謀反者어늘 以爲妄이라하여 斬之하다

① 北魏 孝昌 연간(525~528)에 懷朔鎭을 바꾸어 朔州로 삼았다. 본래 漢나라 五原郡 지역이었는데 얼마 후 없어졌으며, 朔州는 幷州의 경계 지역으로 治所를 옮겼다. 後齊(北齊)가 옛

날 馬邑城 지역에 朔州를 설치하고, 西河郡에 南朔州를 설치하였기 때문에 마읍을 일러 北朔州라고 한 것이다.
魏孝昌中, 改懷朔鎭爲朔州, 本漢五原郡地, 尋卽陷沒, 而朔州寄治幷州界. 後齊置朔州於古馬邑城, 於西河郡置南朔州, 故謂馬邑爲北朔州.

【目】 北周의 군대가 도착하였을 때, 北齊主(高緯)가 安德王 高延宗을 幷州刺史로 삼아 말하기를 "幷州는 형이 취하여 다스리십시오. 저는 지금 떠나겠습니다."라고 하니, 고연종이 말하기를 "폐하께서는 社稷을 위하여 동요하지 마소서. 臣이 폐하를 위하여 나가서 죽을 각오로 힘껏 싸울 것이니, 반드시 그들을 격파할 수 있을 것입니다."라고 하였다. 穆提婆가 말하기를 "至尊(北齊主)의 계책이 이미 섰으니, 王께서 곧바로 막아서는 안 됩니다."라고 하였다. 北齊主가 마침내 밤에 五龍門을 부수고 나가 突厥로 달아나려고 하자, 따르던 官吏들이 대부분 흩어져서 마침내 방향을 돌려 鄴으로 향하였다. 목제파는 서쪽으로 北周의 군대가 있는 곳으로 달아났고, 陸令萱은 자살하였다. 北周主(宇文邕)는 목제파를 柱國으로 삼고, 北齊의 신하들에게 조서를 내려 타이르며 말하기를 "만약 天命을 잘 알아서 〈투항한다면〉 官爵을 더해주겠다."라고 하니, 이후로 〈북제의 신하들 중에〉 투항하는 자들이 줄을 이었다.

周師至에 齊主以安德王延宗으로 爲幷州刺史하여 謂曰 幷州는 兄自取之하라 兒今去矣①리라하니 延宗曰 陛下爲社稷勿動하소서 臣爲陛下出死力戰하리니 必能破之호리이다하다 穆提婆曰 至尊計已成하니 王不得輒沮라하다 齊主乃夜斬五龍門而出하여 欲奔突厥이어늘 從官多散하여 乃回向鄴하니 穆提婆는 西奔周軍하고 陸令萱은 自殺하다 周主以提婆爲柱國하고 詔諭齊臣曰 若達天命이면 官爵有加라하니 自是로 降者相繼하더라

① 高延宗은 高澄의 다섯 번째 아들이니, 北齊主(高緯)에게 형이 된다.
延宗, 澄之第五子也, 於齊主爲兄.

【目】 胡氏(胡寅)가 다음과 같이 평하였다.

"穆提婆는 北齊를 망하게 한 신하이다. 北周의 高祖(宇文邕)가 그의 죄를 聲討하여 북제의 境內에서 죽였다면 북제 사람들이 기뻐하며 복종하였을 것이다. 그런데 이미 그렇게 하지 못하고 또 총애하여 官職을 주었으며, 게다가 官爵을 가지고 북제의 신하들이 항복하도록 회유하여 눈앞의 이익에 급급하고 원대한 계획에는 어두웠다. 북제에 시행한 것이 죄가 있는 君主를 토벌하고 백성들을 위로하는 〈올바른〉 방법이 아니었고, 자

신의 나라에 시행한 것이 忠을 가르치고 義를 밝히는 〈올바른〉 방법이 아니었으니, 배우지 못한 잘못이다."

胡氏曰 穆提婆는 亡齊之臣也라 周(世祖)〔高祖〕[60]聲言其罪하여 戮諸齊境이면 則齊人悅服矣어늘 旣不能然[①]이요 又寵秩之하고 且以官爵으로 誘降齊之臣子하여 急於近利而昧於遠圖하니 行於齊에 非所以伐罪弔民이요 施於國에 非所以敎忠明義니 不學之過也라

① 世祖는 내 생각에 高祖가 되어야 한다.
世祖管見作高祖.

【目】 幷州의 將帥들이 高延宗에게 청하기를 "왕께서 天子에 오르지 않으시면 여러 사람들이 진실로 왕을 위하여 죽을힘을 다하지 않을 것입니다."라고 하니, 고연종이 어쩔 수 없이 마침내 천자의 지위에 올랐다. 사람들이 그 소식을 듣고는 부르지도 않았는데 〈스스로〉 찾아온 사람들이 앞뒤로 서로 이어졌다. 고연종이 창고에 저장된 물건과 後宮에 있는 〈미녀들을〉 끌어내어 장수와 병사들에게 내리고 內參(환관) 10여 명의 집안을 籍沒하였다. 北齊主(高緯)가 그 소식을 듣고는 近臣에게 말하기를 "내가 차라리 北周로 하여금 幷州를 차지하도록 할지언정 安德王(高延宗)이 차지하기를 바라지 않는다."라고 하였다. 고연종이 士卒들을 보고는 한 명 한 명 그들의 손을 직접 잡고 그 이름을 부르니, 〈사졸들이 감동하여〉 눈물을 흘리고 오열하여 많은 사람들이 다투어 죽을힘을 바쳤고, 어린아이와 여자들도 지붕에 올라가 소매를 걷고 벽돌과 돌을 던져서 적들을 막았다.

◑ 幷州將帥請於延宗曰 王不爲天子면 諸人實不能爲王出死力이니라 延宗不得已하여 遂卽位한대 衆聞之하고 不召而至者가 前後相屬(촉)이러라 延宗發府藏及後宮하여 以賜將士하고 籍沒內參十餘家한대 齊主聞之하고 謂近臣曰 我寧使周로 得幷州언정 不欲安德得之라하더라 延宗見士卒에 皆親執手稱名하니 流涕嗚咽하여 衆爭爲死하고 童兒女子亦乘屋攘袂하여 投甎(전)石以禦敵[①]하더라

① 甎(벽돌)은 음이 傳이다.
甎音傳.

【目】 北周主(宇文邕)가 晉陽에 도착하였을 때 高延宗은 직접 병력을 인솔하여 항거하며 전투를 벌였는데, 민첩하기가 나는 것과 같아 향하는 곳마다 대적할 사람이 없었다. 北

60) (世祖)〔高祖〕: 저본에는 '世祖'로 되어 있으나, ≪御批資治通鑑綱目≫에 의거하여 '高祖'로 바로잡았다.

周主가 東門으로 공격하여 들어갔는데 고연종이 공격을 하니, 〈北周의 병력 중에〉 전사자가 2천여 명이었다. 北周主의 좌우에 있던 병력들이 거의 전사하자, 北齊 사람들이 분발해서 공격하여 〈北周主를〉 거의 죽일 뻔하였는데 〈北周主가〉 겨우 죽음을 면하였으니, 당시에 시간이 이미 4更이었다. 北齊 사람들이 승리하고 나자 술을 마시고 취하여 누워서 고연종이 다시 군대를 정돈할 수가 없었다.

北周主가 달아나려고 하였고, 諸將 역시 대부분 〈北周主에게〉 돌아가도록 권하였는데, 宇文忻이 발끈하며 나아가 말하기를 "폐하께서는 晉州에서 승리한 이래로 승세를 타고 이곳까지 왔습니다. 그런데 지금 僞主(北齊主)가 달아나고 關東 지역이 놀라서 들썩여 破竹之勢가 이미 이루어졌는데 어찌 이를 버리고 달아날 수가 있습니까."라고 하였다. 齊王 宇文憲과 王誼 역시 달아나면 반드시 〈적들이 쫓아와 큰 패배를〉 면하지 못할 것이라고 하였으며, 항복해 온 장수 段暢 역시 성안이 텅텅 비어 있다고 큰소리를 쳤다. 北周主가 마침내 말을 멈추고 호각을 불어 흩어진 군사를 모아서 잠깐 사이에 다시 떨쳐 일어났다.

다음 날 아침에 다시 東門을 공격하여 함락하였다. 고연종은 힘이 부족하여 사로잡혔는데, 北周主가 말에서 내려 그의 손을 잡으며 말하기를 "두 나라 사이에 원망과 미움이 있어서가 아니라 단지 백성을 위하여 왔을 뿐이다. 결국 해치지 않을 것이니 두려워 말라."라고 하였다. 다시 의복과 모자를 착용하도록 하여 〈고연종을〉 예우하였고 크게 赦免令을 내렸으며, 북제의 어지러운 제도를 없애고 文武를 갖춘 인재를 거두어 예우하였다. 伊婁謙을 불러서 위로하고 高遵을 잡아서 이루겸에게 보내어 복수하도록 맡겼는데, 이루겸이 〈北周主에게〉 머리를 조아리며 〈고준을〉 용서해주기를 청하였다.

周主至晉陽에 延宗身自拒戰할새 勁捷若飛하여 所向無前이러니 周主攻其東門入之한대 延宗擊之하니 死者二千餘人이라 周主左右略盡하니 齊人奮擊하여 幾中之하여 僅得免하니 時已四更①이라 齊人既捷에 飮酒醉臥하니 延宗不復能整이러라 周主欲遁去하고 諸將亦多勸還이러니 宇文忻이 勃然進曰 陛下自克晉州로 乘勝至此러니 今僞主奔波하고 關東響振하여 破竹之勢已成이어늘 奈何棄之而去오 齊王憲及王誼亦以爲去必不免이라하고 降將段暢等이 又盛言城內空虛라한대 周主乃駐馬하여 鳴角收兵하고 俄頃에 復振②이라 明旦에 還攻東門克之하니 延宗力屈被擒이어늘 周主下馬執其手曰 兩國非有怨惡(오)요 直爲百姓來耳라 終不相害하리니 勿怖也하라 使復衣帽而禮之③하고 大赦하고 削齊亂制하고 收禮文武하고 召伊婁謙하여 勞之하고 執高遵付謙하여 任其報復한대 謙頓首請赦之④하다

① 밤 시간은 5更으로 구분하는데, 4更은 丁夜(새벽 1시~3시)이다
夜分五更, 四更, 丁夜也.

② 흩어졌던 병력들이 다시 모이니, 꺾였던 기세가 진작되어 빨리 일어선 것이다.
散兵復聚, 則摧沮之勢, 振迅而起.

③ ≪五代志≫에 "帽는 天子에서 아래로 士人에 이르기까지 공통으로 쓰는 것이다."라고 하였으니, 이는 일상적인 복식이다. 그러나 역시 白紗와 烏紗의 차이가 있으며, 또 비단과 깁을 섞어서 만든 것도 있다.
五代志 "帽自天子下及士人通冠之." 蓋常服也. 然亦有白紗烏紗之異, 又有繒帛雜紗爲之者.

④ 지난해(575년)에 北周에서 伊婁謙을 使臣으로 보내 北齊를 聘問하고 틈을 엿보게 하였는데, 高遵이 그 사실을 北齊 사람들에게 말하자 北齊에서 드디어 伊婁謙을 억류하였다.
去年周使謙聘齊觀釁, 遵以情告齊人, 齊遂留謙.

【目】司馬溫公(司馬光)이 다음과 같이 평하였다.

"공로가 있는 사람에게 상을 주고 죄가 있는 사람을 죽이는 것은, 이것은 君主의 임무이다. 배반한 신하 高遵을 北周 高祖가 스스로 죽이지 않고 伊婁謙으로 하여금 원한을 갚도록 하였으니, 정사와 형벌의 도리를 잃었다. 이루겸의 입장이 되어서는 사양하여 받지 않고 고준을 有司에게 보내어 典刑을 바로잡았어야 하는데, 마침내 요청하여 고준을 사면하여 개인적인 명성을 이루었으니, 아름답다고 하면 아름다운 일이지만 公義는 아니다."

司馬公曰 賞有功 誅有罪는 此人君之任也어늘 高遵叛臣을 周高祖不自行戮하고 使謙復怨하니 失政刑矣라 爲謙者는 宜辭而不受하고 歸諸有司하여 以正典刑이어늘 乃請而赦之하여 以成其私名하니 美則美矣나 非公義也로이다

【目】北齊主(高緯)가 鄴으로 들어가자, 廣寧王 高孝珩이 청하기를 "任城王 高湝로 하여금 幽州의 병력을 거느리고 幷州로 나아가게 하고, 獨孤永業으로 하여금 洛州의 병력을 거느리고 長安으로 나아가게 하며, 저는 京畿 병력을 거느리고 북을 치며 진군하여 맞서 싸우겠습니다."라고 하고, 또 청하기를 "宮人과 진귀한 보물을 내어서 장수와 병사들에게 상으로 주십시오."라고 하니, 北齊主가 기뻐하지 않았다. 斛律孝卿은 北齊主가 직접 장수와 병사들을 위로하기를 청하여, 그를 위해 〈장수와 병사들을 위로하는〉 글을 짓고는 또 말하기를 "〈폐하께서는 말을 할 때〉 비분강개하는 마음으로 눈물을 흘려 사람들의 마음을 감격시켜야 합니다."라고 하였다. 北齊主가 나온 뒤에 〈곡률효경이〉 써준 글

을 다시 기억하지 못하고 드디어 크게 웃자, 좌우에 있는 사람들 역시 웃으니, 장수와 병사들이 모두 화가 나서 다시 싸울 마음이 없어졌다.

○齊主入鄴하니 廣寧王孝珩이 請使任城王湝로 將幽州兵趣并州하고 獨孤永業으로 將洛州兵趣長安하고 自將京畿兵하여 鼓行逆戰①하노이다하고 又請出宮人珍寶하여 賞將士한대 齊主不悅하더라 斛律孝卿이 請齊主親勞將士하여 爲之撰辭하고 且曰 宜忼慨流涕하여 以感激人心②이니이다 齊主旣出에 不復記所受言하고 遂大笑한대 左右亦笑하니 將士皆怒하여 無復戰心이러라

① 高湝는 高祖 高歡의 아들이다. 後魏(北魏)는 平城에서 洛陽으로 천도하여 司州를 설치하였다. 北魏 孝武帝가 서쪽으로 關中으로 들어가자, 東魏는 북쪽으로 鄴에 도읍을 정하여 鄴을 司州로 삼았고, 洛陽을 洛州로 삼았다.
湝, 高祖歡子. 後魏自平城遷都洛陽, 置司州, 孝武西入關, 東魏北都鄴, 以鄴爲司州, 以洛陽爲洛州.

② 忼이 어떤 곳에는 慷으로 되어 있다.[61]
忼或作慷.

【目】行臺僕射인 高勱가 병력을 거느리고 太后와 太子를 호위하여 鄴으로 돌아가는데, 宦官인 苟子溢이 오히려 民間에서 제멋대로 포학하게 굴자 고매가 구자일의 목을 베려고 하였다. 어떤 사람이 고매에게 말하기를 "홀로 후환을 걱정하지 않습니까?"라고 하니, 고매가 소매를 걷어 올리며 말하기를 "지금 서쪽의 도적(北周)이 이미 并州를 점거하였으니, 바로 이런 무리들이 조정을 혼탁하게 하고 어지럽혔기 때문이다. 만약 오늘 그의 목을 벤다면 내일 죽임을 당해도 여한이 없을 것이다."라고 하였다.

行臺僕射高勱(매)가 將兵하여 衛太后太子還鄴①할새 宦官苟子溢이 猶縱暴民間이어늘 勱將斬之러니 或謂勱曰 獨不慮後患耶아하니 勱攘袂曰 今西寇已據并州하니 正坐此輩濁亂朝廷②이라 若得今日斬之면 明日受誅나 亦無恨矣리라하다

① 高勱는 高岳의 아들이다. 勱(힘쓰다)는 음이 邁이다.
勱, 岳之子也. 勱, 音邁.

② 北周는 北齊의 서쪽에 있기 때문에 서쪽의 도적이라고 말한 것이다.
周在齊之西, 故謂之西寇.

【目】北周主(宇文邕)가 北齊의 궁궐에 있는 진귀한 보배와 宮女 2천 명을 내보내어 장수

61) 忼이……있다 : ≪北史≫와 ≪北齊書≫에는 '慷'으로 되어 있다.

와 병사들에게 나누어 주고, 공적을 세운 사람에게는 차등을 두어 官爵을 더해주었다. 高延宗에게 鄴을 빼앗을 수 있는 책략을 묻자 고연종이 사양하였는데, 〈北周主가〉 억지로 묻자 고연종이 대답하기를 "만약 任城王(高湝)이 鄴을 점거한다면 臣은 알 수가 없습니다. 만약 지금 北齊主(高緯)가 스스로 지킨다면 폐하의 군대는 칼날에 피를 묻히지 않고도 승리할 수 있을 것입니다."라고 하였다.

北齊主가 높은 지위에 있는 신하들을 불러서 北周를 막을 수 있는 책략을 물었는데, 高勱가 말하기를 "지금 배반하는 사람은 대부분 귀한 신분이고, 병사들에 이르러서는 여전히 마음이 떠나지 않았습니다. 청컨대 5품 이상인 관원의 가속을 구속하여 그들을 三臺에 安置하고, 이어서 위협하여 전투에 참여하게 하고 만약 이기지 못하면 三臺에 불을 지르게 합니다. 〈그렇게 하면〉 이들은 妻子를 돌아보고 불쌍히 여겨 반드시 죽기로 싸울 것입니다. 게다가 王師(我軍)가 자주 패배하여 적들이 우리를 가볍게 여기니, 지금 城을 등지고 한 번 결전을 하면 이치상 반드시 적들을 격파할 것입니다."라고 하였으나, 北齊主가 채용하지 못했다. 雲氣를 살펴서 길흉을 예측하는 자가 말하기를 "〈조정에〉 변화가 있어야 합니다."라고 하니, 北齊主가 高元海 등을 불러서 의논하여 太子에게 禪位하였다.

周主出齊宮中珍寶及宮女二千人하여 班賜將士하고 加立功者官爵有差하고 問高延宗以取鄴之策한대 辭어늘 强問之한대 乃曰 若任城王이 據鄴이면 臣不能知어니와 若今主自守면 陛下兵不血刃하리이다 齊主引諸貴臣하여 問以禦周之策한대 高勱曰 今之叛者 多是貴人이요 至於卒伍한대 猶未離心이니 請追五品以上家屬하여 置之三臺하여 因脅之以戰호대 若不捷則焚臺하면 此曹顧惜妻子하여 必當死戰①하리이다 且王師頻北(배)하니 賊徒輕我라 今背城一決이면 理必破之니이다 齊主不能用②하다 望氣者言 當有革易이라하니 齊主引高元海等議하여 禪位太子하다

① 北齊의 제도를 살펴보면 5품 이상은 尙書郎으로부터 中書侍郎, 諫議大夫, 九寺少卿, 給事黃門侍郎, 通直散騎常侍, 尙書左丞, 尙書右丞, 三公府長史, 三公府諮議參軍, 太子三卿, 直閤將軍, 東宮正都督 이상을 이른다. 三臺는 魏 武帝(曹操)가 건립하고, 北齊 文宣帝(高洋)가 또 증축하였는데, 당시에 고쳐서 사찰로 만들었다.
考之齊制, 五品已上, 謂自尙書郎·中書侍郎·諫議大夫·九寺少卿·給事黃門侍郎·通直散騎常侍·尙書左右丞·三公府長史諮議參軍·太子三卿·直閤將軍·東宮正都督已上也. 三臺, 魏武帝所建, 齊文宣帝又增崇之, 時改爲寺.

② 北는 패배하다는 뜻이다.
北(배), 敗也.

丁酉年(577)

陳나라 宣帝 陳頊 太建 9년이고, 北齊 幼主 高恒 承光 원년이고, 北周 高祖 武帝 宇文邕 建德 6년이다. 이해에 北齊가 멸망하니, 陳나라와 北周 두 나라가 大國이고 後梁 한 나라가 小國이니, 모두 세 나라이다.

陳太建九年이요 齊幼主恒承光元年이요 周建德六年이라 ○ 是歲에 齊亡하니 陳周二大國이요 後梁一小國이니 凡三國이라

【綱】 봄 정월 초하루에 北齊主 高緯가 太子 高恒에게 皇帝의 지위를 물려주었는데, 北周의 군대가 鄴을 포위하니, 고위가 탈출하여 도망을 쳤다. 北周主(宇文邕)가 鄴으로 들어갔는데, 北齊의 丞相 高阿那肱이 북주의 군대를 인도하여 고위와 고항을 추격하여 사로잡고 드디어 北齊를 멸망시켰다.

春正月朔에 齊主緯傳位于太子恒이러니 周師圍鄴하니 緯出走어늘 周主入鄴한대 齊丞相高阿那肱이 引周師하여 追緯及恒獲之하고 遂滅齊[62]하다

---

62) 齊主緯傳位于太子恒……遂滅齊 : "'緯'라고 이름을 기록한 것은 어째서인가. 나라를 잃고 또 지위가 없기 때문이다. 그렇다면 지위가 高恒에게 있는데 '齊主'라고 기록하지 않은 것은 어째서인가. 고항을 정상적인 군주로 여기지 않았기 때문이다. 고항이 社稷을 위해 죽었다면 '齊主'라고 기록하였을 것이다.〔名緯何 失國 且無位也 然則位在恒矣 其不書齊主 何 不成恒之爲君也 蓋恒死社稷 則書齊主矣〕" ≪書法≫

"三公은 鼎足의 형세로 임금을 받들고 임금이 살면 함께 살고 임금이 죽으면 함께 죽거늘 하물며 총애와 영광이 둘도 없는데다 국가를 전담하는 자에 있어서야 말할 것이 있으랴. 대저 남(군주)의 군대를 위하여 도모해주다가 패하면 죽어야 하며, 남(군주)의 나라를 위하여 도모해주다가 위태로우면 죽어야 하니, 어찌 자신이 대신이 되어서 국가가 喪敗하는데도 그 틈을 이용하여 이익을 노릴 수 있는가. 高阿那肱은 北齊에서 권력을 잡은 것이 하루가 아닌데 지금 北周의 군대가 鄴을 포위하니, 高緯가 탈출하여 도망을 쳤다. 고아나굉은 나라를 어지럽히고 조정을 오도하고 전쟁에 패배하였는데도 죽지 않고 도리어 다시 몰래 北周의 군대를 불러들여 자신의 임금을 사로잡아 오겠다고 약속하였으니 이는 거의 올빼미만도 못한 짓이었다. 만일 北周主가 조금 大義를 알아서 고아나굉을 잡아 죽이고 北齊에 포고하였으면 오히려 죄가 있는 이를 토벌하는 뜻을 조금 펼 수 있었을 것이다. 대저 어찌 이익을 가까이하기에 시급해하고 원대한 도모를 잃어서 그 항복을 받아들이고 그 약속을 들어주어 마침내 의로운 명성을 밝아지게 하지 못하고 賊臣(간신)에게 도리어 뜻을 펴게 하였으니 어찌 매우 애석하지 않은가. ≪資治通鑑綱目≫은 여기에서 특별히 '북제 승상 고아나굉이 북주의 군대를 인도하여 고위와 高恒을 추격하여 사로잡았다'라고 기록하였으니, 고위는 그릇된 사람을 임용하여 멸망을 자초하였고 고아나굉은 大臣의 신분으로 국가를 배반하며 임금을 팔았다. 북주 사람들은 간사한 자를 용납하여 백성들을 위로하고 죄 있는 이를 정벌하는 데 부끄

【目】 北齊의 太子 高恒이 즉위하니 8살이었다. 北齊主 高緯가 스스로 太上皇帝라 하니, 莫多婁敬顯과 尉相願이 병력을 숨겨 高阿那肱의 목을 베고 太宰인 廣寧王 高孝珩을 황제로 세우려고 도모하였는데, 결행하지 못했다. 고효형이 北周의 군대를 막아 지키기를 원하며 고아나굉에게 말하기를 "조정에서 나를 보내어 적을 공격하지 않는 것은 어찌 내가 반란 일으킬까 두려워 그런 것이 아니겠는가. 내가 만약 宇文邕(北周主)을 격파하고 長安에 이르러 반란을 일으킨다 하더라도 나라의 일과 무슨 관계가 있길래 지금처럼 긴급한 때에 오히려 이처럼 시기하는 것인가?"라고 하였다. 고아나굉과 韓長鸞은 고효형이 반역을 일으킬까 두려워서 고효형을 내보내어 滄州刺史로 삼았다. 울상원이 佩刀를 뽑아서 기둥을 찍으며 탄식하기를 "國事가 틀려버렸으니, 다시 무슨 말을 하겠는가."라고 하였다.

齊太子恒卽位하니 生八年矣라 齊主緯自爲太上皇帝하니 莫多婁敬顯과 尉相願이 謀伏兵하여 斬高阿那肱하고 立太宰廣寧王孝珩이라가 不果①하다 孝珩求拒周師하여 謂阿那肱等曰 朝廷不遣孝珩擊賊은 豈畏孝珩反耶아 孝珩若破宇文邕하고 遂至長安反이나 亦何預國家事완대 以今日之急으로 猶如此猜忌耶아 高韓恐其爲變하여 出孝珩하여 爲滄州刺史②하다 相願拔佩刀斫柱歎曰 大事去矣라 知復何言이리오하다

① 莫多婁敬顯은 莫多婁貸文의 아들이다.
敬顯, 貸文之子也.

② 高·韓은 高阿那肱과 韓長鸞이다. 《魏書》 〈地形志〉에 "熙平 2년(517)에 瀛州와 冀州 두 州를 분리하여 滄州를 설치하였으니, 饒安縣城에 治所를 두었다."라고 하였다.
高·韓, 謂高阿那肱·韓長鸞. 地形志"熙平二年, 分瀛·冀二州, 置滄州, 治饒安縣城."

【目】 北周의 군대가 鄴에 도착하여 포위하자 北齊 사람들이 나와서 싸웠으나 크게 패배하니, 高緯가 백 명의 기병을 따르게 하여 동쪽으로 도주하였다. 북주의 군대가 鄴으로 들어가자 北齊의 王과 公 이하가 모두 항복하였는데, 남아서 〈鄴城을〉 지키던 大將軍

러우니, 그 의리가 書法의 사이에 모두 나타났다. ≪자치통감강목≫에서 한 가지 일에 몇 가지 의리가 있다는 것은 바로 이를 말한다.〔三公鼎足承君 主在與在 主亡與亡 而況寵榮無貳 又顓國事者乎 夫謀人之軍師 敗則死之 謀人之邦國 危則亡之 烏有身爲大臣 國家喪敗 又可因而利之者哉 高阿那肱柄用於齊 已非一日 今周師圍鄴 高緯出走 阿那肱迷國誤朝 敗不卽死 反更密召周師 約以生致其主 是殆鴟鴞之不若耳 使周主稍知大義 執而戮之 布告齊國 猶足稍伸伐罪之意 夫何急近利而忘遠圖 受其降而聽其約 遂使義聲不昭 賊臣反以得志 豈不深可惜哉 綱目於此 特書齊丞相高阿那肱 引周師追緯及恒獲之 則高緯任用非人 自取亡滅 阿那肱身爲大臣 背國賣主 周人容納姦回 慚於弔伐 其義皆見於書法之間矣 綱目有一事而數義者 正謂此也〕"≪發明≫

慕容三藏은 慕容紹宗의 아들로 여전히 저항하며 싸웠는데, 北周主(宇文邕)는 그를 접견하고 예우하였다. 北周主가 먼저 馬腦石으로 만든 술잔을 北齊의 장수 鮮于世榮에게 보냈는데, 선우세영이 그것을 부숴버렸다. 이때에 이르러 〈선우세영이〉 三臺 앞에서 북을 울리며 그치지 않으니 북주 사람들이 그를 잡았는데, 선우세영이 굴복하지 않자 마침내 그를 죽였다. 北周主가 莫多婁敬顯을 잡아 〈그의 죄상을〉 일일이 지적하며 말하기를 "그대는 세 가지 죽을죄를 지었다. 이전에 晉陽에서 鄴으로 달아나면서 妾을 데리고 가고 어머니는 버렸으니 〈이는〉 不孝이고, 겉으로는 가짜 조정(北齊)을 위하여 힘을 다한다고 하면서 안으로는 실제 나에게 서신을 보내 정보를 알려주었으니 〈이는〉 不忠이고, 〈나에게〉 정성을 바친다고 한 뒤에도 여전히 〈결정하지 못하고〉 양다리를 걸치고 있었으니 〈이는〉 不信이다. 마음씨가 이와 같았으니, 죽지 않고 무엇을 기다리겠는가."라고 하고, 마침내 그의 목을 베고는 장군 尉遲勤을 시켜 北齊主를 추격하도록 하였다.

周師至鄴圍之한대 齊人出戰大敗하니 緯從百騎東走하다 周師入鄴하니 齊王公以下皆降호대 留守大將軍慕容三藏은 紹宗之子也라 猶拒戰이어늘 周主引見禮之하다 周主先以馬腦酒鍾으로 遺齊將鮮于世榮한대 世榮碎之①러니 至是在三臺前하여 鳴鼓不輟이어늘 周人執之한대 世榮不屈하니 乃殺之하다 周主執莫多婁敬顯하여 數之曰 汝有死罪三이라 前自晉陽走鄴에 携妾棄母하니 不孝也요 外爲僞朝戮力하고 內實通啓於朕하니 不忠也②요 送款之後에 猶持兩端하니 不信也라 用心如此하니 不死何待리오하고 遂斬之하고 使將軍尉遲勤으로 追齊主하다

① 胡三省이 말하기를 "馬腦石은 옥과 비슷하니 보석이다. 지금은 碼碯로 쓴다."라고 하였다.
胡三省曰 "馬腦石, 似玉, 寶石也, 今作碼碯."
② 爲(위하다)는 去聲이니, 아래 〈'幷爲改葬'의 爲도〉 동일하다.
爲, 去聲, 下同.

【目】北齊의 國子博士 熊安生은 五經에 널리 통달하였는데, 北周主(宇文邕)가 鄴에 들어왔다는 소식을 듣고는 급히 문 앞을 쓸도록 하고 집안사람에게 말하기를 "北周의 황제는 道를 중시하고 유학자를 존중하니, 반드시 나를 만나보려 할 것이다."라고 하였다. 얼마 후에 北周主가 그의 집에 행차하여 〈웅안생이〉 절하는 것을 허락하지 않고 직접 그의 손을 잡고는 이끌어 함께 앉았는데, 아주 후하게 상을 내리고 安車와 駟馬를 하사하여 스스로 뒤따르도록 하였다. 또 〈관리를 보내어〉 中書侍郎 李德林의 집으로 가서 그를 위로하고 달래어 〈궁궐로〉 데리고 들어오게 하고는 북제의 일에 관해 물었다. 북

제의 洛州刺史 獨孤永業은 甲士 3만 명을 거느리고 있었는데, 晉州가 함락되었다는 소식을 듣고는 出兵하기를 요청하였으나 조정에서 회답하지 않으니, 幷州가 함락되었다는 소식을 듣고는 마침내 북주에 투항하였다.

齊國子博士熊安生이 博通五經이러니 聞周主入鄴하고 遽令掃門하고 語家人曰 周帝重道尊儒하니 必將見我라하더니 俄而요 周主幸其家하여 不聽拜하고 親執其手하여 引與同坐하여 賞賜甚厚하고 給安車駟馬하여 以自隨하며 又遣就中書侍郎李德林宅하여 慰諭引入하여 訪以齊事[①]하다 齊洛州刺史獨孤永業이 有甲士三萬이러니 聞晉州敗하고 請出兵한대 不報하니 聞幷州陷하고 乃降周하다

①〈'又遣'이〉 ≪資治通鑑≫에는 "又遣小司馬唐道和(또 小司馬 唐道和를 보내어)"라고 되어 있다. 通鑑 "又遣小司馬唐道和"

【目】高緯가 胡太后를 濟州에 남겨두고 高阿那肱으로 하여금 濟州의 關을 지키게 하였고, 자신은 穆后, 馮妃, 幼主 高恒, 韓長鸞 등 수십 명과 함께 青州로 달아나 陳나라로 들어가려고 하였다. 그런데 고아나굉이 은밀히 北周의 군대를 불러 北齊主를 산 채로 잡기로 약속하고, 〈한편으로 고위에게〉 여러 차례 아뢰기를 "북주의 군대는 아직 멀리 있고 이미 다리와 길을 불태워 끊도록 하였습니다."라고 하니, 고위가 이로 인해 체류하면서 마음을 놓았다. 북주의 군대가 關에 도착하자 고아나굉이 즉시 항복을 하였다. 북주의 군대가 갑자기 青州에 이르니 고위는 행낭에 금을 넣어 말안장 뒤에 매달고는 목후, 풍비, 유주 고항 등 10여 명과 말을 타고 남쪽으로 도망쳤는데, 尉遲勤이 추격하여 모두 사로잡아서 호태후와 함께 鄴으로 보냈다. 北周主(宇文邕)가 詔書를 내리기를 "이미 죽은 斛律光과 崔季舒 등은 뒤이어 謚號를 더 내려주고 아울러 그들을 위해 다시 장례를 지내주며, 그 자손은 門蔭의 규정에 따라 관직을 내려주고, 田地와 주택 가운데 관청에 몰수된 것은 돌려주도록 하라."라고 하였다. 北周主가 곡률광의 이름을 가리키며 말하기를 "이 사람이 살아 있었다면 내가 어찌 이곳〔鄴〕에 이를 수 있었겠는가."라고 하고, 詔書를 내려 "東山, 南園, 三臺는 부수어서 기와, 나무, 여러 물품을 백성들에게 주도록 하라."라고 하였다. 고위가 鄴에 도착하자, 北周主가 계단을 내려와 賓禮로 그를 만나보았다.

緯留胡太后於濟州하고 使高阿那肱守關[①]하고 自與穆后馮妃幼主恒韓長鸞等數十人으로 奔青州하여 欲入陳이어늘 而高阿那肱密召周師하여 約生致齊主하여 屢啓云 周師尚遠이요 已令燒斷

橋路라하니 **緯由是**로 **淹留自寬**이러라 **周師至關**하니 **阿那肱卽降之**어늘 **周師奄至青州**하니 **緯囊金繫鞍後**하고 **與后妃幼主等十餘騎南走**어늘 **尉遲勤追及盡擒之**하여 **幷胡太后送鄴**[②]하다 **周主詔故斛律光崔季舒等**을 **宜追加贈諡**하고 **幷爲改葬**하며 **子孫**을 **隨蔭敍錄**하며 **田宅沒官者還之**[③]하라하다 **指斛律光名曰 此人在**면 **朕安得至此**리오하고 **詔毁東山南園三臺**하여 **以其瓦木諸物**로 **賜民**[④]하다 **高緯至鄴**이어늘 **周主降階**하여 **以賓禮見之**하다

① 濟州의 城 북쪽에 碻磝津의 故關이 있다.
濟州城北有碻磝津故關.
② '囊金'은 행낭에 금을 담는 것이다. 이에 앞서 濟州에서 湖太后를 잡아서 지금 北齊主와 함께 鄴으로 보낸 것이다.
囊金, 以囊盛金也. 先已擒湖太后於濟州, 今幷齊主送鄴.
③ 漢나라 이후로 將相과 公卿은 모두 子弟와 손자가 관직에 오를 수 있도록 보장하니, 이른바 '門蔭'이다.
自漢以來, 將相公卿皆得保任子弟若孫爲官, 所謂門蔭者也.
④ 東山, 南園, 三臺는 모두 高氏가 노닐며 연회를 열던 곳이다.
東山・南園・三臺, 皆高氏遊宴之地.

【綱】 2월에 北齊 廣寧王 高孝珩과 任城王 高湝가 信都에서 병력을 일으키자 北周의 齊王 宇文憲이 토벌하여 그들을 사로잡았다.

二月에 **齊廣寧王孝珩任城王湝**가 **起兵信都**어늘 **周齊王憲**이 **伐而執之**하다

【目】 北齊의 廣寧王 高孝珩이 병력 5천 명을 데리고 信都에서 任城王 高湝를 만나 함께 〈북제를〉 회복하고자 하였는데, 北周主(宇文邕)가 齊王 宇文憲과 柱國 楊堅을 시켜서 그들을 공격하도록 하여 信都에 이르니, 고개가 임명한 領軍 尉相願이 무리를 데리고 항복하였다. 우문헌이 고개와 전투를 벌여 격파하고 고개와 고효형을 사로잡아 말하기를 "任城王은 어찌 고생하다가 이 지경에 이르렀는가."라고 하니, 고개가 말하기를 "저는 神武皇帝(高歡)의 아들로, 15명의 형제 중에 요행히 혼자 살아남았는데 종묘와 사직이 전복되는 상황을 만났으니, 오늘 죽는다면 先祖에게 부끄러움이 없을 것이다."라고 하였다. 우문헌이 그를 장하게 여기고, 그의 妻子를 돌려보내라고 명을 내렸다. 또 직접 고효형을 위하여 상처를 씻어주고 약을 발라주며 후하게 예우하였다.

齊廣寧王孝珩以五千人으로 **會任城王湝於信都**하여 **共謀匡復**[①]이어늘 **周主使齊王憲柱國楊**

堅으로 擊之하여 至信都하니 湝所署領軍尉相願이 以衆降[②]이어늘 憲與湝戰破之하고 執湝及孝珩謂曰 任城王何苦至此오하니 湝曰 下官은 神武皇帝之子로 兄弟十五人에 幸而獨存하여 逢宗社顚覆하니 今日得死면 無愧墳陵[③]이니라 憲壯之하여 命歸其妻子하고 又親爲孝珩하여 洗瘡傅藥하고 禮遇甚厚[④]하더라

① 冀州의 治所가 信都이다.
冀州治信都.
② 鄴城이 함락되자 尉相願이 瀛州로 달아났는데 高湝가 그로 인해 領軍으로 임명하였다.
鄴城之破, 相願蓋奔瀛州, 湝因署爲領軍.
③ '墳陵'은 山陵이라는 말과 같다.
墳陵, 猶言山陵.
④ 爲(위하다)는 去聲이니, 아래의 '已爲'의 爲도 동일하다.
爲, 去聲, 下已爲同.

【目】宇文憲은 군대를 잘 운용하고 꾀와 책략이 많아서 장수와 병사의 마음을 얻으니, 北齊 사람들이 그의 위세와 명성을 두려워하여 모두 멀리서 기세만 보고도 무너져 흩어졌다. 꼴 베고 가축을 기르는 백성은 동요하지 않았고, 군대는 사적으로 〈백성에게〉 물품을 취하지 않았다. 北周主(宇文邕)는 北齊의 항복한 장수인 封輔相을 北朔州摠管으로 삼았는데, 前長史 趙穆 등이 봉보상을 잡아 高湝를 맞이하려고 도모하였으나 성공하지 못하였고, 마침내 定州刺史 范陽王 高紹義를 맞이하여 〈고소의가〉 馬邑에 이르니, 肆州의 북쪽에 있는 280여 개의 城이 모두 그에게 호응하였다. 고소의는 군대를 이끌고 남쪽으로 가서 并州를 탈취하고자 하여 新興에 이르렀는데, 肆州가 이미 北周를 위해 수비하였다. 드디어 〈고소의가〉 突厥로 달아나자, 돌궐의 佗鉢可汗이 고소의가 매우 아끼고 중하게 여기니, 북제 출신으로 북쪽에 있던 사람들이 모두 고소의에게 귀의하였다.

이에 북제의 州와 鎭 가운데 東雍州의 行臺 傅伏과 營州刺史 高寶寧만이 굴복하지 않았고 그 나머지는 모두 북주로 들어갔으니, 州 50개, 郡 162개, 縣 380개, 家戶 303만 2천5백을 얻었다. 고보녕은 북제 왕실의 먼 친척으로 용맹과 책략이 있었는데, 오랫동안 和龍을 지켜 夷族과 漢族의 인심을 많이 얻었다.

憲善用兵多謀略하고 得將士心하니 齊人憚其威聲하여 皆望風沮潰하니 芻牧不擾하고 軍無私焉이러라 周主以齊降將封輔相으로 爲北朔州摠管[①]한대 前長史趙穆等이 謀執輔相迎湝라가 不果하고 乃迎定州刺史范陽王紹義하여 至馬邑하니 自肆州以北二百八十餘城이 皆應之[②]하다 紹

義引兵南去하여 欲取幷州하여 至新興이어늘 而肆州已爲周守라 遂奔突厥한대 突厥佗鉢可汗이 甚愛重之하니 凡齊人在北者가 悉以隸之라 於是에 齊之州鎭에 唯東雍州行臺傅伏과 營州刺史高寶寧이 不下요 其餘는 皆入於周하니 凡得州五十郡一百六十二縣三百八十戶三百三萬二千五百이러라 寶寧者는 齊之疏屬으로 有勇略이러니 久鎭和龍하여 甚得夷夏之心이러라

① 封은 姓이다.
封, 姓也.

② 前長史는 北齊의 관직이다. 《五代志》에 "博陵郡에는 옛날에 定州를 설치하였다. 北魏가 肆州를 설치하고 九原에 治所를 두었는데, 六鎭이 반란을 일으켜 樓煩郡의 秀容縣으로 治所를 옮겼으니, 그 북쪽이 北齊의 北朔州 경계 지역이다."라고 하였다. 高紹義는 顯祖 高洋의 아들이다.
前長史, 齊官. 五代志"博陵郡, 舊置定州, 魏置肆州, 治九原, 六鎭叛亂, 寄治樓煩郡之秀容縣, 其北卽齊北朔州界." 紹義, 顯祖洋子.

【綱】後梁主(蕭巋)[63]가 鄴에서 北周에게 조회를 하였다.

梁主朝周于鄴①하다

① 後梁이 北周의 신하가 되고 북주가 北齊를 평정하였기 때문에 〈後梁主가〉 들어가서 朝會한 것이다.
梁臣於周, 以周平齊, 故入朝.

【目】秦나라가 천하를 통일한 뒤로 朝覲의 예절이 없었는데, 이때에 이르러 비로소 有司에게 명을 내려 그 일의 초안을 잡아 마련하도록 하였다. 저장물(땔나무 등)과 犧牲을 바치게 하며, 九儐과 九介를 설치하여 宗廟에서 연향을 받으며, 三公과 三孤과 六卿이 먹을 것을 바쳐 빈객을 위로하며, 〈빈객에게〉 폐백을 보내고 연향을 베푸는 것을 모두 古禮처럼 하였다.

自秦兼天下로 無朝覲之禮러니 至是에 始命有司하여 草具其事하여 致積(자)致餼(희)하며 設九儐

63) 後梁主(蕭巋) : 侯景의 난(549)으로 梁나라 武帝가 죽자 각 지역에 분봉되었던 왕들이 제위의 계승을 둘러싸고 서로 대립하였다. 이때 蕭詧·蕭詧이 蕭繹과 대립하였다가 소역이 승리하면서 소찰은 당시 北周의 전신이었던 西魏로 도망갔다. 이후 소역이 江陵을 수도로 삼고 황제에 즉위하니 이가 바로 梁 元帝이다. 554년 서위는 양나라를 공격하여 강릉을 함락시키고 소역을 죽이고 소찰을 양나라 황제로 등극시켰다. 그러나 이전의 수도인 建康에서 蕭淵明이 황제로 즉위하게 되자, 소찰의 양나라는 강릉 지역으로 국한되었으며 이를 역사에서는 後梁 또는 西梁이라 한다. 후량은 서위와 북주의 괴뢰국으로 전락되었다. 蕭巋는 소찰의 아들로 소찰 사후 제위를 이었다.

九介하여 **受享於廟**하며 **三公三孤六卿**이 **致食勞賓**하며 **還贄致享**을 **皆如古禮**①하다

① 積(저장물)는 子賜의 切이니, 매번 牢禮[64]에 쌀과 꼴과 땔나무를 저장해두는 것이다. 餼는 許旣의 切이니, 犧牲을 餼라고 한다. 혹자는 "賓客에게 살아 있는 먹을거리와 꼴과 쌀을 보내는 것이 餼이다."라고 한다. 儐은 必刃의 切로, 주인의 보좌관〔主副〕이니, 주인을 인도하여 예를 거행하는 자이다. 介는 賓의 보좌관〔副賓〕이니, 賓을 도와서 예를 거행하는 자이다. 勞(위로하다)는 去聲이다. ≪五代志≫에 "梁王(後梁主)이 北周에 조회하러 京畿에 들어갔는데, 大冢宰가 有司에게 명을 내려 저장물을 바치게 하였는데, 餼 五牢, 쌀 90筥, 식초와 젓갈 각각 35甕, 술 18壺, 쌀과 벼 각각 50車, 땔나무와 꼴 각각 100車이었다. 도착한 뒤에는 大司空이 九儐을 설치하여 客館에 이르게 하였다. 梁王이 5필의 비단과 4필의 말을 가지고 九介를 설치하여 그들을 대우하여 禮를 마치고 나갔다. 다음 날 梁王이 조회를 올리고 宗廟에서 연향을 받았다. 太冢宰가 또 公 한 명에게 명을 내려 玄冕과 乘車로 九儐을 진열하여 5필의 비단과 4필의 말을 가지고 賓과 賓을 따르는 사람들에게 음식을 바치게 하였는데, 각각 차이를 두었다. 음식을 바치기를 마친 뒤에 또 公 한 명에게 명을 내려 弁服과 乘車로 폐백을 가지고 九儐을 설치하여 賓을 위로하게 하니, 梁王이 九介를 설치하여 문밖에서 맞이하였다. 다음 날 朝服과 乘車로 公에게 폐백을 보내니, 公이 皮弁으로 大門에서 맞이하였는데, 폐백을 주고받기를 堂의 중간 기둥에서 나란히 하였다. 또 다음 날 梁王이 朝服 차림으로 九介를 설치하여 乘車로 公을 만나보았다. 일을 마치고는 公이 연향을 바쳤다. 다음 날 三孤 한 명이 또 폐백을 가지고 梁王을 위로하였다. 다음 날 梁王이 폐백을 보냈다. 또 다음 날 梁王이 三公을 만났던 것처럼 三孤를 만나보았다. 다음 날 卿 한 명이 또 폐백을 가지고 梁王을 위로하니, 梁王이 또 三孤를 만났던 것처럼 卿을 만나보았다. 이에 三公, 三孤, 六卿이 또 각각 賓에게 犧牲을 주는데 모두 소속된 관원 중에 가장 높은 지위에 있는 사람을 使者로 임명하고, 〈대접하는〉 희생과 쌀과 5필의 비단은 三公과 동일하게 한다."

積, 子賜切. 每積有牢禮米禾芻薪. 餼, 許旣切, 牲腥曰餼. 或曰"饋客生食及芻米曰餼." 儐, 必刃切, 主副也, 導主以行禮者也. 介, 賓副也, 輔賓以行禮者也. 勞, 去聲. 五代志曰"梁王之朝周, 入畿, 大冢宰命有司致積, 其餼五牢, 米九十筥, 醯醢各三十五甕, 酒十八壺, 米禾各五十車, 薪芻各百車. 旣至, 大司空設九儐以致館. 梁王束帛乘馬, 設九介以待之, 禮成而出. 明日, 王朝, 受享於廟. 旣致享, 太冢宰又命公一人, 玄冕乘車, 陳九儐, 以束帛乘馬致食于賓及賓之從, 各有差. 致食訖, 又命公一人, 弁服乘車, 執贄, 設九儐以勞賓. 王設九介, 迎於門外. 明日, 朝服乘車, 還贄于公, 公皮弁迎於大門, 授贄受贄, 竝於堂之中楹. 又明日, 王朝服, 設九介, 乘車, 以見于公. 事畢, 公致享. 明日, 三孤一人, 又執贄勞于梁王. 明日, 王還贄. 又明日, 王見三孤如三公. 明日, 卿一人, 又執贄勞王, 王見卿又如三孤 於是三公三孤六卿又各餼賓, 竝屬官之長爲使, 牢米束帛同三公."

---

64) 牢禮 : 太牢와 小牢의 예를 말하는데, 소·염소·돼지 세 가지 희생 갖추어 대접하는 것을 太牢라 하고 염소와 돼지만 갖추는 것을 小牢라 한다. 음식을 잘 장만하여 賓客을 대접하는 예이다.

【綱】北周에서 詔書를 내려 山東에서 經典에 밝고 정치에 재주가 있는 사람을 천거하게 하였다.

周詔擧山東明經幹治者하다

【目】北周主(宇文邕)가 서쪽으로 돌아왔을 때 山東의 여러 州에 詔書를 내려 각기 經典에 밝고 정치에 기량이 있는 사람 두 사람씩을 천거하도록 하되, 만약 뛰어난 재주와 기이한 술책이 탁월하여 남다른 경우에는 이 숫자에 구애될 것이 없다고 하였다.

周主西還에 詔山東諸州하여 各擧明經幹治者二人호대 若奇才異術이 卓爾不群者어든 不拘此數하다

【綱】3월에 北齊의 東雍州行臺 傅伏이 北周에 항복하였다.

三月에 齊東雍州行臺傅伏이 降周하다

【目】예전에 北周主(宇文邕)가 北齊의 東雍州刺史인 傅伏을 〈항복하라고〉 불렀으나 부복이 따르지 않았다. 〈北周主가〉 幷州에서 승리하고 난 뒤에 다시 韋孝寬을 보내어 부복을 부르게 하면서 그의 아들을 上大將軍 武鄕公으로 임명한다는 告身을 부복에게 내려주었는데, 부복이 받지 않고 위효관에게 말하기를 "君主를 섬길 적에는 죽더라도 다른 마음을 품는 일이 없어야 하는데, 제 아들은 신하가 되어서 충성을 다하지 못하였고 자식이 되어서 효도를 다하지 못하였으니, 사람들이 원수로 여기고 미워하고 있다. 바라건대 속히 그의 목을 베어서 천하에 밝게 보이시오."라고 하였다.

北周主가 鄴에서 돌아와 晉州에 이르자 高阿那肱 등 100여 명을 파견하여 汾水 가에서 부복을 부르도록 하였는데, 부복이 강물을 사이에 두고 묻기를 "至尊께서는 지금 어디에 계시오?"라고 하니, 고아나굉이 말하기를 "이미 사로잡혔소."라고 하였다. 부복이 하늘을 우러러 크게 통곡하고는 무리를 인솔하고 城에 들어가서 聽事 앞에서 북쪽을 향하여 오래도록 슬피 울고 난 뒤에 나와서 항복하였다. 北周主가 부복을 보고 말하기를 "어찌 일찍 항복하지 않은 것이오?"라고 하니, 부복이 눈물을 흘리며 대답하기를 "臣은 三代에 걸쳐서 北齊의 신하가 되었고, 북제의 봉록을 먹었으면서도 스스로 죽지 못하였으니, 하늘과 땅을 보는 것이 부끄럽습니다."라고 하였다. 北周主가 그의 손을 잡고 말하기를 "신하 된 사람은 이와 같아야 한다."라고 하고, 마침내 먹고 난 양갈비의 뼈를

부복에게 주며 말하기를 "뼈는 가깝고 고기는 소원하니, 그래서 뼈를 주는 것이오."라고 하였다. 드디어 데려다가 宿衛를 하게 하고 上儀同大將軍에 제수하였다.

다른 날 또 묻기를 "이전에 河陰을 구원하고 무슨 상을 받았소?"라고 하니, 대답하기를 "特進[65]과 郡公을 제수받았습니다."라고 하였다. 北周主가 高緯(北齊 後主)에게 말하기를 "내가 3년 동안 〈군대에게〉 전투를 가르치고 河陰을 탈취하기로 마음을 먹었는데, 바로 부복이 잘 지켰기 때문에 城이 동요하지 않아 마침내 군대를 거두어서 퇴각했던 것이다. 公은 당시에 〈부복에게〉 공로를 포상할 때에 어찌 그리 야박했던 것인가."라고 하였다.

初에 周主招齊東雍州刺史傅伏한대 不從이러니 既克幷州에 復遣韋孝寬하여 招之①할새 令其子以上大將軍武鄕公告身으로 賜伏②한대 伏不受하고 謂孝寬曰 事君에 有死無貳어늘 此兒爲臣不能竭忠하고 爲子不能盡孝하니 人所讐疾이라 願速斬之하여 以令天下하라하다 周主自鄴還할새 至晉州하여 遣高阿那肱等百餘人하여 臨汾水召伏한대 伏隔水問호대 至尊何在③오하니 阿那肱曰 已被擒矣라하니 伏仰天大哭하고 帥衆入城하여 於聽事前에 北面哀號良久然後에 出降하니 周主見之曰 何不早下오하니 伏流涕對曰 臣三世爲齊臣하여 食齊祿하여 不能自死하니 羞見天地하노이다 周主執其手曰 爲臣當如此라하고 乃以所食羊肋骨로 賜伏曰 骨親肉疏하니 所以相付니라하고 遂引使宿衛하여 授上儀同大將軍하고 它日에 又問前救河陰得何賞고하니 對曰 蒙授特進郡公호이다하다 周主謂高緯曰 朕三年教戰하여 決取河陰호대 正爲傅伏이 善守하여 城不可動하여 遂斂軍而退러니 公當時賞功이 何其薄也오하다

① 韋孝寬은 勳州를 지키고 있어 東雍州와 경계가 서로 맞닿아 있기 때문에 그로 하여금 〈傅伏을〉 부르게 한 것이다.
孝寬鎭勳州, 與東雍州接境, 故使招之.

② ≪五代志≫에 "馮翊郡 華陰縣은 西魏 때 武鄕으로 이름을 고쳐 武鄕郡을 설치하였다."라고 하였다. 北周가 이 지역을 傅伏에게 봉해주려 한 것이다. 官爵을 제수할 때는 모두 符節을 주는데 이를 告身이라 한다.
五代志"馮翊郡華陰縣, 西魏改武鄕, 置武鄕郡." 周當以此封伏. 凡授官爵, 皆給以符, 謂之告身.

③ 汾水는 晉州와 絳州 두 지역을 경유하는데, 東雍州는 絳州의 경계 지역에 있기 때문에 강물을 사이에 둔 것이다.
汾水逕晉·絳二州之間, 東雍州在絳州界, 故隔水.

【綱】 여름 4월에 北周主(宇文邕)가 長安에 이르러 高緯를 책봉하여 溫公으로

---

65) 特進 : 北齊 시기 勳官의 하나이다.(≪新譯資治通鑑≫, 張大可 等 注釋, 三民書局, 2017)

삼았다.

夏四月에 **周主至長安**하여 **封高緯爲溫公**하다

【目】北周主가 長安에 이르러 高緯를 앞쪽에 서게 하고 〈北齊의〉 王・公 등을 그의 뒤에 배열하고, 大駕를 갖추고 六軍을 배치하며, 개선 음악을 연주하고 포로들을 太廟에 바치니, 바라보는 사람들이 모두 만세를 불렀다. 고위를 溫公에 책봉하고 北周主가 북제의 君臣들과 술을 마시면서 고위에게 일어나 춤을 추게 하니, 高延宗이 슬퍼하여 스스로 견디지 못하고 여러 차례 독약을 마시려고 하였으나 시중을 들던 여종이 막아서 그치게 하였다.

周主至長安하여 **置高緯於前**하고 **列其王公等於後**하며 **備大駕**하며 **布六軍**하며 **奏凱樂**하고 **獻俘於太廟**하니 **觀者皆稱萬歲**러라 **封緯爲溫公**①하고 **周主與齊君臣飮酒**할새 **令緯起舞**하니 **高延宗悲不自持**하여 **屢欲仰藥**이어늘 **其侍婢禁止之**하다

① 군대에 관한 음악이 凱이다. ≪司馬法≫에 이르기를 "뜻을 얻으면 개선 음악을 연주하는데, 개선 음악을 연주하여 기쁨을 보이는 것이다."라고 하니, 사람의 분노하는 기운이 풀리기 때문이다. 凱는 본에 따라 愷로 되어 있다.
兵樂曰凱. 司馬法曰"得意則凱樂, 凱樂示喜也." 以人之怒氣釋焉故也. 凱, 本作愷.

【綱】北周가 李德林을 內史上士로 삼았다.

周以李德林으로 **爲內史上士**①하다

① 後周(北周)의 제도에 의하면 內史는 春官에 속하니, 中大夫가 5命이고, 下大夫가 4命이고, 上士가 3命이다.
後周之制, 內史屬春官, 中大夫五命, 下大夫四命, 上士三命.

【目】이로부터 詔誥의 격식과 山東의 인물을 채용하는 일을 모두 그에게 맡겼다.

自是로 **詔誥格式及用山東人物**을 **竝以委之**하다

【綱】5월에 北周主(宇文邕)가 궁궐 건물 중에 웅장하고 화려한 곳을 부수었다.

五月에 **周主毁其宮室之壯麗者**하다

【目】 北周主가 詔書를 내려 路寢[66]인 會義殿 등 여러 전각들이 모두 晉公 宇文護가 제멋대로 정치를 하면서 만든 것으로, 웅장하고 화려하게 만들어 清廟의 제도를 넘었으니 모두 부수도록 하였다. 아름답게 조각한 물건은 모두 가난한 백성에게 내려주며 적절히 수선하고 만들되 검소하고 소박한 것을 따르도록 하고, 아울러 幷州와 鄴에 있는 여러 堂과 殿閣 가운데 웅장하고 화려한 건물은 이를 따르도록 하였다. 또 규정을 만들어 庶人 이상은 오직 綢, 綿綢, 絲布, 圓綾, 紗, 絹, 綃, 葛, 布 등 아홉 종류로 만든 옷을 입도록 허락하고, 나머지는 모두 금지하되, 朝會와 제사 때 입는 의복은 이 제도에 구애되지 않도록 하였다.

周主詔以路寢會義諸殿이 皆晉公護專政時所爲라 事窮壯麗하여 有踰清廟하니 可悉毁撤①이라하고 彫斲之物을 竝賜貧民하며 繕造之宜를 務從卑朴하고 幷鄴諸堂殿壯麗者는 準此②하다 又制庶人已上은 唯聽衣綢綿綢絲布圓綾紗絹綃葛布等九種하고 餘悉禁之호대 朝祭之服은 不拘此制③하다

① 會義는 殿閣의 이름이다. 義는 어떤 곳에는 儀로 되어 있다. 清廟는 周나라가 文王을 제사지내던 廟堂을 본떠서 만든 것이다.
會義, 殿名也. 義或作儀. 清廟者, 倣周祀文王之廟而爲之也.

② '幷鄴'은 幷州와 鄴都이다. 幷州와 鄴都의 여러 堂과 殿은 齊氏(北齊)가 건립한 것이다.
幷鄴, 幷州與鄴都也. 幷鄴諸堂殿, 齊氏所營也.

③ 衣(입다)는 於既의 切이다. 綢는 紬와 같으니, 大絲繒이다. 綿綢는 紡綿으로 만드는데, 견고하고 두꺼워 오래 견딜 수 있는 옷감이다. 絲布는 絲로 布를 기워서 짠다. 圓綾은 土綾이니, 역시 花綃를 말한다. 紗는 方目紗이다. 絹은 縑이니, 細絲繒이다. 綃는 生絲繒이다. 葛은 葛越로, 여름에 알맞은 옷감이다. 布는 麻와 苧를 짜서 만든다.
衣, 於既切. 綢, 與紬同, 大絲繒也. 綿綢, 紡綿爲之, 緊厚, 耐久服. 絲布, 以絲裨布緝織之. 圓綾, 土綾也, 亦謂之花綃. 紗, 方目紗也. 絹, 縑也, 細絲繒. 綃, 生絲繒也. 葛, 葛越, 宜夏服. 布, 緝麻若苧爲之.

【目】 司馬溫公(司馬光)이 다음과 같이 평하였다.
"北周의 高祖(宇文邕)는 승리하고 나서 〈뒷일을〉 잘 처리하였다고 말할 만하다. 다른 사람은 승리하면 더욱 사치를 부리는데, 고조는 승리를 거두고도 더욱 검소하였다."

司馬公曰 周高祖는 可謂善處勝矣로다 他人勝則益奢어늘 高祖는 勝而愈儉이온여

66) 路寢 : 천자나 제후가 정사를 보는 正殿이다.

【綱】 가을 8월에 北周는 權衡과 度量을 결정하였다.

秋八月에 周定權衡度量하다

【綱】 北周가 北齊의 雜戶를 풀어주었다.

◑ 周免齊雜戶하다

【目】 예전에 北魏가 西涼 사람들을 포로로 잡아들여 모조리 〈관청의〉 奴隸戶로 편입시켰는데, 齊氏(北齊)가 〈이 제도를〉 그대로 따랐다. 그런데 이때에 이르러 〈北周가〉 모두 풀어주어 일반 백성으로 편입시켰다.

初에 魏虜西涼之人하여 沒爲隸戶하니 齊氏因之러니 至是에 悉放爲民①하다

① 西涼은 河西를 말하니, 晉나라 말기에 沮渠氏가 河西를 점거하여 涼王이라 일컬었다. 宋나라 文帝(劉義隆) 元嘉 16년(439)에 北魏 武帝(拓跋燾)가 공격하여 사로잡았다.
西涼謂河西, 晉末沮渠氏據河西, 稱涼王. 宋文帝元嘉十六年, 魏武帝擊而虜之.

【綱】 北周가 아홉 개의 꼬리를 가진 여우를 얻었으나 불태웠다.

周獲九尾狐焚之[67]하다

【目】 鄭州에서 아홉 개의 꼬리를 가진 여우를 잡았는데 이미 죽은 상태였기에 그 뼈를 바치니, 北周主(宇文邕)가 말하기를, "상서로운 징조가 나타날 때에는 반드시 세상에 덕이 있는 사람을 드러내는데, 지금은 그런 때가 아니니 실제와 부합하지 않을까 두렵다."라고 하고, 그것을 태우라는 명을 내렸다.

九尾狐

67) 周獲九尾狐焚之 : "이때에 여우는 이미 죽은 뼈뿐이었다. '불태웠다〔焚〕'라고 기록한 것은 어째서인가. 北周를 인정해준 것이다. ≪資治通鑑綱目≫에는 北周 武帝에 대해 인정해주는 말이 많다.〔於是狐已死骨爾 書焚 何 予周也 綱目於周武多予辭〕" ≪書法≫

鄭州獲九尾狐하니 已死라 獻其骨①이어늘 周主曰 瑞應之來는 必彰有德이어늘 今無其時하니 恐非實錄이라하고 命焚之하다

① 이때의 鄭州는 여전히 長社에 있었다.
此時鄭州蓋猶在長社.

【綱】 겨울 10월에 陳나라의 司空 吳明徹이 北周를 침략하여 彭城을 포위하였다.

冬十月에 陳司空吳明徹이 侵周하여 圍彭城하다

【目】 陳主(陳頊)는 北周의 사람들이 北齊를 멸망시켰다는 소식을 듣고 〈북주와〉 徐州와 兗州를 다투고자 하여 吳明徹에게 詔書를 내려서 여러 군대를 거느리고 그곳을 정벌하도록 하였다. 오명철의 군대가 呂梁에 도착하자 북주의 徐州總管 梁士彦이 무리를 이끌고 저지하며 싸웠으나 오명철이 그들을 격파하였다. 양사언이 城을 둘러싸고 스스로 지키자, 오명철이 城을 포위하였다. 陳主가 단단히 마음을 먹고 河南을 손쉽게 평정할 수 있다고 생각하자, 蔡景歷이 간언하기를 "군대는 피로하고 장수는 교만하니 지나치게 먼 지역을 경략하는 것은 옳지 않습니다."라고 하니, 陳主가 진노하여 무리의 〈투지를〉 꺾는다고 여겨 면직시키고 爵位와 田地를 삭탈하였다.

陳主聞周人滅齊하고 欲爭徐兗①하여 詔吳明徹督諸軍伐之할새 軍至呂梁하니 周徐州摠管梁士彦이 帥衆拒戰한대 明徹擊破之어늘 士彦嬰城自守하니 明徹圍之하다 陳主銳意以爲河南을 指麾可定이라하니 蔡景歷諫曰 師老將驕하니 不宜過窮遠略이니이다하니 陳主怒하여 以爲沮衆이라하여 免官削爵土하다

① 이것은 禹임금이 〈治水하러 다닌〉 徐州와 兗州 두 지역을 말한다.
此言禹迹徐・兗(一)〔二〕[68]州之地.

【綱】 北周主(宇文邕)가 溫公 高緯를 죽이고 그의 종족을 멸족시켰다.

周主殺溫公高緯하고 夷其族[69]하다

---

68) (一)〔二〕: 저본에는 '一'로 되어 있으나, ≪資治通鑑≫ 胡三省 註에 의거하여 '二'로 바로잡았다.
69) 周主殺溫公高緯 夷其族 : "己卯年(559)에 北齊가 元氏를 滅族함으로부터 여기까지 20년도 채 되지 않았으니, 反覆되는 이치가 두려워할 만하구나.〔自己卯書齊滅元氏之族 至此未二十年耳 反覆之理 可畏矣哉〕" ≪書法≫
"재앙은 남의 나라를 멸망시키는 것보다 큰 것이 없으나 멸망시키자 사람들이 기뻐하는 경우가 있고, 악행은 사람을 죽이는 것보다 심한 것이 없으나 죽이자 사람들이 승복하는 경우가 있다. 武

【目】 北周의 어떤 사람이 溫公 高緯가 穆提婆와 더불어 반란을 꾀하였다고 무고하자, 〈北周主가〉 그의 종족과 함께 모두 죽음을 내렸다. 많은 사람들이 대부분 그런 일이 없다는 것을 스스로 변명하였으나 高延宗만은 소매를 걷어 올리고 눈물을 흘리며 말을 하지 않았는데, 산초를 가지고 입을 막아 죽였고, 고위의 동생 高仁英과 高仁雅는 병 때문에 죽음을 면했다. 高湝의 아내 盧氏를 〈북주의〉 장수인 斛斯徵에게 주었는데, 노씨는 흐트러진 머리에 때 묻은 얼굴로 오래도록 素食을 하였고 말하거나 웃지 않았다. 곡사징이 그녀를 내쫓으니, 마침내 비구니가 되었다. 北齊의 皇后와 妃 가운데 가난한 사람은 심지어 촛불을 파는 것을 생업으로 삼았다.

王이 紂를 정벌하고 그 죄를 세어 꾸짖어서 천하에 포고하였는데 바야흐로 皇天과 后土와 지나가는 곳의 名山과 大川에 고할 적에 그 말의 바름과 기세의 곧음은 일찍이 조금도 속이거나 비밀스러운 술법이 없었다. 紂가 비록 스스로 불에 타서 죽었으나 〈무왕이〉 紂의 머리를 취하여 太白旗에 걸어 늘어뜨린 것이 환하였다. ≪孟子≫ 〈梁惠王 下〉에 '포악한 군주를 주벌하고 백성들을 위로하니, 단비가 내린 것 같아서 백성들이 크게 기뻐하였다.'라고 하였으니, 이는 또한 백성을 도탄에서 구원하고 반드시 잔학한 군주를 잡아 죽인 뒤에야 가한 것이다. 어찌 겉으로는 인정하는 척하지만 속으로는 깎아내리는 것을 말하겠는가. 高氏가 鄴에 있으면서 高洋으로부터 그 이래로 대대로 흉한 덕을 이루어 백성들이 도탄에 빠진 지 이미 하루 이틀이 아니니 武王이 紂의 죄를 세어 꾸짖은 것과 비교하면 또한 심하다. 北周主가 군사를 일으켜서 북제를 정벌하자 북제가 마치 짐승이 뿔을 숙이듯이 머리를 조아리니, 마침내 북제를 폐허로 만들었다. 이때를 맞아 高緯의 음란하고 포악한 악행을 꾸짖고 국경에서 그를 주살하여, 해독을 입은 백성들을 위로하였으면 누가 옳지 않다고 하였겠는가. 그런데 포로로 잡은 뒤에 나라로 돌아와서 五等爵인 公爵을 주었다가 또다시 속여 죽였으니 과연 무슨 의리인가. 또 주색에 빠져 肆虐한 자는 고위인데 그 종족은 무슨 죄가 있어 죽였는가. 이것은 다만 그들이 난동을 부릴까 우려하여 모두 멸족시켰을 뿐이다. ≪詩經≫ 〈大雅 文王〉에 '商나라 자손들이 그 숫자가 억뿐만이 아니지만, 상제가 이미 명하셨기 때문에 周나라에 복종하였네.'라고 하였으니, 주나라는 상나라 자손들을 의심하는 마음을 둔 적이 없었고, 가령 그들이 武庚(紂의 아들)처럼 반란을 일으키더라도 우리(周나라)의 斧鉞만을 더럽히는 데에 불과하였을 것이니, 어찌 반드시 〈고위의 종족이〉 반란할 것을 미리 짐작하여 죄가 없는데도 모두 죽인단 말인가. 北周主는 영특함과 과감함이 넉넉하였으나 識量이 부족하였으므로 북제를 멸망시키는 일에 불의한 것이 많았으니, 또한 한 번 傳位하고 멸망함을 면하지 못한 것은 北周主가 취한 것이 도리가 아니었고 지킨 것이 진실로 오래 갈 수 없는 것에 말미암았다. '북주가 溫公 高緯를 죽이고 그의 종족을 멸족시켰다〔北周殺溫公高緯 夷其族〕'라고 기록하였으니, 그 악행은 거의 고위와 비슷한 것이다. 아! 서글프다.〔禍莫大於滅人之國 然有滅之而人悅者 惡莫甚於殺人之身 亦有殺之而人服者 武王伐紂 數其罪而布之天下 方且告於皇天后土 所過名山大川 其詞之正 氣之直 曾無一毫詭秘之術 紂雖自焚而死 然取其首而垂之太白之旗者 皎如也 孟子有言 誅其君 弔其民 如時雨降 民大悅 亦以救民水火之中 必取其殘而後可 豈曰陽予而陰殺(쇄)之哉 高氏在鄴 自洋以來 世濟凶德 民墜塗炭 已非一日 以武王數紂之罪較之 抑又甚矣 周主爲是興師伐之 厥角稽首 遂墟其國 當是時也 數其淫暴之惡 誅之境上 以謝毒痡之民 孰曰不可 旣俘而歸國 爵之五等 又誣而殺之 果何義哉 且夫沈湎肆虐者緯也 其族何罪而死 此特慮其爲亂 盡滅之耳 商之孫子 其麗不億 上帝旣命 侯于周服 周固未嘗有疑之之意 致使果能如武庚之叛 要不過汙吾之鈇鉞而已 豈必逆慮其亂無罪而盡戮之耶 周主英果有餘 而識量不足 故於滅齊之擧 率多不義 亦不免一傳而滅 由其所以取之者非道 而守之者固不能久也 書周殺溫公高緯 夷其族 其惡殆與緯等矣 吁 惜哉〕" ≪發明≫

周人誣溫公高緯與穆提婆謀反이라하여 幷其宗族을 皆賜死할새 衆人多自辯理어늘 高延宗獨攘袂泣而不言하여 以椒塞口而死①하고 緯弟仁英仁雅는 以疾得免하다 以高湝妻盧氏로 賜其將斛斯徵하니 盧氏蓬首垢面으로 長(齊)〔齋〕[70]不言笑한대 徵放之하니 乃爲尼②하다 齊后妃貧者는 至以賣燭爲業하더라

① 산초의 끝부분은 매워서 독이 있다.
椒末辛有毒.

② '蓬首'는 쑥대처럼 어지러운 모습이다. '長齋'는 佛敎에 따라 채소만 먹고, 葷菜와 육류를 먹지 않는 것이다.
蓬首, 如蓬草之亂也. 長(齊)〔齋〕者, 依佛敎茹蔬素, 不食葷肉.

【綱】 11월 北周가 稽胡를 토벌하여 항복시켰다.

十一月에 周討稽胡降之하다

【目】 예전에 北周가 晉州에서 北齊의 〈군대를〉 격파했을 적에 북제의 〈군대가〉 버린 갑옷과 병장기를 稽胡가 틈을 타서 훔치고는 이어서 劉蠡升의 손자 劉沒鐸을 세워서 君主로 삼았다. 이때에 이르러 북주가 〈계호를〉 토벌하려고 하면서 그들의 소굴 끝까지 정벌하기로 논의하였는데, 齊王 宇文憲이 말하기를 "步落稽의 종족이 이미 많고 또 산과 골짜기가 아주 험준하니, 우선 우두머리의 목을 베고 나머지는 위로하고 보듬어야 합니다."라고 하였다. 마침내 우문헌에게 군대를 통솔하게 하여 유몰탁을 공격하여 사로잡으니, 나머지 무리들이 모두 항복하였다.

初에 周敗齊於晉州할새 齊所棄甲仗을 稽胡乘間竊之하고 仍立劉蠡升之孫沒鐸하여 爲主러니 至是에 周將討之할새 議欲窮其巢穴한대 齊王憲曰 步落稽種類多하고 山谷險絶하니 且當翦其魁首요 餘加慰撫니이다하니 遂以憲으로 督軍하여 擊沒鐸擒之하니 餘衆皆降하다

【綱】 北周가 後宮과 妃嬪의 숫자를 줄였다.

周省(생)後宮妃嬪之數[71]하다

---

70) (齊)〔齋〕: 저본에는 '齊'로 되어 있으나, ≪資治通鑑≫에 의거하여 '齋'로 바로잡았다. 아래도 같다.
71) 周省(생)後宮妃嬪之數 : "이에 앞서서 後宮은 10여 명에 지나지 않았는데, 이때에 이르러 또다시 妃 이하를 줄여 8인뿐이었으니, 고금에 없던 것이다. ≪資治通鑑綱目≫에서 宮人을 내보낸 것을

【目】 北周主(宇文邕)는 성품이 절약하고 검소하여 항상 베로 만든 옷을 입었고 베로 만든 이불을 덮고 잤으며 後宮은 10여 명에 지나지 않았는데, 이때에 이르러 詔書를 내려 〈後宮은〉 오직 妃 2명과 世婦 3명, 御妻 3명만 두고 이외에는 모두 줄이라고 하였다. 군사를 움직일 때마다 직접 군대의 대열 속에 있고 산과 골짜기를 걸어서 건너니, 보통 사람이 견디기 어려운 것이었다. 장수와 병사를 어루만져 은덕을 베풀고, 밝게 살피고 과감하게 결단하였으며, 법을 아주 엄격하게 적용하였다. 이로 말미암아 장수와 병사들이 그의 위엄을 두려워하였으나 기꺼이 그를 위해 목숨을 바쳤다.

周主性節儉하여 常服布袍하여 寢布被하고 後宮不過十餘人이러니 至是에 詔唯置妃二人하고 世婦三人하고 御妻三人하고 此外에 皆減之하다 每行兵에 親在行(항)陳하여 步涉山谷하니 人所不堪이라 撫將士有恩하고 而明察果斷하며 用法嚴峻하니 由是로 將士畏威로대 而樂爲之死하더라

【綱】 이달 그믐에 일식이 있었다.

是月晦에 日食하다

【綱】 北周가 ≪刑書要制≫를 반포하였다.

◑ 周頒刑書要制72)하다

기록한 것은 아홉 번이다.(唐 太宗 貞觀 2년(628)에 자세하다.) 오직 여기서는 妃嬪을 줄인 숫자를 기록하였으니 매우 아름답게 여긴 것이다.〔先是後宮不過十餘人 至是又減自妃以下 八人而已 古今所無有也 綱目書出遣宮人九(詳唐太宗貞觀二年) 唯此書省妃嬪之數 深美之也〕" ≪書法≫

"晉나라 武帝가 吳나라를 평정한 이후에 밤새 後庭에서 연회를 베풀어 聲色에 마음을 다하다가 마침내 병이 나서 그 몸을 죽였다. 지금 北周主는 스스로 군사를 거느려 하나의 大國을 멸망시켰으니 그 공이 진나라 무제보다 백배나 된다. 그러나 ≪資治通鑑綱目≫은 앞에서 웅장하고 화려한 궁실을 헐은 것을 기록하고 여기에서 後宮 妃嬪을 줄인 숫자를 기록하였으니, 승세를 보전하기를 잘함이 이와 같았다. 이것을 어찌 교만하며 自滿하는 군주와 동일하게 말할 수 있겠는가. 기록하여 아름답게 여긴 것이 마땅하다.〔晉武自平吳之後 夜宴後庭 極意聲色 遂至成疾 以殞其身 今周主自將滅一大國 其功百倍晉武 然綱目前書毁其宮室之壯麗者 此書省後宮妃嬪之數 其善於保勝如此 是豈可以驕矜自滿之君 同日語哉 書以美之 宜也〕" ≪發明≫

72) 周頒刑書要制 : "옛날에 鄭나라 子産이 형법의 조문을 〈鼎에〉 새기니 군자가 비난하였다. 그 이유는 백성들이 다투어 송사하는 단서를 알아서 장차 예의를 버리고 형법서에서 찾게 될 것이니 진실로 백성들이 덕을 살펴볼 수 있게 해야지 형법을 살펴볼 수 있게 해서는 안 되기 때문이었다. 後周(北周) 高祖(宇文邕)는 진실로 英明한 임금이었으니 魏·晉 이하로 흔하게 얻기 어렵다. 그러나 거듭 전위하지 못하고 마침내 멸망하였으니 어째서인가. 宇文泰가 찬탈과 살인으로 나라를 얻어 宇文邕에 이르렀는데 비록 총명하고 과감하다고 해도 또한 전쟁을 여러 번 일으켜 살인을 많이 하였다. 지금 또 刑法書를 만들어서 도적이 1필을 훔치거나 서민이 1頃의 땅만 숨겨도 모두 죽였다. 법제를 세움이 이와 같으니 이것이 어찌 天道의 살리기를 좋아하는 뜻이겠는가. 五代에

【目】 여러 도적 중에 1필을 훔친 자 및 正과 長 중에서 5丁이나 1頃 이상의 토지를 숨긴 자는 모두 사형에 처했다.

群盜贓一匹及正長隱五丁若地頃以上皆死[①]하다

① 隋나라는 北周 제도를 따라 다섯 가호를 1保로 삼고, 보에 長을 두며, 5보가 1閭가 되며, 4려가 1族이 되는데, 모두 正을 둔다. 京畿 지역 밖에는 里正을 두니 閭正과 비슷하며, 黨長은 族正과 비슷한데 서로 단속하여 살피도록 하니, 이른바 '正長'이다. 100畝가 頃이다.
隋因周制, 制人五家爲保, 保有長, 保五爲閭, 閭四爲族, 皆有正. 畿外置里正, 比閭正, 黨長, 比族正, 以相檢察, 所謂正長也. 百畝爲頃.

【綱】 12월에 北周가 幷州에 있는 軍民 4만 戶를 關中으로 옮겼다.

十二月에 周徙幷州軍民四萬戶于關中하다

【綱】 北齊의 范陽王 高紹義가 北朔州에서 皇帝라고 일컬었다.

◑ 齊范陽王高紹義稱帝于北朔州하다

【目】 高寶寧이 黃龍에서 高紹義에게 〈皇帝의 자리에〉 오를 것을 권유하자, 고소의가 황제라 일컫고 고보녕을 丞相으로 삼으니, 突厥에서 군사를 일으켜 고소의를 도왔다.

高寶寧自黃龍勸進于高紹義[①]한대 紹義稱帝하고 以寶寧爲相하니 突厥擧兵助之하다

① 黃龍은 바로 和龍이다.
黃龍, 卽和龍.

後周 世宗은 英明한 군주로 이름이 났으나 성품이 살육을 좋아하였으므로 하늘이 聖人(宋나라 개국주 趙光胤)을 열어주어 그 뒤를 계승하게 하였다. 두 임금은 영명한 위엄과 功業이 대략 비슷하였지만 모두 국가를 오래 소유하지 못하였으니, 생각건대 다만 죽일 줄만 알고 살릴 줄을 몰랐기 때문이다. ≪資治通鑑綱目≫에서 '北周가 ≪刑書要制≫를 반포하였다.'라고 기록하고 혹독한 법을 그 아래에 기록하였으니 나무란 뜻을 알 수 있다. 그렇다면 임금이 天祿을 보전하려고 하는 자는 반드시 엄한 형벌을 경계하고 寬大함을 우선해야 할 것이다.〔昔鄭子產鑄刑書 君子非之 以爲民知爭端 將棄禮而徵於書 誠以民可使覿德 不可以覿刑故也 後周高祖固英明之主 自魏晉而下 未易多得 然不再傳而遂滅 何哉 自泰以簒殺得國至邕 雖曰聰明剛果 而亦兵戈屢動 殺人多矣 今又制爲刑書 盜匹贓隱頃地皆死 立法若此 是豈天道好生之意哉 五代周世宗 亦號爲英主 然性好殺戮 故天開聖人以承其後 二君英威功業 大略相似 而皆不能久有其國 意者徒知所以殺 而不知其所以生耳 綱目書周頒刑書要制 而紀其嚴酷之法于下 則其譏貶之意爲可知 然則人主欲保有天祿者 其必以嚴刑爲戒 寬大爲先乎〕" ≪發明≫

思政殿訓義 資治通鑑綱目 제35권 하

-陳 宣帝 太建 10년(578)~陳 後主 至德 원년(583)-

戊戌年(578)

陳나라 宣帝 陳頊 太建 10년이고, 北周 宣帝 宇文贇 宣政 원년이다.

陳太建十年이요 周宣帝贇宣政元年이라

【綱】 봄 2월에 北周의 上大將軍 王軌가 彭城을 공격하여 吳明徹을 사로잡았다.

春二月에 周上大將軍王軌攻彭城하여 獲吳明徹하다

【目】 吳明徹이 北周의 彭城을 포위하여 戰艦으로 〈팽성을〉 둘러싸서 아주 급히 공격하였는데, 北周의 王軌가 군사를 이끌고 가볍게 무장을 하고 가서 淮口를 점거하여 길게 포위망을 연결하고 쇠사슬로 수레바퀴 수백 대를 꿰어 이를 淸水에 빠뜨려서 陳나라의 전함이 돌아가는 길을 막으니, 진나라의 군대가 두려워하였다. 蕭摩訶가 오명철에게 말하기를 "듣건대 왕궤가 하류를 봉쇄하기 시작하여 그 양쪽 끝에 城을 쌓는데 아직 완성하지는 못하였다고 하니, 가서 공격하십시오. 그렇지 않으면 우리는 모두 포로가 될 것입니다."라고 하니, 오명철이 격분하여 말하기를 "깃발을 뽑고 敵陣을 함락시키는 것은 將軍(소마가)의 일이고, 먼 곳을 경략할 장구한 계책을 생각하는 것은 이 늙은이의 일이오."라고 하였다. 소마가가 낯빛이 변하여 물러났는데 10여 일 만에 水路가 마침내 차단되었고, 북주의 병력이 더욱 많이 도착하였다.

吳明徹圍周彭城하여 環列舟艦하여 攻之甚急①한대 周王軌引兵輕行하여 據淮口結長圍하고 以鐵鎖貫車輪數百하여 沈之淸水하여 以遏陳船歸路②하니 軍中恟懼어늘 蕭摩訶言於明徹曰 聞王軌始鎖下流호대 其兩端에 築城未立하니 請往擊之호리라 不然이면 吾屬皆爲虜矣리라하니 明徹奮髥曰 搴旗陷陣은 將軍事也요 長算遠略은 老夫事也③니라 摩訶失色而退러니 一旬之間에 水路遂斷하고 周兵益至러라

① 環은 음이 患이니, 에워싼다는 뜻이다.
環, 音患, 繞也.
② 淮口는 淸水가 淮河로 들어가는 입구이니, 바로 淸口이다. 淸水는 泗水의 다른 이름이다.
淮口, 淸水入淮之口, 卽淸口也. 淸水, 卽泗水之別名.
③ 搴은 함락하여 탈취하는 것이다.
搴, 拔取也.

【目】吳明徹이 등에 생긴 질병으로 괴로워하였는데, 蕭摩訶가 다시 요청하기를 "지금 싸우고자 하여도 그렇게 할 수 없고, 진격하거나 퇴각하려 해도 길이 없으니, 몰래 군대를 출동시켜 포위를 뚫는 것이 치욕스러운 일이 되지는 않을 것입니다. 바라건대 公께서는 보병을 인솔하여 馬轝를 타고 천천히 가시고, 저 소마가가 鐵騎兵 수천을 거느리고 앞뒤로 달려가면 반드시 公이 편안하게 京邑에 도착하도록 할 수 있을 것입니다."라고 하니, 오명철이 말하기를 "이는 훌륭한 계책이오. 하지만 나는 摠督이기에 반드시 스스로 군대의 후미에 있어야 하니, 그대의 騎兵이 〈군대의〉 앞에 서고 지체해서는 안 될 것이오."라고 하였다. 소마가가 이어서 기병을 인솔하고 밤에 떠났고, 오명철은 제방을 터뜨리고 군대를 퇴각시켰는데, 淸口에 도착하여 水勢가 점차 약해져서 戰艦이 수레바퀴에 걸려 지나갈 수가 없었다. 왕궤가 군대를 이끌고 바짝 추격하자, 〈오명철의〉 무리가 궤멸되었고 오명철은 사로잡혔다. 장수와 병사, 군수물자가 모두 北周에게 몰수되었고 소마가만이 장군 任忠과 周羅睺와 함께 군대를 온전히 하여 돌아갔다.

明徹苦背疾이어늘 摩訶復請曰 今求戰不得하고 進退無路하니 潛軍突圍가 未足爲恥라 願公帥步卒하여 乘馬轝(여)하여 徐行하고 摩訶領鐵騎數千하여 驅馳前後면 必當使公으로 安達京邑[①]하리라하니 明徹曰 此良圖也로다 然吾爲摠督이라 必須身居其後니 弟馬軍이 宜在前不可緩이라하다 摩訶因帥馬軍夜發하고 明徹決堰退軍할새 至淸口하여 水勢漸微하여 舟礙車輪하여 不得過어늘 王軌引兵蹙之하니 衆潰하고 明徹被執하니 將士輜重이 皆沒於周하고 獨蕭摩訶與將軍任忠周羅睺가 全軍得還[②]하다

① 轝는 字書를 고찰해 보건대 모두 이 글자가 없고 오직 ≪類篇≫에만 있는데 음이 羊茹의 切이니, 舁車이다. 지금 '馬轝를 탄다'라고 말했으니, '輿'자와 동일하게 읽어야 하고, 平聲에 해당한다. 京邑은 建康을 말한다.
轝, 考字書皆無此字, 唯類篇有之, 音羊茹切, 舁車也. 今言乘馬轝, 則當讀與輿字同, 從平聲. 京邑, 謂建康.
② 睺는 ≪資治通鑑≫에는 '睺'로 되어 있다. 睺는 侯와 后 두 가지 음이다.
睺, 通鑑作睺, 睺, 侯·后二音.

【目】 예전에 陳主(陳頊)가 彭城과 汴水를 탈취하려고 모의하면서 五兵尙書 毛喜에게 물었는데, 그가 대답하기를 "淮左 지역은 최근에 평정되었고, 변방의 백성은 아직 평안하지 않습니다. 周氏(北周)가 처음으로 北齊를 점령하였으니, 〈北周와〉 銳鋒을 다투기는 어렵습니다. 게다가 戰艦을 버리고 수레와 말을 이용하여 장점을 버리고 단점을 취하는 것은 우리에게 편한 방법이 아닙니다. 백성을 편안하게 하고 국경을 보전하며, 군사를 쉬게 하고 우호 관계를 맺는 것만 못하니, 이것이 장구한 계책입니다."라고 하였다. 이때에 이르러 陳主가 〈모희에게〉 말하기를, "卿의 말이 맞았소."라고 하고, 그날로 蔡景歷을 불러 다시 征南諮議參軍으로 삼았다.

오명철이 근심하고 울분이 쌓여 죽었다.

初에 陳主謀取彭汴하여 以問五兵尙書毛喜①한대 對曰 淮左新平하고 邊民未輯이어늘 周氏始呑齊國하니 難與爭鋒이요 且棄舟艥(집)用車騎하여 去長就短이 非我所便이라 不若安民保境하고 寢兵結好니 斯久長之術也②니이다하다 至是하여 陳主謂之曰 卿言驗矣라하고 即日召蔡景歷하여 復以爲征南諮議參軍③하다 明徹이 憂憤而卒하다

① '彭汴'은 彭城과 汴水 지역을 말한다. 五兵尙書는 中兵, 外兵, 別兵, 都兵, 騎兵의 각 관원을 관장하는 관원을 일컫는다.
彭汴, 謂彭城・汴水之地. 五兵尙書, 以掌中兵・外兵・別兵・都兵・騎兵(名)〔各〕[1]官.

② 艥은 楫과 동일하다.
艥與楫同.

③ 〈'卿言驗矣'는〉 역시 그의 말대로 징험된 것이다.
亦以其言驗也.

【綱】 3월에 北周主가 처음으로 평소에 쓰는 冠을 착용하였다.

三月에 周主初服常冠[2]하다

【目】 그 제도에 검은색 비단 온 폭을 가지고 뒤로 향하여 머리를 감쌌으며, 재단하여 四脚(네 갈래 띠)을 만들었다.

---

1) (名)〔各〕: 저본에는 '名'으로 되어 있으나, ≪資治通鑑≫ 胡三省 註에 의거하여 '各'으로 바로잡았다.
2) 周主初服常冠 : "이것이 後世 幞頭의 시작이다. 아! 이것이 만들어진 이래로 三代의 옛 제도는 마침내 회복될 수 없었다.〔此後世幞頭之始 嗚呼 自有此製以來 三代古制 遂不可復矣〕" ≪書法≫

其制以皁紗全幅으로 向後襆髮하고 仍裁爲四脚①이러라

① 머리를 묶는 것을 襆이라 한다. 襆은 幞과 같다. 杜佑가 말하기를 "後漢 말기에 王公과 卿士는 幅巾으로 우아하게 하였는데, 검은색 비단 온 폭을 가지고 뒤로 향하며 머리를 감싸고는 頭巾이라고 하였으니, 俗人들이 그로 인해 幞頭라고 불렀다. 後周(北周)의 武帝가 그로 인해 幅巾을 재단하여 四脚을 만들었다."라고 하였다.
絡髮謂之襆. 襆, 與幞同. 杜佑曰 "後漢末, 王公卿士以幅巾爲雅, 用全幅(卓)〔皁〕[3]而向後幞髮, 謂之頭巾, 俗人因號爲幞頭. 後周武帝因裁幅巾爲四脚."

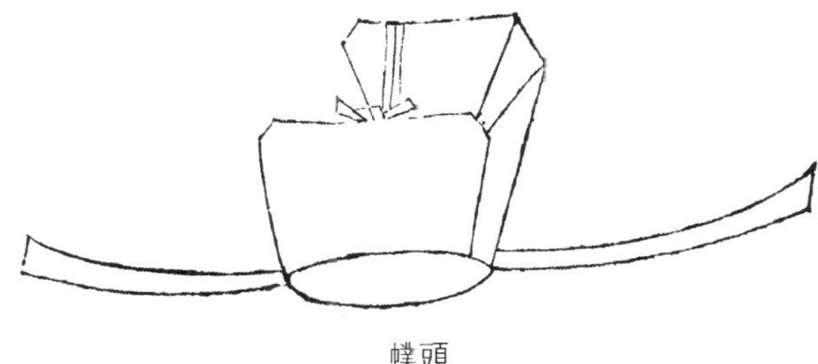
幞頭

【目】胡氏(胡寅)가 다음과 같이 평하였다.

"君子가 옛일을 회복함을 중대하게 여기고, 옛것을 변화시키기를 어렵게 여기는 것은 옛일에 매몰되어서가 아니라 사람을 살리는 도구가 모두 옛날의 큰 聖人이 때에 따라 알맞게 〈제도를〉 제정하여 각각 法象과 意義가 있으니, 개인적인 지혜로 변경해서는 안 되기 때문이다. 周나라의 紗襆은 후세의 巾幘과 朝冠의 원류가 되니, 法象을 상고할 때에 과연 어디에서 본보기를 찾으며, 意義를 구할 적에 과연 어디에서 근거를 찾겠는가. 그러나 시행한지 수백 년이 되도록 그릇되다고 여기는 사람들이 없었지만, 천하를 다스리는 데에는 禮보다 중대한 것은 없으니, 반드시 善을 다하고자 한다면 반드시 옛일을 상고하여 제도를 세워야 한다. 역시 어찌 유독 冠을 만드는 것만 그렇겠는가."

胡氏曰 君子大復古하고 重變古는 非泥於古也라 以生人之具가 皆古大聖人이 因時制宜하여 各有法象意義하니 不可以私智로 更改之也라 周家紗襆은 此後世巾幘朝冠之所自始也니 稽之法象에 果何所則(칙)하며 求之意義에 果何所據오 然而行之數百年에 莫有以爲非也어니와 治天下莫大於禮하니 必欲盡善인댄 其必考古而立制니 夫亦何獨冠爲然哉리오

【綱】여름 5월에 北周主 宇文邕이 突厥을 정벌하다가 병이 나서 돌아와 6월에 죽었으니, 太子 宇文贇이 즉위하여 鄭譯을 內史中大夫로 삼았다.

3) (卓)〔皁〕: 저본에는 '卓'으로 되어 있으나, ≪資治通鑑≫ 胡三省 註에 의거하여 '皁'로 바로잡았다.

夏五月에 **周主邕**이 **伐突厥**이라가 **有疾而還**하여 **六月**에 **殂**하니 **太子贇立**하여 **以鄭譯**으로 **爲內史中大夫**[4)]하다

【目】 突厥이 幽州를 침략하여 노략질하자 北周主가 여러 군대를 거느리고 突厥을 정벌할 적에 병이 나서 雲陽宮에 머무르며 詔書를 내려 군대를 멈추도록 하고, 驛馬로 宇文孝伯을 불러 그의 손을 잡고 뒷일을 부탁하고는 그로 하여금 驛馬를 급히 달려 京師로 들어가 鎭守하여 비상시에 대비하도록 하였다. 6월 초하루에 세상을 떠났으니, 나이가 36세였다. 太子는 즉위하자 사치를 부리려는 욕구가 왕성하여 슬퍼하는 기색이 없었으며, 〈이전에〉 매를 맞았던 자국을 어루만지며 크게 욕하기를 "늦게 죽었구나."라고 하고, 宮人들을 돌아보고는 핍박하여 음란한 욕심을 채우려 하였으며, 鄭譯을 등급을 뛰어넘어 승진시켜 內史中大夫로 삼아서 조정 정무를 맡겼다. 한 달을 넘기지 않고 葬禮를 치르고는 詔書를 내려 곧바로 吉服을 입는 문제를 논의하였는데, 樂運이 葬禮의 기일이 이미 짧았는데 장례가 끝나자마자 곧바로 喪服을 벗는 것은 너무 빠르다고 하였으나, 그의 말을 따르지 않았다.

突厥이 寇掠幽州어늘 周主帥諸軍伐之할새 以疾留雲陽宮①하여 詔停諸軍하고 驛召宇文孝伯하여 執其手하여 以後事付之②하고 令馳驛入京鎭守하여 以備非常하다 六月朔에 殂하니 年三十六이라 太子卽位하여 卽逞奢欲하여 曾無戚容하고 捫其杖痕하여 大罵曰 死晩矣라하고 閱視宮人하여 逼而淫之하고 超拜鄭譯하여 爲內史中大夫하여 委以朝政이라 不踰月而葬하고 詔議卽吉한대 樂運以爲葬期旣促하고 事訖卽除가 太爲汲汲이니이다하되 不從하다

---

4) 周主邕……爲內史中大夫 : "賀善의 贊에 말하였다. '北周 武帝(宇文邕) 초기에 養老를 한 이외에 ≪資治通鑑綱目≫에서 인정해준 말이 없었고, 세 번 北齊를 침략한 것을 기록하고, 한 번 陳나라를 침략한 것을 기록하고, 한 번 죄 없는 이를 죽인 것을 기록하고, 突厥에서 여인을 맞이한 것을 기록하고, 황후 叱奴氏를 맞아들인 것을 기록하였으니 모두 宇文護가 독단한 것이다. 親政한 이래로 처음으로 上善殿을 헐은 것을 기록하고, 이어서 흰 사슴을 잡은 것을 기록하고, 太后가 서거한 것을 기록하고, 佛敎와 道敎를 폐지하고 淫祠를 헐은 것을 기록하고, 通道觀을 세운 것을 기록하고, 세 번 北齊를 침략한 것을 기록하고, 또 壯麗한 宮室을 헐은 것을 기록하고, 權衡과 度量을 결정한 것을 기록하고, 아홉 개의 꼬리를 가진 여우를 불태운 것을 기록하고, 妃嬪의 숫자를 줄인 것을 기록하여, 기록할 만한 것을 여러 번 기록하고 한 번만 기록하지 않은 것은 현명하기 때문이었다. 元魏(北魏) 이후로 高氏의 대물린 악행은 굳이 말할 것도 못 된다. 북주 무제와 같은 이는 道에 가깝다고 할 것이다.'〔賀善贊曰 周武之初 自養老外 綱目無予辭 三書侵齊 一書侵陳 一書殺無罪 書逆女突厥 書納后叱奴氏 皆護專也 親政以來 首書毁上善殿 繼書獲白鹿 書太后殂 書廢二教毁淫祠 書立通道觀 三書伐齊 又書毁宮室之壯麗者 書定權衡度量 書焚九尾狐 書省(생)妃嬪之數 其可紀者 屢書不一書 惟其賢也 元魏而後 高氏世惡 無足道者 若周武者 其庶幾乎〕" ≪書法≫

① ≪五代志≫에는 "京兆郡 雲陽縣에 後周(北周)가 雲陽郡을 설치하였다."라고 하였으니, 역시 이곳에 別宮을 설치한 것이다.
五代志 "京兆郡雲陽縣, 後周置雲陽郡." 蓋亦置別宮於此.

② 宇文孝伯이 당시에 長安에 머물러 있었기 때문에 驛馬로 그를 부른 것이다.
孝伯時留長安故驛召之.

【綱】 北周主 宇文贇이 그의 叔父 齊王 宇文憲을 죽였다.

周主贇이 **殺其叔父齊王憲**[5]하다

【目】 北周主는 齊王 宇文憲이 皇族 가운데 항렬이 높고 명망이 높아 그를 꺼려하여 宇文孝伯에게 말하기를 "公이 나를 위하여 齊王을 도모할 수 있다면 齊王의 관직을 〈그대에게〉 주겠다."라고 하니, 우문효백이 머리를 조아리며 말하기를 "先帝(宇文邕)께서 남기신 詔書에는 혈육을 함부로 죽이지 말라고 하셨습니다. 齊王은 폐하의 叔父로, 공적이

---

5) 周主贇 殺其叔父齊王憲 : "살인에 임금을 지적한 것은 많았으나 이름을 지적한 것은 드문데 이름을 지적한 것은 어째서인가. 親叔父이기 때문이다. 다만 명망이 높다고 해서 친숙부를 반드시 죽일 것을 도모하였으니 天理가 사라진 것이다. 이 때문에 北齊主(高湛)가 樂陵王(高百年)을 죽이자 '湛'이라고 지적해 기록하였고(陳 文帝 天嘉 5년(564)) 北周主가 齊王 宇文憲을 죽이자 '贇'이라고 지적해 기록하였으니(이해(578)) 모두 君父를 죽인 예로 이름을 지적한 것이다. 이는 ≪資治通鑑綱目≫에서 특별히 기록한 것이다. 그렇다면 彭城王 元勰 역시 叔父인데, 北魏主(元恪)의 이름을 지적하지 않은 것은 어째서인가. 원협의 죽음은 高肇의 참소였으니 北魏主라고만 지적해도 그 죄가 드러나기 때문이다.(梁 武帝 天監 7년(508))〔殺斥主多矣 罕有斥名者 其斥名 何 親叔父也 徒以望重 必圖殺之 天理滅矣 是故齊主殺樂陵王斥書湛(陳文帝天嘉五年) 周主殺齊王憲斥書贇(是年) 皆以殺君父例斥名之 此綱目之特筆也 然則彭城王勰 亦叔父也 不名魏主何 勰之死 高肇之譖也 斥魏主足以著其罪矣(梁武帝天監七年)〕" ≪書法≫
"사람은 자식보다 친한 이가 없는데 제 아들의 악행을 알지 못하는 것은 사랑에 가려지기 때문이다. 北周의 太子 宇文贇이 못난 것은 온 조정이 모두 알았고, 北周主(宇文邕)가 비록 누차 훈계하고 꾸짖었으나 우문빈의 資品이 낮아서 필시 肯堂(부모를 계승함)할 리가 없었던 것이다. 과감하게 宗社를 위한 큰 계획을 하여 반드시 현명한 자를 뽑아 세운 뒤에야 가능할 텐데 北周主는 하지 못했다. 屍身의 체온이 식기도 전에 〈우문빈은〉 이미 흉패한 짓을 방자하게 하여 齊王 宇文憲은 季父의 지극한 친속인데도 우문헌을 죽이기를 여우나 토끼를 사냥하듯이 하였다. 周氏(北周)는 이에 이르러 이미 다시 어찌할 수 없게 되었다. ≪資治通鑑綱目≫에서 '贇'의 이름을 '叔父 宇文憲을 죽였다〔殺叔父憲〕'의 위에 지적해 기록하였으니, 北魏의 元恪(宣武帝)이 〈숙부〉 元勰을 죽인 것과 비교해보면 북위는 그래도 權臣의 손에 제어 받고 誣告者의 말에 미혹되었으나 북주의 우문빈처럼 심하지는 않았다. 그러므로 書法의 다름이 이와 같다. 아! 諸侯는 살아 있을 때에 그 이름을 부르지 않지만 同姓을 멸하면 이름을 부르는데, ≪자치통감강목≫에서는 北周主 우문빈에게서 이것을 보았다.〔人莫親於子 而不能知其惡者 蔽於愛故也 周太子贇之不肖 擧朝皆知之 周主雖屢訓責 然其資品凡下 必無肯堂之理 果欲爲宗社大計 要必選建德賢而後可 而周主則未能也 肉未及寒 已肆凶悖 齊王憲以季父至親 殺之如獵狐兎 周氏至此 已不可復爲矣 綱目斥書贇名於殺叔父憲之上 方之魏恪殺勰 彼猶制於權臣之手 惑於誣告者之言 未若周贇之甚者 是以書法不同如此 嗚呼 諸侯不生名 滅同姓則名 綱目於周主贇見之矣〕" ≪發明≫

높고 덕망이 많으니 社稷의 重臣입니다. 그런데 폐하께서 만약 까닭 없이 그를 해치고 臣이 또 〈폐하의〉 뜻에 순응하여 잘못을 따른다면, 臣은 불충한 신하가 되고 폐하는 불효자가 될 것입니다."라고 하였다. 北周主가 기뻐하지 않아, 이 일로 인해 그를 멀리하였다.

마침내 于智와 鄭譯 등과 모의하여 몰래 우지로 하여금 우문헌이 謀叛을 꾀하였다고 고변하도록 하고, 우문효백을 보내어 우문헌을 불러 殿閣으로 들어오게 하여 壯士를 매복시켰다가 그를 사로잡았다. 우문헌이 스스로 변론하자, 北周主가 우지로 하여금 우문헌의 일을 증명하도록 하였다. 우문헌은 분노하여 눈빛이 타오르는 횃불과 같았으며 우지와 서로 대질하였는데, 이윽고 〈우문헌이〉 탄식하기를, "죽고 사는 것이 운명에 달려 있으니, 어찌 다시 살기를 도모하겠는가. 다만 늙은 어머니가 집에 계시니, 죄가 어머니에게 미칠까 두려울 뿐이다."라고 하고 이어서 笏을 땅에 던지니, 마침내 宇文憲을 목매어 죽였다. 北周主가 우문헌의 官屬을 불러 우문헌의 죄를 증명하도록 시켰는데, 參軍 李綱이 죽기로 맹세하여 끝내 굴복하는 말을 하지 않았고, 〈우문헌의〉 관을 어루만지며 통곡하고는 직접 시신을 묻고 哭을 하고 절을 하고서 떠났다.

周主以齊王憲屬尊望重으로 忌之하여 謂宇文孝伯曰 公能爲朕圖齊王이면 當以其官相授호리라하니 孝伯叩頭曰 先帝遺詔에 不許濫誅骨肉이라하시니 齊王은 陛下叔父로 功高德茂하니 社稷重臣이어늘 陛下若無故害之하시고 臣又順旨曲從하면 則臣爲不忠之臣이요 陛下爲不孝之子矣시리이다하니 周主不懌하여 由是로 疏之하고 乃與于智鄭譯等謀하여 密使智告憲有異謀하고 遣孝伯召憲入殿하여 伏壯士執之한대 憲自辯理하니 周主使智證之한대 憲目光如炬하여 與智相質①이라가 旣而歎曰 死生有命하니 寧復圖存이리오 但老母在堂하니 恐留玆恨耳②로다 因擲笏於地어늘 遂縊之하다 周主召憲僚屬하여 使證成憲罪한대 參軍李綱이 以死自誓하여 終無撓辭하고 撫棺號慟하여 躬自瘞之하고 哭拜而去하다

① 質은 증명한다는 뜻이고, 징험한다는 뜻이다.
質, 證也, 驗也.
② 〈'恐留玆恨耳'는〉 이미 모반을 꾀했다는 誣告를 당했으니, 그 죄가 어머니에게 미칠까 두렵다는 말이다.
言旣誣以異謀, 恐罪及其母也.

【綱】 윤6월에 北周가 楊氏를 皇后로 세웠다.

閏月에 周立后楊氏하다

【綱】 高紹義가 幽州로 들어가자 北周 사람들이 그를 토벌하니, 高紹義가 突厥로 달아났다.

◑ 高紹義入幽州어늘 周人討之한대 紹義奔突厥[6]하다

【目】 高紹義는 北周의 高祖(宇文邕)가 죽었다는 소식을 듣고는 하늘의 도움을 얻었다고 여겼는데, 幽州 사람 盧昌期가 군사를 일으켜 范陽을 점거하고 고소의를 맞이하니, 고소의가 突厥의 군사를 이끌고 그곳으로 갔다. 북주에서는 東平公 宇文神擧를 보내어 군사를 거느리고 노창기를 토벌하여 사로잡으니, 고소의가 다시 돌궐로 들어갔다. 高寶寧은 范陽을 구원하러 가다가 도착하기 전에 노창기가 죽었다는 소식을 듣고는 돌아와 和龍을 점거하였다.

高紹義聞周高祖殂하고 以爲得天助라하더니 幽州人盧昌期起兵據范陽하고 迎之어늘 紹義引突厥兵하여 赴之러니 周遣東平公神擧하여 將兵討昌期擒之하니 紹義還入突厥하다 高寶寧救范陽未至에 聞昌期死하고 還據和龍하다

【綱】 가을 7월에 北周가 楊堅을 上柱國大司馬로 삼았다.

秋七月에 周以楊堅으로 爲上柱國大司馬하다

【綱】 9월에 陳主(陳頊)가 여러 신하들과 盟誓를 하였다.

◑ 九月에 陳主及其群臣盟[7]하다

---

6) 高紹義入幽州……紹義奔突厥 : "梁나라가 陳나라에게 찬탈되자 蕭莊이 帝를 일컬었는데 ≪資治通鑑綱目≫에서 소장의 임금 노릇을 이루어주어 '梁王 莊'이라고 기록하였으니 끊어진 代를 이어주는 의의이다. 高紹義 역시 蕭莊과 견줄 만한데 '紹義'라고 이름을 쓰고 또 '토벌되었다〔討〕'라고 기록한 것은 어째서인가. 北齊를 미워한 것이다. 梁나라는 죄가 없는데 陳나라가 찬탈하였으니 옳지 않다. 北齊에 큰 악행이 있으니 北周가 정벌하는 도리이다. 한 번 인정해주고 한 번 빼앗는 것은 오직 의리일 뿐이므로 그 몸을 마치도록 '高紹義'라고 지적하였다.〔梁爲陳簒 蕭莊稱帝 綱目成其爲君 書梁王莊 繼絶之義也 紹義亦莊比也 其名紹義 且書討何 惡齊也 梁爲無罪 陳簒之 不義也 齊有大惡 周伐之義也 一予一奪 唯其義而已矣 故終其身斥高紹義也〕" ≪書法≫

7) 陳主及其群臣盟 : "이에 陳叔陵을 王官伯으로 삼아 맹약에 나아가게 하였는데 어찌하여 '陳主'라고 지적하였는가. 까닭이 없이 신하들과 맹약하였으니 陳主의 마음이 황폐한 것이다. 그러므로 기록하여 나무란 것이다. ≪資治通鑑綱目≫이 끝날 때까지 임금과 신하가 스스로 서로 盟誓한 것을 기록한 것은 두 번이다.(이해(578), 唐 中宗 嗣聖 16년(688))〔於是叔陵爲王官伯及之盟 則曷爲斥陳主 無故而

【目】陳主가 婁湖에 方明壇을 세우고, 始興王 陳叔陵을 王官伯으로 삼아 百官과 맹세하게 하고, 스스로 婁湖에 행차하여 무리들과 맹세하고 大使를 나누어 파견하여 〈맹세한 글을〉 사방에 반포하여 서로 경계하도록 하였다.

陳主立方明壇於婁湖하고 以始興王叔陵으로 爲王官伯하여 盟百官하고 自幸婁湖하여 誓衆하고 分遣大使하여 班下四方하여 以相警戒①하다

① 陳祥道가 말하기를 "諸侯가 天子를 알현할 때에 宮을 만드는데 사방 300步의 면적에 네 개의 문을 트고, 壇은 12尋에 높이는 4尺이며 그 위에 方明을 올려놓는다."라고 하였다. ≪儀禮≫ 〈覲禮〉에 "方明은 나무로 사방 4자이며 여섯 가지 색을 칠하는데, 동쪽은 청색, 남쪽은 적색, 서쪽은 백색, 북쪽은 흑색, 위쪽은 검은색, 아래쪽은 황색이다. 六玉을 설치하는데 위는 圭, 아래는 璧, 남쪽은 璋, 서쪽은 琥, 동쪽은 圭, 북쪽은 璜이다."라고 하였다. 鄭氏(鄭玄)가 말하기를 "方明은 위아래와 사방의 神明을 형상화한 것이다. 함께 모여 盟誓를 하면 밝은 神이 그 모습을 본다. 여섯 가지 색은 그 神을 형상화한 것이고, 六玉은 禮를 표시한 것이다. 위는 蒼璧이 적합하고 아래는 黃琮이 적합하니, 그렇게 하지 않은 것들은 위아래의 神으로, 天地에서 지극히 귀한 존재들이 아니다. 옥을 설치하는 것은 나무에 새겨서 붙인 것이다."라고 하였다. 叔陵은 陳主의 아들이다. 王官伯은 옛날에 天子가 諸侯와 盟誓할 적에 天子의

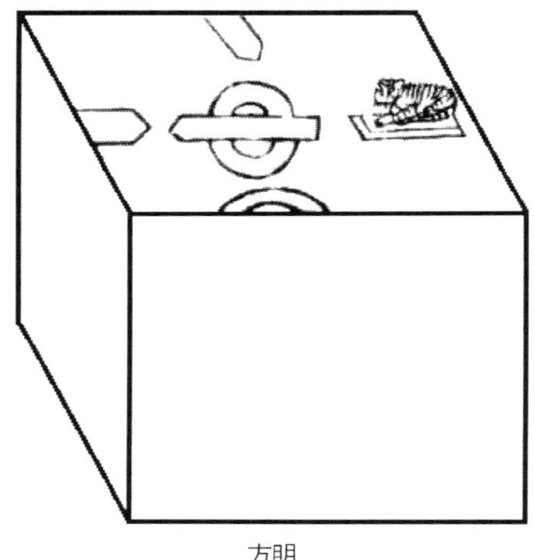

方明

盟其臣 陳主之志荒矣 故書譏之 終綱目書君臣自相盟誓二(是年 唐中宗嗣聖十六年)〕" ≪書法≫

"詰誓하는 일이 五帝 시대에는 없었고 盟詛하는 일이 三王 시대에는 없었는데 春秋時代에 들어온 이래로 맹약을 기록한 것이 많았으나 聖人은 모두 인정해준 적이 없다. 지금 陳 宣帝가 나라를 얻은 지 이미 10년이 지났는데 하루아침에 갑자기 까닭도 없이 여러 신하들과 맹약을 하였으니 맹약한 것이 무슨 일인지 알지 못하겠다. 희생을 잡아 피를 마시는 것은 鬼神에게 질정하는 것이 혹은 事變의 부득이하거나 전쟁의 미해결에서 나온 것이라면 그래도 괜찮다고 할 것이다. 지금 까닭도 없이 맹약을 요구하였고 또다시 〈盟誓한 글을〉 사방에 반포하여 경계하도록 하였으니 과연 무슨 의리인가. 그러므로 ≪資治通鑑綱目≫은 여기에서 始興王 叔陵이 百官과 맹약을 했다고 글을 만들지 않고 陳主 및 그 신하들이 맹약을 했다고 글을 만들었으니 오로지 陳主를 지목하여 매우 깎아내린 것이다. ≪春秋≫의 법에 내가 하려고 한 것을 '及'이라 한다고 하였다.〔詰誓不及五帝 盟詛不及三王 入春秋以來 書盟多矣 聖人皆未嘗予之 今陳宣帝得國 已歷十稔 一旦忽無故盟其群臣 不知所盟者何事 夫刑牲歃血 要質鬼神 或出於事變之不得已 兵爭之不能解 猶云可也 今乃無故要盟 而又班戒四方 果何義哉 故綱目於此 不以始興王叔陵盟百官爲文 而以陳主及其群臣盟爲文 所以專目陳主而深貶之也 春秋之法 我所欲曰及〕" ≪發明≫

元老에게 그 일을 맡기는데, 예컨대 春秋時代 踐土의 맹세[8]에서 王子虎가 王庭에서 諸侯와 맹세를 했던 것이니, 이를 王官伯이라 한다. 당시에 彭城에서 군대를 잃었기에 陳나라 전국의 윗사람과 아랫사람이 마음이 동요하였기 때문에 이 맹세를 거행한 것이다.

陳祥道曰"諸侯覲于天子, 爲宮方三百步, 四門, 壇十有二尋, 深四尺, 加方明于其上. 覲禮方明者, 木也, 方四尺, 設六色, 東方靑, 南方赤, 西方白, 北方黑, 上玄, 下黃. 設六玉, 上圭, 下璧, 南方璋, 西方琥, 東方圭, 北方璜." 鄭氏曰"方明者, 上下四方神明之象也. 會同而盟, 明神監之. 六色, 象其神. 六玉以禮之, 上宜以蒼璧, 下宜以黃琮, 而不以者, 則上下之神非天地之至貴者也. 設玉者, 刻其木以著(착)之." 叔陵, 陳主子. 王官伯者, 古者天子盟諸侯, 使天子之老涖之, 如春秋踐土之盟, 王子虎盟諸侯于王庭, 是之謂王官伯. 時彭城喪師, 陳人通國上下搖心, 故爲是(監)〔盟〕[9].

【綱】 겨울 11월에 突厥이 北周를 침략하였다.

冬十一月에 突厥寇周[10]하다

己亥年(579)

陳나라 宣帝 陳頊 太建 11년이고, 北周 靜帝 宇文闡 大象 원년이다.

陳太建十一年이요 周靜帝闡大象元年이라

【綱】 봄 정월에 北周가 ≪刑經聖制≫를 만들었다.

春正月에 周作刑經聖制[11]하다

8) 踐土의 맹세 : 踐土는 춘추시대 晉 文公이 중국의 제후들을 불러 모아놓고 맹약하며 霸者의 지위에 오른 곳이다. 이곳에서 진 문공은 衛侯의 無道함을 징계한 다음에 제후들과 周나라 왕실을 돕는다는 내용의 맹약을 맺었다.(≪春秋左氏傳≫ 僖公 28년)

9) (監)〔盟〕: 저본에는 '監'으로 되어 있으나, ≪資治通鑑≫ 胡三省 註에 의거하여 '盟'으로 바로잡았다.

10) 突厥寇周 : "突厥이 北齊의 경우에 두 번 '침략하였다〔侵〕'라고 기록하였는데, 여기서 '도적질하였다〔寇〕'라고 기록한 것은 어째서인가. 高紹義를 미워한 것이다 그러므로 다만 평상시의 말을 따라 기록한 것이다.〔突厥如齊再書侵 此其書寇 何 惡紹義也 故止從恒辭〕" ≪書法≫

11) 周作刑經聖制 : "계미년(563)에 '北周가 新律을 반포하였다.'라고 기록하고, 정해년(577)에 '북주가 刑書를 반포하였다.'라고 기록하고, 이에 다시 '북주가 ≪刑經聖制≫를 만들었다.'라고 기록하였으니, 17년 만에 律令을 세 번 변경하여 법을 적용함이 더욱 엄격해진 것이다. ≪資治通鑑綱目≫이 끝날 때까지 律令의 변경을 기록한 것이 24번인데 북주만큼 빨리 변경한 나라는 없다.〔癸未書周頒新律 丁亥書周頒刑書 於是復書周作刑經聖制 十有七年 律令三變 而用法益深 終綱目書律令之變二十四 更變

【目】北周主(宇文贇)가 처음 즉위하였을 때 高祖(宇文邕)가 만든 ≪刑書要制≫가 지나치게 과중하다고 여겨 그것을 없애고 또 자주 사면을 시행하였다. 樂運이 상소하기를, "≪書經≫ 〈虞書〉에 '過誤나 불운으로 지은 죄는 용서하여 풀어 준다.'라고 한 것은 過誤로 죄를 저질렀으면 관대하게 사면해야 한다는 말이며, ≪書經≫ 〈呂刑〉에 '五刑에 처할 경우라도 의심나는 부분이 있으면 사면한다.'라고 한 것은 刑을 집행하는데 의심이 가면 罰을 주고, 罰을 주기에 의심이 가면 사면시키라는 말입니다. 삼가 經典을 찾아보니, 죄의 輕重에 관계없이 온 천하에 크게 사면하라는 글귀는 아직 없었습니다. 그런데 지금 어찌 일상적이지 않은 은혜를 자주 베푸셔서 간사하고 바르지 않은 악한 자들을 마음대로 풀어주는 것입니까."라고 하였으나, 北周主가 받아들이지 않았는데, 얼마 뒤에 백성들이 가볍게 법을 어겼다.

또 〈北周主가〉 스스로 사치스럽고 음란하여 과실이 많은 까닭에 다른 사람이 바른말로 간언하는 것을 싫어하여, 위엄과 포학을 자행하여 아랫사람들을 두렵게 하여 복종시키려고 하였다. 마침내 다시 ≪刑經聖制≫를 만들어서 법을 적용하기를 더욱 엄격하게 하고, 正武殿에서 크게 제사를 지내서 하늘에 알리고 시행하였다.

周主初立에 以高祖刑書要制로 爲太重而除之하고 又數(삭)行赦宥한대 樂運上疏曰 虞書所稱 眚災肆赦는 謂過誤爲害를 當緩赦之요 呂刑云 五刑之疑有赦는 謂刑疑從罰罰疑從免也라 謹尋經典컨대 未有罪無輕重히 溥天大赦之文이어늘 今豈可數施非常之惠하여 以肆姦宄之惡乎잇가 周主不納이러니 旣而民輕犯法하더라 又自以奢淫多過失로 惡(오)人規諫하여 欲爲威虐하여 懾服群下라 乃更(갱)爲刑經聖制하여 用法益深하고 大醮於正武殿하여 告天而行之①하다

① 醮(제사 지내다)는 子肖의 切이다. ≪五代志≫에 "道家에서 齋戒하는 법은 밤중에 별 아래에서 술과 포와 떡과 먹거리와 폐물을 진설하여 天皇과 太一에게 일일이 제사 지내고 五星과 列宿에게 제사 지내며, 글을 써서 향을 사르고 읽으며 '天曹에게 아뢰노니〔奏上天曹〕'라고 하니, 이름하여 醮라고 한다."라고 하였다.
醮, 子肖切. 五代志 "道家齋法, 夜中於星辰之下, 陳設酒脯餅餌幣物, 歷祀天皇太一, 祀五星列宿, 爲書, 燒香陳讀, 云奏上天曹, 名之爲醮."

【目】은밀히 좌우에 있는 사람들로 하여금 신하들을 살피게 하여 조금이라도 과실이 있

之亟 未有如周者矣〕" ≪書法≫

으면 번번이 죽이거나 譴責을 하였다. 또 居喪 기간 중에 겨우 한 해를 넘기고는 곧바로 음악을 즐기고 온갖 놀이를 제멋대로 시행하여 밤낮으로 그칠 줄을 몰랐으며, 미녀를 많이 모아서 官位와 名號를 더 설치하였으며, 놀이와 연회에 빠져서 열흘 동안 〈조정에〉 나오지 않았다. 이에 樂運이 수레에 棺을 싣고 朝堂에 가서 北周主(宇文贇)의 여덟 가지 잘못을 아뢰었다.

"첫째는 일을 대부분 단독으로 결정하시고 여러 宰輔들을 참여시키지 않는 것입니다. 둘째는 미녀를 찾아 後宮을 채우느라 儀同 이상 〈관원의〉 딸이 즉시 시집가는 것을 허락하지 않는 것입니다. 셋째는 한번 後宮에 들어가면 며칠간 나오지 않아서 필수적인 奏聞을 대부분 宦官에게 맡기게 하는 것입니다. 넷째는 형벌을 너그럽게 한 지 얼마 지나지 않았는데, 이전의 제도를 더욱 엄하게 한 것입니다. 다섯째는 高祖께서는 〈장식하여〉 깎고 새기는 것을 소박하게 하였는데, 지금 갑자기 사치하고 화려함을 과도하게 하는 것입니다. 여섯째는 백성들에게 요역과 부역을 부과하여 배우와 씨름꾼을 봉양하는 것입니다. 일곱째는 글을 上奏할 적에 글자가 잘못된 곳이 있으면 즉시 그 죄를 다스리는 것입니다. 여덟째는 일월성신이 하늘에서 드러내는 현상이 경계를 보였는데도 덕스러운 정치를 닦아 시행하지 않는 것입니다. 만약 이 여덟 가지의 일을 고치지 않으면 臣은 北周의 宗廟에 제사가 끊어지는 일을 보게 될 것입니다."

北周主가 진노하여 그를 곧 죽이려고 하였다. 조정의 신하들이 두려워하여 구원하는 자가 없었는데, 內史中大夫 元巖이 탄식하며 말하기를 "臧洪과 함께 죽는 것을 다른 사람들은 오히려 원하였는데, 하물며 比干의 경우야 말할 나위가 있겠는가. 만약 악운이 죽음을 면하지 못하면 나는 그와 함께 죽겠다."라고 하였다. 마침내 궁궐에 가서 알현을 청하며 말하기를 "악운은 자신의 죽음을 돌아보지 않고 명예를 구하고자 하니, 폐하께서 그를 위로하고 풀어주어 성스러운 도량을 넓히는 것만 못합니다."라고 하였다. 北周主가 감동하고 깨달아 다음 날 악운을 불러 말하기를 "짐은 卿이 上奏한 내용을 생각해보고, 실로 忠臣이라 여겼다."라고 하고, 御食을 하사하고 악운을 방면하였다.

密令左右로 伺察群臣하여 小有過失에 輒行誅譴하고 又居喪纔踰年에 卽恣聲樂百戲하여 日夜不休하며 多聚美女하여 增置位號하며 遊宴沈湎하여 旬日不出이라 於是에 樂運輿櫬詣朝堂하여 陳帝八失하니 其一은 事多獨斷하여 不參宰輔요 其二는 采女實宮하여 儀同以上女도 不許輒嫁요 其三은 一入後宮에 數日不出하며 所須聞奏를 多附宦者요 其四는 寬刑未幾에 更嚴前制요 其五는 高祖斲雕爲朴이어늘 今乃遽窮奢麗요 其六은 徭賦下民하여 以奉俳優角抵요 其七은 上書字誤者면

卽治其罪이요 其八은 玄象垂誡호대 不能修布德政①이라 若不革玆八事면 臣見周廟가 不血食矣로소이다하니 周主大怒하여 將殺之하니 朝臣恐懼하여 莫有救者러니 內史中大夫元巖歎曰 臧洪同死를 人猶願之어든 況比干乎②아 若樂運不免이면 吾將與之同斃라하고 乃詣閤請見曰 樂運不顧其死하고 欲以求名하니 陛下不如勞而遣之하여 以廣聖度이니이다 周主感悟하여 明日에 召運謂曰 朕思卿所奏하니 實爲忠臣이라하고 賜御食而罷之하다

① '玄象'은 하늘의 형상이니, 日月星辰이 하늘에 있으면서 이루는 형상이다.
玄象, 天象也, 日月星辰, 在天成象.

② 陳容이 臧洪과 함께 죽기를 원하였는데,[12] 그 일이 漢 獻帝 興平 2년(195)에 보인다.
陳容願與臧洪同死, 事見(현)漢獻帝興平二年.

【綱】 2월에 北周가 洛陽宮을 수리하였다.

二月에 周治洛陽宮하다

【目】 北周가 洛陽을 東京으로 삼고, 山東에 있는 여러 州의 병력 4만 명을 징발하여 宮室을 수리하도록 하였다.

周以洛陽爲東京하고 發山東諸州兵四萬人하여 治其宮室하다

【綱】 北周主(宇文贇)가 徐州摠管 王軌와 宮正 宇文孝伯을 죽였다.

周主殺其徐州摠管王軌及宮正宇文孝伯하다

【目】 王軌는 鄭譯이 권력을 쥐었다는 소식을 듣고 재앙이 미칠 것을 스스로 알아 가까이 지내는 사람에게 말하기를 "나는 예전에 先帝(宇文邕)의 조정에 있으면서 社稷을 위하여 지극한 계책을 말씀드렸으니, 오늘의 일을 분명히 알 수 있다. 이 徐州는 淮水 남쪽을

---

12) 陳容이……원하였는데 : 張超가 雍丘를 지키고 있었는데 曹操가 급박하게 포위해 공격하였다. 東郡太守였던 臧洪이 장초를 구원하고자 하였는데, 조조와 동맹을 맺고 있던 袁紹가 허락하지 않아 결국 장초는 죽게 되었다. 이에 장홍이 원소를 원망하여 모든 관계를 끊자 원소가 군대를 일으켜 장홍을 공격하여 사로잡고 그를 죽였다. 장홍의 동향 사람 陳容은 젊어서부터 장홍과 친하였고 그를 사모하였는데, 이때 원소를 만류하였다. 원소가 진용에게 "너는 장홍의 무리도 아닌데 공연히 다시 이처럼 행동한단 말인가." 하니, 진용이 말하기를 "仁義에 어찌 일정한 것이 있겠습니까. 인의를 그대로 행하면 君子이고 인의를 어기면 小人이니, 오늘에 차라리 장홍을 위해 날을 같이하여 죽을지언정 장군과 함께 날을 같이하여 살지는 않겠습니다." 하여 마침내 죽임을 당하였다.

차지하여 끼고 있고 강한 도적(陳나라)와 이웃하고 있으니, 자신을 위해 계획하고자 한다면 손바닥을 뒤집는 것처럼 쉽지만, 다만 충성과 의리의 절개를 무너뜨리고 어길 수 없다. 더구나 先帝의 두터운 은혜를 입었으니, 어찌 뒤를 이은 君主에게 죄를 얻는다고 해서 갑자기 그 은혜를 잊을 수 있겠는가. 바로 여기에서 죽기를 기다려 천년 후에 나의 이런 마음을 알아주기를 바랄 뿐이다."라고 하였다.

北周主가 조용히 정역에게 묻기를 "내 다리에 있는 매를 맞은 자국은 누구의 소행인가?"라고 하니, 대답하기를 "그 일은 烏丸軌(王軌)에게서 인해 비롯된 것입니다."라고 하고, 宇文孝伯이 이어서 왕궤가 〈先帝의〉 수염을 쓰다듬은 일을 말하였다.[13] 北周主가 使者를 보내어 왕궤를 죽이도록 하자, 內史 元巖은 詔書에 서명하려 하지 않았고 御正中大夫 顔之儀는 간절하게 간언하였으나 北周主가 듣지 않았다. 원암이 두건을 벗고 이마를 땅에 조아리며 세 번 절하고 세 번 나아가니, 北周主가 말하기를 "그대는 烏丸軌의 黨이 되려고 하는가."라고 하였다. 원암이 말하기를 "臣은 왕궤의 黨이 되려는 것이 아니라, 바로 함부로 신하를 죽여 천하 사람들의 신망을 잃을까 두려워하는 것입니다."라고 하니, 北周主가 진노하여 宦官에게 그의 얼굴을 때리도록 시켰다. 왕궤는 마침내 죽고, 원암 역시 집으로 폐출되었다.

軌聞鄭譯用事하고 自知及禍하여 謂所親曰 吾昔在先朝하여 寔申社稷至計러니 今日之事를 斷可知矣로다 此州控帶淮南하고 隣接彊寇하니 欲爲身計인댄 易如反掌①이로대 但忠義之節을 不可虧違요 況荷先帝厚恩하니 豈可以獲罪於嗣主로 遽忘之耶아 正可於此에 待死하여 冀千載之後에 知吾心耳라하더라 周主從容問譯曰 我脚杖痕이 誰所爲也오 對曰 事由烏丸軌②이니이다하니 宇文孝伯因言軌捋鬚事한대 周主遣使殺軌하니 內史元巖이 不肯署詔하고 御正中大夫顔之儀切諫한대 不聽③이라 巖進脫巾頓顙하여 三拜三進한대 周主曰 汝欲黨軌耶아하니 巖曰 臣非黨軌라 正恐濫誅하여 失天下之望일가하노이다하니 周主怒하여 使閹豎搏其面하니 軌遂死하고 巖亦廢于家하다

① '彊寇'는 陳나라를 말한다.
彊寇, 謂陳也.

13) 왕궤가……말하였다 : 본서 北周 武帝(宇文邕) 建德 5년(576)에 보면, 이때 태자 宇文贇이 吐谷渾을 정벌하였는데 군대에 있으면서 덕망을 잃었다. 이후 태자의 행실이 좋지 못하자 王軌가 무제에게 태자가 어질고 효성스럽다는 소문이 없으니, 폐하의 집안일을 제대로 완수하지 못할까 두렵다고 말하였다. 이때 賀若弼이 왕궤에게 태자에 대해 드러내놓고 말한 것에 대해 잘못이라고 지적하자 왕궤는 자신이 나라에 전념을 다하기 때문에 자신의 처지에 대해 생각지 않지만 여러 사람들 앞에서 말한 것은 적절한 행동이 아니었다고 말하고, 연회 때를 틈타 무제의 수염을 쓰다듬으며 "사랑스럽고 좋아할 만한 늙은이지만, 다만 後嗣가 미약한 것이 원망스러울 뿐입니다."라고 하였다.

② ≪北史≫ 〈王軌傳〉을 살펴보건대 〈王軌는〉 漢나라 司徒 王允의 후예로, 여러 대에 걸쳐 벼슬을 하였으며, 北魏가 '烏丸氏'라는 姓을 하사하였다.
按王軌傳漢司徒王允之後, 累葉仕, 魏賜姓烏丸氏.

③ 顔之儀는 顔之推의 아우이다.
之儀, 之推之弟也.

【目】 北周主(宇文贇)가 太子였을 때 尉遲運은 宮正이었는데, 태자에게 여러 차례 간언을 올렸으나 채택되지 않았다. 이때에 이르러 宇文孝伯에게 말하기를 "우리들은 반드시 재앙을 면하지 못할 것인데 어찌해야 하는가?"라고 하니, 우문효백이 말하기를 "지금 堂上에는 늙은 어머니가 계시고 지하에는 武帝가 〈묻혀〉 계시오. 신하와 아들이 되어 갈 곳이 어디 있겠는가. 또 몸을 바쳐 다른 사람을 섬기는 것은 본래 명분과 의리를 좇는 것이니, 간언을 하였는데도 받아들이지 않으면 죽음을 어찌 도피할 수 있겠는가. 그대가 만약 자신을 위한 계책을 낸다면 우선 멀리 떠나야 할 것이다."라고 하니, 이에 尉遲運은 〈지방으로〉 나가서 秦州摠管이 되기를 요구하였다.

다른 날에 北周主가 齊王 宇文憲의 일을 구실로 우문효백을 꾸짖기를 "公은 齊王의 謀反을 알고서 어찌하여 말하지 않았는가?"라고 하니, 대답하기를 "臣은 齊王이 社稷에 충성하여 소인배들에게 참소를 입어 말하더라도 반드시 채택되지 않을 것을 알았기에 말하지 않았던 것입니다. 또 先帝(宇文邕)께서는 미천한 臣에게 당부하시어 오직 폐하를 돕고 이끌도록 시키셨습니다. 그런데 지금 간언을 해도 따르지 않으시니 실로 선제의 부탁을 저버리는 것입니다. 〈폐하께서〉 이것으로 죄를 주신다면 이는 〈臣이〉 달게 받겠습니다."라고 하였다. 北周主가 크게 부끄러워하여 명을 내려 데리고 나가 죽음을 내리도록 하니, 尉遲運은 秦州에 이르러 걱정하다가 죽었다.

周主之爲太子也에 尉遲運爲宮正하여 數(삭)進諫호대 不用①이러니 至是하여 謂宇文孝伯曰 吾徒必不免禍니 爲之奈何오 孝伯曰 今堂上有老母요 地下有武帝하시니 爲臣爲子하여 知欲何之리오 且委質事人은 本徇名義니 諫而不入이면 死焉可逃리오 足下若爲身計인댄 宜且遠之니라 於是에 運求出爲秦州摠管이러니 他日에 周主託以齊王憲事하여 讓孝伯曰 公知齊王謀反하고 何以不言고하니 對曰 臣知齊王이 忠於社稷하여 爲群小所譖하여 言必不用이라 所以不言이니이다 且先帝付囑微臣하여 唯令輔導陛下어시늘 今諫而不從하시니 寔負顧託이라 以此爲罪면 是所甘心이니이다 周主大慙하여 命將出賜死하니 運至秦州하여 亦以憂死②하다

① 이는 太子宮正이다.

此太子宮正也.

② 將은 이끌다는 뜻이며, 거느린다는 뜻이다.
將, 引也, 領也.

【目】胡氏(胡寅)가 다음과 같이 평하였다.

"宇文孝伯은 宗室 출신의 卿으로 顧命의 重任을 받고, 이때에 이르러 역시 죽음을 피하지 않았다. 그러나 죽기가 어려운 것이 아니라 꼭 죽어야 할 때 죽기가 어려우니, 가령 우문효백이 齊王 宇文憲과 烏丸軌(王軌)가 죽을 적에 義를 끌어다 힘껏 諫爭을 하고 간쟁을 해도 〈北周主가〉 따르지 않았다면 죽어도 괜찮다. 그런데 우문효백이 이 두 사람에게 이미 힘을 다해 간쟁을 하지 않았고, 게다가 도와서 이루어주었으니, 이는 스스로 〈죽음을〉 면할 수 있을 것이라 생각해서 그런 것이지만, 무도한 君主는 마음으로 늘 〈남을〉 시기하여 이기려 하고, 同姓의 大臣은 혐의를 받는 입장에 있어 〈그가〉 보필하는 것을 미워하는 자들이 있는 줄은 헤아리지 못했으니, 그의 지혜와 계책을 온전히 이루기가 어려웠다. 그러므로 우문효백과 같은 자는 죽음을 면하지 못하고 죽어야 할 곳을 선택하지 못한 자라는 것을 알겠다.

胡氏曰 宇文孝伯이 以貴戚之卿으로 膺顧命之重하고 至是亦無所逃其死矣로다 然死之非難이라 處死之難也니 使孝伯으로 於齊王憲烏丸軌之死也에 引義力爭하고 爭而不從이어든 死之可也어늘 而孝伯於此二者에 諫既不力하고 又贊成之하니 蓋將以自免也로대 曾不量無道之君이 心常忌克하고 而同姓大臣이 居嫌疑之地하여 有輔拂(필)之憎하니 難乎其以智計全矣[①]라 故如宇文孝伯은 知不免死而不能處死者也로다

① 拂(돕다)은 弼로 읽는다. 나를 따라서 돕는 것을 輔라고 하고, 나를 바로잡아 돕는 것을 弼이라 한다.
拂讀曰弼. 比我而相之曰輔, 拂我而相之曰弼.

【綱】北周가 突厥과 화친하였다.

周與突厥和親[14)]하다

14) 周與突厥和親 : "西魏가 公主를 突厥에 시집보냈으니 기록하여 나무란 것이다. 이때에 趙王 宇文招의 딸을 公主로 삼아 〈佗鉢可汗에게〉 시집을 보냈는데 어찌하여 다만 '和親하였다'라고만 기록하였는가. 생략한 것이다. 突厥이 强盛하자 北周主가 可汗의 딸을 받아들여 황후로 삼았으니 돌궐과 화친한 것은 나무라기에 충분하다. 그러므로 생략한 것이다.〔魏以公主嫁突厥則書譏之 於是以趙王招

【目】突厥의 佗鉢可汗이 北周에 화친을 청하자, 北周主(宇文贇)가 趙王 宇文招의 딸을 千金公主로 삼아 〈타발가한에게〉 시집을 보냈다.

突厥佗鉢可汗이 請和於周어늘 周主以趙王招女로 爲千金公主하여 妻之①하다

① 宇文招는 文帝(宇文泰)의 아들이다.
招, 文帝子.

【綱】北周主 宇文贇이 太子 宇文闡에게 皇位를 넘겨주고, 스스로 天元皇帝라고 일컬었다.

周主贇傳位於太子闡하고 自稱天元皇帝[15]하다

【目】天元皇帝(宇文贇)가 皇位를 넘겨주고 교만과 사치가 더욱 심하여 거처를 '天臺'라 일컬어 자신을 上帝에 비견하여 冕服과 수레와 기치를 모두 일상적인 제도보다 갑절로 하였다. 〈종묘 제사에 쓰는〉 樽彝(술그릇)와 珪瓚(술을 뜨는 제기)을 사용하여 먹고 마셨으며, 〈명령을 내려 天臺에서〉 朝見하는 사람은 사흘간 齋戒하고 하루는 몸을 깨끗이 하도록 하였으며, 다른 사람들이 '天', '高', '上', '大' 字가 들어가는 칭호를 〈사용하는 것을〉 허락하지 않았다. 游戱에 절제가 없어서 새벽에 나가 밤에 돌아왔으며, 公卿 이하의 사람들이 늘 매질을 당하였고, 매번 사람들을 때릴 때 모두 120대를 단위로 삼아서

女爲公主妻之 則何以止書和親 略之也 突厥强盛 周主納其女以爲后 譏其和足矣 故略之〕"《書法》
北周 武帝 天和 3년(568)에 북주가 돌궐의 阿史那氏를 皇后로 맞이하였다.

15) 周主贇傳位於太子闡 自稱天元皇帝 : "北國이 아들에게 傳位한 것은 高緯가 패망한 것 이외에 그 나머지는 모두 세 번을 책에 기록하였으니, 北魏主 拓跋弘, 北齊主 高湛, 北周主 宇文贇이 그들이다. 북위는 세속 밖에 逍遙하려 하였고, 북제는 사치와 음란으로 스스로 방자하였고, 북주는 고상하여 스스로 높여 큰 체하였다. 마음 둔 것은 달랐지만 그릇된 것은 동일하였다. 그러나 북주만큼 심하지는 않았다. 堯임금은 하늘을 본받았는데 백성들이 너무 큰 것을 형용할 줄을 몰랐고, 文王이 하늘을 법으로 삼아 그 덕이 맑았는데, 어찌 하늘로 自處하면서 노는 것이 일정한 기준이 없고 술에 젖어 음탕한 짓을 하면서 여전히 하늘이라고 말할 수 있는가. 宇文贇의 광패함은 진실로 말할 것도 못 되지만 하늘의 살펴보심이 본래 멀지 않아서 얼마 뒤에 바로 그 몸을 죽이고 마침내 벙어리가 되어 말을 할 수 없었으니 또한 '하늘이 어찌 말로 하더냐.'라는 응보인 것이다. 《資治通鑑綱目》에서 우문빈이 아들에게 傳位하고 스스로 天元皇帝라 일컬었으니, 〈紂王이〉 스스로 말하기를 '내가 태어난 것은 운명이 하늘에 달려 있지 않은가.〔我生不有命在天〕'라는 것과 비교해보아도 더욱 지나치다. 슬프다.〔北國傳位於子者 自高緯敗亡之外 其餘凡三書於冊 魏主弘齊主湛周主贇是也 魏欲逍遙物外 齊欲奢淫自恣 周欲高自尊大 所志雖殊 其失則一 然未若周之甚者 夫堯之則天 民無能名 文之象天 淸明其德 烏有以天自處 而游戱無常 沈湎淫泆 尙可謂之天乎 贇之狂悖 固無足道 然天監要自不遠 未幾遽殞其身 遂至瘖不能言 蓋亦天何言哉之報也 綱目書贇傳位於子 自稱天元皇帝 其視自謂我生不有命在天者 又過之矣 噫〕"《發明》

이를 '天杖'이라 하고, 그 후에 또 덧붙여 240대에 이르렀다. 〈총애를 받던〉 后, 妃, 嬪, 御 역시 대부분 등에 매를 맞았으니, 이에 안팎이 두려워하여 사람들이 스스로 불안해 하였다. 北周主 宇文闡은 그대로 東宮에 거처하면서 正陽宮이라 불렀다.

天元傳位하고 驕侈彌甚하여 所居를 稱天臺하여 自比上帝하며 冕服車旂를 皆倍常制하고 以樽彝珪瓚으로 飮食[①]하며 群臣朝者는 致齋三日하고 淸身一日하며 不聽人有天高上大之稱하며 游戲不節하여 晨出夜還하며 公卿以下가 常被楚撻하고 每捶人에 皆以百二十爲度하여 謂之天杖이라하고 其後에 又加至二百四十이라 后妃嬪御가 亦多杖背하니 於是에 內外恐怖하여 人不自安하더라 周主闡仍居東宮하여 號正陽宮하다

① 樽彝와 珪瓚은 모두 宗廟에 있는 祭器이다.
樽彝·珪瓚, 皆宗廟中祭器.

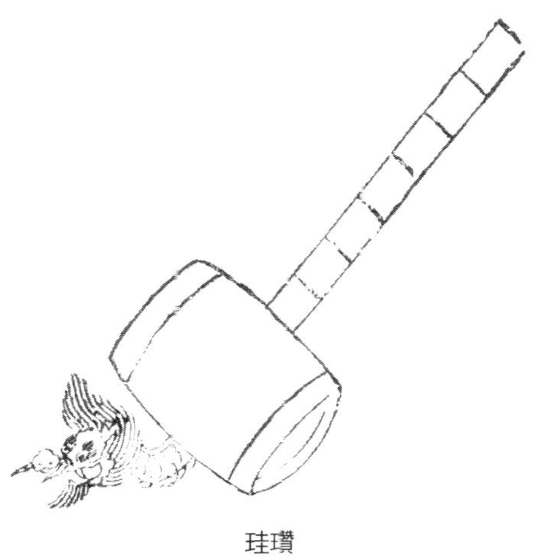
珪瓚

【綱】 北周가 石經을 洛陽으로 옮겼다.

周徙石經[①]還洛陽하다

① 漢나라 靈帝 때에 蔡邕이 太學의 講堂 앞에 石經을 세웠는데, 하나는 鴻都門에 세웠다. 北魏 正始 연간(504~507)에 또 古文, 篆書, 隷書로 쓴 三字石經을 세웠고, 高澄이 鄴으로 옮겼는데, 北周가 지금 다시 洛陽으로 옮긴 것이다.
漢靈帝時, 蔡邕立石經於太學講堂前, 一曰, 立於鴻都門. 魏正始中, 又立古·篆·隷三字石經, 高澄遷之於鄴, 周今復徙之洛陽.

【綱】 여름 4월에 北周主 宇文贇이 妃 朱氏를 세워서 天元帝后로 삼았다.

◑ 夏四月에 周主贇立妃朱氏하여 爲天元帝后[①]하다

① 朱氏는 北周主 宇文闡의 생모이다.
朱氏, 周主闡所生母也.

【綱】 5월에 北周의 王들이 모두 자신의 封國으로 갔다.

◑ 五月에 周諸王이 皆就國하다

【目】 隨公 楊堅이 사사로이 大將軍 汝南公 宇文慶에게 말하기를 "天元皇帝는 실제 쌓은 덕이 없고, 그의 외모를 보니 수명 역시 길지 않을 것이오. 또 여러 藩王들이 미약한데 〈王들을〉 각자 封國으로 가도록 하였으니, 뿌리를 깊게 하고 근본을 굳게 하는 계책이 없다. 깃털이 이미 잘렸으니, 어찌 멀리까지 갈 수 있겠는가."라고 하였다.

隨公楊堅이 私謂大將軍汝南公慶曰[①] 天元實無積德이요 視其相貌하니 壽亦不長이요 又諸藩微弱이어늘 各令就國하니 曾無深根固本之計라 羽翮旣翦하니 何能及遠哉[②]리오

① 宇文慶은 宇文神擧의 아들이다.
慶, 神擧之弟也.

② 翮은 깃촉이다.
翮, 羽莖也.

【綱】 가을 7월에 陳나라에서 大貨六銖錢을 처음으로 사용하였다.

秋七月에 陳初用大貨六銖錢[①]하다

① ≪五代志≫에는 "梁 武帝가 錢을 주조하였는데, 동전에 둘레〔肉〕를 만들고 중간 구멍〔好〕를 뚫고 중간 구멍과 둘레에 테두리〔周郭〕을 만들었으며, '五銖'라는 문양을 넣었다. 또 별도로 주조하여 중간 구멍의 테두리를 제거한 것을 '女錢'이라 하였는데, 두 종의 화폐가 함께 유통되었다. 백성들 가운데 사사롭게 예전에 사용하던 錢으로 교역하는 자들이 있었는데, 直百五銖, 五銖, 女錢, 太平百錢, 定平一百, 五銖雉錢, 五銖對文 등의 호칭이 있었으며, 무게가 동일하지 않았다. 天子가 자주 詔書를 내려 새로 주조한 두 종의 錢이 아니면 함께 사용하기를 허락하지 않자, 사사롭게 쓰는 행위가 더욱 심해졌다. 普通 연간(520~526)에 이르러서야 銅錢을 모두 폐기하고 鐵錢을 다시 주조하자는 논의가 있었다. 사람들은 철이 흔하고 얻기가 쉬웠기에 아울러 모두 사적으로 주조하였다. 大同 연간(535~545) 이후에는 곳곳에 鐵錢이 산처럼 많이 축적되어 있었다. 錢陌(陌은 錢을 계량하는 단위)은 곳곳마다 똑같지 않았고, 말년에 이르러서는 錢陌이 더욱 줄어들어 35錢을 陌으로 삼았다. 陳나라 초기는 혼란한 상황을 겪은 뒤라 鐵錢이 유통되지 않았다. 예전

大貨六銖錢

女錢

에 梁나라 말기에 또 兩柱錢과 鵝眼錢이 있었는데 양주전은 무겁고 아안전은 가벼워 섞어서 사용하였으나, 가치는 똑같았다. 私家에서 대부분 錢을 녹이고 또 그 사이에 주석과 철을 섞었으며, 겸하여 곡식과 비단을 화폐로 사용하였다. 陳 文帝 天嘉 5년(564)에 이르러 고쳐서 五銖錢을 주조하였으니, 처음 나왔을 때는 아안전의 10배에 해당했다. 이때에 이르러 또 大貨六銖錢을 주조하였는데 대화육수전 1전이 오수전 10전에 해당했으나 뒤에 다시 오수전 1전에 해당하도록 만들자, 사람들이 모두 편리하게 여기지 않았다. 얼마 되지 않아 皇帝가 세상을 떠나자 드디어 六銖錢을 폐지하고 五銖錢을 유통하였다."라고 하였다.

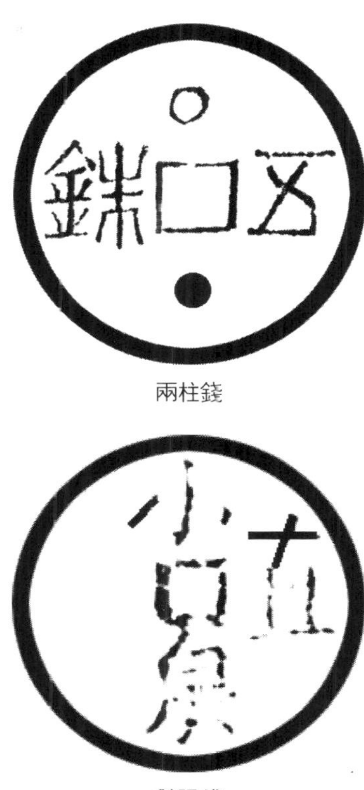

兩柱錢

鵝眼錢

五代志 "梁武帝鑄錢, 肉好周郭, 文曰五銖, 而又別鑄, 除其肉郭, 謂之女錢, 二品竝行. 百姓或私以古錢交易, 有直(치)百五銖・五銖・女錢・太平百錢・定平一百・五銖雉錢・五銖對文等號, 輕重不一. 天子頻下詔書, 非新鑄二種之錢, 竝不許用, 而私用益甚. 至普通中, 乃議盡罷銅錢, 更鑄鐵錢. 人以鐵賤易得, 竝皆私鑄. 大同已後, 所在鐵錢如(兵)〔丘〕[16]山. (鏡)〔錢〕[17]陌所在不等, 至于末年, 陌益少, 以三十五爲陌. 陳初承喪亂之後, 鐵錢不行. 始梁末又有兩柱錢及鵝眼錢, 兩柱重而鵝眼輕, 雜而用之, 其價同. 私家多鎔錢, 又間以錫鐵, 兼以粟帛爲貨. 至文帝天嘉五年, 改鑄五銖, 初出當鵝眼之十. 至是又鑄大貨六銖, 以一當五銖之十, 後還當一, 人皆不以爲便. 未幾, 帝崩, 遂廢六銖而行五銖."

【綱】 北周主 宇文贇이 四后를 세웠다.

◑ 周主贇立四后[18]하다

16) (兵)〔丘〕: 저본에는 '兵'으로 되어 있으나, ≪資治通鑑≫ 胡三省 註에 의거하여 '丘'로 바로잡았다.
17) (鏡)〔錢〕: 저본에는 '鏡'으로 되어 있으나, ≪資治通鑑≫ 胡三省 註에 의거하여 '錢'으로 바로잡았다.
18) 周主贇立四后 : "北周主는 어찌하여 이름을 기록하였는가. 이때 宇文贇이 이미 아들 宇文闡에게 傳位하였으니, 만일 다만 '周主'라고만 기록하면 누가 우문빈인지 누가 宇文闡인지 알 수 없기 때문이다. 그러면 어찌하여 '天元'이라고 기록하지 않았는가. '天元'이라는 것은 우문빈이 自稱한 것이다. ≪資治通鑑綱目≫에서는 명분을 바로잡아 의리를 세웠으니 어찌 '天'으로 자신을 命名한 것을 들어주어 마침내 따라서 일컬을 수 있겠는가.〔周主何以名 是時贇旣傳位於子闡 若止書周主 則不知其孰爲贇孰爲闡也 然則何爲不書天元 曰天元者贇之所自稱也 綱目正名立義 烏可聽其以天自命 遂從而稱之哉〕" ≪發明≫

【綱】 겨울 10월에 北周主 宇文贇이 道像(天尊像)과 佛像을 복구하였다.

冬十月에 周主贇復道佛像[19)]하다

【目】 天元皇帝는 道像(天尊像)과 佛像과 함께 나란히 앉아서 여러 가지 놀이를 크게 시행하고 士民으로 하여금 마음대로 구경하도록 하였다.

天元與二像竝坐하여 大陳雜戲하고 令士民縱觀하다

【綱】 11월에 北周의 行軍元帥 韋孝寬이 陳나라를 침략하여 壽陽과 廣陵을 함락하였다.

十一月에 周行軍元帥韋孝寬이 侵陳하여 克壽陽及廣陵하다

【綱】 北周가 永通萬國錢을 주조하였다.

◑ 周鑄永通萬國錢[20)]하다

【目】 永通萬國錢 1錢이 〈유통되던 錢의〉 1,000전에 해당하였다.

一當千이러라

永通萬國錢

【綱】 12월에 北周가 처음으로 乞寒胡戲를 만들었다.

十二月에 周初作乞寒胡戲[21)]하다

---

19) 周主贇復道佛像 : "두 가지 像(道像과 佛像)을 만들어서 두 像과 함께 앉았을 뿐인데, '복구하였다〔復〕'라고 기록한 것은 어째서인가. 宇文贇을 죄준 것이다. 北周 武帝(宇文邕)가 佛敎와 道敎를 폐지하고 經典과 彫像을 훼철하였다. 이 이후로 이를 만든 일이 없었는데, 우문빈이 처음으로 道像과 佛像 두 가지 像을 만들고 자신이 함께 나란히 앉아서 士民들에게 마음대로 구경하게 하였으니, 이는 道像과 佛像을 복구한 것이다. 다음 해에 佛敎와 道敎 두 종교를 회복했다고 기록한 것이 당연하다.〔作二像與竝坐耳 書復何 罪贇也 武帝廢二敎 毁經像 是後未有作者 始作二像 身與竝坐 令士民縱觀之 是 復之也 踰年而有復二敎之書 宜矣〕" ≪書法≫

20) 周鑄永通萬國錢 : "三國時代 吳나라에서 當千大錢(1錢이 1,000錢에 해당하는 大錢)을 만들었는데 '1,000전에 해당한다〔當千〕'라고 기록하였다. 여기서도 역시 1전이 1,000전에 해당하는 것인데 어찌하여 기록하지 않았는가. 처음 시작한 것이 아니기 때문이다. 그 일의 시초에 깎아내렸으니 계승한 것에는 생략해도 되는 것이다.〔吳作當千大錢 書當千 於是亦一當千 則曷爲不書 非創也 貶於其始 則其述者略之可也〕" ≪書法≫

【目】 天元皇帝는 재앙과 이변이 자주 나타나는 현상 때문에 호위병을 놓아두고 天興宮으로 갔다. 모든 관원이 表文을 올려 돌아오라고 청하니, 마침내 돌아와 正武殿에 행차하여 모든 관원과 宮人, 外命婦를 모아놓고 춤을 추는 여인들과 풍악을 성대하게 준비시키고는 처음으로 乞寒胡戲를 만들었다.

天元以災異屢見으로 舍仗衛하고 如天興宮이러니 百官上表請還하니 乃還御正武殿하여 集百官宮人外命婦하고 大列妓樂하여 作乞寒胡戲①하다

① 外命婦는 5命 이상 관원의 부인이다. 杜佑가 말하기를 "乞寒은 본래 西域 지역 外藩의 음악이다."라고 하였다. ≪新唐書≫ 〈西域傳〉에는 "康國의 풍속에는 11월에 북을 울리고 춤을 추며 추위를 기원하면서 서로 물을 끼얹는 것을 樂戱로 삼았는데, 그 놀이가 中國에 유입된 것이다."라고 하였다.
外命婦, 五命以上官之妻也. 杜佑曰"乞寒者, 本西國外藩之樂也." 新唐書"康國之俗, 十一月, 鼓舞乞寒, 以水交潑爲樂, 其戲流入中國."

【綱】 北周가 陳나라의 江北 지역을 탈취하였다.

周取陳江北地[22]하다

【目】 南兗州, 北兗州, 晉州 3州와 盱眙, 山陽, 陽平, 馬頭, 秦, 歷陽, 沛, 北譙, 南梁 등 9郡에 거주하는 백성이 모두 스스로 몸을 빼어서 江南으로 돌아갔는데, 北周가 또 譙州와 北徐州를 탈취하니, 이로부터 江北 지역이 모두 北周의 영토로 들어갔다.

南北兗晉三州及盱眙山陽陽平馬頭秦歷陽沛北譙南梁等九郡民이 竝自拔還江南①이어늘 周又取譙北徐州하니 自是로 江北之地가 盡沒于周②하다

① ≪五代志≫에 北兗州의 治所는 실려 있지 않다. 同安郡에 梁나라 때 豫州를 설치하였고, 뒤

21) 周初作乞寒胡戲 : "漢 武帝의 篇에 '처음 角抵戲를 만들었다.〔初作角抵戲〕'라고 기록하였으니 玩物하는 것을 나무란 것이다. 여기에서 '乞寒胡戲를 만들었다〔乞寒胡戲〕'라고 기록하고, 唐나라에도 여전히 '潑寒胡戲를 관람하였다.〔觀潑寒胡戲〕'라는 기록이 있으니(唐 中宗 神龍 원년(705)) 기이하고 음탕함이 사람을 미혹시킴이 심하므로 '처음〔初〕'이라고 기록하여 뜻을 나타낸 것이다. ≪資治通鑑綱目≫에서 '놀이를 만들었다〔作戲〕'라고 기록한 것은 두 번이니 이를 제외하고는 기록한 것이 없다. 〔漢武之篇 書初作角抵戲 譏玩物也 於是而書作乞寒胡戲 至唐猶有觀潑寒胡戲之書(唐中宗神龍元年) 則奇淫之溺人甚矣 故書初志之 綱目書作戲二 舍是無書者矣〕" ≪書法≫

22) 周取陳江北地 : "州郡을 기록하지 않고 지역을 기록한 것은 어째서인가. 그 백성을 잃었기 때문이다. 이에 9郡의 백성들이 스스로 몸을 빼어서 江南으로 돌아갔다. ≪資治通鑑綱目≫은 한 글자의 筆削도 신중하게 여겼다.〔不書州郡 書地 何 失其民也 於是九郡民皆自拔還江南 綱目一字之筆削審矣〕" ≪書法≫

에 晉州로 고쳤다. 後齊(北齊) 때 江州로 고쳤고, 陳나라 때 다시 晉州라고 하였다.
五代志不載北兗州所治. 同安郡, 梁置豫州, 後改曰晉州, 後齊改江州, 陳復曰晉州.

② 譙州의 治所는 渦陽이니, 譙郡 山桑縣에 있었다. 北徐州에 瑯邪郡을 설치하였다.
譙州治渦陽, 在譙郡山桑縣. 北徐州置於瑯邪郡.

【綱】 陳나라의 將軍 周法尙이 배반하여 北周에 투항하였다.

陳將軍周法尙이 **叛降于周**하다

【目】 周法尙이 長沙王 陳叔堅과 서로 관계가 좋지 못하였는데, 진숙견이 陳主(陳頊)에게 주법상이 반란을 일으키려고 한다고 참소하자, 주법상이 北周로 달아났다. 陳主가 樊猛을 보내어 공격하도록 하니, 주법상이 전투를 벌이며 거짓으로 달아나는 척을 하다가 군사를 매복시켜 적들을 요격하니, 번맹이 〈패배하여〉 겨우 죽음을 모면하였다.

法尙與長沙王叔堅으로 **不相能**[①]이라 **叔堅譖其欲反**이어늘 **法尙奔周**한대 **陳主遣樊猛擊之**어늘 **法尙戰而僞走**하여 **伏兵邀之**하니 **猛僅以身免**하다

① 陳叔堅은 陳主의 아들이다.
叔堅, 陳主子.

庚子年(580)

陳나라 宣帝 陳頊 太建 12년이고, 北周 靜帝 宇文闡 大象 2년이다.

陳太建十二年이요 **周大象二年**이라

【綱】 봄 정월에 北周가 저자에 들어가는 사람마다 1錢의 세금을 거두도록 하였다.

春正月에 **周稅入市者人一錢**하다

【綱】 3월에 北周의 杞公 宇文亮이 난을 일으켰는데, 韋孝寬이 토벌하여 그를 죽였다.

◑三月에 周杞公亮作亂이어늘 韋孝寬討誅之하다

【目】北周의 杞公 宇文亮이 韋孝寬과 함께 병사를 거느리고 陳나라를 정벌하였는데, 美色이 출중했던 우문량의 며느리인 尉遲氏가 入朝를 하였는데, 天元皇帝가 그녀를 강제로 겁탈하였다. 우문량이 이 소식을 듣고는 두려워하여 돌아와 豫州에 이르러 밤중에 韋孝寬의 軍營을 습격했다가 이기지 못하고 도주하였다. 위효관이 그를 추격하여 목을 베니, 천원황제가 즉시 그의 며느리를 불러 入宮하게 하여 長貴妃로 삼았다.

周杞公亮이 與韋孝寬으로 將兵伐陳이러니 其子婦尉遲氏가 有美色이라 入朝한대 天元逼而淫之①하니 亮聞之懼하여 還至豫州하여 夜襲孝寬營이라가 不克而走어늘 孝寬追斬之하니 天元卽召其婦入宮하여 拜長貴妃②하다

① 杞는 옛날 杞子의 나라이다. 宇文亮은 天元皇帝의 從祖兄(사촌형)이니, 그의 아들이 西陽公 宇文溫이다. 尉遲氏는 尉遲迥의 손녀이니, 宗室의 부인으로 入朝한 것이다.
杞, 古杞子國. 亮, 天元之從祖兄也, 其子西陽公溫也. 尉遲氏, 迥之孫, 以宗婦入朝.

② 長(우두머리)은 知兩의 切이다.
長, 知兩切.

【綱】北周主 宇文贇이 5명의 皇后를 세웠다.

周主贇立五后[23)]하다

---

23) 周主贇立五后 : "漢나라(前趙)〈劉聰이〉 세 명의 황후를 세웠는데 그는 오랑캐였고, 高緯에 이르러 두 명의 황후를 세웠으니 잘못이다. 이때에 北周主 宇文贇이 또다시 네 명의 皇后를 세우고서 늘려서 다섯 명의 皇后에 이르렀으니 말한들 무엇하랴. 그 일을 있는 그대로 기록하여 깎아내리는 뜻이 절로 드러났다.〔漢立三后 夷也 至高緯而立二后 非矣 於是周主贇又立四后 增而至五后焉 謂之何哉 直書其事 而貶義自見矣〕" ≪書法≫

"高緯가 두 명 황후를 세운 것도 오히려 옳지 않거늘 하물며 다섯 명의 皇后야 말할 것이 있겠습니까. 辛彦之의 〈저지한〉 말은 명백하고 절실하고 합당하다고 할 만하고, 〈다섯 명의 皇后가 괜찮다고 말한〉 何妥와 같은 자는 진실로 儒敎의 罪人입니다. 帝嚳의 4명의 妃와 虞舜의 2명의 妃는 반드시 元妃가 있어 그 안을 주장하고 나머지는 모두 媵女의 숫자일 뿐이니, 어찌 이것으로 비유할 수 있겠습니까. 만일 4명의 妃와 2명의 妃로 병렬시켜서 正后로 삼는다면 諸侯가 한 번 혼인하는 데에 9女는 모두 小君(諸侯의 正妻)이 될 것입니다. 小人이 잘못된 말을 견강부회하여 한때에 임금의 환심을 사니, 漢나라의 任芝, 樂松이 '文王의 동산은 70리였습니다.'라는 대답으로 孝靈皇帝에게 아첨하여 罼圭苑과 靈昆苑을 만든 부류와 같습니다. 이는 모두 聖人의 말로 속여서 王法에 주살을 당해야 할 자들이므로 臣이 이 까닭으로 말씀드립니다.〔高緯立二后 猶且不可 況五后乎 辛彦之之言 可謂明白切當 若何妥者 眞名敎之罪人也 夫嚳四妃 舜二妃 必有元妃主乎其內 餘皆媵女之數耳 烏可以是爲比 若以四妃二妃 竝列爲正 則諸侯一娶九女 皆小君乎 小人附會曲說 取悅一時 亦猶漢任芝樂松 以文王之囿

【目】北周 天元皇帝가 5명의 皇后를 세우려고 할 적에 小宗伯인 辛彦之에게 물으니, 대답하기를 "皇后는 天子와 대등한 몸이니, 5명이 있어서는 안 됩니다."라고 하였다. 博士 何妥가 말하기를 "〈옛날에〉 帝嚳에게는 4명의 妃가 있었고, 虞舜에게는 2명의 妃가 있었으니, 이전 시대에 〈皇后가〉 어찌 일정 수가 있었겠습니까."라고 하니, 천원황제가 크게 기뻐하여 신언지를 免職시키고, 陳氏를 天中太皇后로 삼고, 尉遲妃를 天左太皇后로 삼고, 下帳 다섯 곳을 지어서 5명의 皇后로 하여금 각각 기거하게 하고는 宗廟의 祭器를 진설하여 스스로 祝文을 읽고 제사를 지냈다. 또 五輅에 부인을 태우고 자신은 좌우에 따르는 무리를 인솔하고 걸어서 뒤따랐다. 또 笏을 잡고 天臺에서 절을 하는 命婦[24]로 하여금 남자들처럼 몸을 굽혀 엎드리게 하였다.

周天元이 將立五后할새 以問小宗伯辛彦之한대 對曰 皇后與天子敵體하니 不宜有五니이다하고 博士何妥曰 帝嚳은 四妃요 虞舜은 二妃니 先代之數가 何常之有①리오 天元大悅하여 免彦之官하고 以陳氏爲天中太皇后하고 尉遲妃爲天左太皇后하고 造下帳五하여 使五后로 各居之하고 陳宗廟祭器하여 自讀祝版而祭之②하고 又以五輅로 載婦人하고 自帥左右步從③하고 又令命婦執笏拜天臺者로 俛伏如男子④러라

① 妥는 它果의 切이다. ≪帝王紀≫에 이르기를 "帝嚳에게 네 명의 妃가 있었으니, 元妃는 有邰氏의 딸로, 이름이 姜嫄이고, 다음 妃는 有娀氏의 딸로, 이름이 簡狄이고, 다음 妃는 陳豐氏의 딸로, 이름이 慶都이고, 다음 妃는 娵訾氏의 딸로, 이름이 常義이다."라고 하였다. ≪列女傳≫에 이르기를 "舜임금에게는 두 명의 妃가 있었으니, 堯임금의 두 딸로, 첫째는 娥皇이고, 둘째는 女英이다."라고 하였다.
妥, 它果切. 帝王紀云"帝嚳四妃, 元妃有邰氏女, 曰姜嫄, 次妃有娀氏女, 曰簡狄, 次妃陳豐氏女, 曰慶都, 次妃娵訾氏女, 曰常義." 列女傳云"舜二妃, 堯之二女, 長曰娥皇, 次曰女英."

② 下帳은 山陵[25] 속의 便房[26]에서 쓰는 것이다. 여기에서 말하는 下帳은 天元皇帝가 자신이 거처하는 곳을 上帳으로 삼고, 다섯 皇后가 거처하는 곳을 下帳으로 삼은 것이다.
下帳, 山陵中便房所用. 此所謂下帳, 蓋天元以自所居者爲上帳, 五皇后所居者爲下帳也.

③ 살펴보건대 옛날의 제도에는 五輅가 있는데, 後周(北周)의 제도에 의하면 皇帝의 輅에 12등

七十里爲對 取媚孝靈 作畢圭靈昆苑之類 是皆誣罔聖言 王法之所當誅者 臣故因而及之]" ≪發明≫

24) 命婦 : 문무백관의 外命婦와 황궁의 內命婦를 통칭하는 말이다. 황제의 명을 받은 신료를 命官이라 지칭한 것에 대응하여 皇后의 명을 받은 그 배우자를 命婦라 지칭하였다.

25) 山陵 : 皇帝나 皇后의 무덤을 말한다.

26) 便房 : 옛날에 황제나 제후가 죽었을 경우에 살아 있을 때 기거하던 것을 형상하여 묘 속에 만들어 놓은 방인데, 棺木을 이곳의 가운데에 놓는다.

급이 있고, 皇后의 車에 12등급이 있었으니, 역시 輅이다. 아래로 三妃, 三公, 三公의 부인의 輅에 이르러서는 모두 9등급이었고, 上媛婦와 中大夫의 孺人에 이르러서는 輅가 5등급이었다. 天元皇帝가 비록 사치스럽고 무도했지만, 어찌 옛날의 五輅에 婦人을 태웠겠는가. 실제로는 媛婦 이하가 타던 五輅였을 뿐이다. 五輅는 玄輅, 夏篆, 夏縵, 墨車, 棧車를 말한다.
按古制有五輅. 後周之制, 皇帝之輅十有二等, 皇后之車十有二等, 亦曰輅. 下至三妃・三公・三公夫人之輅, 皆九, 至上媛婦・中大夫・孺人, 其輅五. 天元雖淫侈無道, 何至以古之五輅載婦人. 其實用媛婦以下所乘五輅耳. 五輅, 謂玄輅・夏篆・夏縵・墨車・棧車也.

④ 後周(北周)의 제도에 의하면 內命婦와 外命婦에 각각 命服은 있었는데, 笏을 잡은 적은 없었다.
後周之制, 內外命婦, 各有命服, 未嘗執笏也.

【綱】 여름 5월에 北周主 宇文贇이 殂하였다. 隨公 楊堅이 스스로 大丞相 假黃鉞이 되어 東宮에 머물고 여러 王들을 불러서 長安으로 돌아오게 하였다.

夏五月에 **周主贇**殂①하다 **隨公楊堅自爲大丞相假黃鉞**하여 **居東宮**하고 **徵諸王還長安**[27)]하다

---

27) 周主贇殂……徵諸王還長安 : "특별히 기록한 것이다. 이때에 北周主는 天臺에 들어가 머물고 이어서 正陽宮을 丞相府로 삼았다. '東宮에 머물렀다〔居東宮〕'라고 기록한 것은 어째서인가. 마음을 죄준 것이다. 北周主가 비록 어린 나이로 죽었어도 아들이 있지 않은가. 〈楊堅이〉 마침내 들어가 머물렀으니 楊堅이 北周를 대신하려는 마음을 알 수 있다. ≪資治通鑑綱目≫은 혐의를 분별하며 미세한 것을 밝혀서 곧바로 기록하여 죄주었다.〔特筆也 於是周主入居天臺 因以正陽宮爲丞相府 書曰居東宮 何 誅意也 周主雖幼終 不有子乎 遂入居之 堅欲代周之意可知矣 綱目別嫌明微 直書罪之〕" ≪書法≫

"北周主는 무술년(578) 6월에 황위를 계승하여 이해 5월에 이르러 아직 2년도 차지 못하였다. 옛날 삼년상으로 말하자면 아직 喪中에 있는 것이다. 그러나 교만하고 음탕하며 포악하여 백성들이 命을 감당하지 못하였으니, 아마 그 지위에 오래 있을 것 같은 경우에는 모두 ≪書經≫ 〈湯誓〉의 '이 해(임금)는 언제나 망할까. 내가 너와 함께 망해 버리리라.〔時日曷喪 予及女偕亡〕'라는 부류와 같은 것이다. 周公이 ≪서경≫ 〈無逸〉을 지어 商나라 3宗(太宗인 太甲, 中宗인 太武, 高宗인 武丁)과 文王이 나라를 오래 향유한 이유가 모두 안일할 겨를이 없는 것에 근본하고, 또한 능히 장수한 이가 없는 것에 있어서는 혹은 3, 4년, 혹은 5, 6년, 혹은 7, 8년인 것은 모두 향락에 빠진 임금이었다. 天元(宇文贇)이 부도덕하여 거의 2년이 되어 갈 때 능히 장수하지 못했을 뿐만 아니라 그 나라도 순식간에 뒤집혀 망하였다. ≪資治通鑑綱目≫에서 기록한 '楊堅이 스스로 大丞相 假黃鉞이 되어 여러 王들을 불러서 長安으로 돌아오게 하였다.'는 말을 살펴보면 그 威靈과 氣焰이 이미 가까이 접근할 수 없게 되었으니 宇文氏가 이로부터 멸망하여 다시 종자를 남기지 못하였다. 그렇다면 임금이 天祿을 오래도록 잘 마쳐서 나라를 오래 향유하려고 하는 자는 商나라 3宗(大宗인 太甲, 中宗인 太武, 高宗인 武丁)과 周나라 文王을 법으로 삼아야 할 것이고 天元의 무리를 실패한 자취의 거울로 삼지 않을 수 있겠는가.〔周主以戊戌六月嗣位 至是年五月 未及再期 以古者三年之喪言之 猶在諒闇中耳 然其驕淫暴虐 人不堪命 殆類久於其位者 是皆時日曷喪 予及女偕亡之類也 周公作無逸 述商三宗及文王享國久長之由 皆本於不遑暇逸 至於亦罔或克壽 或三四年 或五六年 或七八年者 乃耽樂之君耳 天元不道 垂及二載 不惟罔或克壽 而其國且覆亡之不暇 觀綱目所書楊堅自爲大丞相假黃鉞召諸王還長安之語 其威靈氣焰 已

① 향년이 22세였다.
壽二十二.

【目】 北周의 楊后는 성품이 유순하고 온화하여 투기를 하지 않았는데, 4명의 皇后와 嬪과 御 등이 모두 경애하며 그녀를 우러러보았다. 天元皇帝가 점점 더 사리에 어두워지고 난폭해져 기쁨과 분노가 정도를 지나쳤으며, 한번은 양후를 견책하여 스스로 목숨을 끊도록 시켰다. 양후의 어머니 獨孤氏가 閤門에 이르러 사죄하며 머리를 땅에 찧고 피를 흘린 뒤에야 죽음을 면할 수 있었다. 양후의 아버지인 前大疑 隨公 楊堅의 지위와 명망이 높아지고 무거워지자 천원황제가 그를 시기하여 이로 인하여 화를 내며 양후에게 말하기를 "반드시 그대의 가문을 멸족시킬 것이다."라고 하고, 이어서 양견을 소환하여 죽이려고 하였으나 죽이지는 못하였다.

鄭譯은 양견과 젊은 시절에 함께 배운 사이였는데, 양견의 모습을 비범하게 여겨 마음을 기울여 서로 교분을 맺었다. 양견은 이미 〈천원황제에게 시기를 받자〉 스스로 불안해하여 한번은 사적으로 정역에게 말하기를 "오랫동안 변방으로 나가기를 원하였으니, 조금 유념해주기를 바라오."라고 하니, 정역이 말하기를 "公의 덕망으로 인해 천하 사람들의 마음이 귀의하였소. 〈내가 그대에게 의지해〉 많은 복을 구하려고 하니, 어찌 〈그대의 부탁을〉 감히 잊을 수 있겠소."라고 하였다.

周楊后性柔婉不妬忌하니 四皇后及嬪御等이 咸愛而仰之러니 天元昏暴滋甚하여 喜怒乖度하여 嘗譴后逼令引訣①한대 后母獨孤氏가 詣閤陳謝하여 叩頭流血然後에 得免②하다 后父前大疑隨公堅이 位望隆重③하니 天元忌之하여 嘗因忿謂后曰 必滅爾家라하고 因召堅欲殺之로대 而不果하다 鄭譯與堅少同學이러니 奇堅相表하여 傾心相結④이러니 堅旣不自安하여 嘗私於譯曰 久願出藩하니 願少留意⑤하라하니 譯曰 以公德望天下歸心하니 欲求多福하노니 豈敢忘也리오하다

① ≪漢書≫에는 대부분 '引決'로 되어 있으니, 스스로 목숨을 끊는 것을 말한다. 訣은 이별이다.
漢書多作引決, 謂引分自裁也. 訣, 別也.
② 獨孤氏는 獨孤信의 딸이다.
獨孤氏, 信之女也.
③ '前大疑'는 ≪資治通鑑≫에는 '大前疑'로 되어 있다. ≪禮記≫ 〈文王世子〉에 "虞, 夏, 商, 周 시대에는 師와 保가 있었고, 疑와 丞이 있었으니, 四輔와 三公을 설치하였다."라고 하였으

不可嚮邇 宇文氏自此滅亡 無復遺種 然則人主欲永終天祿 享國久長者 可不以商宗周王爲法 而以天元之徒 爲覆轍之鑑乎]" ≪發明≫

니, 北周主 宇文贇이 이에 따라 관직을 설치한 것이다.
前大疑, 通鑑作“大前疑.” 記文王世子 “虞·夏·商·周, 有師·保, 有疑·丞, 設四輔及三公.” 周主贇倣此以置官.

④ ‘相表’의 相(관상)은 去聲이다.
相表之相, 去聲.

⑤ 신변에 관계된 일을 감히 드러내어 말하지 못하기 때문에 ‘私’라고 한 것이다. ‘出藩’은 외부로 나가 外藩에 補任되는 것을 말한다.
身事不敢昌言之, 故曰私. 出藩, 謂出補外藩.

【目】 마침 天元皇帝가 鄭譯을 보내어 陳나라를 침략하려 할 적에 정역이 〈조정에서〉 元帥의 지위에 〈한 명을 임명하기를〉 요청하니, 천원황제가 “卿의 생각은 어떻소?” 하고 물었다. 정역이 楊堅으로 하여금 떠나게 할 것을 청하니, 천원황제가 그 말을 따라서 양견을 揚州摠管으로 삼고, 정역으로 하여금 군사를 징발하여 壽陽에 모이게 하였다. 떠나려고 할 적에 마침 양견이 갑자기 발병이 나서 결국 떠나지 못하였다. 천원황제가 병이 들었는데, 小御正 劉昉은 평소에 교활하게 아첨하여 천원황제의 총애를 받아 御正中大夫 顏之儀와 나란히 친애와 신임을 받았다. 천원황제가 유방과 안지의를 불러 자신이 누워 있는 곳 안으로 들어오게 하여 後事를 부탁하고자 하였으나, 목소리가 나오지 않아 말을 할 수가 없었다. 유방이 北周主 宇文闡이 너무 어린 것을 보고, 楊后의 부친 양견이 명망이 높다고 여겨 드디어 정역, 御飾大夫 柳裘, 韋謩, 御正下士 皇甫績과 함께 양견을 추천하여 政事를 보좌하도록 모의하였으나, 楊堅이 감당할 수 없다고 〈사양하자〉, 유방이 말하기를 “公께서 만일 맡으시려거든 신속히 결정하시고, 맡지 않으신다면 나 유방이 스스로 맡을 것이오.”라고 하였다.

會天元將遣譯攻陳할새 譯請元帥한대 天元曰 卿意如何오하니 譯因請令堅行하니 天元從之하여 以堅爲揚州摠管하고 使譯發兵會壽陽이러니 將行에 會堅暴有足疾하여 不果行①하다 天元不豫하니 小御正劉昉이 素以狡諂得幸하여 與御正中大夫顏之儀로 並見親信②이러니 天元召入臥內하여 欲屬(촉)以後事로대 而瘖不能言③이어늘 昉見周主闡幼沖④하고 以楊后父堅有重名이라하여 遂與譯及御飾大夫柳裘韋謩御正下士皇甫績으로 謀引堅輔政⑤한대 堅不敢當이어늘 昉曰 公若爲어든 速爲之하고 不爲어든 昉自爲也호리라하다

① 壽陽은 남쪽에 속하면 豫州가 되고, 북쪽에 속하면 揚州가 된다. 暴은 갑작스럽다는 뜻이다.
壽陽屬南則爲豫州, 屬北則爲揚州. 暴, 猝暴也.

② 杜佑가 말하기를 "北周의 御正은 天官에 속한다. 御正은 中大夫로, 5命이다. 小御正은 下大夫로, 4命이다."라고 하였다. 昉(마침)은 음이 放이다.
杜佑曰 "周御正屬天官. 御正, 中大夫, 五命. 小御正, 下大夫, 四命." 昉, 音放.
③ 寢室을 臥內라 한다.
寢室謂之臥內
④ 宇文闡은 당시에 여덟 살이었다.
闡時年八歲.
⑤ 北周는 御飾大夫를 두어 御飾을 관장하였으며, 御服에 또 司服을 두어 관장하게 하였다. 柳裘는 柳惔의 손자이다. 詧는 謨와 같다. 後周(北周)의 下士는 2命이다.
周置御飾大夫, 掌御飾, 其御服又置司服掌之. 裘, 惔之孫也. 詧, 與謨同. 後周下士, 二命.

【目】楊堅이 마침내 詔書를 받는다고 칭탁하고는 禁中에서 병든 天元皇帝를 모시고 있었다. 天元皇帝가 마침내 세상을 떠나니 비밀에 부쳐 發喪을 하지 않고, 劉昉과 鄭譯은 詔書를 고쳐서 楊堅에게 中外의 兵馬에 관한 일을 모두 관장하도록 하였다. 顔之儀가 〈황제의 뜻이 아님을 알고〉 따르지 않자, 유방 등이 안지의에게 이어서 서명하도록 핍박하였다. 안지의가 성난 목소리로 말하기를 "主上께서 승하하시고 嗣子가 어리니, 阿衡(宰相)의 직임은 宗室의 英才에게 맡겨야 한다. 趙王(宇文招)이 重任을 맡기기에 합당한 인물인데, 公들은 어찌하여 하루아침에 神器(皇帝의 지위)를 다른 사람에게 빌려줄 수 있겠는가. 나 안지의는 죽을지언정 先帝를 기만할 수는 없다."라고 하였다. 유방 등이 마침내 안지의를 대신하여 서명하고 이를 실행하니, 여러 衛官들이 칙령을 받고 나서 모두 양견의 통제를 받았다. 양견은 王들이 외부에서 變亂을 일으킬까 두려워하여 趙王, 陳王, 越王, 代王, 滕王 5명을 조정으로 들어오게 하고, 안지의에게 나아가 符節과 玉璽를 찾으니, 안지의가 정색하며 말하기를 "이것은 天子의 물건으로 본래 주인이 있는데, 宰相께서 무슨 까닭으로 그것을 찾으시오?"라고 하였다. 양견이 몹시 화가 나서 그를 죽이려고 하였는데, 그에 대한 民望으로 인해 외부로 내보내어 西疆의 郡守로 삼았다.

堅乃稱受詔하고 居中侍疾이러니 天元遂殂어늘 秘不發喪하고 昉譯矯詔하여 以堅摠知中外兵馬事하니 之儀不從이어늘 昉等逼之儀連署한대 之儀厲聲曰 主上升遐하시고 嗣子幼沖하시니 阿衡之任이 宜在宗英이라 趙王合膺重寄[①]어늘 公等奈何一旦에 欲以神器로 假人고 之儀有死而已언정 不能誣罔先帝라하다 昉等乃代署而行之하니 諸衛旣受勅에 竝受堅節度[②]하다 堅恐諸王在外生變하여 徵趙陳越代滕五王하여 入朝[③]하고 就之儀索符璽한대 之儀正色曰 此는 天子之物이라 自有

主者하니 宰相何故索之④오 堅大怒하여 將殺之러니 以其民望으로 出爲西邊郡守⑤하다

① 재주가 남보다 뛰어난 것을 英이라 하니, '宗英'은 宗室 중에 그 재주가 남보다 뛰어난 자이다. 趙王은 趙王 宇文招이니, 靜帝(宇文闡)의 여러 大父 항렬 가운데 나이로 가장 연장자였다.
才過人曰英, 宗英, 宗室之中其才過人者也. 趙王, 謂趙王招, 於靜帝諸大父行中, 其年最長.

② 北周에서는 左宮伯·右宮伯에서 左羽林·右羽林과 游擊에 이르기까지 모두 衛官들이다.
周自左右宮伯至左右羽林游擊, 皆諸衛官也.

③ 趙王 宇文招, 陳王 宇文純, 越王 宇文盛, 代王 宇文達, 滕王 宇文逌는 모두 文帝(宇文泰)의 아들이다.
趙王招·陳王純·越王盛·代王達·滕王逌, 皆文帝子.

④ 符는 兵符를 말하고, 璽는 天子의 六璽를 말한다.
符, 謂兵符. 璽, 謂天子六璽.

⑤ '西邊'은 '西疆'이 되어야 할 듯하다. ≪五代志≫에 이르기를 "臨洮郡 合川縣은 後周(北周) 때에 설치되었는데, 이어 西疆郡을 세웠다."라고 하였다.
西邊恐當作西疆. 五代志 "臨洮郡合川縣, 後周置, 仍立西疆郡."

【目】 北周主(宇文闡)가 들어가 天臺에 거처하면서 楊后를 높여서 皇太后라 하고, 朱后를 帝太后라 하고, 陳后, 元后, 尉遲后는 모두 비구니로 삼았다. 楊堅을 假黃鉞 左大丞相으로 삼아 百官들이 자신의 직무를 총괄하여 〈양견의 명령을〉 듣게 하였다. 양견이 邗公 楊惠를 시켜 李德林에게 말하기를 "지금 公과 일을 함께 하려고 하니, 반드시 사양하지 않도록 하라."라고 하니, 이덕림이 말하기를 "바라건대 죽을힘을 다해 공을 받들겠습니다."라고 하자, 양견이 크게 기뻐하였다.

예전에 劉昉과 鄭譯이 논의하여 양견을 大冢宰로 삼고, 정역은 스스로 大司馬를 겸직하고, 유방은 또 小冢宰를 요구하였는데, 양견이 사적으로 이덕림에게 물으니, 이덕림이 말하기를, "마땅히 大丞相 假黃鉞 都督中外諸軍事가 되어야 하니, 그렇게 하지 않으면 사람들의 마음을 누를 수 없습니다."라고 하였다. 양견이 그의 말을 따라 正陽宮을 丞相府로 삼았다. 당시에 사람들의 마음이 아직 〈양견에게〉 한결같이 귀일하지 않으니, 양견이 司武上士 盧賁을 불러서 곁에 두어 〈노분으로 하여금〉 몰래 한 무리의 宿衛하는 禁軍을 거느리게 하고, 이어서 公卿을 소집하여 말하기를 "富貴를 구하고자 하는 사람은 마땅히 〈나를〉 따라야 할 것이오."라고 하였다. 곳곳에서 짝을 지어 달하며 거취를 정하려고 하였는데, 노분이 군사를 이끌고 도착하니, 공경들이 감히 움직이지 못하였다. 〈양견이〉 東宮에 이르자, 문지기가 막아서며 들여보내지 않자, 노분이 그를 꾸짖으

니 양견이 마침내 들어가서 노분이 드디어 丞相府 宿衛를 관장하고 정역을 長史로 삼았으며, 유방을 司馬로 삼았고, 이덕림을 府屬으로 삼았다. 內史下大夫 高熲은 총명하고 민첩하며 도량이 있고, 군사에 관한 일을 익혀 계략이 많았기에 양견이 그를 불러들이고자 하여 양혜를 보내어 뜻을 전하였는데, 고경이 흔쾌히 수락하며 말하기를 "가령 公의 일이 성공하지 못하더라도 저 고경 역시 멸족당하는 것을 사양하지 않겠습니다."라고 하니, 마침내 고경을 〈丞相府의〉 司錄으로 삼았다.

周主入居天臺하여 尊楊后爲皇太后하고 朱后爲帝太后하고 陳元尉遲三后가 竝爲尼하다 以楊堅爲假黃鉞左大丞相하여 百官이 摠己以聽하니 堅使邘公楊惠로 謂李德林曰 今欲與公共事하니 必不得辭[①]니라하여늘 德林曰 願以死奉公호리라하니 堅大喜하다 始劉昉鄭譯議以堅爲大冢宰하고 譯自攝大司馬하고 昉又求小冢宰[②]어늘 堅私以問德林한대 德林曰 宜作大丞相假黃鉞都督中外諸軍事니 不爾면 無以壓衆心이라하니 堅從之하고 以正陽宮爲丞相府하니 時에 衆情未壹[③]이라 堅引司武上士盧賁하여 置左右하여 潛令部伍仗衛[④]하고 因召公卿謂曰 欲求富貴者는 宜相隨라하여늘 往往偶語하여 欲有去就러니 賁嚴兵而至하니 衆莫敢動이러라 至東宮하여 門者拒不納이어늘 賁叱之하니 堅乃得入하여 賁遂典丞相府宿衛[⑤]하고 以鄭譯으로 爲長史하고 劉昉爲司馬하고 李德林爲府屬하다 內史下大夫高熲明敏有器局하고 習兵事多計略[⑥]이라 堅欲引之하여 遣楊惠諭意한대 熲欣然許之曰 縱令公事不成이나 熲亦不辭滅族이라하여늘 乃以爲司錄하다

① 邘는 음이 于이니, 나라 이름이다. 周 武王의 아들이 봉해진 곳이 河內 野王縣인데, 서북쪽에 邘城이 있었다. 楊惠는 楊堅의 族子이다. 양견이 禪位를 받은 뒤에 〈양혜는〉 觀王으로 봉해졌고, 이름을 雄으로 바꾸었다.
邘, 音于, 國名. 周武王子所封河內野王縣, 西北有邘城. 惠, 堅族子也. 堅旣受禪, 封觀王, 改名雄.

② 後周(北周)에서는 小冢宰를 두었는데, 上大夫로 6命이었다.
後周置小冢宰, 上大夫也, 六命.

③ 〈'衆情未壹'은〉 北周 조정 신하들의 마음이 아직 楊堅에게 모두 귀의하지 않았다는 말이다.
言周之朝臣未盡歸心於堅.

④ 盧賁은 盧辯의 조카이다. 賁은 扶分의 切이다. '仗衛'는 儀仗을 갖추고 숙위하는 병사이다.
賁, 辯之弟子也. 賁, 扶分切. 仗衛, 執仗而宿衛之兵也.

⑤ 正陽宮은 본래 東宮이었다.
正陽宮, 本東宮也.

⑥ 熲은 古迥의 切이다.
熲, 古迥切.

【目】 당시 漢王 宇文贊이 宮中에 머물고 있었기에 劉昉이 아름다운 妓女를 단장시켜 우문찬에게 보내고 이어 그를 설득하기를 "大王께서는 先帝(宇文贇)의 아우로, 지금 백성들의 기대가 〈大王에게〉 향하고 있습니다. 〈지금의 皇帝는〉 아이라 너무 어리니, 어찌 큰일을 감당할 수 있겠습니까. 지금 사람들의 마음이 여전히 동요하고 있으니, 마땅히 우선 집으로 돌아가셨다가 일이 평안해지기를 기다린 뒤에 궁궐로 들어와 天子가 되는 것이 萬全의 계책입니다."라고 하니, 우문찬은 나이가 적고 용렬하고 저급하여 그 말대로 따랐다.

楊堅은 宣帝(宇文贇)의 가혹한 정치를 개혁하여 고쳐서 관대하게 하고, 옛날의 법률을 없애고 생략하여 ≪刑書要制≫를 만들어 주청하여 시행하였으며 몸소 근검절약을 실천하니, 조정 안팎의 사람들이 기뻐하였다. 양견이 밤에 太史中大夫 庾季才를 불러 묻기를 "天時와 人事가 어떠한가?"라고 하니, 유계재가 대답하기를 "天道가 정밀하고 미묘하니 헤아리기가 어렵지만, 人事로 점을 쳐보니 조짐이 정해졌습니다."라고 하였다. 獨孤夫人도 양견에게 말하기를 "호랑이의 등에 타고 있는 형세라 반드시 내려올 수가 없으니, 힘써야 합니다."라고 하였다. 양견이 相州摠管 尉遲迥의 지위와 명망이 평소 무거웠던 터라, 반드시 자기에게 붙지 않을 것이라 생각하여 그를 불러서 〈天元皇帝(宇文贇)의〉 장례에 참석하게 하고, 韋孝寬을 相州摠管으로 삼아서 鄴으로 부임하게 하였다. 陳王 宇文純이 당시에 齊州를 鎭守하고 있었는데, 양견이 門正 崔彭으로 하여금 그를 부르게 하였다. 崔彭이 두 명의 騎兵을 데리고 傳舍에 가서 머무르면서 사람을 보내어 宇文純을 불렀는데, 우문순이 도착하자 崔彭이 그를 잡아서 쇠사슬로 묶고 이어서 큰 소리로 말하기를 "陳王이 죄를 지었기에 조칙을 내려 조정으로 들어오도록 부른 것이니, 좌우는 경거망동하지 말라."라고 하니, 우문순을 따르던 자들이 놀랐다.

時에 漢王贊居禁中이라 劉昉飾美妓送贊하고 因說(세)之曰 大王은 先帝之弟로 時望所歸라 孺子幼沖하니 豈當大事리오 今群情尙擾하니 宜且歸第하여 待事寧後入爲天子가 此萬全計也라하니 贊年少庸下라 從之하다 堅革宣帝苛酷之政하여 更(경)爲寬大[①]하고 刪略舊律하여 作刑書要制하여 奏而行之하고 躬履節儉하니 中外悅之러라 堅夜召太史中大夫庾季才問曰 天時人事何如[②]오하니 季才曰 天道精微하니 難可意測이어니와 以人事卜之컨대 符兆定矣[③]니라 獨孤夫人亦謂堅曰 騎虎之勢라 必不得下니 勉之하라하다 堅以相州摠管尉遲迥이 位望素重하니 必不附己라하여 召之會葬하고 而以韋孝寬爲相州摠管하여 赴鄴[④]하다 陳王純이 時鎭齊州어늘 堅使門正崔彭徵之[⑤]할새 彭以兩騎

往止傳舍하고 遣人召純한대 純至어늘 彭執而鎖之하고 因大言曰 陳王有罪라 詔徵入朝하니 左右不得輒動이라하니 其從者愕然하더라

① 更(고치다)은 平聲이다.
更, 平聲.
② 太史는 天文과 曆數를 관장한다. 北周의 제도에 의하면 太史中大夫는 春官에 속하고 5命이다.
太史掌天文歷數. 周制, 太史中大夫, 屬春官, 五命.
③ 符는 조짐, 증명, 징험의 뜻이다. 兆는 거북의 등껍질이 갈라진 모양이니, 또 人事의 조짐이다.
符, 讖也, 證也, 驗也. 兆, 龜坼文也, 又人事之兆朕也.
④ 後魏(北魏)는 鄴에 相州를 설치하였고, 東魏는 鄴에 도읍하고 〈相州를〉 고쳐서 司州라고 하였으니, 京畿의 지역이기 때문에 漢나라와 晉나라의 제도를 본받아 司州를 설치한 것이다. 北周가 北齊를 평정하고 나서는 다시 相州로 삼아서 여러 州와 같은 반열에 두었다.
後魏置相州於鄴, 東魏都鄴, 改爲司州, 以其京畿之地, 倣漢·晉之制而置司州也. 周旣平齊, 復爲相州, 列於諸州.
⑤ 宇文純은 濟南을 封地로 받았으니, 濟南郡이 齊州이다. 門正은 관문을 열고 닫는 일과 문을 출입하는 자에 관한 일을 담당한다. 崔彭은 崔楷의 손자이다.
純就國於濟南, 濟南郡, 齊州也. 門正, 掌門關啓閉之節及出入門者. 彭, 楷之孫也.

【綱】 北周가 佛教와 道教 두 종교를 회복하였다.

周復佛道二教[28]하다

【綱】 北周의 相州總管 蜀公 尉遲迥이 相州에서 군대를 일으켜 丞相 楊堅을 토벌하였는데, 양견이 韋孝寬을 보내어 군대를 거느리고 울지형을 공격하게 하였다.

◑ 周相州總管蜀公尉遲迥擧兵相州하여 討丞相堅이어늘 堅遣韋孝寬하여 將兵(討)〔擊〕[29]之[30]하다

28) 周復佛道二教 : "楊堅의 뜻이다. 양견이 아마도 다른 마음을 품고서 이것으로 福을 구하며 명예를 구하였으니, 곧바로 기록하여 깎아내렸다.〔堅意也 堅將有他志 以是求福干譽 直書貶之〕" ≪書法≫
29) (討)〔擊〕 : 저본에는 '討'로 되어 있으나, ≪朱子全書≫의 ≪資治通鑑綱目≫(上海古籍出版社, 2002)과 아래 역주 30)의 ≪書法≫과 ≪發明≫에 의거하여 '擊'으로 바로잡았다.
30) 周相州總管蜀公尉遲迥擧兵相州……將兵討之 : "'군대를 일으켜 토벌하였다〔擧兵討〕'라고 기록한 것은 楊堅을 죄준 것이다. 그러므로 尉遲迥은 관직을 기록하고 작위를 기록하여 거듭 인정해주었으

【目】 尉遲迥은 丞相 楊堅이 北周의 皇室에 해를 끼칠 것을 알고 군대를 일으켜 그를 토벌할 것을 모의하였다. 韋孝寬이 朝歌에 이르러 변고가 일어날 것을 의심하여 병을 핑계 대어 천천히 갔으며, 사람을 시켜서 정탐하도록 하였다. 위효관의 조카 韋藝는 魏郡太守였는데, 울지형이 위예를 보내어 위효관을 영접하게 하자, 〈위예는〉 울지형이 모의한 일을 위효관에게 모두 말하였다. 위효관이 위예를 이끌고 서쪽으로 도주하면서 驛站에 도착할 때마다 그곳의 驛馬를 모조리 몰고 가면서 驛司에게 말하기를 "蜀公(尉遲迥)이 곧 도착할 것이니, 마땅히 신속히 술과 음식을 마련하라."라고 하였다. 울지형이 얼마 후에 騎兵을 보내어 위효관을 뒤쫓게 하였는데, 역참에 도착할 때마다 성대한 음식

나 양견은 다만 '공격하였다〔擊〕'라고만 기록하였다.〔書擧兵討 罪堅也 故迥書官書爵重予之 而堅兵止書擊〕" ≪書法≫

"楊堅이 재상을 지낼 때에는 주벌할 만한 죄가 없었는데 尉遲迥이 갑자기 근대를 일으키자 ≪資治通鑑綱目≫에서 역시 급히 기록하여 인정해준 것은 어째서인가. 양견은 北周 조정에 있어서 지위와 명망이 융성하였고 모습이 특이하여 사람들이 진실로 큰일할 사람으로 지목하였다. 지금 이미 스스로 大丞相 假黃鉞이 되어서 東宮에 거처하면서 또 여러 왕들을 불러 長安으로 돌아오게 하였으니 북주를 찬탈할 것은 필연적인 것이다. 울지형이 군대를 일으켜 토벌하다가 비록 군사가 패하여 죽었으나 요컨대 국가를 위하여 역적을 토벌한 것은 진실로 인정해주지 않을 수 없다. ≪北史≫·≪隋史(隋書)≫의 紀傳으로부터 울지형이 군대를 일으킨 것은 기록하였으나 울지형이 양견을 토벌한 것은 기록하지 못하고, 모두 반대로 양견이 韋孝寬을 보내서 울지형을 토벌한 것으로 글을 만들었는데 ≪資治通鑑≫에 이르러 비로소 글을 바꾸어 '울지형이 도모하여 군대를 일으켜 양견을 토벌하였다.〔迥謀擧兵討堅〕'라고 기록하였다. 그러나 또한 '양견이 장수를 보내서 울지형을 토벌하였다.〔楊堅遣將討尉遲迥〕'라고 기록하는 것에서 벗어나지 못하였으므로, 分注(目)에서 이것을 따라 기술하였다. 陳壽의 ≪三國志≫와 비교해보면 毌丘儉과 諸葛誕 등이 모반했다고 한 것은 진실로 이미 큰 차이가 있지만 울지형과 양견이 서로 토벌했다고 하는 것은 누가 옳고 누가 그른지 유독 시비를 확정할 수 없다. 지금 ≪資治通鑑綱目≫을 편수한 것은 이전 역사의 잘못을 모두 바로잡고자 한 것이다. 그러므로 위에서 '蜀公 울지형이 군대를 일으켜 양견을 토벌하였다.〔蜀公尉遲迥擧兵討楊堅〕'라고 기록하여 특별히 그 작위를 기록하고, 아래에 '양견이 위효관을 보내서 울지형을 공격하였다.〔楊堅遣韋孝寬擊尉遲迥〕'라고 기록하여 그 관직을 기록하지 않았으니 '討'라고 하고 '擊'이라고 하는 명분과 의리가 비로소 확정되었고, 그러한 뒤에 옳고 그름과 인정해주거나 빼앗는 것이 모두 서법의 사이에 판연히 명백하게 되었다. 아! 한 글자의 褒貶은 ≪春秋≫의 뜻을 깊이 이해한 자가 아니면 누가 편수할 수 있겠는가. 君子가 어찌 ≪자치통감강목≫에 대해 세 번 감탄하며 세 번 영탄하지 않을 수 있겠는가.〔楊堅爲相 未有可誅之罪 尉遲迥遽爾擧兵 而綱目亦亟書而予之 何哉 堅在周朝 位望隆重 相表奇異 人固以大事目之 今旣自爲大丞相 假黃鉞 居東宮 又召諸王還長安 則其簒周必矣 迥能擧兵討之 縱兵敗而死 要之爲國討賊 是固不容不予之也 自北史隋史紀傳 能書迥擧兵 而不能書迥討堅 皆反以堅遣韋孝寬討迥爲文 至通鑑始變文書迥謀擧兵討堅 然亦不免書堅遣將討迥 故分注因而述之 較之陳壽志三國 以毌丘儉諸葛誕等爲反者 固已逕庭 然迥堅互謂之討 則其孰是孰非 特未定也 今綱目之修 盡正前史之失 故上書蜀公迥擧兵討堅 特書其爵 而下書堅遣韋孝寬擊迥 不書其官 曰討曰擊 名義始定 而後是非予奪 皆判然明白於書法之間矣 噫 一字褒貶 非深得春秋之旨者 孰能修之 君子安得不三嘆三詠於綱目〕" ≪發明≫

으로 맞이하고, 또 驛馬가 없었던 터라 드디어 지체하고 머무르다 나아가지 못하여 위효관이 죽음을 면할 수 있었다.

울지형이 文武 官屬과 士民을 모아놓고 명령하기를 "楊堅이 皇后의 아버지라는 권세를 빌려 어린 君主를 옆에 끼고서 함부로 권력을 농단하고 있으니, 그의 신하답지 못한 행적은 길 가는 사람에게도 드러났다. 나는 國舅(宇文泰)의 甥姪로 將相을 겸임하였기에 지금 卿들과 함께 의롭고 용감한 사람들을 규합하여 나라를 바로잡고 백성들을 보호하려고 하니, 어떠한가?"라고 하니, 무리들이 모두 그의 명령을 따랐다. 울지형이 마침내 大摠管이라고 일컫고, 趙王 宇文招의 어린 아들을 〈君主로〉 받들고서 號令을 하였다. 양견이 鄖公 위효관을 行軍元帥로 삼아서 울지형을 토벌하게 하였다.

예전에 天元皇帝(宇文贇)가 楊尙希로 하여금 山東 지역을 慰撫하게 하였는데, 〈양상희가〉 相州에 이르러 천원황제가 죽었다는 소식을 듣고는 좌우의 사람들에게 말하기를 "蜀公이 다른 계획이 있을 것이니, 내가 떠나지 않으면 곤란할 일이 닥칠까 두렵다."라고 하고, 드디어 밤중에 달아나 長安으로 돌아가니, 楊堅이 〈양상희를〉 보내어 潼關을 진수하도록 하였다.

尉遲迥知丞相堅將不利於周室하고 謀擧兵討之러니 韋孝寬至朝歌하여 疑有變하여 稱疾徐行하고 使人伺之[①]러라 孝寬兄子藝爲魏郡守러니 迥遣迎孝寬이어늘 悉以迥謀로 語孝寬하니 孝寬攜藝西走할새 每至亭驛하여 盡驅傳馬而去하고 謂驛司曰 蜀公將至하니 宜速具酒食[②]하라 迥尋遣騎追孝寬이러니 至驛에 輒逢盛饌하고 又無馬라 遂遲留不進하니 孝寬得免하다 迥集文武士民[③]하여 令之曰 楊堅藉后父之勢하여 挾幼主以作威福하니 不臣之迹이 暴于行路라 吾與國舅甥이요 任兼將相[④]하니 今欲與卿等으로 糾合義勇하여 匡國庇民하노니 何如오 衆咸從命이어늘 迥乃自稱大摠管하고 奉趙王招少子以號令[⑤]하다 堅以鄖公韋孝寬으로 爲行軍元帥하여 以討迥[⑥]하다 初에 天元使楊尙希로 撫慰山東이어늘 至相州라가 聞天元殂하고 謂左右曰 蜀公이 將有他計니 吾不去면 懼及於難이라하고 遂夜遁歸長安이러니 堅遣鎭潼關하다

① ≪五代志≫에는 "汲郡 衛縣이 옛날의 朝歌이다."라고 하였다.
五代志 "汲郡衛縣, 舊曰朝歌."

② 亭은 郵亭이니, 驛馬를 두는 곳이다. 傳(驛傳)은 張戀의 切이다. 傳馬는 驛馬이다. 驛司는 驛站을 관장하는 관리이다.
亭, 郵亭也, 卽置驛之所. 傳, 張戀切. 傳馬, 卽驛馬. 驛司, 掌驛之吏.

③ 文武는 摠管府와 州郡의 文武 官屬이다.
文武, 謂摠管府及州郡文武官屬也.

④ 尉遲迥은 宇文泰의 생질이다.
尉遲迥, 宇文泰之甥.

⑤ 大摠管이라고 일컬은 것은 여러 州를 총괄하여 거느리고자 한 것이다. 당시에 趙王 宇文招가 入朝하여 어린 아들을 封地에 남겨두었다. 宇文招는 襄國을 封地로 받았는데, 襄國은 相州摠管府에 속한다.
稱大摠管者, 欲以統攝諸州. 時趙王招入朝, 留少子在國. 招國於襄國, 襄國屬相州摠管府.

⑥ 鄖(나라이름)은 음이 云이니, 春秋時代의 鄖子의 나라이다.
鄖, 音云, 春秋鄖子之國.

【綱】 北周의 丞相 楊堅이 畢王 宇文賢을 죽였다.

周丞相堅殺畢王賢[31)]하다

【目】 北周의 雍州牧 畢剌王 宇文賢이 楊堅을 죽이려고 모의하다가 일이 누설되자, 양견이 우문현과 그의 세 아들을 모두 죽였다.

周雍州牧畢剌(랄)王賢이 謀殺堅이라가 事洩하니 堅殺賢幷其三子①하다

① 畢은 邑의 이름이니, 鎬의 동남쪽에 있다. 剌은 來曷의 切이니, 諡號이다. 宇文賢은 北周의 世宗 宇文毓의 아들이다.
畢, 邑名, 在鎬東南. 剌, 來曷切, 諡也. 賢, 世宗毓子.

【綱】 가을 7월에 突厥이 北齊의 高紹義를 사로잡아서 北周로 돌려보냈다.

秋七月에 **突厥執齊高紹義**하여 **歸之於周**[32)]하다

---

31) 周丞相堅殺畢王賢 : "이때에 宇文賢이 楊堅을 죽이려고 도모한 일이 누설되었는데 어찌하여 기록하지 않았는가. '〈양견이〉 죽였다〔殺〕'라고 기록한 것은 양견의 뜻을 나타낸 것이다. 여러 王들을 불러 長安에 돌아오게 한 것은 양견이 본래 여러 王들을 모두 죽일 마음이 있었던 것이다. 비록 이 도모가 아니더라도 장차 재앙을 벗어날 수 있겠는가. 그러므로 '畢王 우문현이 양견을 죽이려고 도모하였다.〔畢王賢謀殺堅〕'라고 기록하지 않고 '殺'이라고 기록하고 '趙王 宇文招가 양견을 죽이려고 도모하였다.〔趙王招謀殺堅〕'라고 기록하지 않고 '殺'이라고 기록하였다.〔於是賢謀殺堅事洩 則何以不書 書殺 堅志也 徵諸王還長安 堅固有盡殺諸王之志矣 雖微此謀 將得免乎 是故畢王賢謀殺堅不書 書殺 趙王招謀殺堅不書 書殺〕" ≪書法≫

32) 突厥執齊高紹義 歸之於周 : "高紹義는 일찍이 '토벌당했다〔討〕'라고 기록하고 그 나라 이름을 삭제했는데, 여기서 다시 '齊(北齊)'라고 기록한 것은 어째서인가. 끝내 北齊의 餘孽(잔존자)을 드러내서 本朝를 잊지 않은 것이 지극함을 인정해준 것이다.〔紹義嘗書討而削其國矣 此其復書齊 何 終暴齊之餘孽也 以爲予其不忘本朝者過矣〕" ≪書法≫ 본서 제35권 하 大建 10년(578) 윤6월 조에 "高紹義入幽州 周人討之 紹義奔突厥(高紹義가 幽州로 돌아가자 北周 사람들이 그를 토벌하니, 고소의가 突厥로 달아

【目】 北周가 〈혼인을 위해〉 千金公主를 突厥로 호송할 적에 賀若誼를 파견하여 佗鉢可汗에게 뇌물을 주고 高紹義를 구하도록 하였다. 타발가한이 거짓으로 고소의와 남쪽 변경에서 사냥을 하는 척하다가 하약의로 하여금 고소의를 붙잡게 하였다. 고소의가 長安에 도착하자 그를 蜀으로 유배 보냈는데, 병으로 죽었다.

周送千金公主於突厥할새 遣賀若誼하여 賂佗鉢可汗하여 以求高紹義[①]한대 佗鉢僞與紹義獵於南境이라가 使誼執之하니 紹義至長安하여 徙蜀病死하다

① 賀若誼는 賀若敦의 아우이다.
誼, 敦之弟也.

【綱】 北周의 靑州摠管 尉遲勤이 군대를 일으켜 相州에 호응하였다.

周靑州摠管尉遲勤이 擧兵應相州하다

【目】 尉遲勤은 尉遲迥의 조카이다. 군대를 일으켜 울지형에게 호응하니, 울지형이 통솔하고 있던 相州, 衛州, 黎州, 洺州, 貝州, 趙州, 冀州, 瀛州, 滄州와 울지근이 통솔하고 있던 靑州, 齊州, 膠州, 光州, 莒州 등의 州가 모두 따랐으니, 무리가 수십만 명이었다. 榮州, 申州, 楚州, 潼州, 兗州, 蘭陵 역시 울지형에게 호응하자, 울지형이 장군을 보내어 建州와 潞州를 취하고, 恒州와 沂州를 포위하고, 曹州와 亳州를 함락하였으며, 使者를 보내어 幷州刺史 李穆을 초청하였다. 이목의 아들 李士榮은 이목이 점거하고 있는 곳이 천하의 정예병이 집결해 있는 곳이라 여겨 몰래 이목에게 울지형을 따르라고 권하였는데, 이목이 완강히 거절하였다.

楊堅이 이목의 아들 李渾으로 하여금 〈이목에게〉 가서 자신의 誠意를 전하게 하니, 이목이 이혼으로 하여금 熨斗(다리미 자루)를 받들어 양견에게 〈바치게 하며〉 말하기를 "바라건대 위엄 있는 자루를 잡고서 천하를 평안하게 해주기를 바랍니다."라고 하였다. 또 13개의 고리로 만들어진 金帶를 양견에게 보내니, 13개의 고리로 만들어진 金帶는

났다.)"라고 하였는데, '高紹義'의 앞에 '齊'를 쓰지 않고 또한 '周人討之'의 '討'를 썼다.

"北齊는 이미 멸망하였는데 여전히 '齊 高紹義(北齊의 高紹義)'라고 기록한 것은 어째서인가. 고소의는 진실로 북제의 고소의이지 北周와 突厥의 고소의가 아니다. 〈北齊라는〉 국가를 들어 기록해준 것은 또한 本朝를 잊지 않는 마음을 이루어준 것이다.〔齊已滅矣 猶書曰齊高紹義何哉 紹義固齊之紹義 而非周突厥之紹義也 揭國書之 亦所以遂其不忘本朝之志云爾〕" ≪發明≫

天子의 복식이어서 양견이 크게 기뻐하였다. 이목의 조카 李崇이 懷州刺史였는데, 예전에 울지형에게 호응하려고 하다가 이후에 이목이 양견에게 붙은 것을 알고는 분개하여 크게 탄식하기를 "온 집안에 부귀한 사람이 수십 명인데, 나라가 어려운 일을 당하였는데도 끝내 기울어진 것을 부지하고 끊어진 것을 이을 수 없으니, 다시 무슨 면목으로 천지 사이에 있을 수 있겠는가."라고 하고는 부득이 또한 양견에게 붙었다.

勤은 迥之弟子也라 擧兵應迥하니 迥所統相衛黎洺貝趙冀瀛滄과 勤所統青齊膠光莒等州가 皆從之하니 衆數十萬①이러라 滎申楚潼兗州蘭陵이 亦應迥②이어늘 迥遣將하여 取建潞하고 圍恒沂하고 拔曹亳③하고 遣使招幷州刺史李穆한대 穆子士榮이 以穆所居天下精兵處라하여 陰勸穆從迥호대 穆深拒之④하다 堅使穆子渾으로 往布腹心한대 穆使渾으로 奉熨斗於堅曰 願執威柄하여 以尉安天下⑤하노이다하다 又以十三鐶金帶로 遺堅하니 十三鐶金帶者는 天子之服也라 堅大悅하더라 穆兄子崇이 爲懷州刺史라 初欲應迥이러니 後知穆附堅하고 慨然太息曰 闔家富貴者가 數十人이어늘 値國有難하여 竟不能扶傾繼絶하니 復何面目으로 處天地間乎아하고 不得已하여 亦附於堅하다

① 洺은 음이 名이다. ≪五代志≫에는 "汲郡에 東魏는 義州를 설치하였고, 後周(北周)는 衛州를 설치하였다. 黎陽縣은 後魏(北魏)의 黎陽郡으로, 뒤에 黎州를 설치하였다. 武安郡에 後周가 洺州를 설치하였다. 淸河郡에 後周가 貝州를 설치하였다. 趙郡 大陸縣은 옛날에 '廣阿'라 하였는데, 殷州를 설치하였으며, 뒤에 趙州로 고쳤다. 信都郡에 옛날에 冀州를 설치하였다. 河間郡 河間縣에 옛날에 瀛州를 설치하였다. 勃海郡 饒安縣에 옛날에 滄州를 설치하였다. 北海郡에 青州를 설치하였다. 齊郡은 옛날에 齊州라 하였다. 高密郡에 옛날에 膠州를 설치하였다. 東萊郡에 옛날에 光州를 설치하였다. 琅邪郡 沂水縣에 옛날에 南青州를 설치하였는데, 後周는 고쳐 莒州로 삼았다."라고 하였다.
洺, 音名. 五代志 "汲郡, 東魏置義州, 後周爲衛州. 黎陽縣, 後魏黎陽郡, 後置黎州. 武安郡, 後周置洺州. 淸河郡, 後周置貝州. 趙郡大陸縣, 舊曰廣阿, 置殷州, 後改趙州. 信都郡, 舊置冀州. 河間郡河間縣, 舊置瀛州. 勃海郡饒安縣, 舊置滄州. 北海郡置青州. 齊郡, 舊曰齊州. 高密郡, 舊置膠州. 東萊郡, 舊置光州. 琅邪郡沂水縣, 舊置南青州, 後周改爲莒州."

② 滎은 ≪資治通鑑≫에는 '滎'으로 되어 있다. ≪五代志≫에는 "滎陽郡 汜水縣은 옛날의 虎牢인데, 後魏(北魏) 때 東中府를 설치하였고, 東魏 때 北豫州를 설치하였으며, 後周(北周) 때 滎州를 설치하였다. 義陽郡에 江左(魏晉時代) 때 司州를 설치하였는데, 後魏 때 고쳐 郢州라고 하였으며, 後周 때 고쳐 申州라고 하였다. 琅邪郡에 後魏 때 南徐州를 설치하였는데, 梁나라 때 고쳐 東徐州로 삼았으며, 東魏 때 고쳐 東楚州로 삼았으며, 陳나라 때 고쳐 安州로 삼았으며, 後周 때 고쳐 泗州로 삼았다."라고 하였다. 어찌 史家가 옛 州의 이름(東魏의 東楚州)으로 〈본문의 楚州를〉 기록했겠는가. ≪오대지≫를 살펴보건대 後周 때에는 역시 潼州가 없고, 다만 "下邳郡 夏丘縣에 梁나라 때 潼州를 설치하였고, 後齊(北齊) 때 고쳐 睢州라 하

였는데, 이윽고 폐지하였다."라고 하였다. 夏丘와 宿豫는 거리가 멀지 않고 숙예는 옛날 東楚의 治所였으니, 아마도 이 당시에는 여전히 이 두 州(楚州·潼州)가 있었는데, ≪오대지≫에서 빠뜨린 듯하다. ≪오대지≫에 이르기를 "魯郡 瑕丘縣에 옛날에 兗州를 설치하였다. 蘭陵縣은 옛날에 '承'이라 하였으니, 蘭陵郡을 설치하였다."라고 하였다.

榮, 通鑑作滎. 五代志"滎陽郡汜水縣, 古虎牢也, 後魏置東中府, 東魏置北豫州, 後周置滎州. 義陽郡, 江左置司州, 後魏改曰郢州, 後周改曰申州. 琅邪郡, 後魏置南徐州, 梁改爲東徐州, 東魏改東楚州, 陳改安州, 後周改泗州." 豈史家以舊州名書之耶. 按五代志, 後周亦無潼州, 但云"下邳郡夏丘縣, 梁置潼州, 後齊改曰睢州, 尋廢." 夏丘宿豫, 相去不遠, 宿豫舊東楚治所, 意此時尙有此二州而志逸之也. 五代志"魯郡瑕丘縣, 舊置兗州. 蘭陵縣, 舊曰承, 置蘭陵郡."

③ ≪五代志≫에는 "長平郡은 옛날에 '建州'라고 하였다. 上黨郡에 後周(北周)가 潞州를 두었다. 恒山郡에 後周가 恒州를 설치하였다. 琅邪郡에 옛날에 北徐州를 설치하였는데, 後周는 고쳐 沂州라고 하였다. 濟陰郡에 後魏(北魏)가 西兗州를 설치하였는데, 後周는 고쳐 曹州 譙郡이라 하였고, 後魏는 南兗州를 설치하였으며, 後周는 고쳐 亳州라고 하였다."라고 하였다.

五代志"長平郡, 舊曰建州. 上黨郡, 後周置潞州. 恒山郡, 後周置恒州. 琅邪郡, 舊置北徐州, 後周改曰沂州. 濟陰郡, 後魏置西兗州, 後周改曰曹州譙郡, 後魏置南兗州, 後周改亳州."

④ 幷州는 用兵에 알맞은 곳이니, 병사들이 건장하고 말이 많았다. 그러므로 천하의 정예병이 있는 곳이라고 한 것이다.

幷州用武之地, 士健馬多, 故曰天下精兵處.

⑤ 熨는 다리미에 불을 넣어 다려서 비단을 펴는 것이니, 일명 '火斗'이다.

熨, 持火展繒也. 一曰火斗.

【綱】 北周의 丞相 楊堅이 스스로 都督中外諸軍事의 〈관직을〉 더하였다.

周丞相堅自加都督中外諸軍事하다

【綱】 北周의 鄖州摠管 司馬消難이 군대를 일으켜 相州에 호응하였다.

◑ **周鄖州摠管司馬消難擧兵應相州**[①]하다

① 鄖州는 春秋時代 鄖子國이니, 北周가 옛날의 國名을 따라 沔陽에 鄖州를 설치한 것이다.

鄖州, 春秋鄖子之國, 周蓋因古國名置鄖州於沔陽也.

【綱】 北周의 丞相 楊堅이 趙王 宇文招와 越王 宇文盛을 죽였다.

◑ **周丞相堅殺趙王招越王盛**하다

【目】 趙王 宇文招가 楊堅을 죽이려고 모의하여 양견을 맞이해서 자신의 집으로 방문하도록 하여 침실로 끌어들이고 壯士를 침실 뒤쪽에 매복시켜두었다. 양견의 좌우에 있던 사람들이 모두 護從할 수가 없어 심복인 元胄만 문 옆에 앉아 있었다. 술자리가 무르익자 우문초가 佩刀를 가지고 오이를 잘라서 연달아 양견에게 먹이고는 이어서 그를 찌르려고 하였다. 원주가 나아가서 말하기를 "相府에 일이 있어서 오랫동안 머두를 수 없습니다."라고 하니, 우문초가 그를 꾸짖어 물러가도록 하자, 원주가 눈을 부릅뜨고 분노하면서 칼을 빼들고 들어가 호위하여 양견을 부축하고 빠르게 〈그 자리를〉 떠났다. 우문초가 그를 뒤쫓으려고 하였는데, 원주가 몸으로 문을 막았으므로 우문초는 나갈 수 없었다. 양견이 마침내 우문초가 越王 宇文盛과 반란을 도모하였다고 무고하여 그들을 모두 죽이고는 아들들까지 함께 죽였다. 원주에게 상을 내렸는데, 〈상으로 내린 財物을〉 이루 다 헤아릴 수가 없었다. 北周 皇室의 王들이 여러 차례 기회를 엿보아 양견을 죽이려고 하였으나, 都督 李圓通이 항상 그를 보호하니 이로 말미암아 죽음을 면할 수 있었다.

趙王招謀殺堅하여 邀堅過其第하여 引入寢室하고 伏壯士於室後러니 堅左右皆不得從하고 唯腹心元胄坐戶側①이러라 酒酣에 招以佩刀로 刺瓜하여 連啗堅하여 欲因而刺之러니 胄進曰 相府有事하니 不可久留라하니 招叱之使却이어늘 胄瞋目憤氣하고 扣刀入衛하여 扶堅趨去러니 招將追之할새 胄以身蔽戶하니 招不得出하다 堅乃誣招與越王盛謀反이라하여 皆殺之하고 及其諸子하고 賞賜元胄하니 不可勝計러라 周室諸王이 數(삭)欲伺隙殺堅호대 都督李圓通이 常保護之하니 由是得免하다

① 元胄는 元順의 손자이다.
胄, 順之孫也.

【綱】 8월에 北周의 丞相 楊堅이 司錄 高熲을 보내어 相州의 여러 군대를 감독하게 하였다.

八月에 周丞相堅遣司錄高熲하여 監相州諸軍하다

【目】 北周 韋孝寬의 군대가 永橋城에 도착하여 諸將들이 먼저 공격하자고 요청하자, 위효관이 말하기를 "城이 작지만 견고하니, 만일 공격하였다가 함락하지 못하면 아군의 위엄에 손상을 입게 될 것이다. 지금은 저들의 大軍을 격파해야 할 것이니 이 작은 성

을 공격할 것이 있겠느냐."라고 하고는 군대를 이끌고 武陟에 城壁을 쌓아서 尉遲迥과 함께 沁水를 사이에 두고 서로 대치하며 나아가지 않았다.

위효관의 長史 李詢이 丞相 楊堅에게 은밀하게 보고하기를 "摠管 梁士彦, 宇文忻, 崔弘度가 모두 울지형에게 金을 받았습니다."라고 하니, 양견이 몹시 우려하여 鄭譯과 함께 그들을 대신할 사람을 의논하였다.

李德林이 말하기를, "公과 諸將들이 모두 국가의 존귀한 신하들이어서 아직 서로 복종하지 않고 있으니, 지금은 바로 天子의 위엄을 가지고서 그들을 통제하고 다스릴 뿐입니다. 앞서 파견한 사람들이 다른 마음을 품었다고 의심한다면 뒤에 파견하는 사람들이 모두 〈公의〉 心腹이라고 어찌 장담할 수 있겠습니까. 또 金을 받은 일이 사실인지 헛소문인지 규명하기가 어려운데, 지금 하루아침에 그들을 교체한다면 어떤 사람은 처벌을 받을까 두려워하여 도망칠 것이고, 만약 그들을 잡아들인다면 鄖公(韋孝寬) 이하의 사람들 중에 놀라고 의심하지 않는 자가 없을 것입니다. 게다가 적을 앞에 두고 장수를 교체하는 것이니 이는 燕나라와 趙나라가 패배한 까닭입니다. 어리석은 저의 소견으로는 다만 지혜와 책략에 밝고 평소 諸將들에게 신임을 받는 公의 心腹 중에 1명을 파견하여 속히 軍營에 이르게 하여 그곳의 상황을 살피게 한다면 비록 저들이 다른 마음을 품고 있더라도 반드시 감히 움직이지 못할 것이며, 움직이더라도 제압할 수 있을 것입니다."라고 하였다.

양견이 크게 깨닫고 마침내 少內史 崔仲方에게 명령을 내려 그곳으로 가서 여러 군대를 감독하고 통제하도록 하였는데, 최중방은 부친이 山東에 있다는 이유를 들어 사양하였다. 또 劉昉과 정역에게 명령을 내렸는데, 유방은 장수를 역임한 적이 없다는 이유로 사양하였고, 정역은 어머니가 연로하다는 이유로 사양하니, 양견이 기뻐하지 않았다. 丞相府 司錄 高熲이 그곳으로 가겠다고 요청하자, 양견이 기뻐하며 그를 파견하였는데, 고경은 명령을 받고 신속히 출발하면서 사람을 보내어 어머니에게 하직 인사만 하였다. 이로부터 양견이 軍事에 관한 일을 처리할 때에는 모두 李德林과 모의하였다.

周韋孝寬軍至永橋城①하여 諸將請先攻之어늘 孝寬曰 城小而固하니 若攻而不拔이면 損我兵威라 今破其大軍이니 此何能爲리오 於是에 引軍하여 壁於武陟하여 與尉遲迥으로 隔沁水相持不進②이러니 孝寬長史李詢이 密啓丞相堅云 摠管梁士彦宇文忻崔弘度가 竝受迥金③이라하니 堅以爲憂하여 與鄭譯謀代之하니 李德林曰 公與諸將이 皆國家貴臣이라 未相服從하니 今正以挾令之威로 控御之耳④어늘 前所遣者가 疑其乖異하면 後所遣者가 安知其能盡腹心耶아 又取金之事는 虛實難明하니

今一旦代之면 或懼罪逃逸이요 若加縻縶하면 則自鄖公以下가 莫不驚疑[⑤]리라 且臨敵易將은 此燕趙之所以敗也[⑥]라 如愚所見은 但遣公一腹心明於智略素爲諸將所信服者하여 速至軍所하여 使觀其情僞면 縱有異意나 必不敢動이요 動亦能制之矣리라하니 堅大悟하여 乃命少內史崔仲方하여 往監諸軍하여 爲之節度한대 辭以父在山東[⑦]이어늘 又命劉昉鄭譯한대 昉辭以未嘗爲將하고 譯辭以母老어늘 堅不悅이러니 府司錄高熲이 請行이어늘 堅喜遣之한대 熲受命亟發하여 遣人辭母而已러라 自是로 堅措置軍事에 皆與德林謀之하더라

① 永橋城은 懷州의 懷縣에 있다.
永橋城在懷州懷縣.

② 武陟은 地名이다. ≪五代志≫를 살펴보건대, 〈武陟은〉 河內郡 脩武縣 지역에 있었고, 隋나라 때에 이르러 따로 武陟縣을 두었다. 沁은 七鴆의 切이다.
武陟, 地名. 按五代志 在河內郡脩武縣界, 至隋析置武陟縣. 沁, 七鴆切.

③ 李詢은 李穆의 조카이다. 崔弘度는 崔楷의 손자이다.
詢, 穆之兄子. 弘度, 楷之孫也.

④ '挾令'은 天子의 〈권위에〉 의지하여 諸將에게 명령하는 것을 말한다.
挾令, 謂挾天子以令諸將也.

⑤ 縻와 縶은 모두 결박한다는 뜻이다. 鄖公은 韋孝寬이다.
縻・縶, 皆謂繫縛也. 鄖公, 韋孝寬也.

⑥ 燕 惠王은 참소를 믿고, 騎劫을 등용하여 樂毅를 대신하는 장수로 삼았다가 田單에게 패배하였고, 趙 惠文王은 趙括을 등용하여 廉頗를 대신하는 장수로 삼았다가 白起에게 패배하였으니, 적을 앞에 두고 장수를 교체한 것으로 인한 재앙이다.
燕惠王信讒, 用騎劫代樂毅而敗於田單, 趙惠文王聽間, 用趙括代廉頗以敗於白起, 臨敵易將之禍也.

⑦ 少內史는 小內史가 되어야 한다. 崔仲方은 崔猷의 아들이다.
少內史當作小內史. 仲方, 猷之子也.

【綱】 北周의 司馬消難이 鄖州를 가지고 陳나라에 항복하였다.

周司馬消難以鄖州降陳[33)]하다

---

33) 周司馬消難以鄖州降陳 : "'배반했다〔叛〕'라고 기록하지 않은 것은 어째서인가. 楊堅을 막아 대적하지 않았으니 北周를 배반한 것은 아니다. 司馬消難을 용서한 것은 楊氏를 미워한 것이다.〔不書叛何 拒堅不敵 非叛周也 恕司馬 所以惡楊氏也〕" ≪書法≫
"司馬消難을 어찌하여 '배반했다〔叛〕'라고 기록하지 않았는가. 楊堅을 토벌하여 이기지 못하였고 밖으로 외국에 투항하였으므로 배반이 될 수 없다.〔消難何以不書叛 討堅不克 而外投他國 故不得爲叛也〕" ≪發明≫

【目】司馬消難이 군대를 일으키자, 丞相 楊堅이 王誼를 보내어 토벌하도록 하였다. 사마소난이 마침내 9州와 8鎭을 가지고 陳나라에 항복하고, 그의 아들 司馬永을 보내어 인질로 삼게 하고 구원해 달라고 요청하니, 陳나라에서 樊毅 등을 보내어 응하도록 하였다.

消難擧兵이어늘 丞相堅遣王誼討之한대 消難遂以九州八鎭으로 降陳하고 遣其子永爲質以求援한대 陳遣樊毅等하여 應之①하다

① 九州는 鄖州, 隨州, 溫州, 應州, 土州, 順州, 沔州, 儇州, 岳州를 말하고, 八鎭은 魯山 등 八鎭을 말한다.
九州, 謂鄖·隨·溫·應·土·順·沔·(澴)〔儇〕[34]·岳. 八鎭, 謂魯山等八鎭.

【綱】北周의 益州摠管 王謙이 蜀에서 군사를 일으켰는데, 丞相 楊堅이 行軍元帥 梁睿를 보내어 공격하도록 하였다.

周益州摠管王謙起兵于蜀이어늘 丞相堅遣行軍元帥梁睿하여 擊之①하다

① 北周의 益州摠管府는 成都에 治所가 있었다. 梁睿는 梁禦의 아들이다.
周益州摠管府治成都. 睿, 禦之子也.

【綱】後梁이 北周로 使臣을 보냈다.

◑ 梁遣使如周하다

【目】後梁이 中書舍人 柳莊으로 하여금 國書를 받들고 北周로 들어가도록 하였는데, 丞相 楊堅이 유장의 손을 잡고 말하기를, "내가 옛날에 군대를 따라 江陵에 간 적이 있었는데, 梁主에게 특별한 보살핌을 받았다. 지금 외람되게도 〈내가〉 顧命을 받았으니, 어려운 시기에 서로 함께 節操를 지켜야 하오."라고 하였다. 당시 諸將들이 다투어 後梁主(蕭巋)에게 군사를 일으켜 尉遲迥과 연합하여 모의하기를 권하면서 "전진하면 周氏(北周)에 대해 節操를 다할 수 있고, 물러나면 山南 지역을 손아귀에 넣을 수 있을 것입니다."라고 하니, 後梁主가 의심하며 결정을 내리지 못했다. 마침 유장이 도착하여 楊堅의 말을 갖추어 전하고, 또 말하기를 "옛날에 袁紹, 劉表, 王淩, 諸葛誕은 모두 한 시대의 영웅호걸로 요충지를 점거하고 강한 군대를 소유했지만, 功業을 성취하지 못하고 재앙

34) (澴)〔儇〕: 저본에는 '澴'으로 되어 있으나, ≪資治通鑑≫ 註에 의거하여 '儇'으로 바로잡았다.

이 오래지 않아 닥친 것은 진실로 魏나라와 晉나라가 天子를 끼고 京都를 보존하여 크게 순리에 의지하는 것을 명분으로 삼은 데서 말미암은 것입니다. 지금 울지형은 몹시 어리석고 늙었으며, 司馬消難과 王謙은 보통 사람들 가운데 용렬한 인물이니, 諸侯를 규합하여 천하를 바로잡을 재주를 지닌 자들이 아닙니다. 北周 조정의 將相들은 대부분 一身을 위한 계책을 세워 다투어 楊氏(楊堅)에게 忠節을 바칩니다. 臣이 헤아려보건대 울지형 등은 끝내 뒤엎어져 멸망할 것이고, 隨公(楊堅)은 반드시 北周의 天子의 지위를 찬탈할 것이니, 경계를 보존하고 백성들을 쉬게 하면서 변화를 지켜보시는 것만 못합니다."라고 하니, 後梁主가 옳다고 여겼다.

梁使中書舍人柳莊으로 奉書入周어늘 丞相堅執莊手曰 孤昔從役江陵에 深蒙梁主殊眷이러니 今猥蒙顧託하니 當相與共保歲寒耳라하다 時諸將競勸梁主擧兵하여 與尉遲迥連謀하여 以爲進可以盡節周氏요 退可以席卷山南①이라하니 梁主疑未決이러니 會莊至하여 具道堅語하고 且曰 昔袁紹劉表王淩諸葛誕이 皆一時雄傑로 據要地擁强兵이나 然功業莫就하고 禍不旋踵은 良由魏晉挾天子保京都하여 仗大順以爲名故也라 今尉遲迥昏耄已甚하고 消難王謙常人之下者라 非有匡合之才②요 周朝將相이 多爲身計하여 競效節於楊氏하니 以臣料之컨대 迥等은 終當覆滅이요 隨公必移周祚리니 未若保境息民하여 以觀其變이니이다 梁主然之하더라

① 漢水와 沔水 지역은 中南山(終南山)과 太華山 등의 남쪽에 있다.
漢·沔之地, 在中南太華諸山之南.

② '匡合'은 管仲을 등용하여 齊 桓公을 돕게 하여 諸侯를 규합해서 한 번 천하를 바로잡은 일이다.
匡合, 用管仲相齊桓九合諸侯一匡天下事.

【綱】 北周의 尉遲迥이 군대가 패배하자 자결하였다.

周尉遲迥兵敗自殺[35]하다

【目】 高熲이 〈軍營에〉 도착하여 沁水에 다리를 만들었는데, 尉遲迥의 아들 魏安公 尉遲

35) 周尉遲迥兵敗自殺 : "'周'라고 기록한 것은 어째서인가. 尉遲迥이 군사를 일으킨 것은 北周를 위한 것이고, 패배시킨 것은 韋孝寬이다. 스스로 패한 것으로 글을 만든 것은 어째서인가. 역적을 가지고 순한 자에게 가하지 않은 말이니, ≪資治通鑑綱目≫에서 楊堅을 미워함이 심하였다. 아래에 王謙을 기록한 것도 뜻이 같다.〔書周 何 迥之擧兵 以爲周也 敗之者孝寬也 其以自敗爲文 何 不以逆加順之辭也 綱目之惡堅甚矣 下書王謙義同〕" ≪書法≫

惇이 沁水의 동쪽에 주둔하여 上流에서 불을 붙인 뗏목을 떠내려 보내자, 고경이 미리 土狗를 만들어서 방어하였다. 尉遲惇이 20여 리에 걸쳐서 진을 치고 있다가 군사들을 지휘하여 조금 물러나게 하여, 韋孝寬의 군사들이 절반 정도 건너기를 기다렸다가 공격하려고 하였는데, 위효관은 〈울지돈의 군대가〉 물러나는 틈을 타 북을 울리며 일제히 전진하였다. 군사들이 이미 강을 건너자 고경이 다리를 불태우도록 명령하여 되돌아가려는 士卒들의 마음을 끊어버렸다. 울지돈의 군사가 대패하자, 위효관이 勝勢를 타고 전진하여 추격해서 鄴城까지 이르렀다. 울지형의 士卒 13만 명은 鄴城 남쪽에 陳을 쳤고, 尉遲勤은 군사 5만을 인솔하여 靑州에서부터 울지형에게 가면서 3천 명의 騎兵을 먼저 가게 하였다.

울지형은 평소 군사에 관한 일에 익숙하였기에 늙은 몸으로도 오히려 갑옷을 입고 진지로 나아갔는데, 그의 휘하 병력은 모두 關中 사람들이라 그를 위하여 힘써 싸우니, 위효관 등의 군대는 상황이 불리해져 물러났다. 鄴城에 있는 士民 가운데 전투를 지켜보던 사람이 수만 명이었는데, 우문흔이 말하기를, "사태가 시급하니, 내 속임수를 써서 적들을 격파할 것이다."라고 하였다. 마침내 전투를 지켜보던 사람들에게 먼저 활을 쏘자, 지켜보던 사람들이 모두 도주하다가 이리저리 서로 올라타고 깔려 그 소리가 마치 우레 소리 같았다. 우문흔이 마침내 전하여 소리치기를 "적이 패배하였다."라고 하니, 군사들이 다시 떨쳐 일어나 적들이 동요하는 틈을 이용하여 그 기세를 탔다. 울지형의 군대가 패배하여 鄴城을 지키자 위효관이 군대를 풀어 포위하였는데, 울지형이 땅바닥에 활을 던지고는 온갖 말로 丞相 楊堅을 욕하고는 자결하였으니, 울지형이 군대를 일으킨 지 68일 만에 패배하였다. 위효관이 군대를 나누어 關東을 모두 평정하였는데, 後梁主(蕭巋)가 울지형이 패배하였다는 소식을 듣고는 柳莊에게 말하기를 "만약 무리들의 말을 따랐다면 社稷은 이미 지키지 못했을 것이다."라고 하였다.

高熲至하여 爲橋於沁水한대 尉遲迥之子魏安公惇이 軍沁東하여 於上流에 縱火栰이어늘 熲豫爲土狗以禦之[①]하니 惇布陳二十餘里라가 麾兵小却하여 欲待孝寬軍半度하여 擊之러니 孝寬因其却하여 鳴鼓齊進하니 軍旣度에 熲命焚橋하여 以絶士卒反顧心한대 惇兵大敗어늘 孝寬乘勝進하여 追至鄴하니라 迥卒十三萬이 陳於城南하고 勤은 帥衆五萬하여 自靑州赴迥할새 以三千騎로 先至어늘 迥素習軍旅라 老猶被甲臨陳하니 其麾下兵이 皆關中人이라 爲之力戰한대 孝寬等軍이 不利而却하니 鄴中士民觀戰者가 數萬人이라 宇文忻曰 事急矣니 吾當以詭道破之호리라하고 乃先射觀者한대 觀者皆走하여 轉相騰藉하여 聲如雷霆이어늘 忻乃傳呼曰 賊敗矣라하니 衆復振이어늘 因其擾

而乘之라 迥軍敗保城이어늘 孝寬縱兵圍之한대 迥擲弓於地하고 罵堅極口而自殺하니 迥起兵六十八日而敗하니라 韋孝寬分兵하여 悉平關東한대 梁主聞迥敗하고 謂柳莊曰 若從衆人之言이런들 社稷已不守矣라하더라

① ≪五代志≫에는 "武威郡 昌松縣에 後魏(北魏)의 魏安郡이 있었다."라고 하였다. '沁東'은 沁水의 동쪽이다. 栰은 어떤 곳에는 筏로 되어 있다. 큰 것은 栰이고, 작은 것은 桴이다. 나무를 묶어 뗏목을 만들어 땔나무 더미에 불을 놓아 상류에서 흘려보내 물길을 따라 내려가 다리를 불태우려고 한 것이다. 土狗는 물길에다 흙을 쌓아 앞은 좁게 만들고 뒤는 넓게 만들며, 앞은 높게 만들고 뒤는 낮게 만들어 그 모양이 앉아 있는 개와 같으니, 上流에 나누어 놓아 불을 붙인 뗏목을 막아 다리 근처에 다가오지 못하도록 한 것이다.
五代志"武威郡昌松縣, 有後魏魏安郡." 沁東, 沁水之東也. 栰, 或作筏. 大曰栰. 小曰桴. 縛木爲栰, 寘火積薪, 於上流放之, 欲順流而下以焚橋. 土狗, 蓋積土於水中, 前銳後廣, 前高後庳, 其狀如坐狗, 分居上流以礙火栰, 使不得下逼橋邊也.

【綱】北周의 丞相 楊堅이 高熲을 司馬로 삼았다.

周丞相堅以高熲爲司馬하다

【目】丞相 楊堅이 예전에 政權을 잡았을 때에 劉昉과 鄭譯을 몹시 후하게 대우하여 그들의 말을 듣지 않는 것이 없었다. 그런데 유방과 정역이 監軍이 되기를 사양하자, 양견이 비로소 그들을 멀리하였으며, 유방을 대신해 高熲을 司馬로 삼고 몰래 官屬에게 명령을 내려 정역에게 〈公事에 관한〉 일을 아뢰지 못하게 하였다. 정역은 두려워하며 解職을 시켜 달라고 요청하였다.

丞相堅之初得政也에 待劉昉鄭譯을 甚厚하여 言無不從이러니 及辭監軍에 堅始疏之하여 以熲代昉爲司馬하고 陰勅官屬하여 不得白事於譯한대 譯懼하여 求解職하다

【綱】司馬消難이 陳나라로 달아나자, 北周가 다시 鄖州를 탈취하였다.

司馬消難奔陳이어늘 周復取鄖州하다

【綱】北周의 丞相 楊堅이 맏아들인 楊勇을 洛州摠管으로 삼았다.

◑周丞相堅以其世子勇으로 爲洛州摠管하다

【目】 옛날 北齊 지역을 총괄하여 다스렸다.

總統舊齊之地①하다

① 關中 동쪽 지역부터 河水와 汾水 북쪽 지역이 모두 옛날 北齊의 영토이다.
自關以東, 河・汾以北, 皆舊齊之地.

【綱】 겨울 10월에 일식이 있었다.

冬十月에 日食하다

【綱】 北周의 丞相 楊堅이 陳王 宇文純을 죽였다.

◑ 周丞相堅殺陳王純하다

【綱】 北周의 王謙이 패배하여 죽었다.

◑ 周王謙敗死하다

【綱】 11월에 北周의 相州摠管 鄖公 韋孝寬이 卒하였다.

◑ 十一月에 周相州摠管鄖公韋孝寬卒하다

【目】 韋孝寬은 오랫동안 변방에 있으면서 여러 차례 강한 적들을 막았는데, 모략을 내어 〈군대를〉 배치하면 사람들이 처음에는 〈그 상황을〉 이해하지 못하다가 그 일이 성공하는 것을 보고서야 마침내 놀라고 탄복하였다. 文學과 歷史에 깊이 뜻을 두었고, 宗族과 돈독하고 화목하게 지냈으며, 받은 俸祿은 집안에 들이지 않았다.

孝寬久在邊境하여 屢抗彊敵하니 所經略布置를 人初莫之解라가 見其成事하고 方乃驚服하더라 篤意文史하고 敦睦宗族하며 所得俸祿을 不及私室이러라

【綱】 12월에 北周의 丞相 楊堅이 스스로를 相國이라 하고 爵位를 올려 隨王이라 하였으며, 九錫을 더하였다.

十二月에 周丞相堅이 自爲相國하고 進爵隨王하여 加九錫하다

【綱】 北周의 隨王 楊堅이 代王 宇文達과 滕王 宇文逌를 죽였다.

◑ 周隨王堅殺代王達滕王逌[①]하다

① 逌는 음이 由이다.
逌, 音由.

辛丑年(581)

陳나라 宣帝 陳頊 太建 13년이고, 北周 靜帝 宇文闡 大象 3년이다. 2월 이후는 隋나라 高祖 文帝 楊堅 開皇 원년이다. 이해에 북주가 멸망하고 수나라가 대신하였으니, 모두 세 나라이다.

陳太建十三年요 周大象三年라 二月以後는 隋高祖文帝楊堅開皇元年이라 ◑ 是歲에 周亡隋代하니 凡三國이라

【綱】 봄 2월에 隋王 楊堅이 皇帝라고 일컬었다.

春二月에 隋王堅稱皇帝하다

隋 文帝(楊堅)

【目】 庾季才가 隋王(楊堅)에게 권하여 이번 달 甲子日(14일)에 天命에 순응하라고 하였으며, 李穆과 盧賁 역시 이를 권하였다. 이에 北周主(宇文闡)가 〈皇帝의 자리에서〉 물러나 別宮에 거처하니, 隋王이 皇帝의 자리에 올랐다. 당시에 北周의 境內에 州가 211곳이었고, 郡이 508곳이었는데, 隋나라가 이를 모두 소유하였다.

예전에 隋主(楊堅)가 북주의 載師下大夫인 滎建緖와 오랜 고분이 있었는데, 禪位를 받으려고 할 적에 영건서가 息州刺史로 나가게 되었

다. 隋主가 그에게 말하기를 "우선 머물러 있게. 〈그대와〉 함께 富貴를 취할 것이네."라고 하니, 영건서가 정색을 하며 말하기를 "明公(楊堅)의 이런 뜻은 제가 들을 말이 아닙니다."라고 하였다. 이때에 이르러 〈영건서가〉 入朝하자, 隋主가 말하기를 "卿은 역시 후회를 하지 않는가."라고 하니, 대답하기를 "臣의 지위는 徐廣만 못하지만, 마음은 楊彪와 비슷합니다."라고 하였다.

竇毅의 딸이 北周主가 禪位하였다는 소식을 듣고는 스스로 堂 아래로 몸을 던지고 가슴을 어루만지며 크게 탄식하기를 "내가 남자로 태어나서 外家의 환난을 구원하지 못한 것이 한스럽다."라고 하였다. 두의와 襄陽公主가 그녀의 입을 막고 말하기를 "너는 말을 함부로 하지 말아라. 우리 집안이 멸족을 당할 것이다."라고 하였는데, 이로 말미암아 그녀를 비범하게 여겼다. 장성하여 唐公 李淵에게 시집을 갔으니, 李淵은 李昞의 아들이다.

庾季才가 勸隋王하여 以今月甲子로 應受天命하고 李穆盧賁이 亦勸之한대 於是에 周主遜居別宮하니 隋王卽皇帝位①하다 時에 周境內有州二百一十一郡五百八이라 隋皆有之하다 初에 隋主與周載〔師〕36)下大夫榮建緖로 有舊②러니 將受禪에 建緖出爲息州刺史③한대 隋主謂曰 且躊躇하라 當共取富貴④호리라하니 建緖正色曰 明公此旨는 非僕所聞이로다 及是來朝어늘 隋主曰 卿亦悔否아하니 對曰 臣位非徐廣이나 情類楊彪⑤로이다 竇毅之女聞周主禪하고 自投堂下하여 撫膺太息曰 恨我不爲男子하여 救舅氏之患이라하여늘 毅及襄陽公主掩其口曰 汝勿妄言하라 滅吾族하리라하고 由是奇之러니 及長에 以適唐公李淵하니 淵은 昞之子也라

① 隋 文帝(楊堅)는 北周와 北齊가 편안할 겨를이 없다고 생각했기 때문에 '隨'자의 '辶'(착)을 제거하여 '隋'를 만들었으니, 辶에 '달리다'는 의미가 있기 때문이다. '辶'은 음이 綽이다. 지금 살펴보건대 지난해에도 오히려 '隋'라고 썼으니, 이는 禪位를 받은 뒤로 '隋'라고 한 것이다. 비록 그렇지만 ≪淮南子≫에 이르기를 "隋侯의 구슬"이라고 하였으니, 이미 '辶'이 없었다.
隋文帝以周・齊不遑寧處, 故去辶作隋, 以辶訓走故也. 辶, 音綽. 今按上年猶作隋, 蓋自受禪而爲隋也. 雖然, 淮南子云"隋侯之珠", 已無辶.

② 載 아래에 '師'字가 빠졌다. 後周(北周)가 載師의 관직을 설치하였는데 地官에 속하였으며, 中大夫와 下大夫가 있었다. 榮은 姓이다.
載下逸師字. 後周置載師之官, 屬地官, 有中大夫, 有下大夫. 榮, 姓也.

③ ≪五代志≫에는 "汝南郡 新息縣에 後魏(北魏) 때 東豫州를 설치하였는데, 梁나라 때 西豫州로 고쳤고, 또 淮州로 고쳤다. 東魏 때 다시 東豫州라 하였고, 後周(北周) 때 고쳐서 息州라 하였다."라고 하였다.
五代志"汝南郡新息縣, 後魏置東豫州, 梁改西豫州, 又改淮州. 東魏復曰東豫州, 後周改曰息州."

36) 〔師〕 : 저본에는 '師'가 없으나, 아래 訓義 ②와 ≪資治通鑑≫ 胡三省 註에 의거하여 보충하였다.

④ '躊躇'는 발을 멈추는 것이다.
躊躇, 住足也.

⑤ 晉 恭帝 때에 徐廣이 祕書監이 되었는데, 恭帝가 劉裕에게 禪位를 하니, 서광이 눈물을 흘리면서 애통해하였다. 侍中 謝晦가 그에게 말하기를 "徐公이 조금 지나치지 않습니까?"라고 하니, 서광이 말하기를 "그대는 宋朝의 佐命功臣이고, 이 몸은 晉나라 황실의 元老이니, 슬픔과 기쁨이 진실로 같지 않소."라고 하였다. 漢 獻帝 때에 楊彪가 太尉 司空이 되었는데, 漢나라 왕조가 망할 줄을 알고 드디어 다리에 경련이 생겼다는 핑계를 대고는 다시 〈조정에〉 나가지 않았다. 魏 文帝(曹丕)가 禪位를 받고 〈양표를〉 太尉로 삼으려고 하자, 양표가 말하기를 "저는 漢나라에서 三公의 자리에 있으면서도 새로운 것을 일으키고 낡은 것을 개혁한 일이 없었으니, 어찌 새롭게 개혁하는 정치를 도울 수 있겠습니까."라고 하고, 드디어 한사코 사양하였다.
晉恭帝時, 徐廣爲祕書監, 恭帝禪位于劉裕, 廣流涕哀慟, 侍中謝晦謂之曰 "徐公, 得無小過." 廣曰 "君爲宋朝佐命, 身是晉室遺老, 悲歡之事, 固不可同." 漢獻帝時, 楊彪爲太尉司空, 見漢祚將終, 遂稱脚攣不復行. 魏文帝受禪, 欲以爲太尉, 彪曰 "彪備位漢三公, 不能有所損益, 豈可贊惟新之政." 遂固辭之.

【綱】 隋나라가 官名을 개정하였다.

隋改官名하다

【目】 崔仲方이 隋主(楊堅)에게 北周의 六官을 제거하고 漢나라와 魏나라의 옛 제도를 따르라고 권하니, 이에 三師, 三公과 尙書省, 門下省, 內史省, 秘書省, 內侍省 5省과 御史臺, 都水臺 2臺와 太常寺 등 11寺와 左衛府, 右衛府 등 12府를 설치하여 각 官司를 나누어 직무를 총괄하게 하였다. 또 上柱國에서 都督에 이르기까지 11등급의 勳官을 설치하여 〈建國에〉 힘쓴 공로에 보답하였으며, 特進에서 朝散大夫에 이르기까지 7등급의 散官을 〈설치하여〉 文武官員 가운데 덕망과 명성이 있는 자들에게 더해주었다. 侍中의 칭호를 納言으로 고치고는 高熲을 僕射로 삼아 納言을 겸임하게 하였으며, 虞慶則을 內史監으로 삼았고, 李德林을 內史令으로 삼았다.

崔仲方이 勸隋主除周六官하고 依漢魏之舊라한대 於是에 置三師三公及尙書門下內史秘書內侍五省御史都水二臺太常等十一寺(시)左右衛等十二府하여 以分司統職①하며 又置上柱國至都督十一等勳官하여 以酬勤勞하며 特進至朝散大夫七等散官하여 以加文武官之有德聲者②하며 改侍中爲納言하여 以高熲爲僕射兼納言하고 虞慶則(칙)爲內史監하고 李德林爲內史令③하다

① ≪隋書≫ 〈百官志〉에 이르기를 "三師는 일을 주관하지 않고 府僚를 두지 않으니, 天子와 앉아서 治道를 논의하는 직책이다. 三公은 나라의 큰일을 논의하는 데에 참여하니, 後齊(北齊)의 제도에 의거하여 府僚를 두고 적당한 사람이 없으면 비워둔다. 尙書省은 총괄하지 않는 일이 없으니, 令, 左僕射, 右僕射 각 1인씩을 두어 吏部, 禮部, 兵部, 都官, 度支, 工部 六曹의 일을 총괄한다. 소속 관원으로 左丞, 右丞 각 1인과 都事 8인을 두어 업무를 분장하여 관할한다. 六曹尙書는 36명의 侍郞을 나누어 통솔하고 〈侍郞은〉 각각 六曹의 사무를 맡아 궁궐에서 숙직을 하였으니, 漢나라의 제도와 같다. 門下省에는 納言, 給事黃門侍郞, 散騎常侍, 散騎侍郞, 通直散騎常侍, 員外散騎常侍, 諫議大夫 등의 관직이 있다. 內史省에는 監, 令, 侍郞, 舍人 등의 관직이 있다. 祕書省에는 監, 丞, 郞 등의 관직이 있으며, 著作曹와 太史曹를 거느린다. 內史省은 바로 中書省이니, 武元皇帝(楊忠)의 諱를 피하여 內史로 고쳤다. 門下省과 內史省은 出納(皇命의 출납), 朝直(조정의 숙직), 代言(皇帝의 詔書 起草)을 주관하여 여전히 직무가 있지만 祕書省은 비교적 편안하고 한가하였다. 內侍省은 모두 宦官이다. 御史臺는 大夫·治書侍御史·侍御史·殿內侍御史·監察御史 등의 관직을 둔다. 都水臺는 使者, 丞, 參軍, 河堤謁者의 관직이 있고, 또 船局 및 諸津의 都水尉, 津尉, 丞, 長 등의 관원을 거느려 관장하였다. 11寺는 太常寺, 光祿寺, 衛尉寺, 宗正寺, 太僕寺, 大理寺, 鴻臚寺, 司農寺, 太府寺, 國子寺, 將作寺를 말한다. 12府는 左衛府, 右衛府, 左武衛府, 右武衛府, 左武候府, 右武候府, 左領左右府, 右領左右府, 左監門府, 右監門府, 左領軍府, 右領軍府를 말한다."라고 하였다.

隋志 "三師, 不主事, 不置府僚, 蓋與天子坐而論道者也. 三公, 參議國之大事, 依後齊置府僚, 無其人則闕. 尙書省, 事無不摠, 置令左右僕射各一人, 摠吏部·禮部·兵部·都官·度支·工部六曹事. 屬官左右丞各一人, 都事八人, 分司管轄. 六曹尙書, 分統三十六侍郞, 各司曹務, 直宿禁省, 如漢之制. 門下省置納言·給事黃門侍郞·散騎常侍·侍郞·通直·員外·諫議大夫等官. 內史省置監·令·侍郞·舍人等官. 祕書省置監·丞·郞等官, 領著作·太史二曹. 內史省卽中書省, 避武元諱, 改曰內史. 門下·內史二省, 主出納朝直代言, 猶有職事. 祕書省較優閑. 內侍省則皆宦官也. 御史臺置大夫, 治書侍御史, 侍御史, 殿內侍御史, 監察御史等官. 都水臺置使者及丞·參軍·河堤謁者, 又領掌船局及諸津都水尉·津尉·丞·長等官. 十一寺謂太常·光祿·衛尉·宗正·太僕·大理·鴻臚·司農·太府·國子·將作. 十二府, 謂左右衛·左右武衛·左右武候·左右領左右·左右監門·左右領軍."

② 隋나라는 後周(北周)의 제도를 채용하여 上柱國, 柱國, 上大將軍, 大將軍, 上開府儀同三司, 開府儀同三司, 上儀同三司, 儀同三司, 大都督, 帥都督, 都督을 두었으니, 총 11등급이고, 特進, 左光祿大夫, 右光祿大夫, 金紫光祿大夫, 銀靑光祿大夫, 朝議大夫, 朝散大夫를 두었으니, 총 7등급이다.

隋採後周之制, 置上柱國·柱國·上大將軍·大將軍·上開府儀同三司·開府儀同三司·上儀同三司·儀同三司·大都督·帥都督·都督, 總十一等, 特進, 左右光祿大夫·金紫光祿大夫·銀靑光祿大夫·朝議大夫·朝散大夫, 總七等.

③〈隋主의〉 先親의 諱가 忠이기 때문에 侍中을 고쳐 納言이라 하였다.
以考諱忠, 故改侍中爲納言.

【綱】 隋主(楊堅)가 자신의 先親(楊忠)을 추존하여 武元帝라고 하였다.

隋主追尊考爲武元帝하다

【綱】 隋나라가 皇后 獨孤氏를 세웠다.

◑隋立后獨孤氏하다

【目】 皇后의 집안은 대대로 존귀하고 융성하였는데 겸손하고 공경하였으며, 평소 독서를 좋아하여 일에 대해 말을 할 적에 隋主와 뜻이 합치하였으니, 〈隋主가〉 매우 총애하면서도 꺼려하였다. 그래서 宮中에서는 두 명의 聖人이라고 일컬었다. 隋主가 매번 朝會에 나갈 때면 황후가 함께 輦을 나란히 타고 나아가 閤門에 이르러서야 멈추고는 宦官으로 하여금 隋主를 살피게 하여 〈隋主가〉 政事에 실수가 있으면 곧바로 바로잡도록 간언하였고, 조회가 끝나면 함께 燕寢으로 돌아갔다.

有司가 아뢰기를 "≪周禮≫에 '百官의 妻는 황후에게 命을 받는다.'고 하였으니, 옛날 제도대로 따르기를 청합니다."라고 하니, 황후가 말하기를 "婦人이 정치에 참여하는 것이 혹 이로부터 점점 만연하게 될 것이니, 그 단서를 열어주어서는 안 된다."라고 하였다.

崔長仁은 황후의 외종형제로, 법을 위반하여 참수형을 당할 처지였는데, 隋主가 皇后와의 관계로 인해 그의 죄를 사면해주려고 하였다. 그러자 황후가 말하기를 "국가의 일에 어찌 私情을 돌아볼 수 있겠습니까."라고 하니, 최장인이 마침내 죄에 따라 사형을 당했다. 황후는 검소하고 절약하는 성품을 지녔는데, 隋主가 한번은 설사를 멎게 하는 약을 조제할 적에 胡粉 1냥이 필요했으나 宮中에서 구해도 얻지 못했다.

隋主는 周氏(北周)의 과오를 거울삼아 권력이 있는 직책을 外戚에게 빌려주지 않으니, 황후의 형제는 將軍과 刺史에 지나지 않았고, 〈隋主의〉 外家인 呂氏는 본래 미천하였기에 수소문해도 어디에 사는지를 알지 못했다. 〈隋主가〉 즉위한 뒤에 비로소 외삼촌의 아들인 呂永吉을 찾아서 外祖父를 追封하여 齊郡公으로 삼았고, 여영길에게 爵位를 세습하게 하였다.

后家世貴盛而能謙恭하고 雅好讀書하여 言事에 多與隋主意合하니 甚寵憚之라 宮中稱爲二

聖①이러라 隋主每臨朝에 后輒與方輦而進하여 至閤乃止②하고 使宦官伺隋主하여 政有所失하면 隨則匡諫하며 退朝할새 同反燕寢하더라 有司奏稱周禮에 百官之妻命於皇后라하니 請依古制한대 后曰 婦人預政이 或從此爲漸하리니 不可開其源也라하다 崔長仁은 后之中外兄弟也③라 犯法當斬이러니 隋主以后故로 欲免之한대 后曰 國家之事에 焉可顧私리오하니 長仁竟坐死하다 后性儉約이러니 隋主嘗合止利[37]藥할새 須胡粉一兩이어늘 求之宮中不得④하니라 隋主亦懲周氏之失하여 不以權任으로 假借外戚하니 后兄弟不過將軍刺史요 外家呂氏素微賤이라 求訪不知所在러니 及卽位에 始求得舅子永吉하여 乃追封外祖爲齊郡公하고 以永吉襲爵하다

① 皇后의 아버지 獨孤信은 西魏에서 관직에 올라 北周까지 이르렀으며, 元功의 반열에 올랐다. 황후의 언니는 북주 明帝(宇文毓)의 황후가 되었으며, 황후의 딸은 북주 宣帝(宇文贇)의 황후가 되었다.
后父獨孤信, 仕西魏以及周, 列於元功. 后姊爲周明帝后, 女爲周宣帝后.
②'方輦'은 두 수레를 나란히 배열한 것이다.
方輦, 竝兩輦也.
③ 살펴보건대 ≪北史≫ 〈獨孤后傳〉에 이르기를 "皇后의 고모의 아들이 都督 崔長仁이다."라고 하였다.
按北史獨孤后傳云 "后姑子, 都督崔長仁."
④ 설사가 멈추지 않는 것이 '利'이다.
泄瀉不禁者曰利.

【綱】 隋나라가 世子 楊勇을 太子로 삼았고, 여러 아들을 모두 王으로 삼았다.

隋立世子勇爲太子하고 諸子皆爲王하다

【目】 楊廣을 晉王으로 삼고, 楊俊을 秦王으로 삼고, 楊秀를 越王으로 삼고, 楊諒을 漢王으로 삼았다.

廣爲晉王하고 俊爲秦王하고 秀爲越王하고 諒爲漢王하다

【綱】 隋나라가 北周主 宇文闡을 폐위하여 介公으로 삼고, 北周의 太后 楊氏를 樂平公主로 바꾸어 봉하였다.

37) 利 : '利'는 '痢(설사)'와 통용된다.

隋廢周主闡하여 爲介公하고 改封周太后楊氏하여 爲樂平公主①[38]하다

① 介는 옛날 나라 이름이다.
介, 古國名.

【目】 예전에 劉昉과 鄭譯이 조서를 고쳐서 隋主(楊堅)를 〈宮闕로 들어오게 하여〉 政事를 보좌하게 하였는데, 楊后(양견의 딸)가 비록 모의에 참여하지는 않았지만 嗣主(宇文闡)가 어렸기 때문에 권력이 다른 집안에 넘어가는 것을 두려워하여 이 소식을 듣고는 몹시 기뻐하였다. 뒤에 자신의 아버지가 찬탈의 뜻을 품은 것을 알고는 몹시 불평하여 말과 얼굴빛에 드러내었다. 禪位를 하게 되자 몹시 울분에 차고 한스러워하니, 隋主가 부끄럽게 여겨 樂平公主로 고쳐서 봉하여 그녀의 뜻을 빼앗아 改嫁하게 하려 하였는데, 公主가 맹세코 허락하지 않자 마침내 중지하였다.

初에 劉鄭矯詔하여 以隋主輔政①하니 楊后雖不與謀나 然以嗣主幼沖으로 恐權在他族하여 聞之甚喜러니 後知其父有異圖意하고 頗不平하여 形於言色이러니 及禪位에 憤惋愈甚하니 隋主愧之하여 改封樂平公主하여 欲奪其志한대 公主誓不許하니 乃止②하다

① '劉鄭'은 劉昉과 鄭譯이다.
劉鄭, 劉昉・鄭譯也.
② ≪五代志≫에는 "太原郡 樂平縣에 옛날에 樂平郡을 설치하였다."라고 하였다.
五代志 "太原郡樂平縣, 舊置樂平郡."

【綱】 隋主(楊堅)가 宇文氏의 종족을 모두 멸족시켰다.

隋主盡滅宇文氏之族[39]하다

38) 隋廢周主闡……爲樂平公主 : "≪資治通鑑綱目≫에서 과거의 황후를 '바꾸어 봉하였다〔改封〕'라고 기록한 것은 두 번이니(漢나라 黃皇室主(孝平皇后), 北周 樂平公主) 모두 절개를 지킨 사람들이므로 모두 바꾼 호칭을 기록하였다. 北齊의 太原公主(北魏의 孝靜后)와 같은 경우는 삭제하였다.〔綱目故后書改封二(漢黃皇室主 周樂平公主) 皆守節者也 故皆書其改號 若齊之太原公主(魏孝靜后) 則削之矣〕" ≪書法≫

39) 隋主盡滅宇文氏之族 : "정유년(577)에 〈北周가〉 高緯를 죽였으니 고위의 종족(北齊의 황실인 高氏)을 멸족한 응보이다. 隋나라는 그것을 거울로 삼지 않고 그보다 더욱 심하였다. 나라를 멸망시킨 경우에 蕭道成으로부터 비로소 '그 종족을 멸족시켰다.〔滅其族〕'라고 기록하였으나, 아직 '모두 멸족시켰다.〔盡滅〕'라고 기록한 적은 없었다. 여기에서 비로소 '盡滅'이라고 기록하였으니 隋나라가 오래 가지 못한 것은 마땅하다.〔丁酉殺高緯 夷其族之報也 隋不鑑之而又甚焉 滅國自蕭道成始書滅其族 未書盡滅也 於是始書盡滅 隋之不永 宜哉〕" ≪書法≫ 太建 9년(577) 10월에 北周 武帝 宇文邕이 前 北齊의 황제였던 高緯를 죽이고 그의 종족을 멸족시켰다. 여기 ≪서법≫에서는 隋主가 북주 宇文氏를 멸족시킨

【目】 虞慶則이 隋主에게 권하여 宇文氏를 모두 멸족시키라고 하였는데, 高熲과 楊惠 역시 망설이다가 그 논의를 따랐다. 그런데 李德林은 고집스레 간쟁하며 불가하다고 하니, 隋主가 정색하며 말하기를 "그대는 書生이니, 이 일을 논의하는 데에 참여하기에 부족하다."라고 하였다. 이에 北周 太祖(宇文泰)의 後孫이 모두 죽임을 당하였고, 이덕림은 〈이 일로 인해〉 결국 品階와 地位가 오르지 못하였다.

虞慶則(칙)勸隋主하여 盡滅宇文氏한대 高熲楊惠亦依違從之러니 李德林固爭以爲不可라하니 隋主作色曰 君書生이라 不足與議此라하다 於是에 周太祖以下子孫皆死而德林品位遂不進하니라

【目】 胡氏(胡寅)가 다음과 같이 평하였다.

"隋 文帝(楊堅)가 李德林을 書生이라고 배척하였으니, 이는 교활하고 음흉한 胥吏의 일상적인 행태이다. 隋나라가 천하를 얻게 된 데에는 공로도 없고 덕도 없으며, 다만 〈수 문제의〉 모습과 인상이 훤칠하고 걸출해서 그렇게 된 것이니, 이는 蕭道成[40]과 동일하다. 그러나 나라를 멸망하게 한 데에는 두 가지 이유가 있으니, 첫째는 수 문제가

것이 우문씨가 북제 高氏를 멸족한 응보로 본 것이다.

"옛날에 周나라가 군사로 天下를 평정하였으나 殷나라의 후손을 宋나라에 봉해주고 작위를 上公으로 하였다. 당시에 명한 말을 살펴보면 ≪書經≫ 〈微子之命〉에 이른바 '선왕을 계승해서 예악과 문물을 닦아 왕가에 손님이 되게 하노니, 나라와 함께 아름다워 영원토록 무궁하게 하라.'라고 한 것은 더욱 그로 하여금 이어져 끊어지지 않고 그 제사를 오래 보존하게 하려 하였으니, 古人의 忠厚한 뜻은 이와 같았다. 후세에 찬탈한 임금들은 이미 스스로 禪位를 한다는 글을 만들어놓고 이따금 반대로 이전 조정의 종족들을 주살하여 다시 씨가 남지 않게 하였다. 남의 토지를 빼앗고 남의 국가를 훔치고 남의 사직을 기울여서 그 소유물을 차지하여 자기의 물건으로 만들고 이것으로도 만족하지 않고, 또다시 그 종족을 모두 죽여서 그들로 하여금 그림자가 사라지고 자취가 끊어지게 하고 밥 짓는 연기조차도 없게 하였다. 비록 예부터 전쟁으로 남의 나라를 멸망시킨 자라도 거의 이와 같이 참혹하지는 않았다. 禍亂이 서로 이어져서 마침내 그것을 법으로 삼아서 당연히 이와 같이 하게 되었으니 이것을 어찌 사람의 도리로 논하겠는가. ≪資治通鑑綱目≫에서 隋나라에다 '宇文氏의 종족을 모두 멸족시켰다.〔書其盡滅宇文氏之族〕'라고 기록하였는데 '滅'에다 '모두〔盡〕'라고 말하였으니 그 미워하는 뜻이 어떠한가. 찬탈과 살상이 서로 이어지고 뒤바뀌어 屠戮하여 역시 君子의 탄식을 가중할 뿐이니 隋主에게 무엇을 꾸짖으랴.〔昔周以兵定天下 然封殷後於宋 爵以上公 觀當時命之之詞 所謂統承先王 修其禮物 作賓王家 與國咸休 永世無窮者 尤欲使之綿延不絶 長保其祀 古人忠厚之意蓋如此 後世簒竊之主 旣自以傳禪爲文 往往反誅夵前朝之族 無復遺種 夫奪人土地 攘人家國 傾人社稷 掩其所有 以爲己物 是亦不翅足矣 而又盡剿其族 使之影滅跡絶 蕩無炊烟 雖自古以兵滅人國者 殆不若是之慘 禍亂相踵 遂以爲法應如是 是豈可以人理論哉 綱目於隋書其盡滅宇文氏之族 滅而曰盡 其惡之之意爲如何耶 簒殺相尋 展轉屠滅 亦徒重君子之歎而已 於隋主乎何誅〕" ≪發明≫

40) 蕭道成 : 南朝 宋 明帝 때 내란을 진압한 공으로 군권을 장악한 뒤 後廢帝를 죽이고 順帝를 폐위하여 齊나라를 개국한 인물이다. ≪南齊書≫ 〈高祖本紀〉에 보면 "蕭道成은 용모가 뛰어나고 용의 이마와 종소리 같은 목소리를 가졌으며 온 몸에 비늘 문양이 있다.〔姿表英異 龍顙鍾聲 鱗文遍體〕"라고 하였다.

胥吏로 나라를 다스린 것이고, 둘째는 獨孤皇后가 투기로 집안을 다스린 것이니, 이와 같을 뿐이다."

胡氏曰 隋文以書生으로 斥李德林하니 此猶胥險吏之常態也라 隋得天下無功無德이요 特以姿相奇偉하니 蓋與蕭道成同이나 而其亡國則有二焉하니 一曰隋文以胥吏治國이요 二曰獨孤后以妬忌治家니 如是而已矣니라

【綱】 隋나라가 蘇威를 불러 太子少保로 삼았다.

隋徵蘇威爲太子少保하다

【目】 蘇威는 蘇綽의 아들이다. 젊어서 좋은 명성이 있었는데, 北周의 宇文護가 억지로 자신의 딸을 그에게 시집보냈다. 소위는 우문호가 제멋대로 권력을 휘두르는 것을 보고는 재앙이 자신에게 미칠까 두려워 山寺에 숨어 살면서 詩를 읊고 독서하기를 즐겼다. 北周의 高祖(宇文邕)가 그가 훌륭한 인물이라는 소문을 듣고 車騎大將軍에 임명하였는데, 병으로 사양하고 관직을 받지 않았다. 隋主(楊堅)가 丞相이 되었을 때에 高熲이 그를 천거하니, 隋主가 그를 불러 만나서 이야기를 나누고는 크게 기뻐하였다. 한 달 남짓 있다가 〈隋主가〉 禪位를 받게 될 것이라는 소문을 듣고는 피하여 고향으로 돌아갔는데, 고경이 그를 뒤쫓아가겠다고 청하자 隋主가 말하기를 "이 사람은 나의 일에 참여하려고 하지 않으니, 놓아두시오."라고 하였다. 禪位를 받게 되자 소위를 불러서 太子少保로 삼고, 소작을 邳公으로 追封하여 소위가 그 爵位를 세습하도록 하였다.

威는 綽之子也라 少有令名이러니 周宇文護가 强以女妻之한대 威見護專權하고 恐禍及己하여 屛居山寺하여 以諷讀爲娛하더라 周高祖聞其賢하고 除車騎大將軍한대 辭疾不拜러니 隋主爲丞相에 高熲薦之하니 隋主召見與語하고 大悅이러니 居月餘에 聞將受禪하고 遁歸田里한대 熲請追之하니 隋主曰 此不欲預吾事耳라 置之하라하다 及受禪에 徵拜太子少保하고 追封綽爲邳公하여 以威襲爵①하다

① 邳는 州의 이름으로 公國을 삼은 것이다.
邳以州名爲公國.

【綱】 3월에 隋나라가 賀若弼을 吳州摠管으로 삼고, 韓擒虎를 廬州摠管으로 삼았다.

三月에 隋以賀若弼爲吳州摠管하고 韓擒虎爲廬州摠管①하다

① 廣陵이 吳州가 되니, 北周의 옛 지역을 그대로 둔 것이다. ≪五代志≫에는 "廬江郡에 梁나라가 南豫州를 설치하고, 또 고쳐서 合州라고 하였으며, 開皇 연간(589~600) 초기에 廬州로 고쳤다. 양나라의 남예주와 합주는 모두 合肥에 治所를 두었는데, 합주는 합비를 따라 이름을 붙인 것이다. 여강은 합비 동쪽 50리 지점에 있는데, 이미 여강으로 治所를 옮겼기 때문에 廬州라고 명칭한 것이다."라고 하였다.
廣陵爲吳州, (初)〔仍〕[41]周舊也. 五代志"廬江郡, 梁置南豫州, 又改合州, 開皇初改廬州. 蓋梁之南豫・合州, 皆治合肥, 合州因合肥而名也. 廬江在合肥東五十里, 旣徙治廬江, 故以廬名州."

【目】隋主(楊堅)가 江南 지역을 병탄하려는 뜻이 있어 高熲에게 〈맡길 만한〉 將帥를 물었는데, 고경이 賀若弼과 韓擒虎를 천거하였기 때문에 하약필이 廣陵 지역을 鎭守하게 하고 한금호가 廬江 지역을 鎭守하게 하여 그들로 하여금 몰래 경략하게 하였다.

隋主有幷呑江南之志하여 問將於高熲한대 熲薦弼與擒虎라 故로 以弼鎭廣陵하고 擒虎守廬江하여 使潛爲經略하다

【綱】隋主(楊堅)가 蘇威를 納言으로 삼았다.

隋以蘇威爲納言하다

【目】예전에 蘇綽이 西魏에 벼슬할 적에 국가의 財用이 부족하므로 인해 세금을 징수하는 법을 자못 무겁게 制定하였는데, 얼마 후에 탄식하기를 "지금 制定한 법은 바로 활시위를 당기는 것과 같으니, 태평한 세상에서 쓸 법이 아니다. 훗날의 君子 중에 누가 이를 느슨히 할 수 있겠는가."라고 하였다. 蘇威가 그 말을 듣고는 늘 자신의 임무로 여겼는데, 이때에 이르러 賦役을 감면하여 가볍고 간략히 하는 데 힘쓰기를 주청하니, 隋主가 그의 말대로 따랐다.

隋主가 한번은 어떤 사람에게 화가 나서 그를 죽이려고 하자, 蘇威가 閤門에 들어가서 諫言을 올렸는데, 隋主가 간언을 받아들이지 않고 직접 나가서 목을 베려고 하였다. 소위가 隋主의 앞을 가로막고 가지 못하게 하니, 隋主가 그를 피하여 나가려고 하였는데, 소위가 또 저지하였다. 隋主가 〈격분하여〉 옷자락을 휘날리며 들어갔다가 한참 뒤

41) (初)〔仍〕: 저본에는 '初'로 되어 있으나, ≪資治通鑑≫ 註에 의거하여 '仍'으로 바로잡았다.

에 마침내 소위를 불러 사례하며 말하기를 "公이 이와 같으니, 내가 걱정할 것이 없다."라고 하고, 朝廷의 신하들에게 말하기를 "소위가 나를 만나지 못했다면 그가 말한 것을 시행하지 못했을 것이고, 내가 소위를 얻지 못했다면 어찌 〈나라를 안정시키는〉 道를 시행할 수 있었겠는가. 楊素의 才辯은 상대가 될 사람이 없지만, 옛날과 지금의 〈沿革과 제도를〉 짐작하여 내가 敎化를 펼치도록 돕는 데에는 소위의 상대가 되지 않소. 소위가 만약 亂世를 만났다면 〈南山의 四皓처럼 은둔했을 것이니〉 남산의 사호를 어찌 쉽게 굴복시킬 수 있겠소."라고 하였다.

소위가 한번은 隋主에게 말하기를 "臣의 先親이 늘 臣에게 경계하기를 '오직 ≪孝經≫ 한 권만 읽으면 몸을 세우고 나라를 다스리는 데에 충분하니 어찌 많은 책을 읽을 필요가 있겠느냐.' 하였습니다."라고 하니, 隋主가 매우 일리가 있다고 여겼다.

소위가 高熲과 한마음으로 협력하고 도와 크고 작은 政事와 刑罰을 〈隋主가〉 그들과 더불어 상의하지 않은 것이 없었다. 盧賁, 劉昉, 元諧, 李詢, 張賓 등이 고경과 소위를 내쫓고 다섯 사람이 서로 政事를 보좌하기로 모의했다가 모의가 누설되자, 유방 등이 장빈과 노분에게 죄를 떠넘겼다. 公卿들이 두 사람을 사형에 처해야 한다고 주청하니, 隋主는 옛날의 친분 때문에 차마 죽이지 못하고 함께 除名하여 평민으로 삼았다.

初에 蘇綽在西魏에 以國用不足으로 爲征稅法頗重이러니 旣而요 歎曰 今所爲者 正如張弓하니 非平世法也라 後之君子誰能弛之리오하니 威聞其言하고 每以爲己任이러니 至是하여 奏減賦役하여 務從輕簡한대 隋主從之하다 隋主常怒一人하여 將殺之①러니 威入閤進諫한대 隋主不納하고 將自出斬之할새 威當前不去하니 隋主避之而出이어늘 威又遮止하니 隋主拂衣而入이라가 良久乃召威謝曰 公能若是하니 吾無憂矣로다하고 謂朝臣曰 蘇威不値我면 無以措其言이요 我不得蘇威면 何以行其道리오 楊素才辯無雙하나 至於斟酌古今하여 助我宣化는 非威之匹也라 威若逢亂世면 南山四皓를 豈易屈哉②리오 威嘗言於隋主曰 臣先人每戒臣云 唯讀孝經一卷이면 足以立身治國이니 何用多爲리오하니이다하니 隋主深然之③하더라 威與高熲으로 同心協贊하여 政刑大小를 無不與謀러니 盧賁劉昉元諧李詢張賓等이 謀黜熲威하고 五人相與輔政이라가 謀泄하니 昉等委罪於賓賁이어늘 公卿이 奏二人當死니이다하니 隋主以故舊不忍誅하고 竝除名爲民④하다

① 常은 ≪資治通鑑≫에 '嘗'으로 되어 있다.
常, 通鑑作嘗.

② 四皓는 秦나라의 혼란한 때를 만나 商山에 은거하였는데, 商山은 長安의 남쪽에 있기 때문에 南山이라고 한 것이다. 隋主는 蘇威가 北周의 시대에는 은둔했을 것이라 여겼기 때문에 이렇게 말한 것이다.

四皓, 遭秦之亂, 隱於商山, 商山在長安南, 故曰南山. 隋主以蘇威隱遯於周世, 故云然.

③ 先人은 蘇威의 아버지 蘇綽을 말한다.
先人, 謂威父綽.

④ 張賓과 盧賁 두 사람은 모두 隋主가 황제에 오르기 전에 보좌하고 추대하던 자들이다. 張賓은 道士이다. 隋主가 〈北周의〉 宰相이 되었을 때, 장빈이 스스로 天文曆法에 통달하였다고 말하였고, 〈王朝가〉 바뀔 조짐이 있다고 소리 높여 말하였으며, 또 隋主의 모습이 신하의 관상이 아니라고 말하였는데, 이로 말미암아 〈隋主에게〉 크게 우대를 받아 늘 幕府에 있었다.
二人皆翼戴隋主於潛躍者也. 張賓, 道士也. 隋主作輔, 賓自言洞曉星歷, 盛言有代謝之徵, 且言上儀表非人臣之相, 由是大被知遇, 常在幕府.

【綱】 여름 4월에 隋나라가 散樂에 종사하는 자를 풀어주고 雜戲를 금지하였다.

夏四月隋放散樂하고 **禁雜戲**① 하다

① 後周(北周)의 말기에 散樂이 있었는데, 北周의 天元皇帝(宇文贇)가 즉위하여 모두 불러 長安으로 오게 하여 太常寺에 소속시켰는데, 隋나라가 지금 풀어준 것이다.
後周之季有散樂, 周天元卽位, 悉徵詣長安, 隸太常, 隋今放之.

【綱】 隋나라가 長城을 축조하였다.

○ **隋築長城**[42] 하다

【目】 長城을 축조할 때에 汾州의 胡族 1천여 명이 배반하여 도망치자, 隋主가 汾州刺史 韋沖을 불러서 〈계책을〉 물으니, 대답하기를 "夷狄이 〈배반을〉 반복하는 것은 牧宰들이 자기 직분을 알맞게 하지 않아서 벌어진 일입니다. 臣은 도리로 안정시키기를 청하니, 〈그렇게 하면〉 군사들을 수고롭게 하지 않고도 평정할 수 있을 것입니다."라고 하였다. 隋主가 옳다고 여겨서 위충에게 명령하여 배반한 사람들을 회유하도록 하니, 한 달 남짓 지나자 〈배반했던 자들이〉 모두 이르렀다.

---

42) 隋築長城 : "秦나라로부터 처음으로 '長城'을 기록하였고 그 뒤에 元魏(北魏)에 한 번 기록하고, 東魏에 한 번 기록하고, 高齊(北齊)에 세 번 기록하고, 지금 隋나라에 또 기록한 것이 보인다. ≪資治通鑑綱目≫이 끝날 때까지 長城을 쌓은 것을 기록한 것이 열 번인데(秦 始皇 33년(B.C. 214)에 자세하다.) 隋나라가 이로부터 모두 네 번 기록하였다. 백성을 사용함이 이와 같았으니 天下를 오래 소유하려고 하나 어렵다.〔自秦始書長城 其後元魏一書 東魏一書 高齊三書 今隋又見書矣 終綱目書築長城十(詳秦始皇三十三年) 而隋自是凡四書焉 用民如此欲長有天下 難矣〕" ≪書法≫

長城之役에 汾州胡千餘人이 亡叛이어늘 隋主召汾州刺史韋沖하여 問之①한대 對曰 夷狄反覆은 由牧宰不稱所致니 臣請以理綏靜하노니 可不勞兵而定니이다하니 隋主然之하여 命沖綏懷叛者하니 月餘에 皆至하다

① 韋沖은 韋夐의 아들이다.
沖, 夐之子也.

【綱】 5월에 隋主 楊堅이 介公 宇文闡을 시해하였다.

五月에 隋主堅弑介公闡하다

【目】 謚號는 周靜帝이다.

謚曰 周靜帝라하다

【綱】 가을 7월에 隋나라가 服色을 정하였다.

秋七月에 隋定服色[43)]하다

【目】 예전에 隋나라가 조서를 내려 朝服은 赤色을 숭상하게 하고, 戎服은 黃色을 숭상하게 하였으며, 平常服은 雜色을 통용하게 하였다. 이때에 이르러 隋主(楊堅)가 처음으로 黃色을 입으니, 모든 관료들이 하례하였다. 이에 모든 관원의 平常服은 庶人과 같이하여 모두 黃袍를 착용하였으며, 隋主의 朝服 역시 그들과 똑같이 하되, 오직 13鐶帶(13개의 금고리가 달린 허리띠)만이 달랐다.

初에 隋詔朝服尙赤하고 戎服尙黃하고 常服通用雜色①이러니 至是하여 隋主始服黃한대 百僚畢賀하고 於是에 百官常服이 同於庶人하여 皆著(착)黃袍하고 隋主朝服이 亦如之호대 唯以十三鐶帶爲異러라

① 隋나라가 스스로 火德을 얻었다고 여겼기 때문에 赤色을 숭상한 것이다.
隋自以得火德, 故尙赤色.

---

43) 隋定服色 : "후세에 임금이 황색을 입는 것은 여기에서 시작되었다.〔後世人君服黃始此〕" ≪書法≫

【綱】 8월에 吐谷渾이 涼州를 침략하자, 隋나라가 군대를 보내어 격퇴하였다.

八月에 吐谷渾寇涼州어늘 隋遣兵擊敗之하다

【綱】 9월에 隋나라가 蜀王 楊秀를 益州摠管으로 삼았다.

◑ 九月에 隋以蜀王秀爲益州摠管하다

【綱】 隋나라 僕射 高熲이 諸軍을 감독하여 陳나라를 침략하였다.

◑ 隋僕射高熲督諸軍侵陳하다

【綱】 隋나라가 五銖錢을 주조하였다.

◑ 隋鑄五銖錢[44)]하다

【目】 예전에 北周와 北齊가 주조한 錢은 모두 4등급이었고, 민간의 私錢에 이르러서는 명칭과 종류가 몹시 많아 무게가 같지 않았다. 隋主(楊堅)가 이를 근심하여 새로 五銖錢을 주조하여 동전의 뒷면과 앞면, 몸체〔肉〕와 중간 구멍〔好〕에는 모두 周郭(테두리)이 있었으니, 천 개마다 무게는 네 근 두 냥으로 하였다. 古錢과 私錢을 모두 금지하였으며, 關門에다가 모형을 놓아두어 모형과 같지 않은 것은 관청에서 몰수하여 녹여 없애 버렸으니, 이로부터 錢幣가 비로소 통일되어 민간에서 편리하게 여겼다.

初에 周齊所鑄錢凡四等이요 及民間私錢하여는 名品甚衆하여 輕重不等①이어늘 隋主患之하여 更鑄五銖錢하여 背面肉好가 皆有周郭②하니 每一千에 重四斤二兩이라 悉禁古錢及私錢하고 置樣於關하여 不如樣者는 沒官銷毁하니 自是로 錢幣始一하여 民間便之하더라

① ≪五代志≫에는 "北齊 文宣帝(高洋)가 禪位를 받은 뒤에 새로이 常平五銖를 주조하였는데, 그 무게는 돈의 겉면에 쓰여 있는 글자와 같았고, 그 錢이 매우 귀하였으며, 또 아주 정교하게 만들어졌다. 乾明 연간(560)과 皇建 연간(560~561) 사이에 이르러서는 이따금씩 사

---

44) 隋鑄五銖錢 : "이로부터 隋나라 시대가 끝날 때까지 돈을 바꾸어 주조한 기록이 없다. 五銖라는 명칭이 돈의 무게와 맞아서 미더웠다. ≪資治通鑑綱目≫에서는 五銖錢을 사용하고 바꾸어 주조함이 없다고 한 것이 두 번이다. 西漢 元狩 5년(B.C. 118) 이후로 東漢과 隋나라가 모두 그 시대가 끝날 때까지 바꾸어 주조한 것이 없다.〔自是終隋世無書改鑄者 五銖爲輕重之中 信矣 綱目用五銖無改者二 西漢元狩五年以後 東漢與隋 皆終其世無改者也〕" ≪書法≫

적으로 錢을 주조하는 일이 있었다. 鄴城에서 유통되었던 錢은 赤熟, 青熟, 細眉, 赤生의 차이가 있었으며, 河南에서 유통된 錢은 푸르고 얇으며 납과 주석의 구별이 있었다. 青州, 齊州, 徐州, 兗州, 梁州, 豫州에서도 종류가 각각 달랐다. 武平 연간(570~576) 이후로는 사적으로 錢을 주조하는 일이 점점 심해져서 어떤 사람은 鑄鐵을 銅에 섞기도 하였는데, 北齊가 멸망할 때까지 결국 막지 못했다. 後周(北周) 초기에는 여전히 北魏의 錢을 사용하였다. 武帝 保定 원년(561)에 이르러서야 바꾸어 布泉錢을 주조하였으니, 포천전 1전이 그 이전에 사용하던 돈의 5배에 해당하였고, 五銖錢과 함께 유통되었다. 당시에 梁州와 益州 경내에서는 또 옛날 錢을 섞어서 교역하였고, 河西의 여러 郡에서는 西域의 金錢과 銀錢을 사용하기도 하였는데, 관청에서 금지하지 않았다. 建德 3년(574)에 새로 五行大布錢을 주조하였는데, 오행대포전 1전이 그 이전에 사용하던 돈의 10배에 해당하였으며, 포천전과 함께 유통되었다. 建德 5년(576)에 포천전의 가치가 점점 떨어지자 드디어 폐기하였다. 북제가 평정된 이후에도 山東에서는 여전히 齊氏(北齊)의 옛날 錢이 유통되었다. 宣帝 大象 원년(579)에 또 永通萬國錢을 주조하였는데, 영통만국전 1전이 그 이전에 사용하던 돈의 10배에 해당하였으며, 오행대포전과 오수전과 함께 모두 세 종류의 錢이 동시에 유통되었다."라고 하였다.

五代志 "齊文宣受禪, 改鑄常平五銖, 重如其文, 其錢甚貴, 且制造甚精. 至乾明皇建之間, 往往私鑄. 鄴中用錢, 有赤熟・青熟・細眉・赤生之異, 河南所用, 有青薄鉛錫之別. 青・齊・徐・兗・梁・豫州, 輩類各殊. 武平已後, 私鑄轉甚, 或以生鐵和銅, 至于齊亡, 卒不能禁. 後周之初, 尙用魏錢. 及武帝保定元年, 乃更鑄布泉之錢, 以一當五, 與五銖竝行. 時梁・益之境, 又雜用古錢交易, 河西諸郡, 或用西域金銀之錢, 而官不禁. 建德三年, 更鑄五行大布錢, 以一當十, 與布泉竝行. 五年, 以布泉漸賤, 遂廢之. 齊平已後, 山東猶雜用齊氏舊錢. 宣帝大象元年, 又鑄永通萬國錢, 以一當十, 與五行大布及五銖凡三品竝用."

② 肉(동전의 몸체 또는 둘레)은 而救의 切이다. 錢의 文字가 있는 부분이 面(앞면)이 되고, 文字가 없는 부분이 背(뒷면)가 되며, 錢의 몸체가 肉이 되고, 錢의 구멍이 好가 된다. 바깥쪽의 둥근 테두리 부분은 規(圓形)로 둘러싸여 있고, 안쪽의 네모난 테두리 부분은 矩(方形)로 둘러싸여 있는데, 이를 周郭이라 한다.

肉, 而救切. 錢之文爲面, 其漫爲背, 錢體爲肉, 錢孔爲好. 外圓周之以規, 內方周之以矩, 曰周郭.

【綱】隋나라 上柱國 鄭譯이 죄를 지어 除名되었다.

隋上柱國鄭譯이 **有罪除名**[45]하다

45) 隋上柱國鄭譯有罪除名 : "무릇 나라를 팔아먹는 사람은 찬탈한 임금이 비록 그를 등용하여 도움을 받더라도 마음에는 모두 박하게 여겼으니 隋主가 鄭譯에게 한 것과 같은 것이 그것이다. 그러나 隋主는 조서를 내려서 정역의 죄를 드러내어 부도덕한 신하라고 하였는데, 조한 남의 나라를 찬탈

【目】鄭譯이 스스로 소외되었다고 여겨 몰래 道士를 불러 하늘에 제사를 지내고 복을 기원하였는데, 여종이 그가 邪術로 남에게 해를 끼친다고 고발하였고, 정역이 또 어머니와 떨어져 살았으므로 御史臺 관원에게 탄핵을 받아 除名되었다. 隋主(楊堅)가 조서를 내리기를 "정역을 만약 세상에 남겨둔다면 사람들 사이에서 도리에 어긋난 신하가 될 것이고, 그를 조정에서 죽인다면 지하에 들어가서 효성스럽지 못한 귀신이 될 것이니, ≪孝經≫을 하사하여 이를 익숙히 읽게 해야 한다."라고 하고, 이어서 그를 내보내어 어머니와 함께 살도록 하였다.

譯自以被疎로 陰呼道士하여 醮章祈福이러니 婢告以爲巫蠱라하고 譯又與母別居라 爲憲司所劾하여 除名①하다 隋主下詔曰 譯若留之於世면 在人에 爲不道之臣이요 戮之於朝면 入地에 爲不孝之鬼니 宜賜以孝經하여 令其熟讀이라하고 仍遣與母共居하다

① 道士는 재앙을 제거하고 액운을 넘기는 방법이 있는데, 陰陽五行의 술수에 따라 사람의 壽命을 늘리려면 章表를 올리는 의식처럼 쓰고 아울러 폐백을 갖추어 향을 사르고 읽기를 '하늘에 아뢰노니, 부디 액운을 막아 주십시오.'라고 하니, 이를 上章이라 한다. 한밤중에 별 아래에서 술과 과일, 떡과 폐백을 진설하여 天皇과 太一과 五星과 列宿에게 일일이 제사 지내고 上章의 의식처럼 글을 써서 아뢰니, 이를 이름하여 '醮'라고 한다. '憲司'는 御史臺의 관원이다.
道士有消災度厄之法, 依陰陽五行數術, 推人年命, 書之如章表之儀, 幷具贄幣, 燒香陳讀, 云奏上天曹, 請爲除厄, 謂之上章. 夜中於星辰之下, 陳設酒果麩餌幣物, 歷祀天皇・太一・五星・列宿, 爲書如上章之儀以奏之, 名爲醮. 憲司, 御史臺官.

【綱】겨울 10월에 隋나라가 처음으로 新律을 시행하였다.

冬十月에 隋初行新律[46]하다

하여 그 임금을 죽이고 그 종족을 멸족시킨 것이 부도덕임을 알지 못하였으니 어떠한가. 기록하기를 '정역이 죄를 지어 除名되었다.〔鄭譯有罪除名〕'라고 하였는데, 정역은 隋나라를 도와서 나라를 얻게 한 자이다. 정역이 이미 죄가 있다면 隋主는 따라서 알 수 있으니, 남을 아는 데에 밝았으나 자기를 아는 데에 어두운 이는 隋主를 말할 것이다.〔凡賣國之人 簒君雖賴其用 而心皆薄之 如隋主之於鄭譯是也 然隋主能下詔暴揚其罪 謂爲不道之臣 抑不知簒人之國 弑其主而滅其族 其爲不道 當如何耶 書曰鄭譯有罪除名 譯佐隋得國者也 譯旣有罪 則隋主從可知矣 明於知人 暗於知己 其隋主之謂乎〕" ≪發明≫

46) 隋初行新律 : "이것은 후세에 笞刑・杖刑・徒刑・流刑・死刑으로 罪를 정하는 것이 여기에서 시작되었다.〔此後世以笞杖徒流死定罪始此〕" ≪書法≫

【目】 예전에 北周의 법률은 北齊의 법률과 비교해 번잡하기만 하고 긴요하지 못했는데, 隋主가 高熲, 鄭譯, 楊素, 裴政 등에게 명령하여 다시 수정을 가하도록 하였다. 배정은 典故를 익숙하게 알아서 政事에 통달하여 마침내 魏나라와 晉나라의 옛 법률을 채택하고 아래로는 齊나라와 梁나라에 이르기까지 沿革과 輕重을 살펴 그것을 절충하였으며, 梟刑, 轘刑, 鞭刑의 刑法을 없애고, 謀叛의 죄를 저지른 경우가 아니면 가족을 연좌시키는 죄를 적용하지 않았다. 처음으로 死刑을 두 종류로 제정하였으니 絞刑과 斬刑이었고, 유배형에는 세 종류가 있었으니 2천 리부터 3천 리까지였고, 徒刑에는 다섯 종류가 있었으니 1년에서 3년까지였고, 杖刑에는 다섯 종류가 있었으니 60대에서 100대까지였고, 笞刑에는 다섯 가지 종류가 있었으니 10대에서 50대까지였다. 또 議, 請, 減, 贖, 官當[47]에 관한 조목을 제정하여 士大夫를 우대하였으며, 죄수를 신문하는 혹독한 법을 없애고, 곤장을 칠 때에도 200대를 넘을 수 없게 하였으며, 형틀과 곤장의 크기를 모두 규격이 있게 하였다. 백성들에게 억울한 일이 있는데 縣에서 처리해주지 않는 경우에는 차례대로 郡・州・省(尙書省)에서 上訴하는 것을 허락하되, 만일 여전히 처리되지 않으면 대궐에 가서 하소연하는 것을 허락하니, 이때부터 法制가 드디어 확정되어 후세 사람들이 대부분 〈隋나라의 법률을〉 준용하였다.

隋主(楊堅)가 한번은 어떤 郎官에게 화가 나서 殿閣 앞에서 笞刑을 가하자, 諫議大夫 劉行本이 진언하기를 "이 사람은 평소 청렴하고 그 허물이 또 적으니, 바라건대 조금 너그럽게 용서해주십시오."라고 하였는데, 隋主가 돌아보지 않았다. 유행본이 앞으로 나아가 말하기를 "폐하께서는 臣을 불초하다고 여기지 않으시어 臣을 좌우에 두셨으니, 臣의 말이 만약 옳다면 폐하께서는 어찌 들어주지 않을 수 있겠으며, 만약 〈臣의 말이〉 그르다면 大理寺에 내려 臣에게 죄를 물으셔야 하니, 어찌 臣을 경시하여 돌아보지 않을 수 있겠습니까."라고 하고, 이어서 笏을 땅바닥에 두고 물러갔다. 그러자 隋主가 몸가짐을 바로하고 그에게 사과하였고, 드디어 곤장을 맞던 사람을 용서해주었다.

初에 周法比於齊律에 煩而不要어늘 隋主命高熲鄭譯及楊素裴政等하여 更加修定한대 政練習典故하여 達於從政이라 乃采魏晉舊律하여 下至齊梁히 沿革重輕을 取其折衷하며 去梟轘鞭法하며 非謀叛이어든 無族罪①하다 始制死刑二하니 絞斬이요 流刑三하니 自二千里至三千里요 徒刑五하니 自一年至三年이요 杖刑五하니 自六十至百이요 笞刑五하니 自十至五十이라 又制議請減贖官當之科하여 以優士大夫②하며 除訊囚酷法하고 考掠을 不得過二百하며 枷杖大小를 咸有程式③이라 民有

47) 官當 : 죄를 범한 관원에게 品階를 강등시키는 대신에 徒刑을 면제해주던 일이다.

枉屈하여 縣不爲理者를 聽以次經郡州省호대 若仍不爲理어든 聽詣闕伸訴④하니 自是法制遂定하여 後世多遵用之하니라 隋主嘗怒一郎하여 於殿前에 笞之한대 諫議大夫劉行本이 進曰⑤ 此人素淸하고 其過又小하니 願少寬之하소서하니 隋主不顧라 行本前曰 陛下不以臣不肖하사 置臣左右하시니 臣言若是인댄 陛下安得不聽이시며 若非인댄 當致之於理니 豈得輕臣而不顧也⑥오하고 因置笏於地而退하더라 隋主斂容謝之하고 原所笞者하다

① 梁나라 제도에는 制鞭, 法鞭, 常鞭으로, 모두 세 등급의 차이가 있었다. 制鞭은 생가죽을 각이 지도록 만든 것이고, 法鞭은 생가죽에 각을 제거한 것이고, 常鞭은 마름질한 가죽에 각을 제거하지 않은 것이니, 모두 鶴頭(채찍 끝에 있는 학 머리 모양의 매듭)를 만들었다. 끈의 길이는 1척 1촌이고, 끝부분의 길이는 2척 7촌이고, 너비는 3촌이며, 자루의 길이는 2척 5촌이다.
梁制有制鞭・法鞭・常鞭, 凡三等之差. 制鞭, 生革廉成, 法鞭, 生革去廉, 常鞭, 熟靼不去廉, 皆作鶴頭. 紐長一尺一寸, 梢長二尺七寸, 廣三寸, 靶長二尺五寸.

② 議는 ≪周禮≫에 있는 八議의 법[48]이다. 請은 八議의 罪目이 있을 경우에 요청하는 것이다. 減은 관직의 품계가 7등급 이상인 경우 죄를 지었을 때 모두 으레 1등급을 내리고, 품계가 9등 이상인 경우 죄를 지었을 때 贖錢을 내는 것을 들어주는 것이다. 당연히 속전에 해당하는 경우 모두 銅으로 명주를 대신하였는데, 贖銅(贖錢으로 내는 銅) 1근을 1負로 삼았고, 10부를 1殿으로 삼았다.[49] 笞刑 10대는 銅 1근으로 하였고, 더하여 杖 100대에 이르면 10근으로 하였다. 1년의 徒刑은 贖銅 20근으로 하고, 매 등급마다 銅 10근을 더 부과하였으며, 3년의 徒刑은 贖銅 60근으로 하였다. 流刑 1,000里는 贖銅 80근으로 하였고, 매 등급마다 銅 10근을 더 부과하였으며, 流刑 2,000리는 贖銅 100근으로 하였다. 두 가지 사형(絞刑・斬刑)은 모두 贖銅 120근으로 하였다. 私罪를 저질러 관원의 신분으로 徒刑

48) 八議의 법 : 죄를 감면해주는 여덟 가지 은전을 八議라고 하는데, 첫째는 왕의 친족의 죄를 논하여 형벌을 감면하는 것〔議親〕이고, 둘째는 관직이 높은 자의 죄를 논하여 형벌을 감면하는 것〔議貴〕이고, 셋째는 훌륭한 덕행을 지닌 자의 죄를 논하여 형벌을 감면하는 것〔議賢〕이고, 넷째는 뛰어난 재능을 가진 자의 죄를 논하여 형벌을 감면하는 것〔議能〕이고, 다섯째는 공로가 있는 자의 죄를 논하여 형벌을 감면하는 것〔議功〕이고, 여섯째는 국사에 노력한 자의 죄를 논하여 형벌을 감면하는 것〔議勤〕이고, 일곱째는 왕의 친구의 죄를 논하여 형벌을 감면하는 것〔議故〕이고, 여덟째는 國賓의 죄를 논하여 형벌을 감면하는 것〔議賓〕이다.(≪周禮≫ 〈秋官 司寇〉)

49) 贖銅……삼았다 : 이는 ≪隋書≫ 〈刑法志〉와 ≪唐六典≫ 考功郎中 조 注와 刑部郎中 조에 보인다. ≪新譯 唐六典≫(朱永嘉, 蕭木 譯註, 三民書局, 2002)의 역주에 보면, 負와 殿은 ① 考課의 용어와 ② 司法 용어로 사용한다고 하였다. 고과의 등급은 上上・上中・上下・中上・中中・中下・下上・下中・下下의 9등급인데, 正・負와 殿・最로 표현할 때 正은 中中 이상을 가리키고, 負는 中中 이하를 가리키고 殿은 최하등이고 最는 최상등을 가리킨다. 司法 용어에서는 관리가 범죄를 저질렀을 때의 형벌의 단위이다. ≪수서≫ 〈형법지〉에 "鞭杖 10대가 1負가 되고 閒局(한가한 부서) 6負가 1殿이 되고 平局 8負가 1殿이 되고 繁局 10負가 1殿이 된다." 하였다. 여기 "贖銅 1근을 負로 삼았고, 10負를 殿으로 삼았다."라고 한 것은 司法의 용어로 사용한 것이다.

에 해당하는 경우에 5품 이상은 한 관원을 徒刑 2년에 처했고, 9품 이상은 한 관원을 徒刑 1년에 처했으며, 流刑에 해당하는 경우에는 3等의 流刑(2,000리~3,000리)을 3년의 徒刑(1년~3년)에 동일하게 견주었다. 公罪(公務 중에 저지른 범죄)를 저지른 경우에는 徒刑에 각각 1년을 더하고, 流刑에 해당하는 경우에는 각각 1등급을 더하였다. 徒刑을 累計하여 9년을 넘는 경우에는 2,000리의 流刑에 처하였다.

議, 卽周禮八議之法. 請者, 凡在八議之科則請之. 減者, 官品第七已上, 犯罪皆例減一等, 其品第九已上, 犯者聽贖. 應贖者皆以銅代絹, 贖銅一斤爲負, 負十爲殿. 笞十者銅一斤, 加至杖百則十斤. 徒一年, 贖銅二十斤, 每等則加銅十斤, 三年則六十斤矣. 流一千里, 贖銅八十斤, 每等則加銅十斤, 二千里則百斤矣. 二死皆贖銅百二十斤. 犯私罪, 以官當徒者, 五品已上, 一官當徒二年, 九品已上, 一官當徒一年, 當流者, 三流同比徒三年. 若犯公罪者, 徒各加一年, 當流者, 各加一等. 其累徒過九年者, 流二千里.

③ 당시에 有司가 이전 시대에 죄수를 심문하는 법을 사용하였는데, 大棒, 束杖, 車輻, 鞵底, 壓踝, 杖桄 따위를 썼다.

時有司用前世(記)〔訊〕[50]囚之法, 用大棒・束杖・車輻・鞵底・壓踝・杖桄之屬.

④ 爲(위하다)는 去聲이다.

爲, 去聲.

⑤ 劉行本은 劉璠의 조카이다.

行本, 璠之兄子也.

⑥ '致之於理'는 大理寺로 보내어 그 죄를 다스리는 것을 말한다.

致之於理, 言送詣大理寺治其罪.

【綱】 隋나라가 梁彦光을 相州刺史로 삼고, 房恭懿를 海州刺史로 삼았다.

隋以梁彦光爲相州刺史하고 **房恭懿爲海州刺史**하다

【目】 예전에 梁彦光이 岐州刺史가 되었는데, 岐州의 풍속이 질박하고 두터워서 梁彦光이 고요함으로 민심을 진정시켰으니, 考課를 아뢸 적에 연이어 천하에서 최고였다. 隋主가 조서를 내려 그의 훌륭한 治積을 포상하여 곡물과 비단을 하사하고, 相州刺史로 자리를 옮겨주었다. 鄴城(相州의 治所)에서는 北齊가 멸망한 뒤로 의관을 갖춘 人士들이 대부분 關中으로 옮겨갔고, 오직 工人, 商人, 樂人의 戶口만 옮겨 州의 외관을 채우니, 풍속이 음흉하고 간사하여 유언비어〔謠〕와 소송을 일으키기를 좋아하여 양언광을 지목하여 '著帽餳'이라고 하였는데, 隋主(楊堅)가 이 소식을 듣고 양언광을 면직시켰다. 양언광이 요

50) (記)〔訊〕: 저본에는 '記'로 되어 있으나, 《資治通鑑》 註에 의거하여 '訊'으로 바로잡았다.

청하여 다시 상주자사가 되어 숨어서 나쁜 짓을 하는 사람들을 귀신처럼 적발하니, 세력 있고 교활한 자들은 몰래 잠적하였고, 경계 안이 크게 다스려졌다. 이에 名儒들을 초빙하여 오게 하고, 鄕마다 학교를 세워 직접 가서 策試를 주관하여 근면한 사람을 포상하고 게으른 사람을 내치니, 풍속이 크게 변화하여 다시 訟事를 일으키는 사람이 없었다.

新豐縣令 房恭懿는 治積이 三輔 지역에서 최고였다. 늘 조정에서 알현할 때에 隋主가 불러서 榻前으로 오게 하여 백성들을 다스리는 방법에 대하여 자문하였고, 〈隋主가〉 여러 州의 朝集使들에게 말하기를 "방공의는 오로지 국가를 위하는 데 뜻을 두어 나의 백성들을 아끼고 길렀으니, 卿들은 그를 본받도록 하시오."라고 하고, 이어서 발탁하여 海州刺史로 삼았다. 이로부터 관리들이 대부분 직책에 걸맞게 되었으며, 백성들이 부유하고 많아졌다.

初에 彦光爲岐州刺史①러니 岐俗質厚하여 彦光以靜鎭之하니 奏課에 連爲天下最②라 隋主下詔褒美하여 賜粟帛하고 徙相州刺史하다 鄴自齊亡으로 衣冠士人多遷入關하고 唯工商樂戶를 移實州郭하니 風俗險詖하여 好興謠訟하여 目彦光爲著(착)帽餳③이라하니 隋主聞之하고 免彦光官한대 彦光請復爲之하여 發擿姦伏을 有若神明하니 豪猾潛竄하고 闔境大治러라 於是에 招致名儒하여 每鄕立學하여 親臨策試하여 褒勤黜怠하니 風化大變하여 無復訟者러라 新豐令房恭懿가 政爲三輔之最④러니 每朝謁에 隋主呼至榻前하여 訪以治民之術하고 謂諸州朝集使曰⑤ 房恭懿가 志存體國하여 愛養我民하니 卿等宜師之하라하고 因擢爲海州刺史하니 由是로 吏多稱職하고 百姓富庶러라

① ≪隋書≫ 〈地理志〉에는 "扶風郡에 옛날에 岐州를 두었다."라고 하였다.
隋志 "扶風郡, 舊置岐州."

② '奏課'는 會計帳簿와 輸籍(戶籍)을 아뢰는 것을 말한다.
奏課, 奏計帳及輸籍也.

③ 著(붙이다)은 則略의 切이다. 餳은 徐盈의 切이니, 엿이다. 엿은 부드럽고 단 것이니, 梁彦光의 사람됨이 부드럽고 좋아 엿가락에 다만 모자를 씌워놓은 것처럼 〈연약하고 무능할〉 뿐임을 말한 것이다.
著, 則略切. 餳, 徐盈切, 飴也. 餳軟而甘, 言彦光爲人軟美, 如團餳特著帽耳.

④ 新豐縣은 漢나라 이후로 京兆에 소속되었다.
新豐縣, 自漢以來屬京兆.

⑤ ≪隋書≫ 〈房恭懿列傳〉에는 "元會[51]가 있을 때마다 여러 州에서 모두 使臣을 보내어 京師

---

51) 元會 : 설날 아침에 행하던 대궐 안의 朝會를 말한다.

에 나아가 朝廷에서 모이게 하는데, 이를 '朝集使'라고 한다."라고 하였다.
隋(志)〔書〕[52] "每元會, 諸州悉遣使赴京師朝集, 謂之朝集使."

【綱】12월에 隋나라가 백성들이 出家하는 것을 허락하고, 錢을 거두어 佛經을 베껴 만들고 佛像을 제조하였다.

十二月에 隋聽民出家하고 賦錢하여 寫書造像[53]하다

【目】隋主(楊堅)가 조서를 내려 境內의 백성들이 임의로 出家하는 것을 허락하였고, 이어서 戶口를 계산하여 錢을 거두게 하여 佛經과 佛像을 제조하게 하였다. 이에 당시의 풍속이 무너져서 민간의 佛書가 六經보다 수십 배나 수백 배 정도 많아졌다.

隋主詔境內之民을 任聽出家하고 仍令計口出錢하여 營造經像하니 於是에 時俗風靡하여 民間佛書가 多於六經數十百倍러라

【綱】突厥의 佗鉢可汗이 죽고 네 명의 可汗이 갈라져 따로 섰다.

突厥佗鉢可汗死하고 分立四可汗하다

【目】佗鉢可汗이 병들어 죽음을 앞두고 그의 아들 阿史那菴邏에게 말하기를 "나의 형님

---

52) (志)〔書〕: 저본에는 '志'로 되어 있으나, '朝集使'는 ≪隋書≫ 〈房恭懿列傳〉에 보이므로 이에 의거하여 '書'로 바로잡았다.

53) 隋聽民出家……寫書造像 : "불교와 도교를 거듭 몰아냈다가 거듭 복구한 것은 佛經을 베껴 만들고 佛像을 제조한 것에서 알 수 있으나, 錢을 거두어 불경을 만들고 불상을 제조하였다는 것은 아직 듣지 못하였다. '錢을 거두었다〔賦錢〕'라고 기록한 것은 매우 나무란 것이다. 이어서 또다시 거듭하여 佛像을 파손하는 것을 금지시켰으니 隋主가 異敎에 마음을 쓴 것이 역시 지극하였는데 그 응보가 어떠하였는가.〔二敎再黜再復 寫書造像可知矣 未聞有賦錢爲此者 書賦錢 甚譏之也 繼又申之以毁像之禁 隋主之用情異敎亦至矣 而其應何如哉〕" ≪書法≫
"隋主는 不學無識함으로 나라를 얻었으므로 그 행위가 대개 저속하고 비루하였으니 백성들이 出家하는 것을 허락하는 부류와 같은 것이 그것이다. 梁나라·北魏가 사찰을 세우고 佛塔을 만들어서 순식간에 멸망하니 隋主는 반드시 그들이 부처를 받드는 것에 요령을 얻지 못함을 비웃었다. 그러므로 佛經을 베껴 만들고 佛像을 제조하는 것을 진정한 福田이라고 여겨, 隋主가 양나라·북위보다 한술 더 뜬 것이다. 그러나 자신은 시해당하고 나라는 멸망하였으니 부처 역시 어찌하지 못하였다. ≪資治通鑑綱目≫에서는 곧바로 책에 기록하였으니 隋主의 사람됨을 또한 알 수 있다. 오히려 어찌 양나라·북위를 비웃을 수 있겠는가.〔隋主以不學得國 故其所爲 大率庸俗猥鄙 如聽民出家之類是也 梁魏建寺造塔 滅亡不暇 隋主必笑其奉佛不得要領 故以寫書造像爲眞福田 其高於梁魏一等矣 然身弑國滅 佛亦無如之何 綱目直書於冊 則隋主之爲人 亦可知已 尙何梁魏之足笑哉〕" ≪發明≫

(木杆可汗 阿史那俟斤)은 자신의 아들(阿史那大邏便)을 〈可汗으로〉 세우지 않고 그 자리를 나에게 맡겼으니, 내가 죽으면 너희들은 大邏便을 피하도록 하여라."라고 하였다. 〈타발가한이〉 죽자, 나라 사람들이 대라편은 어머니가 비천하고, 菴邏는 어머니가 고귀하다고 하여 마침내 〈암라를〉 後嗣로 세웠다. 대라편이 마음속으로 암라에게 승복하지 않아 늘 사람을 보내어 그를 모욕하였는데, 암라가 〈대라편을〉 통제할 수 없게 되자, 이어서 나라를 阿史那攝圖에게 이양하였다. 나라 사람들이 함께 攝圖를 맞아 세워서 沙鉢略可汗이라고 불렀는데, 都斤山에 살았다. 암라는 물러나 獨洛水에 살았는데, '第二可汗'이라고 불렀다. 사발략가한이 대라편을 阿波可汗으로 삼아 거느리던 사람들을 데리고 돌아가게 하였고, 또 사발략가한의 叔父 阿史那玷厥이 서쪽에 살았는데 達頭可汗이라고 불렀으니, 여러 可汗이 각자 부족의 무리들을 거느리고 사방에 나누어 살았다. 사발략가한이 용맹하여 무리들을 얻으니, 북방에서는 모두 두려워하여 그에게 歸附하였다.

佗鉢可汗病且卒에 謂其子菴邏曰 吾兄不立其子하고 委位於我하니 我死에 汝當避大邏便하라하여늘 及卒에 國人以大邏便이 母賤하고 菴邏(實)〔母〕[54] 貴라하여 竟立爲嗣[①]한대 大邏便心不服菴邏하여 每遣人詈辱之하니 菴邏不能制하여 因以國讓攝圖한대 國人共迎立之하여 號沙鉢略可汗이라하니 居都斤山하고 菴邏는 降居獨洛水하여 稱第二可汗[②]하고 沙鉢略이 以大邏便爲阿波可汗하여 還領所部하고 又沙鉢略從父玷厥이 居西面하여 號達頭可汗[③]이라하니 諸可汗各統部衆하여 分居四面이라 沙鉢略勇而得衆하니 北方皆畏附之하더라

① 〈'菴羅實貴'가〉 ≪隋書≫에는 "菴羅母貴(菴羅의 어머니가 고귀하다.)"로 되어 있으니, 마땅히 따라야 한다.
隋書作菴羅母貴, 當從之.

② 都斤山과 獨洛水는 모두 突厥에 있는 지역 이름이다. 第二可汗은 그의 지위가 沙鉢略可汗의 다음 서열임을 말한다.
都斤山・獨洛水, 皆突厥中地名. 第二可汗, 言其位次沙鉢略也.

③ 從(따르다)은 才用의 切이다.
從, 才用切.

【綱】 突厥이 隋나라를 정벌하자, 隋나라가 都尉 長孫晟을 보내어 돌궐로 가게 하였다.

突厥伐隋어늘 隋遣都尉長孫晟하여 如突厥[55]하다

54) (實)〔母〕: 저본에는 '實'로 되어 있으나, ≪隋書≫ 〈突厥列傳〉에 의거하여 '母'로 바로잡았다.

【目】 隋主(楊堅)가 즉위한 뒤에 千金公主가 자신의 宗祀(北周)가 멸망한 것을 가슴 아프게 여겨 밤낮으로 〈沙鉢略可汗에게〉 북주 皇室의 원수를 갚아달라고 청하였는데, 사발략가한이 신하들에게 말하기를 "나는 北周의 친척이다. 지금 隋公이 자립하였는데 제지하지 못했으니, 다시 무슨 면목으로 可賀敦을 볼 수 있겠는가."라고 하고, 마침내 高寶寧과 군사를 연합하여 隋나라를 공격하였다. 隋主가 이를 걱정하여 長城을 높게 쌓고, 虞慶則에게 명을 내려 幷州를 鎭守하여 군사를 주둔시켜 대비하도록 하였다.

隋主旣立에 千金公主傷其宗祀覆沒하여 日夜請爲周復讐한대 沙鉢略謂其臣曰 我周之親也라 今隋公自立而不能制하니 復何面目으로 見可賀敦乎①아하고 乃與高寶寧으로 合兵伐隋한대 隋主患之하여 峻長城하고 命虞慶則(칙)鎭幷州하여 屯兵以備之하다

① 可賀敦(可汗의 아내에 대한 호칭)은 千金公主를 가리킨다.
可賀敦, 指千金公主.

【目】 예전에 〈北周의〉 奉車都尉 長孫晟이 千金公主를 호송하여 突厥로 들어갔는데, 돌궐의 可汗(佗鉢可汗)이 그의 뛰어난 활 솜씨를 아껴서 1년이 다 되도록 그를 머무르게 하고, 子弟들과 貴人들에게 명령하여 그와 친밀하게 지내며 벗이 되도록 하였다. 突利設

---

55) 突厥伐隋……如突厥 : "中國을 어지럽힌 것은 '도적질하였다〔寇〕'라고 기록하는 것이 상례이고, '정벌하였다〔伐〕'라고 기록한 것이 없었는데 '隋나라를 정벌하였다〔伐隋〕'라고 기록한 것은 어째서인가. 北周에 온당한 신하가 없음을 통탄한 것이다. 楊堅이 찬탈함으로부터 북주의 臣子들은 태연하게 신하 노릇을 하였는데 千金公主만 홀로 沙鉢略可汗에게 청하여 북주를 위하여 復讐해달라고 하였다. ≪資治通鑑綱目≫은 그 뜻과 의리를 허여하였기 때문에 거듭하여 '伐'이라고 기록하였으니 이것은 ≪資治通鑑綱目≫의 變例이다. ≪資治通鑑綱目≫이 끝날 때까지 외적이 중국을 압박한 것에 '伐'이라고 기록한 것은 두 번인데(이해(581)에 천금공주가 突厥로 隋나라를 정벌하게 하였고, 신해년(951)에 劉崇이 契丹으로 後周를 정벌하게 하였다.) 모두 復讐한 것이다.〔猾夏書寇 恒也 未有書伐者 書伐隋 何 痛周之無臣也 自堅之簒 周之臣子 恬然臣之 千金公主獨能請於可汗 爲周復讐 綱目與其志義 故再書伐 此綱目之變例也 終綱目 外加內得書伐者二(是年 千金公主以突厥伐隋 辛亥年 劉崇以契丹伐周) 皆以復讐也〕" ≪書法≫

"夷狄이 中國에 대하여 '정벌하였다〔伐〕'라고 기록한 것이 없었는데 지금 突厥이 '隋나라를 정벌하였다〔伐隋〕'라고 기록한 것은 어째서인가. 隋나라가 부도덕하여 周氏(北周)를 멸망시키자, 그 딸 중에 突厥과 화친을 위하여 시집간 자(千金公主)가 있어 병사를 청해 復讐하는 일을 하려 하였으므로 ≪資治通鑑綱目≫에서 특별히 '隋나라를 정벌하였다.〔伐隋〕'라고 기록하여 그 딸이 宗國을 잊지 않는 마음을 이루어주었다. 그렇지 않으면 중국을 중시하고 이적을 천시하면서 기꺼이 오랑캐의 풍속으로 하여금 중국에 가할 수 있게 할 것인가. 書法이 이와 같으니 그 뜻이 은미하다.〔夷狄之於中國 未有以伐書者 今突厥乃書伐隋 何哉 隋爲不道 戕滅周氏 其女有和親於虜者 請兵欲爲復讐之擧 故綱目特書伐隋 以遂其不忘宗國之意云爾 不然 貴華賤夷 其肯使左衽之俗 得以加乎中國哉 書法如此 其旨微矣〕" ≪發明≫

인 阿史那處羅侯는 沙鉢略可汗의 동생으로, 더욱 무리들에게 인심을 얻어 몰래 장손성과 同盟을 맺었다. 장손성은 그와 함께 사냥을 다니며 이를 이용하여 山川의 형세와 부족 무리들의 强弱을 살펴서 모르는 것이 없었다.

이때에 이르러 장손성이 〈隋主(楊堅)에게〉 글을 올려 말하기를 "지금 諸夏(中華) 지역이 비록 편안하지만 오랑캐들이 여전히 강성하니, 계책을 은밀히 운용하여 점차 그들을 물리쳐야 합니다. 阿史那玷厥(達頭可汗)이 阿史那攝圖(沙鉢略可汗)에 비해 군사력은 강하지만 지위는 낮아서 겉으로 보면 명목상 소속되어 있지만 안으로는 틈이 이미 벌어졌으니, 그의 마음을 북돋아 부추기면 반드시 스스로 싸울 것입니다. 또 處羅侯는 간사함이 많으나 세력이 약하여 무리들의 마음에 영합하니, 나라 사람들이 그를 아껴 이로 인하여 攝圖의 시기를 받아 마음속으로 몹시 불안해하고 있습니다. 阿波可汗(阿史那大邏便)은 점궐과 섭도 사이에 끼어 있어서 어느 쪽을 따를지 정하지 못하였다. 그는 섭도를 몹시 두려워하여 그의 통솔을 받고 있지만, 오직 강한 쪽만을 따르고 어느 한 사람을 따르려는 마음은 없습니다. 〈우리 隋나라는〉 지금 멀리 있는 자와는 외교를 맺고, 가까이 있는 자를 공격하며, 강성한 세력은 이간시키고, 약한 세력은 통합해야 하니, 점궐에게 사신을 보내어 소통하고, 아파가한에게 연합하자고 유세한다면 섭도가 군사를 돌려 스스로 돌궐의 서쪽 지역을 방어할 것이고, 또 처라후를 끌어들여 보내어 奚族과 霫族과 연합한다면 섭도는 무리를 나누어 돌아와서 동쪽 지역을 대비할 것입니다. 머리와 꼬리가 시기하며 혐오하고 心服이 떨어져 나가거든 십수 년 후에 틈을 타서 그들을 토벌한다면 반드시 한 번 군사를 일으켜서 그 나라를 텅 비게 할 수 있습니다."라고 하였다.

隋主가 이 의견을 받아들여 太僕 元暉를 보내어 伊吾道로 나아가 달두가한에게 가서 狼頭纛을 하사하게 하였다. 달두가한이 使臣을 보내오자, 그를 인도하여 沙鉢略可汗이 보낸 使臣의 윗자리에 앉히고 장손성을 黃龍道로 나가서 폐물을 가져다 奚族, 霫族, 契丹에 하사하여 〈그들로 하여금〉 鄕導(길잡이)가 되게 하여 처라후가 있는 곳에 도착하여 속마음을 심도 있게 이야기하며 그를 유인하여 隋나라로 歸附하게 하였다. 이간하는 계책이 이미 시행되자, 과연 서로 시기하며 두 마음을 품게 되었다.

初에 奉車都尉長孫晟이 送千金公主하여 入突厥[①]한대 可汗愛其善射하여 留之竟歲하고 命諸子弟貴人하여 與之親友하니 突利設處羅侯는 沙鉢略之弟也[②]라 尤得衆心하여 陰與晟盟하니 晟與之遊獵하여 因察山川形勢와 部衆强弱하여 靡不知之러라 至是하여 晟上書曰 今諸夏雖安이나 戎虜尙梗하니 宜密運籌策하여 漸以攘之니이다 玷厥之於攝圖에 兵彊而位下하여 外名相屬이나 內隙已彰하니

鼓動其情이면 必將自戰이요 又處羅侯者가 姦多勢弱하여 曲取衆心하니 國人愛之하여 因爲攝圖所忌하여 其心殊不自安③하고 阿波首鼠하여 介在其間④하여 頗畏攝圖하여 受其牽率이로되 唯彊是與하고 (利)〔未〕[56]有定心하니이다 今宜遠交而近攻하고 離彊而合弱하니 通使玷厥하고 說(세)合阿波면 則攝圖迴兵하여 自防右地⑤요 又引處羅하여 遣連奚霫하면 則攝圖分衆하여 還備左方⑥하리니 首尾猜嫌하고 腹心離阻어든 十數年後에 乘釁討之하면 必可一擧而空其國矣리이다 隋主納之하여 遣太僕元暉하여 出伊吾道하여 詣達頭하여 賜以狼頭纛한대 達頭使來어늘 引居沙鉢略使上⑦하고 以晟出黃龍道하여 齎幣賜奚霫契丹하여 遣爲鄕導하여 得至處羅侯所하여 深布心腹하고 誘之內附⑧하니 反間旣行에 果相猜貳하니라

① 長孫晟은 長孫稚의 5세손이다. 晟은 음이 盛이다.
晟, 稚之五世孫也. 晟, 音盛.

② 突利는 그 設의 호칭이다. 設은 부족이라는 말과 같으니, 突厥의 풍속에 별도로 부족을 두어 병력을 맡는 것을 일러 設이라고 한다. 그 사람의 이름이 處羅侯이다.
突利, 其設之號也. 設猶言部, 突厥之俗, 謂別部典兵者曰設. 其人名處羅侯.

③ '姦多勢弱'은 마음에 간사함이 많으나 형세가 아주 미약한 것을 말한다.
姦多勢弱, 言其心多姦巧而形勢甚弱.

④ 介는 사이를 둔다는 뜻이다.
介, 隔也.

⑤ 使(사신)는 疏吏의 切이니, 아래도 동일하다. '右地'는 突厥의 서쪽 지역이다.
使, 疏吏切, 下同. 右地, 突厥西面地也.

⑥ 奚의 본래 호칭은 庫莫奚로, 그 先祖는 東胡 宇文氏의 別種인데, 匈奴에 격파당하여 松漠의 동쪽에 숨어 살았으니, 突厥과 풍속이 같았다. 隋나라 때 이르러 비로소 '庫莫'을 떼고 다만 '奚'라고 하였다. 霫은 음이 習이니, 바로 白霫으로 오랑캐이며, 鐵勒의 여러 부족의 호칭이다. 그들의 후예인 契丹이 강성해지자, 마침내 奚의 모든 부족이 霫에 예속되어 東奚와 西奚가 있었다. '遣連'은 處羅侯를 끌어들여 보내어 그로 하여금 奚族과 霫族과 연합하게 만든 것이다. '左方'은 突厥의 동쪽 지역이다.
奚本號庫莫奚, 其先東胡宇文之別種, 爲匈奴所破, 竄居松漠之東, 與突厥同俗. 至隋始去庫莫而但曰奚. 霫, 音習, 卽白霫蠻也, 鐵勒諸部之號. 其後契丹强, 奚乃擧部役屬於霫, 有東西奚焉. 遣連者, 謂引處羅侯遣, 令與奚·霫連結也. 左方, 突厥東面地也.

⑦ 太僕은 太僕卿이다. 伊吾는 바로 漢나라 때의 伊吾盧 지역이다. 突厥의 先祖가 이웃 나라에게 멸망당하여 겨우 한 아이가 살아남았는데, 병사가 그 아이의 다리를 자르고 팔을 잘라 습지 속에 버리니, 암컷 늑대가 고기를 물어다 그 아이에게 먹였다. 아이가 장성해서 암컷 늑대와 교접하여 10명의 사내아이를 낳아 각자 하나의 姓을 주었는데, 오직 阿史那氏가 가

56) (利)〔未〕: 저본에는 '利'로 되어 있으나, 《資治通鑑》 註에 의거하여 '未'로 바로잡았다.

장 현명하여 마침내 君長이 되었다. 그러므로 牙門에 狼頭纛을 세워 근본을 잊지 않는다는 뜻을 보인 것이다.
太僕, 太僕卿也. 伊吾, 卽漢伊吾盧之地. 突厥之先爲隣國所滅, 僅存一兒, 兵人刑足斷臂, 棄草澤中, 有牝狼以肉餌之. 及長, 與狼交合, 乃生十男, 各爲一姓, 唯阿史那氏最賢, 遂爲君長. 故於牙門, 建狼頭纛, 示不忘本也.

⑧ 黃龍은 바로 和龍이니, 당시에 高寶寧에게 점거되었다.
黃龍, 卽和龍, 時爲高寶寧所據.

壬寅年(582)

陳나라 宣帝 陳頊 太建 14년이고, 隋나라 高祖 文帝 楊堅 開皇 2년이다.

陳太建十四年이요 隋開皇二年이라

【綱】봄 정월에 陳主 陳頊이 殂하니, 始興王 陳叔陵이 난을 일으켜 죽임을 당하고, 太子 陳叔寶가 즉위하였다.

春正月에 陳主頊殂①하니 始興王叔陵作亂伏誅하고 太子叔寶立하다

① 〈陳頊은〉 향년이 53세였다.
壽五十三.

陳 後主(陳叔寶)

【目】陳叔陵은 陳主의 次子이다. 성격이 사납고 각박하며 교활하고 음흉하며 오래된 무덤을 파헤치는 것을 좋아했는데, 揚州刺史가 되어 新安王 陳伯固와 함께 은밀하게 반란을 도모하였다. 陳主가 병이 들자 太子가 진숙릉과 長沙王 陳叔堅과 함께 들어가서 병시중을 들었다. 陳主가 세상을 떠나자, 태자는 슬피 통곡하느라 엎드려 있었는데 진숙릉이 藥을 써는 칼을 뽑아 태자를 내리찍으니, 목에 적중하여 태자

가 혼절하였다. 〈태자의 어머니인〉 柳后가 와서 태자를 구하려고 하자 또 유후를 내리찍었는데, 진숙견이 손으로 진숙릉을 붙잡아 그가 가지고 있던 칼을 빼앗았다. 진숙릉은 雲龍門을 나가서 수레를 타고 달려 東府(揚州의 治所)로 돌아가 좌우의 사람들을 불러 青溪의 통로를 차단하고 東城의 죄수들을 사면하여 戰士로 보충하고 金帛을 이리저리 나누어 상으로 내렸다. 또 여러 王들과 將帥들을 불렀는데 부름에 달려온 사람이 없었고 진백고만이 말 한 필을 타고 달려왔다. 진숙견이 유후에게 아뢰어 태자의 명으로 右衛將軍 蕭摩訶를 불러 들어와서 알현하고 勅令을 받아 기병과 보병 수백 명을 이끌고 東府로 가서 城 서쪽 문에 주둔하게 하였다. 진숙릉이 당황하고 두려워하여 일이 성공하지 못할 것을 스스로 알고 隋나라로 도망치려고 하였는데, 臺城의 군대가 도중에서 기다리고 있다가 그를 잡아서 참수하였고, 진백고 역시 亂兵에게 죽임을 당하니, 태자가 즉위하였다.

叔陵은 陳主之次子也라 性苛刻狡險하고 好發古冢이러니 爲揚州刺史하여 與新安王伯固로 密圖不軌[①]러라 陳主不豫하니 太子與叔陵及長沙王叔堅으로 並入侍疾이러니 陳主殂커늘 太子哀哭俯伏한대 叔陵抽剉藥刀하여 斫之하니 中項悶絶이어늘 柳后來救하니 又斫之[②]한대 叔堅手搤叔陵하여 奪其刀하니 叔陵走出雲龍門하여 馳車還東府하여 召左右하여 斷青溪道하고 赦東城囚하여 以充戰士하여 散金帛賞賜[③]하고 又召諸王將帥하니 莫有至者하고 唯伯固單馬赴之어늘 叔堅白柳后하여 以太子命으로 召右衛將軍蕭摩訶한대 入見受勅하여 帥馬步數百하여 趣東府하여 屯城西門하니 叔陵惶恐하여 自知不濟하고 欲奔隋어늘 臺軍邀斬之하고 伯固亦爲亂兵所殺하니 太子卽位하다

① 陳伯固는 陳 文帝(陳蒨)의 아들이다.
伯固, 文帝子.
② 柳后는 太子의 어머니이다.
柳后, 太子母也.
③ 東城은 바로 東府城이다.
東城, 卽東府城.

【綱】 隋나라가 晉王 楊廣을 河北行臺尙書令으로 삼고, 蜀王 楊秀를 西南行臺尙書令으로 삼고, 秦王 楊俊을 河南行臺尙書令으로 삼았다.

隋以晉王廣으로 爲河北行臺尙書令하고 蜀王秀로 爲西南行臺尙書令하고 秦王俊으로 爲河南行臺尙書令[①]하다

①〈隋나라가〉 幷州에 河北道行臺를 설치하였고, 益州에 西南道行臺를 설치하였다.
置河北道行臺於幷州, 置西南道行臺於益州.

【目】 隋主(楊堅)가 周氏(北周)가 외롭고 약하여 멸망한 것을 교훈으로 삼았다. 그러므로 두 아들을 시켜 한 方面을 나누어 鎭守하도록 하고, 그들을 보좌할 인물을 엄선할 적에 王韶, 李雄, 李徹로 晉王府의 軍事를 총괄하게 하고, 元巖을 益州長史로 삼았다. 왕소, 이웅, 元巖은 모두 꿋꿋하고 충성스러운 신하로 명성이 있었고, 이철은 이전 왕조(北周)의 옛 將帥였기에 이들을 등용하였다.

이웅의 가문은 대대로 學業으로 스스로 顯達하였는데, 이웅만은 홀로 말타기와 활쏘기를 익히자, 그의 형 李子但이 그를 꾸짖었다. 그러자 이웅이 말하기를 "옛날부터 聖賢 가운데 문무를 겸비하지 않고서 功業을 이루었던 사람은 드물었습니다. 제가 비록 민첩하지 못하지만, 이전 사람들의 典籍을 제법 살펴보았으니, 다만 章句를 고수하지 않을 뿐입니다."라고 하였다. 이때에 이르러 隋主가 이웅에게 말하기를 "내 아들이 경험이 아직 많지 않으나, 卿이 문무의 재주를 겸비하였으니, 내가 북방을 염려할 필요가 없다."라고 하였다. 두 王(晉王 楊廣・蜀王 楊秀)이 법을 어기려고 하면 왕소와 원암이 번번이 두 왕의 명령을 받들지 않고, 스스로 쇠사슬을 차고 〈죄를 청하기도 하였고〉, 閤門을 밀치고 들어가 간절히 간언하기도 하니, 두 왕이 그들을 몹시 꺼렸다.

隋主懲周氏孤弱而亡이라 故로 使二子分涖方面하고 盛選僚佐할새 以王韶李雄李徹로 摠晉王府軍事하고 元巖으로 爲益州長史[①]하니 韶雄巖俱有骨鯁名하고 徹은 前朝舊將이라 故로 用之[②]하다 雄家世以學業自通호대 雄獨習騎射어늘 其兄子旦이 讓之[③]한대 雄曰 自古聖賢이 文武不備而能成其功業者鮮矣라 雄雖不敏이나 頗觀前志하니 但不守章句耳[④]로라 至是하여 隋主謂雄曰 吾兒更事未多하나 卿才兼文武하니 吾無北顧之憂矣로다 二王欲爲不法이어든 韶巖輒不奉敎하여 或自鎖하고 或排閤하여 切諫하니 二王甚憚之러라

① 두 아들은 楊廣과 楊秀이다.
二子, 廣・秀也.

② 李徹은 北周를 섬겨 吐谷渾을 정벌하였으며, 北齊를 평정하고 淮南을 평정하는 데 모두 공로가 있었다.
徹事周, 征吐谷渾, 平齊定淮南, 皆有功.

③ 子旦은 李雄의 형의 이름이다.
子旦, 其兄名也.

④ '前志'는 書傳(典籍)이다.
前志, 書傳也.

【綱】 陳나라가 使臣을 보내어 隋나라에 화친을 요청하니, 2월에 수나라가 군사를 되돌렸다.

陳遣使請和于隋하니 **二月**에 **隋師還**하다

【目】 陳나라가 隋나라에 使臣을 보내어 화친을 요청하니, 수나라 高熲이 예의상 國喪을 당한 나라를 정벌해서는 안 된다고 아뢰자, 隋主(楊堅)가 조서를 내려 고경 등에게 군사를 돌리도록 하였다.

陳遣使請和于隋하니 隋高熲奏禮不伐喪이라한대 隋主乃詔熲等班師하다

【綱】 여름 5월에 突厥이 隋나라를 공격하여 長城을 침입하였다.

夏五月에 **突厥伐隋入長城**하다

【目】 高寶寧이 突厥을 이끌고 隋나라의 平州를 침략하였는데, 돌궐에서는 다섯 可汗의 활을 잘 쏘는 군사 40만을 모두 징발하여 長城을 침입하였다.

高寶寧이 引突厥寇隋平州할새 突厥悉發五可汗控弦之士四十萬하여 入長城①하다

① ≪五代志≫에는 "北平郡에 옛날에 平州를 설치하였는데, 盧龍에 治所를 두었다."라고 하였다. 沙鉢略可汗, 第二可汗, 達頭可汗, 阿波可汗, 貪汗可汗으로, 모두 다섯 명의 可汗이다.
五代志 "(業)〔北〕[57]平郡, 舊置平州, 治盧龍." 沙鉢略可汗, 第二可汗, 達頭可汗, 阿波可汗, 貪汗可汗, 凡五可汗.

【綱】 6월에 隋나라가 龍首山에 새 도읍을 건립하였다.

六月에 **隋作新都于龍首山**하다

【目】 隋主(楊堅)는 長安城의 규모가 협소한 것을 싫어하였는데, 蘇威가 그로 인해 도읍

---

57) (業)〔北〕: 저본에는 '業'으로 되어 있으나, ≪資治通鑑≫ 註에 의거하여 '北'으로 바로잡았다.

을 옮길 것을 권하자, 隋主가 밤중에 소위와 高熲과 함께 논의하였다. 다음 날 아침에 庾季才가 아뢰기를 "臣이 위로 하늘의 형상을 살펴보고 아래로 圖記를 관찰해보니, 반드시 도읍을 옮기는 일이 있을 것입니다. 또한 漢나라가 이 城을 조성한 지 800년이 되어가니, 물이 모두 염분이 많아서 사람에게 몹시 적합하지 않습니다. 바라건대 폐하께서는 하늘과 사람의 마음을 따라 도읍을 옮기는 계획을 세우십시오."라고 하였다. 隋主가 놀라서 고경과 소위에게 말하기를 "어찌 이리도 신기하단 말인가."라고 하고, 이어 고경 등에게 조서를 내려서 龍首山에 새 도읍을 창건하게 하였다.

隋主嫌長安城制度狹小어늘 **蘇威因勸遷都**하니 **隋主夜與威及高熲**으로 **共議**러니 **明旦庾季才奏曰 臣仰觀玄象**하고 **俯察圖記**하니 **必有遷都之事**니이다 **且漢營此城**이 **將八百歲**라 **水皆鹹鹵**하여 **不甚宜人**하니 **願陛下協天人之心**하여 **爲遷徙之計**[①]하소서하니 **隋主愕然謂熲威曰 是何神也**오하고 **乃詔熲等**하여 **創新都于龍首山**[②]하다

① 京都는 땅이 넓고 사람이 많으며, 거기다 오랜 세월 〈오물이 퇴적되어〉 막혀서 땅이 저습하고 좁아져 오물이 모이기만 하고 빠져나가지 못하니, 물에 염분이 많았다.
京都地大人衆, 加以歲久壅底, 墊隘穢惡, 聚而不泄, 則水多鹹鹵.

② ≪三秦記≫에는 "龍首山은 길이가 60里로, 앞부분은 渭水로 들어가고 뒷부분은 樊川에 이른다. 꼭대기는 높이가 20丈이며 꼬리 부분은 점점 낮아져 6, 7丈 정도인데, 붉은색을 띤다. 옛날에 전하는 말로는 黑龍이 南山에서 나와 渭水를 마셨는데, 흑룡이 지나간 길이 〈흑룡의〉 이동으로 인해 자취가 남았다고 한다."라고 하였다.
三秦記 "龍首山長六十里, 首入渭水, 尾達樊川, 頭高二十丈, 尾漸下, 可六七丈, 色赤. 舊傳有黑龍從南山出飮渭水, 其行道因行成迹."

【綱】 겨울 12월에 隋나라가 군대를 보내어 突厥을 막아서 물리쳤다.

冬十二月에 **隋遣兵拒突厥**하여 **却之**하다

【目】 隋나라 太子 楊勇이 咸陽에 군사를 주둔하고, 虞慶則은 弘化에 주둔하여 突厥을 방비하였다. 行軍摠管 達奚長儒가 군사 2천여 명을 거느리고 突厥 可汗(沙鉢略可汗)의 10여만의 군대와 周槃에서 맞닥뜨리자, 군대 내부에서는 크게 두려워하였다. 달해장유의 정신과 안색이 義氣에 북받쳐 한편으로는 싸우고 한편으로는 행군하면서 이리저리 옮겨 다니며 3일 동안 밤낮으로 열네 차례 전투를 벌였는데, 다섯 가지 병기가 모두 닳아서 없어져 병사들이 주먹으로 적들을 쳐서 손에 모두 뼈가 드러났으며, 죽이거나 부상

을 입힌 적들의 수가 萬으로 헤아릴 정도로 많았다. 오랑캐의 기세가 점차 저하되어 이에 포위를 풀고 물러가자, 조서를 내려서 달해장유를 上柱國으로 삼았다. 당시에 馮昱, 叱列長叉, 李崇이 모두 돌궐에게 패배하였는데, 이에 돌궐이 군대를 풀어 침략하니 武威 등 7개 郡의 6종류의 가축이 모두 사라졌다. 沙鉢略可汗이 다시 남쪽으로 침입하려고 하자 達頭可汗이 군사를 이끌고 떠났는데, 長孫晟이 또 사발략가한의 아들 阿史那染干에게 유세하여 거짓으로 사발략가한에게 보고하기를 "鐵勒 등이 반란을 일으키고자 합니다."라고 하니, 사발략가한이 두려워서 군대를 이끌고 돌아갔다.

隋太子勇이 屯兵咸陽하고 虞慶則(칙)屯弘化하여 以備突厥①이러니 行軍摠管達奚長儒가 將兵二千하여 與突厥可汗十餘萬衆으로 遇于周槃하니 軍中大懼②어늘 長儒神色慷慨하여 且戰且行하여 轉鬪三日하여 晝夜凡十四戰에 五兵咸盡③하니 士卒以拳毆之하여 手皆骨見(현)하고 殺傷萬計라 虜氣稍奪하여 於是에 解去어늘 詔以長儒爲上柱國하다 時에 馮昱叱列長(乂)〔叉〕[53]李崇이 皆爲突厥所敗하니 於是에 突厥縱兵入寇하니 武威等七郡六畜咸盡④이러라 沙鉢略이 更(갱)欲南入이어늘 達頭引兵而去어늘 長孫晟又說(세)沙鉢略之子染干하여 詐告沙鉢略曰 鐵勒等反이라하니 沙鉢略懼引兵還하다

① ≪五代志≫에는 "上黨郡에 沁源縣이 있었는데, 後魏(北魏) 때 弘化郡을 설치하여 合水에 治所를 두었으며, 開皇 6년(586)에 慶州를 설치하였다."라고 하였다.
五代志 "上黨郡有沁源縣, 後魏置弘化郡, 治合水, 開皇六年, 置慶州."
② 長儒는 '長孺'가 되어야 한다. 周槃은 마땅히 弘化縣 경계에 있을 것이다.
長儒當作長孺. 周槃當在弘化縣界.
③ '五兵'은 矛, 戟, 弓, 劍, 戈이다.
五兵, 矛·戟·弓·劍·戈也.
④ 7郡은 武威, 天水, 安定, 金城, 上郡, 弘化, 延安이다.
七郡, 武威·天水·安定·金城·上郡·弘化·延安也.

【綱】 隋나라가 江陵摠管을 폐지하였다.

隋罷江陵摠管하다

【目】 隋主가 즉위하고 나서 後梁主(蕭巋)를 대우하면서 은혜와 예우를 더욱 두텁게 하여 後梁主의 딸을 받아들여 晉王(楊廣)의 妃로 삼고 江陵摠管을 폐지하였으니, 後梁主가 비

58) (乂)〔叉〕: 저본에는 '乂'로 되어 있으나, ≪資治通鑑≫에 의거하여 '叉'로 바로잡았다.

로소 그 나라를 온전히 통치할 수 있었다.

隋主旣立에 待梁主恩禮彌厚하여 納其女爲晉王妃하고 罷江陵摠管하니 梁主始得專制其國①하다

① 西魏가 後梁主 蕭詧을 江陵으로 옮기고, 助防을 설치하고는 防主라고 하였다.[59] 뒤에 드디어 摠管을 설치하였다가, 지금 폐지한 것이다.
西魏遷梁主詧於江陵, 置助防, 曰防主, 後遂置摠管, 今罷之.

癸卯年(583)

陳나라 後主 陳叔寶 至德 원년이고, 隋나라 高祖 文帝 楊堅 開皇 3년이다.

陳後主叔寶至德元年이요 隋開皇三年이라

【綱】 봄 정월에 陳나라가 長沙王 陳叔堅을 江州刺史로 삼았다.

春正月에 陳以長沙王叔堅으로 爲江州刺史하다

【目】 예전에 陳主(陳叔寶)가 상처로 인해 병들어 政事를 돌볼 수 없어서 政事는 크고 작은 일에 관계 없이 모두 陳叔堅에게서 결정되니, 그의 권세가 매우 커서 朝廷을 기울일 정도였다. 진숙견이 자못 교만하고 방종해지자 陳主가 그를 꺼렸는데, 尙書 孔範과 舍人 施文慶이 날마다 그의 단점을 찾아서 〈罪狀을 꾸며〉 얽어매자, 陳主가 마침내 진숙견을 江州刺史로 내보냈다.

初에 陳主病創하여 不能視事하여 政無大小히 皆決於叔堅하니 權傾朝廷이라 叔堅頗驕縱이어늘 陳主忌之러니 尙書孔範舍人施文慶이 日求其短하여 構之한대 陳主乃出叔堅刺江州①하다

① 施는 姓이다.
施, 姓也.

【綱】 2월 초하루에 일식이 있었다.

二月朔에 日食하다

---

59) 西魏가……하였다 : 이에 대한 내용이 본서 제33권 하 承聖 3년(554) 12월 기사에 자세히 보인다.

【綱】陳나라가 毛喜를 永嘉內史로 삼았다.

○陳以毛喜爲永嘉內史하다

【目】陳나라의 中書通事舍人 司馬申이 이미 機密을 관장한 뒤에 자못 자기 마음대로 〈사람들에게〉 벌을 주거나 상을 주었다. 陳主(陳叔寶)가 侍中인 毛喜를 등용하여 僕射로 삼으려 하였는데, 사마신은 강직하고 곧은 성격의 모희를 미워하여 陳主에게 말하기를 "모희는 臣의 처남입니다. 高宗(陳頊) 때에 폐하에게 酒德(음주로 인한 惡德)이 있다고 말하며 東宮의 侍臣을 내쫓을 것을 주청하였는데, 폐하께서는 어찌 그 일을 잊으셨습니까."라고 하니, 陳主가 마침내 중지하였다.

陳主의 상처가 완쾌되자, 酒宴을 베풀고 스스로 축하할 적에 江摠 이하의 〈관리들을〉 초청하여 음악을 연주하고 詩를 읊었다. 술에 취하고 난 뒤에 모희를 부르니, 당시에 山陵의 工役을 막 마쳐서 모희가 기뻐하지 않아 간언하려고 하였는데, 陳主가 이미 술에 취해 있었다. 모희가 계단을 오르다가 거짓으로 심장병이 발작한 척하고 계단 아래로 넘어져서 궁궐 안에서 옮겨져 나왔다. 陳主가 술이 깨자 吏部尙書 강총에게 말하기를 "모희는 실제로 병이 없으면서, 다만 내가 한 행동을 비난하려고 한 것일 뿐이오."라고 하고, 모희를 죽이려고 하다가 그렇게 하지 않고, 永嘉內史로 삼았다.

陳中書通事舍人司馬申이 旣掌機密에 頗作威福이어늘 陳主欲用侍中毛喜하여 爲僕射한대 申惡(오)喜彊直하여 言於陳主曰 喜는 臣之妻兄이라 高宗時에 稱陛下有酒德이라하여 請逐去宮臣하니 陛下寧忘之耶잇가하니 陳主乃止하다 尋以創愈로 置酒自慶할새 引江摠以下하여 展樂賦詩라 旣醉而命喜[①]하니 時에 山陵初畢이라 喜不懌하여 欲諫則陳主已醉라 升階라가 陽爲心疾하여 仆于階下하여 移出省中이러니 陳主醒하여 謂吏部尙書江摠曰 彼實無疾이로대 但欲非我所爲耳[②]라하고 欲殺之라가 不果하고 以爲永嘉內史하다

① 命은 부른다는 뜻이다.
命, 召也.
② 〈'但欲非我所爲耳'는〉 毛喜가 陳主가 한 일을 잘못이라고 여긴 것을 말한다.
言喜以陳主所爲爲非也.

【綱】3월에 隋나라가 새 도읍으로 遷都하였다.

三月에 隋遷于新都하다

【綱】隋나라가 賦稅와 徭役을 줄이고, 酒禁과 鹽禁(개인적으로 술과 소금의 제조와 판매를 금하는 법)을 풀었다.

◑ 隋減調役하고 弛酒鹽禁하다

【目】이때 처음으로 명령을 내려 백성 중에 21세가 된 〈남자를〉 役을 담당하는 壯丁으로 삼고, 役을 줄여서 매년 20일씩 복역하도록 하고, 調로 납부하던 명주를 〈줄여서〉 2丈으로 하였다. 北周 말기에는 酒坊, 鹽池, 鹽井을 관청에서 독점하였는데, 이때에 이르러 〈禁令을〉 모두 철폐하였다.

初令民二十一成丁하고 減役者歲爲二十日하고 調絹爲二丈①이라 周末에 榷酒坊鹽池鹽井이러니 至是하여 皆罷之②하다

① ≪資治通鑑≫에는 "役을 줄여서 매년 12번으로 20일을 복역하도록 하였고, 調로 납부하던 명주 1필을 줄여서 2丈으로 하였다."라고 되어 있다.
通鑑 "減役者每歲十二番爲二十日役, 減調絹一匹爲二丈."

② 北周 말기에는 관청에서 酒坊을 두어 이익을 거두어 들였으며, 鹽池와 鹽井은 백성들이 소금을 채취하여 쓰는 것을 모두 금지하였다. 池鹽은 河東의 鹽池이고, 井鹽은 蜀 지역에 곳곳에 있었다.
周末, 官置酒坊收利, 鹽池・鹽井皆禁百姓採用. 池鹽, 則河東鹽(川)〔池〕[60]. 井鹽, 則蜀中處處有之.

【綱】隋나라가 조서를 내려 遺書(산실된 典籍)를 구하였다.

隋詔求遺書[61]하다

【目】秘書監 牛弘이 表文을 올려 아뢰기를 "典籍이 여러 차례 喪亂을 겪으면서 대부분 散

60) (川)〔池〕: 저본에는 '川'으로 되어 있으나, ≪資治通鑑≫ 註에 의거하여 '池'로 바로잡았다.

61) 隋詔求遺書 : "漢나라 成帝 河平 3년(B.C. 26)에 '遺書를 구하였다〔求遺書〕'라고 기록한 것으로부터 元魏(北魏)에 이르러 두 번째 보이고, 여기에서 세 번째 보이는데 錢을 거두어 佛經을 베껴 만든 뒤에 보이는 것이 애석하다.〔自漢成河平三年書求遺書 至元魏再見 於是三見 惜乎見於賦錢寫書之後也〕" ≪書法≫

逸되었습니다. 周氏(北周)가 책을 모은 것이 겨우 1만 권이 넘었고, 北齊를 평정하면서 얻은 책으로 겨우 5천 권이 늘었습니다. 책을 많이 수집할 시기가 마침 聖世를 맞았는지라, 나라를 다스리는 근본은 이보다 시급한 일이 없습니다."라고 하니, 隋主(양견)가 그의 말을 따라 조서를 내려 책 한 권을 헌납하면 비단 1필을 하사하게 하였다.

秘書監牛弘이 **上表曰 典籍屢經喪亂**하여 **率多散逸**하여 **周氏聚書僅盈萬卷**이요 **平齊所得**이 **裁益五千**하니 **興集之期**가 **屬**(촉)**膺聖世**라 **爲國之本**이 **莫此爲先**①이라하니 **隋主從之**하여 **詔獻書一卷**에 **賚縑一匹**하다

① 裁(겨우)는 纔와 같다. 屬(마침)은 之欲의 切이다. 膺은 당하다는 뜻이다.
裁, 與纔同. 屬, 之欲切. 膺, 當也.

【綱】 여름 4월에 吐谷渾이 隋나라의 臨洮郡을 침략하였다.

夏四月吐谷渾寇隋臨洮①하다

① ≪五代志≫에는 "後周(北周)의 武帝(宇文邕)가 吐谷渾을 내쫓고 洮陽郡을 설치하였으며, 얼마 뒤에 洮州를 세웠다. 大業 연간(605~618) 초기에 臨洮郡을 세웠다."라고 하였다.
五代志 "後周武帝逐吐谷渾, 置洮陽郡, 尋立洮州. 大業初, 置臨洮郡."

【綱】 隋나라가 元帥 衛王 楊爽을 보내어 突厥을 공격하여 크게 격파하였다.

◑ 隋遣元帥衛王爽하여 **伐突厥大破之**[62]하다

【目】 突厥이 자주 침략하자 隋主(楊堅)가 조서를 내려 말하기를 "옛날에 北周와 北齊가 대치할 적에 모두 突厥과 왕래하여 돌궐 세력의 輕重이 국가의 安危와 관계된다고 생각하였다. 그러나 짐은 백성들에게 〈재물을〉 많이 거두어 이리와 같은 돌궐에게 많이 베풀었다고 생각하는데, 돌궐은 은혜에 감사하지도 않고 이를 밑천으로 삼아서 도적질을 하였다. 예법에 맞게 절제하여 헛되이 낭비하지 않고, 徭役을 줄이고 賦稅를 줄여주면 국가 재정에 여유가 생길 것이다. 적들에게 들어가는 재물을 이용하여 장수와 병졸들에게 상으로 내리고, 부역하느라 길 위에 바쁘게 뛰어다니는 백성들을 휴식하게 하여 농

62) 隋遣元帥衛王爽 伐突厥大破之 : "突厥이 '隋나라를 정벌하였다〔伐隋〕'라고 기록하고, 隋나라 역시 '정벌하였다〔伐〕'라고 기록한 것은 어째서인가. 중국을 보존시키는 것이다. 두 번 '伐隋'라고 기록하였으니 이미 충분히 復讐의 뜻을 보였다. 손을 다리에 더한 격이니 '侵'이라고 말할 수 없다.〔突厥書伐隋矣 隋亦書伐 何 蓋存中國也 再書伐隋 既足示復讐之義矣 以手加足 不可以言侵也〕" ≪書法≫

사와 베를 짜는 일에 힘쓰게 할 것이니, 변방의 〈근심거리를〉 청소하고 제압해 승리를 거두는 일은 짐의 마음속에 계책이 섰다. 諸將들의 이번 출정은 의리상 포용하고 길러 주는 일을 겸하고 있으니, 항복하는 사람이 있으면 받아들이고 위반하는 사람이 있으면 죽이시오."라고 하였다.

이에 衛王 楊爽 등에게 명하여 行軍元帥로 삼아 여덟 갈래 길로 나누어 변방으로 나가서 공격하게 하였는데, 沙鉢略可汗과 白道에서 맞닥뜨리자 摠管 李充이 楊爽에게 말하기를 "돌궐은 여러 차례 승리에 익숙해져 반드시 우리를 경시하여 방비하지 않을 것이니, 정예병으로 그들을 습격하면 격파할 수 있습니다."라고 하였다. 諸將들이 대부분 의심하였는데, 長史 李徹만이 이를 찬성하여 드디어 이충과 정예기병 5천을 거느리고 돌궐을 습격하여 그들을 크게 격파하였다. 사발략가한이 몰래 달아나자 군대 안에는 먹을 것이 없어서 뼈를 갈아서 양식으로 삼았고, 게다가 전염병까지 돌아서 죽은 군사가 아주 많았다. 幽州摠管 陰壽가 盧龍塞로 나가서 高寶寧을 공격하였는데, 돌궐이 구원해 주지 못하자 고보녕은 그의 휘하에 있던 자에게 살해되었고, 和龍이 모두 평정되었다.

突厥數(삭)入寇어늘 隋主下詔曰 往者에 周齊抗衡에 俱通突厥하여 以虜輕重으로 爲國安危로대 朕以爲厚斂兆庶하여 多惠豺狼이나 未嘗感恩이요 資而爲賊이라 節之以禮하여 不爲虛費하고 省(생)徭薄賦하면 國用有餘니 因入賊之物하여 加賜將士하고 息道路之民하여 務爲耕織하리니 淸邊制勝이 成策在心이라 諸將今行이 義兼含育하니 有降者納하고 有違者死하라 於是에 命衛王爽等하여 爲行軍元帥하여 分八道出塞擊之할새 與沙鉢略可汗으로 遇於白道[①]하니 摠管李充이 言於爽曰 突厥狃於驟勝하니 必輕我而無備하리니 以精兵襲之면 可破也리라 諸將多以爲疑호대 唯長史李徹이 贊成之하여 遂與充으로 帥精騎五千하여 掩擊突厥大破之라 沙鉢潛遁[②]이어늘 其軍無食하여 粉骨爲糧하고 加以疾疫하여 死者甚衆이어늘 幽州摠管陰壽가 出盧龍塞하여 擊高寶寧한대 突厥不能救하니 寶寧爲其下所殺하고 和龍悉平하다

① 楊爽은 隋主의 동생이다. 白道는 長城 북쪽에 있으니, 白道嶺과 白道溪가 있다.
爽, 隋主弟. 白道在長城北, 有白道嶺・白道溪.

② ≪資治通鑑≫에는 鉢字 아래에 略字가 있다.
通鑑鉢下有略字.

【綱】 陳나라의 郢州가 배반하여 隋나라에 항복하였는데, 隋主(楊堅)가 받아들이지 않았다.

陳郢州叛降隋어늘 **隋主弗納**①63)하다

① 郢州는 江夏에 治所를 두었으니, 長江 中流의 중요한 鎭이었다.
郢州治江夏, 中流之重鎭.

【綱】 隋나라가 左僕射와 右僕射에게 명을 내려 〈尙書省의〉 6部를 나누어 맡게 하였다.

◑ **隋命左右僕射**하여 **分判六部**64)하다

【目】 隋나라에서 度支尙書를 고쳐서 民部尙書라 하고, 都官尙書를 고쳐서 刑部尙書라 하였으며, 左僕射에게 명령하여 吏部, 禮部, 兵部 3部의 일을 관장하게 하고, 右僕射에게 명령하여 民部, 刑部, 工部 3部의 일을 관장하게 하였으며, 光祿寺, 衛尉寺, 鴻臚寺와 都水臺를 폐지하였다.

隋改度支尙書爲民部하고 都官尙書爲刑部하고 命左僕射判吏禮兵三部事하고 右僕射判民刑工三部事하고 廢光祿衛尉鴻臚寺及都水臺하다

【綱】 5월에 隋나라 摠管 竇榮定이 突厥과 涼州에서 전투를 벌였는데, 돌궐이

63) 陳郢州叛降隋 隋主弗納 : "배반한 신하를 받아들이지 않은 것은 훌륭한 일이다. ≪資治通鑑綱目≫ 이래로 여기에 처음 보이고 계속하여 모두 세 번 기록하였으니 隋나라 文帝는 이 점에서 남보다 뛰어난 것이 있었다. '隋主'라고 기록한 것은 인정해준 것이다.〔弗納叛臣 盛節也 自綱目以來 於是始見 繼是凡三書之 蓋隋文於此有過人者矣 書隋主 予之也〕" ≪書法≫
"天下 國家를 다스리는 사람은 土地가 넓지 않은 것을 걱정할 것이 아니고 오직 信義가 확립되지 못함을 걱정해야 한다. 南北이 分裂됨으로부터 항복한 자를 불러들이고 적을 배반한 자를 받아들여서 서로 힘을 기울여 탈취하였다. 그러나 끝내 승패의 운수에는 보탬이 없었고 다만 의롭지 못하다는 汚名만 지게 될 뿐이었다. 또 나의 신하가 배반하여 적에게 항복하면 내가 매우 미워하는 것인데, 남의 신하가 배반하여 나에게 항복하면 내가 받아들여 총애하는 것이 옳겠는가. 隋나라는 이것을 이해하였으므로 郢州의 항복을 거부하여 받아들이지 않았거늘 하물며 陳나라 사람들이 근래 사신을 보내 화평을 청한 데야 말할 것이 있으랴. 지금 어찌 한 개 城의 일로 경솔하게 이웃과의 우호를 버리고서 전쟁의 재앙을 열겠는가. 이것이 隋主가 郢州의 배반한 자를 받아들이지 않은 것이니, ≪資治通鑑綱目≫에서 특별히 기록하여 인정해준 것이다. 뒤에 夏侯苗를 기록한 것도 역시 그러하다.〔治天下國家者 不患土地之不廣 而唯患信義之不立 自南北分裂 招降納叛 互相傾奪 然終無益於勝敗之數 徒負不義之名而已 且吾有臣而叛降於敵 吾之所深惡也 人有臣而叛降於我 我乃納而寵之可乎 隋惟有見於此 故於郢州之降 拒而弗納 況陳人近方遣使請和 今豈以一城之故 輕棄隣好 而啓兵爭之禍哉 此隋主不納郢州之叛 綱目所以特書而予之也 後書夏侯苗亦然〕" ≪發明≫

64) 隋命左右僕射 分判六部 : "이 6部의 명칭은 여기에서 처음 보인다.〔此六部之名 始見于此〕" ≪書法≫

盟約을 요청하고 돌아갔다.

五月에 **隋摠管竇榮定**이 **與突厥戰于涼州**러니 **突厥請盟而還**하다

【目】 隋나라의 秦州摠管 竇榮定이 9명의 摠管과 〈그 휘하의〉 보병과 기병 3만을 거느리고 涼州로 나가서 突厥의 阿波可汗과 대치하였는데 아파가한이 여러 차례 패배하였다. 前 上大將軍 史萬歲가 어떤 사건에 연루되어 敦煌으로 유배를 가다가 두영정의 軍門에 이르러 〈나라를 위해〉 자신의 목숨을 바치게 해달라고 요청하였다. 두영정이 사람을 보내어 돌궐에 말하기를 "병사들에게 무슨 죄가 있다고 그들을 죽게 만드는가. 다만 각기 한 명의 壯士를 보내어 승부를 결정지어야 한다."라고 하니, 돌궐이 이를 허락하고 이어서 한 명의 기병을 보내어 도전하였다. 두영정이 사만세를 보내어 나가서 응대하여 싸우게 하였는데, 사만세가 기병의 머리를 베어서 돌아가자 돌궐이 크게 놀라 盟約을 요청하고 떠났다.

長孫晟은 당시 〈두영정의 군대 안에서〉 偏將이었는데, 사람을 보내어 아파가한에게 말하기를 "阿史那攝圖(沙鉢略可汗)와 아파가한은 병력의 위세가 본래 대등했는데, 지금 攝圖는 날마다 승리하여 무리들에게 존중받고 있고, 아파가한은 승리하지 못하여 나라에 치욕을 안겼다. 섭도는 반드시 그 죄를 아파가한에게 돌려서 北牙(阿波可汗)를 멸망시킬 것이다. 아파가한이 스스로 생각하기에 그를 막아낼 수 있겠는가."라고 하였다. 또 〈아파가한의 使臣이 도착하자 장손성이〉 그 사신에게 말하기를 "지금 達頭可汗이 隋나라와 연합하여 화친하였으나 섭도가 제압할 수 없으니, 아파가한은 어찌하여 天子에게 의지하여 달두가한과 연결하여 서로 연합하여 강성함을 도모하지 않는 것이오? 이는 아주 완전한 계책이오."라고 하니, 아파가한이 일리가 있다고 여겨 使臣을 보내어 장손성을 따라 들어가 朝見하게 하였다.

沙鉢略可汗이 이 소식을 듣고 마침내 北牙를 습격하여 크게 격파하였는데, 아파가한이 돌아왔으나 귀의할 곳이 없어 서쪽으로 달두가한에게 도망쳤다. 달두가한이 몹시 화가 나서 아파가한을 보내어 군사를 거느리고 동쪽으로 가게 하니, 아파가한의 부락 사람들 가운데 歸附한 사람이 10만 騎兵이었다. 드디어 사발략가한과 서로 공격하여 여러 차례 그들을 격파하여 다시 옛 땅을 회복하니, 군사들의 기세가 더욱 강성해졌다. 貪汗可汗은 평소 아파가한과 화목하게 지냈는데, 사발략가한이 탐한가한의 무리들을 빼앗고 그를 폐위시키자, 탐한가한이 달두가한에게 도망쳤고, 사발략가한의 사촌 동생

阿史那地勒察은 별도로 부락을 통솔하다가 역시 무리를 데리고 배반하여 아파가한에게 歸附하였다. 〈서로 간에〉 交戰이 끊이지 않았고 각기 사신을 보내어 長安에 이르게 하여 〈隋나라와〉 화친을 맺어 구원을 요청하였는데, 隋主(楊堅)가 모두 허락하지 않았다.

隋秦州摠管竇榮定이 帥九摠管步騎三萬하여 出涼州하여 與突厥阿波可汗으로 相拒할새 阿波屢敗①러니 前上大將軍史萬歲가 坐事配敦煌이라가 詣軍門請自效②라 榮定이 遣人謂突厥曰 士卒何罪而殺之오 但當各遣一壯士決勝負耳라하니 突厥許諾하고 因遣一騎挑戰이어늘 榮定遣萬歲出應之하니 斬其首而還한대 突厥大驚하여 請盟而去하다 長孫晟이 時爲偏將하여 使謂阿波曰 攝圖阿波兵勢本敵이어늘 今攝圖日勝하여 爲衆所崇하고 阿波不利하여 爲國生辱이라 攝圖必以罪歸阿波하여 滅北牙矣리니 阿波自度(탁)能禦之乎③아하고 又爲其使曰 今達頭與隋連和나 而攝圖不能制하니 可汗은 何不依附天子하여 連結達頭하여 相合爲彊고 此萬全計也니라하니 阿波然之하여 遣使隨晟入朝하니 沙鉢略聞之하고 遂襲北牙大破之한대 阿波還無所歸하여 西奔達頭하니 達頭大怒하여 遣阿波帥兵而東하니 其部落歸之者가 將十萬騎라 遂與沙鉢略으로 相攻屢破之하여 復得故地하니 兵勢益彊이러라 貪汗可汗이 素睦於阿波라 沙鉢略이 奪其衆而廢之한대 貪汗亡奔達頭하고 沙鉢略從弟地勒察이 別統部落이라가 亦以衆叛歸阿波하다 連兵不已라고 各遣使詣長安하여 請和求援이어늘 隋主皆不許하다

① 竇榮定은 竇熾의 조카이니, 隋主의 누이 安城公主에게 장가들었다.
榮定, 熾之兄子也, 尙隋主姊安城公主.

② 敦煌郡은 瓜州이다.
敦煌郡, 瓜州.

③ 阿波可汗은 攝圖의 북쪽에 깃발을 세웠으므로, 北牙라고 하였다.
阿波建牙在攝圖之北, 故曰北牙.

【綱】 6월에 突厥이 幽州를 침략하였는데, 隋나라 摠管 李崇이 전사하였다.

六月에 突厥寇幽州하니 隋摠管李崇戰死[65]하다

65) 突厥寇幽州 隋摠管李崇戰死 : "突厥이 두 번 '隋나라를 정벌하였다.〔伐隋〕'라고 기록하였는데 여기서 '침략하였다〔寇〕'라고 기록한 것은 어째서인가. 맹약하고 다시 배반했기 때문이다. 李崇이 사형에 처해진 것은 확실한데 어찌하여 '죽었다〔死之〕'라고 기록하지 않고 '전사하였다〔戰死〕'라고 기록하였는가. 애석해한 것이다. 이숭은 일찍이 尉遲迥을 따르려고 하였다가 끝내 하지 않았다. 만일 이숭이 이때에 죽었다면 ≪資治通鑑綱目≫에서 반드시 절개를 지켜 죽은 것으로 인정해주었을 것이다. 기록하기를 '隋나라 摠管 李崇〔隋總管李崇〕'이라고 하였으니 北周를 위하여 죽지 않고 隋나라에서 죽은 것을 애석해한 것이다.〔突厥再書伐隋矣 此書寇 何 盟而復背也 李崇之處死審矣 曷爲不書死之 書戰死 惜之也 崇嘗欲從尉遲迥矣 而不果 使其死於此時 綱目必以死節予之矣 書曰隋總管李崇 惜乎不爲周死而

【目】突厥이 幽州를 침략하자 隋나라의 摠管 李崇이 보병과 기병 3천을 거느리고 그들을 막았는데, 이리저리 옮겨 다니며 전투를 치른 지 10여 일이 지나자 군사들이 대부분 죽었다. 결국 砂城을 지켰는데, 突厥이 성을 포위하니 城은 황폐하고 무너져 지킬 수가 없었고 군사들은 굶주림에 고통스러워하다가 거의 다 죽었다. 돌궐이 회유하여 항복시키려 하자 이숭이 죽음을 면하지 못할 것을 알고 士卒에게 명령하기를 "나는 군사들을 잃었으니, 그 죄가 만 번 죽어도 마땅하다. 지금 목숨을 바쳐서 국가에 사죄할 것이다." 라고 하고, 이에 칼을 뽑아 들고 적의 진영으로 돌진하다가 죽었다.

突厥寇幽州어늘 隋摠管李崇이 帥步騎三千拒之하여 轉戰十餘日에 師人多死라 遂保砂城한대 突厥圍之하니 城荒頹不可守요 軍士苦飢하여 死亡略盡이라 突厥諭之使降이어늘 崇知不免하고 令其士卒曰 崇喪師徒하니 罪當萬死라 今日效命하여 以謝國家라하고 乃挺刃突陳而死①하다

① 挺은 뽑는다는 뜻이다.
挺, 拔也.

【綱】가을 8월 초하루에 일식이 있었다.

秋八月朔에 日食하다

【綱】陳나라가 長沙王 陳叔堅을 司空으로 삼았다.

◑陳以長沙王叔堅爲司空하다

【目】長沙王 陳叔堅이 江州에 가지 않자 다시 머물게 하여 司空으로 삼았으니, 실제로는 그의 권한을 빼앗은 것이다.

叔堅未之江州에 復留爲司空하니 實奪之權이러라

死於隋也]" ≪書法≫ 朱熹의 〈資治通鑑綱目凡例〉에 보면 "장수가 死節함을 '死之'라 한다.[將帥死節曰死之]"라 하였다.

"지난날에 돌궐이 '隋나라를 정벌하였다.[伐隋]'라고 두 번 기록한 것은 復讐의 요청으로 인해 臣子의 뜻을 펼쳐준 것이다. 금일 突厥이 '幽州를 침략하였다.[寇幽州]'라고 기록한 것은 夷狄과 中華의 구분을 바로잡고 中國의 체면을 보존해준 것이니 또한 각각 그 실상을 구한 것뿐이다.[前日突厥兩書伐隋者 因復讐之請 伸臣子之志也 今日突厥書寇幽州者 正夷夏之分 存中國之體也 亦各求其實而已耳]" ≪發明≫

【綱】 겨울 11월에 隋나라가 郡을 없애고 州로 만들었다.

冬十一月에 隋罷郡爲州하다

【目】 兵部尙書 楊尙希가 말하기를 "지금 간혹 땅이 100里가 되지 않는데도 여러 개의 縣이 나란히 설치되었고, 戶口가 1천을 채우지 않는데도 두 개의 郡으로 나누어 관장하여 官僚가 많아 비용이 많이 들며 租와 調가 해마다 줄고 있습니다. 중요한 곳은 남기고 한가한 곳은 없애며 작은 곳을 합쳐서 크게 만들어야 하니, 〈그렇게 하면〉 국가에서는 곡식과 비단을 낭비하지 않게 되고, 사람을 선발할 때에도 현명하고 훌륭한 사람을 쉽게 얻게 될 것입니다."라고 하였다. 蘇威 역시 〈郡을 없애기를〉 청하였는데, 隋主가 이 말을 따라서 郡을 없애고 州로 만들었다.

兵部尙書楊尙希曰 今或地無百里而數縣竝置하고 或戶不滿千而二郡分領하여 僚衆費多하고 租調歲減하니 宜存要去閑하고 倂小爲大니 則國家不虧粟帛하고 選擧易得賢良矣리이다 蘇威亦以爲請한대 隋主從之하여 罷郡爲州하다

【綱】 12월에 陳나라의 司空 長沙王 陳叔堅이 면직되었다.

十二月에 陳司空長沙王叔堅免하다

【目】 陳叔堅이 〈陳主(陳叔寶)의〉 恩寵을 잃고 나자 마음속으로 스스로 불안하여 마침내 귀신에 빌고 일월에 제사를 지내어 복을 받기를 구하였다. 陳主가 소환하여 그를 죽이려고 하자, 진숙견이 대답하기를, "臣이 國法을 범하였으니 그 죄는 만 번 죽어도 마땅합니다. 그러나 臣이 죽는 날에 반드시 陳叔陵을 보게 될 것이니, 〈그를 향해 陛下의〉 밝은 조서를 선포하여 九泉 아래에서 책임을 묻기를 바랍니다."라고 하니, 마침내 그를 사면해주고 면직시켰다.

叔堅旣失恩에 心不自安하여 爲厭媚醮祀以求福[66)]이어늘 陳主召將殺之한대 叔堅對曰 臣犯大憲하니 罪當萬死어니와 臣死之日에 必見叔陵[①]이니 願宣明詔하여 責之於九泉之下하소서하니 乃赦免官하다

---

66) 爲厭媚醮祀以求福 : ≪資治通鑑≫에는 "爲厭媚 醮日月 以求福"으로 되어 있다.

① 지난해에 陳叔陵이 陳主를 시해하려고 하였는데, 당시에 陳主가 陳叔堅 덕분에 목숨을 건졌기 때문에 이렇게 말한 것이다.
去年叔陵弑陳主, 時陳主得叔堅救之, 故云及此.

【綱】 隋나라가 律令을 바꾸어 정하고 博士를 두었다.

隋更定律하고 置博士[67)]하다

【目】 隋나라에서 이미 律令을 반포하였는데, 蘇威가 여러 차례 다시 변경하려고 하자, 李德林이 말하기를 "律令을 수정할 때에 公은 어째서 말하지 않았는가? 律令이 이미 반포되어 시행되고 있으니 우선 전적으로 지켜야 한다. 본래 백성에게 큰 폐해가 되지 않는다면 자주 고쳐서는 안 될 것이다."라고 하였다.

이때에 이르러 隋主(楊堅)가 刑部에서 올린 奏文을 보고 獄事를 결정할 적에 그 수가 오히려 1만 건에 이르렀고, 律令이 여전히 엄밀하다고 여겨 이에 소위와 牛弘 등에게 칙령을 내려 다시 律令을 정하게 하였다. 그래서 사형에 해당하는 죄목 81조항, 유배형에 해당하는 죄목 154조항, 徒刑과 杖刑에 해당하는 죄목 1천여 조항을 폐지하고, 500조항만 결정하여 남겼는데, 모두 12권이었다. 이로부터 엄밀했던 법 조항이 간략하고 요약되어 소략했지만 빠진 것이 없었다. 이어서 律博士와 弟子員을 설치하였다.

隋既頒律令에 蘇威屢欲有所更易이어늘 李德林曰 修律令時에 公何不言고 令既頒行하니 且宜專守라 自非大爲民害면 不可數(삭)更이라하다 至是하여 隋主覽刑部奏斷獄에 數猶至萬하고 以律尙嚴密이라하여 乃勅威及牛弘等하여 更定之하여 除死罪八十一條와 流罪一百五十四條와 徒杖等千餘條하고 定留五百條하니 凡十二卷①이라 自是로 刑網簡要하여 疎而不失이러라 仍置律博士弟子員②하다

---

67) 隋更定律 置博士 : "隋나라 文帝는 法律로 天下를 다스렸으니 지난날 나라를 얻은 초기에 처음으로 新律을 시행하고 지금 또다시 律令을 바꾸어 정하고 博士 관직을 두었으니 당시에 숭상한 것을 따라서 알 수 있다. 分注〔目〕를 살펴보면 비록 死刑을 감면하여 간략하고 요약됨을 힘써 따랐으나 律博士와 弟子員의 설치는 이것이 어찌 백성을 밝게 하는 뜻이겠는가. 옛날에 劉向이 말하기를 '담당 관리가 법을 정하여 삭제할 것은 삭제하고 쓸 것은 쓰기를 청하고 예악에 있어서는 감히 할 수 없다고 하니, 이는 사람을 죽이는 데에 과감하고 사람을 기르는 데에 과감하지 못한 것이다.'라고 하였으니, 유향의 말은 아마 隋主를 두고 한 말일 것이다. 直筆로 기록하였으니 그 의리가 절로 드러났다.〔隋文以法律治天下 前日得國之初 首行新律 今又更定律令 置博士官 則當時之所崇尙者 從可知矣 考之分注 雖曰除減死刑 務從簡要 然而律博士之設 弟子員之置 是豈明民之意哉 昔劉向有言 有司請定法 削則削 筆則筆 至禮樂則不敢 是敢於殺人 不敢於養人也 向之所言 其殆隋主之謂乎 直筆書之 其義自見〕" ≪發明≫

① '定留'는 결정하여 남겨둔다는 말이다. 12권은 첫 번째는 名例, 두 번째는 衛禁, 세 번째는 職制, 네 번째는 戶婚, 다섯 번째는 廐庫, 여섯 번째는 擅興, 일곱 번째는 賊盜, 여덟 번째는 鬪訟, 아홉 번째는 詐僞, 열 번째는 雜律, 열한 번째는 捕亡, 열두 번째는 斷獄이다.
定留, 言定而存留也. 十二卷, 一曰名例, 二曰衛禁, 三曰職制, 四曰戶婚, 五曰廐庫, 六曰擅興, 七曰賊盜, 八曰鬪訟, 九曰詐僞, 十曰雜律, 十一曰捕亡, 十二曰斷獄.

② 大理寺에 소속으로 律博士 8인이 있었다.
大理寺之屬有律博士八人.

【綱】 隋나라가 하천 지역을 따라 창고를 설치하여 곡식을 운송하여 長安에 공급하였다.

隋沿河置倉運粟하여 **以給長安**하다

【目】 隋主(楊堅)는 長安의 곡식 창고가 여전히 비어 있다고 생각하여 조서를 내려 서쪽으로는 蒲州와 陝州에서 시작하여 동쪽으로는 衛水와 汴水 유역에 있는 13개의 州에 이르기까지 壯丁을 모집하여 米穀을 운송하게 하고, 또 衛州에 黎陽倉을 설치하고, 陝州에 常平倉을 설치하고, 華州에 廣通倉을 설치하여 돌아가면서 서로 곡식을 대주고 수송하여 〈각 창고에 채우도록 하고〉 關東과 汾州, 晉州의 곡식을 漕運하여 長安에 공급하도록 하였다.

隋主以長安倉廩尙虛라하여 **詔西自蒲陝**(섬)으로 **東至衛汴水次十三州**히 **募丁運米**[①]하고 **又於衛州**에 **置黎陽倉**하고 **陝州**에 **置常平倉**하고 **華州**에 **置廣通倉**하여 **轉相灌輸**[68)]하여 **漕關東及汾晉之粟**하여 **以給長安**[②]하다

① 河東郡이 蒲州이고, 恒農郡이 陝州이며, 汲郡이 衛州이고, 陳留郡이 汴州이다. 13州는 華州, 陝州, 穀州, 洛州, 管州, 汴州, 汾州, 晉州, 蒲州, 絳州, 懷州, 衛州, 相州이다.
河東郡, 蒲州. 恒農郡, 陝州. 汲郡, 衛州. 陳留郡, 汴州. 十三州, 華·陝·穀·洛·管·汴·汾·晉·蒲·絳·懷·衛·相也.

② '灌輸'는 피차 사이에 서로 물건을 대주고 서로 수송하는 것을 말한다. 關東은 函谷關 동쪽

68) 轉相灌輸 : 본서 제5권 상 元封 원년(B.C. 110)에 "令遠方各以其物 如異時商賈所轉販者爲賦 而相灌輸(먼 지방으로 하여금 각각 그 지방에서 생산되는 물건을 가지고 예전에 상인들이 돌아다니며 판매하던 것처럼 세금을 내고 서로 유통하게 하였다.)"라고 하였는데, 그 訓義에 "灌輸 卽均輸也 謂以土地之所有者 轉遷於所無之地 彼此互相灌注 互相輸送 故曰灌輸('灌輸'는 바로 均輸이니, 그 지방에 생산되는 물건을 없는 곳으로 옮기므로 피차가 서로 물건을 대주고 수송하므로 '灌輸'라 이름한 것이다.)"라고 하였다.

지역의 州와 郡이다. ≪五代志≫에는 "文城郡에 東魏 때 南汾州를 설치하였고, 後周(北周) 때 汾州로 고쳤으며, 晉州 臨汾郡은 옛날의 平陽郡이다."라고 하였다.
灌輸, 謂彼此互相灌注, 互相輸送也. 關東, 自函谷關以東州郡. 五代志"文城郡, 東魏置南汾州, 後周改爲汾州, 晉州臨汾郡, 舊平陽郡也."

【綱】 隋나라 杞州刺史 和干子가 면직되었다.

隋杞州刺史和干子免하다

【目】 당시의 刺史는 武將이 많이 임명되어서 대부분 직책을 잘 수행하지 못하였다. 治書侍御史 柳彧이 表文을 올려 말하기를 "옛날에 後漢의 光武帝는 28명의 將帥와 함께 가시덤불을 헤치고 천하를 평정하였으나 功業을 이룬 뒤에는 관직에 임명하지 않았습니다. 삼가 조서를 살펴보건대 和干子를 杞州刺史로 삼으셨으니, 화간자는 활을 쏘고 말을 타며 무기를 사용하는 데에는 능숙하지만, 백성을 다스리는 직임은 그가 잘 모릅니다. 만일 나이 많은 功臣을 우대하려는 생각이라면 후하게 〈재물을〉 내리면 될 것이니, 만약 그로 하여금 탄핵하고 천거하는 〈刺史의 일을〉 관장하게 한다면 손실이 상당히 많을 것입니다."라고 하였다. 隋主(楊堅)가 이 말을 좋게 여겨 화간자가 마침내 면직되었다.

柳彧이 隋主가 〈신하들의 奏請을〉 부지런히 들어주지만 百僚들이 올린 奏請이 대부분 번잡하고 자잘한 것을 보고는 상소를 올려 간언하기를 "옛날부터 훌륭한 帝王들 가운데 唐虞(堯舜)보다 뛰어난 사람이 없었습니다. 그러나 모두 현명한 인재를 구하는 데에서 수고로웠지만 맡겨서 부리는 데에서 편안하였습니다. 그런데 폐하께서는 治道에 마음을 두어 피로함을 꺼리지 않아 마침내 營造하는 자질구레한 일과 경미한 물품을 내어주는 것에 이르기까지 하루 안에 百官들에게 회답하고 있습니다. 그래서 해가 저물도록 밥 먹는 것도 잊고, 한밤중에 잠도 자지 않고 걸핏하면 문서를 가지고 폐하의 몸을 근심스럽게 하고 수고롭게 하십니다. 바라건대 신의 말을 살피시어 번거로운 업무를 조금 줄이고, 오직 신하들이 결단할 수 없는 나라를 다스리는 큰일과 관계된 것을 〈신하들로 하여금〉 주청하도록 하여 살펴서 결정하시고, 그 나머지 세세한 일들은 담당 부서에 책임을 지우십시오."라고 하니, 隋主가 이를 가상히 여겨 말하기를, "유욱은 곧은 선비이니, 나라의 보배로다."라고 하였다.

유욱이 또 주청하기를 "가만히 살펴보건대 京邑과 외부의 州에 이르기까지 늘 정월 보름날 밤마다 등불놀이를 즐겨 재물을 쏟아 붓고 가산을 탕진하여 이 한때를 다투어 온 집안 식구와 종들까지 나와서 貴賤을 불문하고 남녀가 뒤섞여 있으며, 승려와 도사를 구분하기도 어렵습니다. 그래서 더러운 행위가 이로 인해 생겨나고 도적들이 이 일로 말미암아 일어나고 있으니, 이로움은 없고 손실만이 있습니다. 청컨대 금지령을 내리십시오."라고 하니, 〈隋主가〉 조서를 내려 그의 말대로 하였다.

時에 刺史多任武將하여 類不稱職이어늘 治書侍御史柳彧이 上表曰 昔에 漢光武與二十八將으로 披荊棘定天下라가 及功成之後에 無所在職이러이다 伏見詔書호니 以和干子로 爲杞州刺史하시니 干子弓馬武用은 是其所長이요 治民莅職은 非其所解[①]라 如謂優老인댄 可加厚賜니 若令刺擧면 所損殊多[②]리이다 隋主善之하니 干子竟免하다 或見隋主勤於聽受하여 百僚奏請이 多有煩碎하고 上疏諫曰 自古聖帝가 莫過唐虞나 然皆勞於求賢而逸於任使어늘 陛下留心治道하사 無憚疲勞하사 乃至營造細小之事와 出給輕微之物하여 一日之內에 酬答百司하사 日旰忘食하시고 夜分未寢하사 動以文簿로 憂勞聖躬[③]하나이다 願察臣言하사 少減煩務하시고 唯經國大事로 非臣下所能裁斷者를 奏請詳決하시고 自餘細務는 責成所司하소서하니 隋主嘉之曰 柳彧은 直士니 國之寶也로다하다 彧又奏曰 竊見京邑으로 爰及外州히 每以正月望夜로 然燈遊戲하여 竭貲破産하여 競此一時하여 盡室幷孥하여 無問貴賤하여 男女混雜하고 緇素不分[④]이라 穢行因此而生하고 盜賊由斯而起하니 無益有損이라 請行禁斷하소서하니 詔從之하다

① 解는 이해한다는 뜻이다.
解, 曉也.

② 漢나라에서는 刺史를 두어 郡縣의 관리를 탄핵하고 천거하는 일을 관장하도록 했기 때문에 이렇게 말한 것이다.
漢置刺史, 掌刺擧郡縣吏, 故云然.

③ '夜分'은 한밤중이다.
夜分, 半夜也.

④ '緇素'는 승려와 道士이다.
緇素, 僧道也.

思政殿訓義 資治通鑑綱目 제36권 상

-陳 後主 至德 2년(584)~隋 文帝 開皇 10년(590)-

≪資治通鑑綱目≫ 제36권은 甲辰年(584) 陳나라 後主 至德 2년과 隋나라 文帝 開皇 4년부터 시작하여 丁卯年(607) 隋나라 煬帝 大業 3년까지이니, 모두 24년이다.

起甲辰陳後主至德二年과 隋文帝開皇四年하여 盡丁卯隋煬帝大業三年하니 凡二十四年이라

甲辰年(584)

陳나라 後主 陳叔寶 至德 2년이고, 隋나라 高祖 文帝 楊堅 開皇 4년이다.

陳至德二年이요 隋開皇四年이라

【綱】 봄 정월 초하루에 일식이 있었다.

春正月朔에 日食하다

【綱】 後梁主(蕭巋)가 隋나라에 들어가 조회하였다.

◑梁主入朝于隋하다

【綱】 隋나라가 ≪甲子元曆≫을 반포하였다.

◑隋頒甲子元曆①하다

① ≪甲子元曆≫의 요점은 上元 甲子年 이래로 開皇 4년 甲辰年(548)까지의 햇수를 계산한 것이다.[1]

1) 甲子元曆의……것이다 : ≪隋書≫ 〈律曆志〉에 보면 ≪甲子元曆≫은 張賓 등이 何承天(南朝 宋)의 ≪元嘉新曆≫을 바탕으로 增損하여 완성한 것이다. 〈율력지〉에는 上元 甲子年에서 開皇 4년 甲辰年(548)까지의 햇수를 계산한 것이 412만 9천 1년이라 하였다.〔其要以上元甲子(己巳)已來至開皇四年歲在甲辰

甲子元曆, 其要以上元甲子(己巳)[2])已來至開皇四年歲在甲辰積筭起.

【目】〈≪甲子元曆≫은〉 張賓과 劉暉 등이 지은 것이다.

張賓劉暉等所造也라

【綱】 2월에 突厥 達頭可汗이 隋나라에 항복하였다.[3]

二月에 突厥達頭可汗이 降隋하다

【綱】 여름 4월에 隋나라가 吐谷渾(토욕혼)을 공격하여 패배시켰다.

◑夏四月에 隋伐吐谷(욕)渾敗之하다

【目】 隋나라 將軍인 賀婁子幹이 다섯 州의 병사를 징발하여 吐谷渾을 공격하여 이겼다. 隋主(楊堅)는 隴西 지역이 〈오랑캐에게〉 자주 침략을 당하면서도, 그곳 사람들의 습속이 村塢[4]를 건설하여 모여 살지 않아 〈지키기 어렵다고〉 하여 하루자간에게 명하여 백성들에게 강제로 堡를 쌓도록 하고, 이어서 田地를 개간하여 곡식을 비축하게 하였다.

하루자간이 글을 올리기를, "隴西와 河右(河西)는 땅은 넓은데 백성은 적고 변경의 정세가 아직 불안하므로 널리 농사를 짓을 수 없습니다. 근래 屯田하는 곳을 보면 수확은 적은데 소비는 많아서 헛되이 인력만 낭비하니 결국 적에게 짓밟힐 것입니다. 게다가

積四百一十二萬九千一 算上] 이를 본다면 이곳 원문의 '積筭起'의 起는 上의 의미로 보인다. 曆法에서 曆日을 계산한 최초 기점을 설정하는데, 이를 '曆元'이라 한다. 曆家에서는 上元甲子, 中元甲子, 下元甲子로 나누는데, 각각 60년이어서 모두 180년 만에 下元甲子가 끝나고 上元甲子로 되돌아간다. 이곳 원문의 '上元甲子'는 ≪갑자원력≫에서 曆元으로 삼은 해를 가리킨 것으로 보인다.

2) (己巳) : 저본에는 '己巳'가 있으나, ≪隋書≫ 권17 〈律曆志 中〉(中華書局 標點校勘本)의 校勘記에 衍文으로 보았다. 이에 의거하여 연문으로 처리하였다.

3) 突厥……항복하였다 : 達頭可汗은 西突厥의 可汗인 阿史那玷厥을 가리킨다. 아사나점궐은 突厥의 西面可汗 阿史那室點密의 아들이다. 여기서는 서돌궐이 隋나라에 복속할 것을 보인 것일 뿐 실제 항복한 것은 아니다. 돌궐은 유목제국으로 발전한 뒤에 東突厥과 西突厥로 분열되는데, 역사학계에서는 대체로 달두가한을 서돌궐의 시작으로 본다. 돌궐은 伊利可汗인 阿史那土門 때 크게 성장하였는데, 특히 이리가한의 동생 아사나실점밀은 중앙아시아로 진출하여 여러 부족을 통합하고 嚈噠(에프탈)을 공격하여 크게 영역을 확대하였다. 그리하여 아사나실점밀은 서면가한으로서 돌궐 제국의 서쪽을 다스리게 된다. 이후 가한의 계승 문제로 인해 내란이 벌어지고 隋나라가 분열을 조장하여 달두가한이 동돌궐과 결별하게 되면서 동서로 분열하게 된다.(≪周書·隋書 外國傳 譯註≫(동북아역사재단, 2010))

4) 村塢 : 성벽이나 보루를 쌓은 촌락을 말한다.(≪新譯資治通鑑≫ 23(張大可 等 注釋, 三民書局, 2017))

隴右의 사람들은 목축에 종사하여 〈흩어져 사니〉, 다시 한데 모여 살게 하면 더욱 편안해하지 않을 것입니다. 다만 〈鎭戍하는 곳과 烽燧臺를 많이 지어서〉 진수하는 곳이 서로 맞닿고 봉화대가 서로 이어지게 한다면 백성들이 흩어져 살더라도 반드시 걱정이 없을 것이라 생각합니다."라고 하니, 隋主가 이를 따랐다.

隋將軍賀婁子幹이 發五州兵하여 擊吐谷渾克之[①]하다 隋主가 以隴西頻被寇掠而俗不設村塢라하여 命子幹勒民爲堡하고 仍營田積穀[②]하니 子幹이 上書曰 隴西河右에 土廣民稀하고 邊境未寧하니 不可廣佃이요 比見屯田之所에 獲少費多하여 虛役人功하니 卒逢踐暴하며 且隴右之民이 以畜牧爲事하니 若更(갱)屯聚하면 彌不自安이니 但使鎭戍連接하고 烽堠相望하면 民雖散居나 必謂無慮라한대 隋主從之하다

① 賀婁는 오랑캐의 複姓이다. 당시에 河西의 다섯 州의 군사를 징발하였는데, 다섯 주는 아마도 涼州, 甘州, 瓜州, 鄯州, 廓州일 것이다.
賀婁, 虜複姓. 時發河西五州兵, 蓋涼・甘・瓜・鄯・廓也.

② 塢는 성벽과 보루이다. 堡는 작은 성이다.
塢, 壁壘也. 堡, 小城也.

【綱】 5월에 陳나라가 江總을 僕射로 삼았다.

五月에 **陳以江總爲僕射**하다

【綱】 6월에 隋나라가 廣通渠를 만들었다.

◑**六月**에 **隋作廣通渠**하다

【目】 隋主(楊堅)가 渭水에 모래가 많고 깊이가 일정하지 않아 漕運하는 사람들이 고통스러워한다고 하여 宇文愷에게 명하여 운하〔渠〕를 파서 위수의 물을 끌어다가 大興城에서부터 동쪽으로 潼關까지 흐르게 했는데 길이가 300여 리였다. 이를 '廣通渠'라 하였다. 漕運이 잘 통하게 되자 關內 사람들이 혜택을 입었다.

隋主以渭水多沙하고 深淺不常하니 漕者苦之라하여 詔宇文愷하여 鑿渠引渭하여 自大興城으로 東至潼關三百餘里하여 名廣通渠라하니 漕運通利하여 關內賴之[①]하다

① 宇文愷는 宇文忻의 동생이다.
愷, 忻之弟.

【綱】 가을 8월에 陳나라 장군 夏侯苗가 〈진나라를〉 배반하고 隋나라에 항복하였는데, 隋主(楊堅)가 받아들이지 않았다.

秋八月에 **陳將軍夏侯苗**가 **叛降于隋**하니 **隋主弗納**하다

【目】 陳나라 장군 夏侯苗가 隋나라에 항복을 받아줄 것을 청하였는데, 隋主가 양국의 우호 관계 때문에 받아들이지 않았다.

陳將軍夏侯苗가 請降於隋한대 隋主以通和로 不納하다

【綱】 9월에 隋나라가 詔命을 내려 공적인 문서와 사적인 서한을 모두 사실대로 기록하게 하였다.

九月에 **隋詔公私文翰**을 **竝宜實錄**하다

【目】 隋主(楊堅)는 화려한 글을 좋아하지 않았기 때문에 이러한 詔命을 내린 것이다. 당시에 泗州刺史 司馬幼之가 상주한 글이 화려하자, 조명을 내려 사마유지를 담당 관서에 넘겨 죄를 다스리게 하였다.

治書侍御 李諤 역시 다음과 같이 글을 올렸다.

"魏나라의 三祖가 文詞를 숭상하여 마침내 풍속이 되었고, 江左(東晉)·齊나라·梁나라 때에는 그 폐단이 더욱 심해져서, 한 韻字의 기이함을 겨루고 한 글자의 교묘함을 다투었습니다. 그리하여 篇牘이 계속 이어지는 장황한 글들은 달빛과 이슬을 형용하는 데서 벗어나지 못하였고, 책상과 상자에 가득한 글도 바람과 구름의 형상만을 형용하였습니다. 세속에서는 이를 가지고 서로 높이고 조정에서는 이를 가지고 선비를 발탁하여, 儒學을 하는 사람을 古拙하다 여기고 詞賦에 능한 사람을 君子로 여깁니다. 그러므로 文翰이 날로 번성하고 政事는 날로 혼란해지니, 이는 진실로 大聖人의 규범을 버리고 쓸데없는 글을 얽어서 유용한 것으로 여기기 때문입니다.

지금 조정에서 화려한 문장을 금하는 詔命을 내렸으나, 州縣에서는 여전히 옛날의 잘못된 풍속을 그대로 따릅니다. 그리하여 〈주현의 관리들이〉 仁孝의 행실을 실천하는 사람을 錄用하지 않고 경박하게 문장만 잘 짓는 사람을 천거하여 조정에 보내니, 이러한

정황을 더욱 살피셔서 〈조명을 어긴 관리들을〉 御史臺에 보내서 推劾하게 하소서."

이악이 또 다음과 같이 말하였다.

"士大夫들이 자신의 재능과 공적을 자랑하여 벼슬길에 나아가기를 구하고 다시는 廉恥를 돌아보지 않습니다. 바라건대 〈이러한 자들을〉 분명하게 죄를 주어 내치셔서 風化의 자취를 다스리소서."

이에 조명을 내려 이악이 아뢴 것을 사방에 반포하게 하였다.

隋主不喜辭華라 故有是詔하다 時에 泗州刺史司馬幼之가 文表華艶하니 詔付所司하여 治罪①하고 治書侍御史李諤이 亦上書曰 魏之三祖가 崇尙文詞하여 遂成風俗②하고 江左齊梁에 其弊彌甚하여 競一韻之奇하며 爭一字之巧하니 連篇累牘이 不出月露之形이요 積案盈箱이 唯是風雲之狀이라 世俗以之相高하고 朝廷以之擢士하여 以儒素爲古拙하며 以詞賦爲君子하니 故其文이 日繁하고 其政이 日亂하니 良由棄大聖之軌模하고 構無用以爲用也라 今朝廷이 雖有是詔而州縣이 仍踵弊風하여 躬仁孝之行者를 不加收齒하며 工輕薄之藝者를 擧送天朝하니 請加采察하여 送臺推劾③하고 又言士大夫가 矜伐干進하고 無復廉恥하니 乞明加罪黜하여 以懲風軌④라하니 詔以其奏로 頒示四方하다

① ≪五代志≫에 "下邳郡에 後魏(北魏) 때 南徐州를 설치하였고, 梁나라 때 東徐州로 고쳤고, 陳나라 때 安州로 고쳤고, 後周(北周) 때 泗州로 고쳤다." 하였다.
五代志 "下邳郡, 後魏(治)〔置〕[5]南徐州, 梁改東徐州, 陳改安州, 後周改泗州."

② 三祖는 曹魏(삼국시대 魏나라)의 太祖 武皇帝(曹操)·世祖 文皇帝(曹丕)·烈祖 明皇帝(曹叡)이다.
三祖, 謂曹魏太祖武皇帝·世祖文皇帝·烈祖明皇帝.

③ 收는 인재를 뽑는 것이고, 齒는 명부에 이름을 기록하는 것이다.
收, 采取也. 齒, 記錄也.

④ 風軌는 風化의 자취이다.
風軌, 風迹[6]也.

【綱】 隋나라가 突厥과 화친하였다.

隋與突厥로 和親하다

【目】 突厥 沙鉢略可汗[7]이 隋나라에게 여러 번 패하자 화친을 요청하였다. 이에 千金公

---

5) (治)〔置〕: 저본에는 '治'로 되어 있으나, ≪資治通鑑≫ 胡三省 註에 의거하여 '置'로 바로잡았다.
6) 風迹 : 본서 제8권 하 建武 2년(26) 訓義에 "風迹은 風化의 자취이다.〔風迹 風化之迹也〕" 하였다.
7) 沙鉢略可汗 : 돌궐 5대 가한인 阿史那攝圖이다. '沙鉢略可汗'은 고대 투르크어인 '이쉬바라 카간(Ishbara qaghan)'의 음역이다.(≪周書·隋書 外國傳 譯註≫(동북아역사재단, 2010))

主[8]가 스스로 姓을 楊氏로 바꾸어 隋主(楊堅)의 딸이 되기를 청하였는데, 수나라가 그녀를 大義公主로 바꾸어 봉하였다. 사발략가한이 사신을 파견하여 서신을 보내왔는데, 서신에 자신을 '從天生大突厥天下賢聖天子 沙鉢略可汗(하늘이 낳은 위대한 突厥 천하의 賢聖한 천자 사발략가한)'이라고 칭하였다. 隋主가 답서를 보내어 말하기를 "위대한 隋나라의 천자는 위대한 돌궐의 사발략가한에게 서신을 보낸다. 보내준 서신을 받아 보고서 매우 親善의 뜻이 있음을 알겠다. 이미 그대의 장인〔婦翁〕이 되었으니, 오늘날 그대를 봄에 내 자식과 다름이 없다. 알맞은 때에 大臣을 돌궐에 보내어 내 딸을 살피게 하고 다시 그대를 살피게 할 것이다." 하였다.

이에 僕射 虞慶則을 파견하여 돌궐에 사신을 보냈는데, 사발략가한이 병사를 정렬시키고 앉아서 우경칙을 만나고 병을 핑계로 일어나지 않았다. 長孫晟이 말하기를 "돌궐의 가한과 수나라 황제는 모두 大國의 天子십니다. 그러나 가한께서는 위대한 수나라의 사위이니, 어찌 장인께 공경하지 않을 수 있겠습니까." 하였다. 사발략가한이 웃고서 일어나 절하고 머리를 조아리고 무릎을 꿇고 璽書를 받아서 머리 위로 받들더니, 이윽고 매우 부끄러워하며 군신들과 모여 통곡하였다. 우경칙이 '臣'을 칭할 것을 요구하자, 사발략가한이 좌우의 신하들에게 말하기를 "무엇을 '臣'이라 하는가?" 하니, 신하들이 말하기를 "수나라에서 말하는 '臣'은 우리들이 말하는 '奴(노예)'와 같습니다." 하였다. 사발략가한이 말하기를 "위대한 수나라 천자의 노예가 될 수 있는 것은 虞 僕射의 공로다."라고 하고 우경칙에게 말 1,000필을 주고 사촌 여동생을 그에게 시집보내었다.

突厥沙鉢略可汗이 數爲隋所敗하여 乃請和親할새 千金公主 自請改姓楊氏하여 爲隋主女하니 隋更(경)封以爲大義公主①하다 沙鉢略이 遣使致書하여 自稱從天生大突厥天下賢聖天子沙鉢略可汗이라한대 隋主復(복)書曰 大隋天子는 貽書大突厥沙鉢略可汗하노라 得書하고 知大有善意와라 旣爲沙鉢略婦翁하니 今日에 視沙鉢略與兒子不異라 時遣大臣하여 往彼省女하고 復省沙鉢略也호리라 於是에 遣僕射虞慶則(칙)하여 往使②한대 沙鉢略이 陳兵하여 坐見慶則하고 稱疾不能起하니 長孫晟曰 突厥與隋는 俱大國天子로되 但可汗은 是大隋女壻니 奈何不敬婦翁이리오 沙鉢略이 笑하고 乃起拜頓顙하여 跪受璽書하여 以戴於首하더니 旣而大慙하여 與群下聚哭이라 慶則이 要以稱臣③한대 沙鉢略이 謂左右曰 何謂臣고 左右曰 隋言臣은 猶此云奴耳니라 沙鉢略曰 得爲大隋天

8) 千金公主 : 北周 趙王 宇文招의 딸로 突厥 佗鉢可汗에게 시집을 갔다. 타발가한이 죽고 난 후 다시 沙鉢略可汗과 결혼했는데, 북주가 隋나라에게 망하자 북주의 원한을 갚으려고 사발략가한을 부추겨 수나라를 공격하게 하였다. 이에 隋 文帝가 그녀를 회유하기 위해 그 姓을 楊氏로 바꾸고 大義公主로 책봉한 것이다.

子奴는 虞僕射之力也라하고 贈馬千匹하고 以從妹妻之하다

① 千金公主가 沙鉢略可汗에게 청하여 隋나라에 복수하려고 하다가 밖에서는 突厥의 군대가 패하고 안에서는 무리들이 이반하게 되자 隋主의 딸이 될 것을 청하였다. 千金公主를 大義公主로 바꾸어 봉하였으니, 아름다운 이름이 아니고 '大義滅親'[9]의 뜻을 취한 것이다.
千金公主請於沙鉢略, 欲復讎. 及兵敗於外, 衆離於內, 乃請爲隋主女. 更(경)封以大義, 非嘉名也, 取大義滅親云爾.

② 長孫晟이 虞慶則의 副使가 되었다.
長孫晟副之.

③ 要는 伊堯의 切이니, 강요함이다.
要, 伊堯切, 勒也.

【綱】 겨울 11월에 隋나라가 陳나라에 사신을 파견하였다.

冬十一月에 隋遣使如陳하다

【目】 隋主(楊堅)가 薛道衡 등을 陳나라에 파견할 적에 경계하기를 "짐의 뜻을 분명히 알아야 하니, 언사를 가지고 상대방을 꺾지 말라." 하였다.

隋主遣薛道衡等하여 如陳할새 戒之曰 當識朕意니 勿以言辭相折①하라

① 薛道衡은 薛孝通의 아들이다.
道衡, 孝通之子也.

【綱】 陳나라가 臨春閣·結綺閣·望仙閣을 지었다.

陳起臨春結綺望仙閣[10]하다

---

9) 大義滅親 : 大義를 지키기 위해 친족간의 사사로운 정을 돌보지 않는다는 말이다. ≪春秋左氏傳≫ 隱公 4년 조에 衛나라 公子 州吁는 衛 桓公을 시해하고 정권을 잡았으나 불안하였다. 이에 주우의 무리인 石厚가 아버지 石碏에게 안정시킬 방법을 묻자 석작이 "天王께 朝觀하여 諸侯로 인증을 받아야 한다."고 하였다. 석후가 조근할 방법을 묻자, 석작이 "陳 桓公이 바야흐로 天王의 寵愛를 받고 있고, 진나라와 위나라는 바야흐로 화목하니, 만약 주우가 진 환공에게 朝見하여 진나라를 시켜 대신 천왕에게 요청하게 한다면 반드시 천왕을 朝見할 수 있을 것이다." 하였다. 이에 석후는 주우를 수행하여 진나라로 갔는데, 석작이 진나라에 이들을 주살할 것을 청하자, 진나라가 이들을 사로잡고 위나라에 그 처벌을 물었다, 이에 위나라가 사람을 보내 이들을 주벌하였다. 이에 대해 君子가 평하기를 "석작은 忠純한 신하이다. 주우를 미워하여 石厚까지 죽였으니, '大義滅親'이란 이런 경우를 두고 한 말일 것이다."라고 하였다. 여기서는 千金公主가 隋나라와 突厥의 화친을 위해 친정인 北周의 복수를 포기했다는 말이다.

【目】 陳主(陳叔寶)가 세 樓閣을 지으니, 각각의 높이가 수십 丈이고 길이가 수십 칸이었다. 〈창문과 壁帶(벽 중간에 가로지른 中引枋), 懸楣(上引枋), 난간을〉 모두 沈香木과 檀木으로 만들고 金玉과 珠翠로 장식하고 珠簾을 달고 寶帳을 치니, 服飾과 玩器의 진기하고 화려함이 近古에 없던 것이었다.[11] 그 아래에 돌을 쌓아서 산을 만들고, 물을 끌어다 못을 만들어, 온갖 꽃을 심고서 陳主는 臨春閣에서 지내고, 張貴妃는 結綺閣에서 지내고, 龔貴嬪과 孔貴嬪은 望仙閣에서 지내면서 複道[12]를 통해 왕래하였다. 陳主가 宮人 袁大捨 등을 女學士로 삼았다. 江摠이 宰輔가 되었지만 정무를 직접 행하지 않고, 날마다 尙書 孔範과 散騎 王瑳 등 文士 10여 명과 後庭에서 陳主를 모시고 연회를 베풀었는데 〈존비의 차서가 없었으므로〉 이들을 狎客

孔貴嬪

10) "'閣'은 기록한 적이 없는데, 여기서 기록한 것은 어째서인가. 늘 있는 일이 아니기 때문이다. 이때에 각 閣의 높이가 수십 장이고 길이가 수십 칸이었는데, 모두 沈香木과 檀木으로 만들었다. 그러므로 기록한 것이다. ≪資治通鑑綱目≫이 끝날 때까지 '閣을 지었다.〔起閣〕'고 기록한 것은 이 한 번뿐이다.〔閣未有書者 此其書 何 非常也 於是各高數十丈 連延數十間 皆以沈檀爲之 故書 終綱目書起閣一而已〕" ≪書法≫

"나라가 망하는 일은 하나가 아니지만 사치하고 방탕한 일이 대부분이다. 江左 지역은 蕭梁(南朝 梁나라)이 패망한 뒤로 강토가 날로 줄어들어 크기가 晉나라(東晉)와 宋나라에 비할 바가 아니었다. 이제 陳氏(陳나라)는 한 구석의 작은 땅을 가지고 밖으로 강한 적(隋나라)을 상대하니, 전전긍긍하며 스스로 보전되기를 바라더라도 오히려 禍를 면치 못할까 두려운데, 하물며 陳叔寶가 음탕함과 사치함을 가지고 화를 재촉함에 있어서겠는가. '陳나라가 臨春閣·結綺閣·望仙閣을 지었다.'고 기록하였는데, 그 樓閣들의 명칭과 실제를 살펴보면 사치한 욕심을 부려 나라를 망하게 한 일이 갖추어져 있으니, 우물로 들어가는 상황에 이르지 않을 수 있었겠는가.〔亡國之事非一 而奢侈淫佚爲多 江左自蕭梁之敗 境土日蹙 大非晉宋之比 今陳氏以蕞爾一隅之地 外當强敵 兢兢自保 猶懼弗免 而況叔寶以淫侈趣(촉)之哉 書陳起臨春結綺望仙閣 觀其名而考其實 則奢慾亡國之事具矣 能無入井之及乎〕" ≪發明≫ '우물로 들어가는 상황'이란 隋나라 병사들이 陳나라 수도인 建康으로 쳐들어와서 궁궐로 들어오자 陳主(陳叔寶)가 후궁들을 데리고 우물로 들어가 숨은 것을 말한다. 자세한 내용은 본서 開皇 9년(589)에 보인다.

11) 陳主(陳叔寶)가……것이었다 : ≪資治通鑑≫에는 "是歲 上於光昭殿前起臨春結綺望仙三閣 各高數十丈 連延數十間 其牕牖壁帶縣楣欄檻皆以沈檀爲之 外施珠簾 內有寶床寶帳 其服玩瑰麗 近古所未有"로 되어 있다. 이를 참조하여 번역하였다.

12) 複道 : 공중을 가로질러 고층 누각들을 서로 연결시켜 주는 통로로 閣道라고도 한다. 위와 아래에 길이 있어서 '複'이라 한 것이다.

이라고 하였다. 〈陳主가 술을 마실 때마다〉 여러 妃嬪들과 여학사들에게 압객들과 함께 시를 짓게 하고, 그중에 특히 아름답고 화려한 것을 뽑아 새로운 음악을 만드니, 그 악곡 중에 〈玉樹後庭花〉·〈臨春樂〉 등이 있었는데, 대체로 모두 여러 비빈의 容色을 찬미한 것이었다. 임금과 신하가 음주가무에 빠져 밤을 새우고 다음 날 아침까지 놀았다.

陳主起三閣하니 各高數十丈이요 連延數十間이라 皆以沈檀爲之하고 金玉珠翠爲飾하고 珠簾寶帳하니 服玩瑰麗가 近古未有①러라 其下에 積石爲山하고 引水爲池하여 雜植花卉②하고 上自居臨春하고 張貴妃居結綺하고 龔孔二貴嬪이 居望仙하여 複道往來라 以宮人袁大捨等爲女學士러니 江揔雖爲宰輔나 不親政務하고 日與尙書孔範과 散騎王瑳等文士十餘人으로 侍宴後庭하여 謂之狎客③[13]이라하고 使諸妃嬪及女學士로 與狎客共賦詩하고 采其尤豔麗者하여 被以新聲하니 其曲有玉樹後庭花臨春樂(락)等하니 大略皆美諸妃嬪之容色④이라 君臣酣歌하여 自夕達旦이러라

玉樹新聲

13) 謂之狎客 : 《資治通鑑》에는 "無復尊卑之序 謂之狎客 上每飮酒"로 되어 있다. 이에 의거하여 번역하였다.

① ≪資治通鑑≫에 "창문과 壁帶, 懸楣, 欄檻[14]을 모두 沈香木과 檀木으로 만들다."고 하였는데, 沈香木과 檀木은 모두 향나무이다. 珠는 진주이고 翠는 물총새의 깃털이다. 瑰는 혹 瓌로도 쓰니, 아름답고 성대함이다.
通鑑 "其牕牖・壁帶・縣楣・欄檻皆以沈・檀爲之." 沈・檀, 皆香木. 珠, 珍珠. 翠, 翡翠毛. 瑰或作瓌, 美也, 盛也.

② 卉는 온갖 풀의 총칭이다.
卉, 百草摠名.

③ 瑳는 倉何의 切이다.
瑳, 倉何切.

④ 樂은 음이 洛이니, 臨春樂은 臨春閣의 즐거움을 말한다.
樂, 音洛. 臨春樂者, 言臨春閣之樂也.

【目】張貴妃는 이름이 麗華이니, 본래 武將 집안의 여식이다. 성품이 명민하고 神彩가 있으며, 임금의 안색을 잘 살피고, 또 呪術을 부리는 재주[15]가 있어서 궁중에서 淫祠를 차려놓고 여자 무당을 모아서 북을 치고 춤을 추었다. 百官들이 아뢰는 奏文을 모두 宦官을 통해서 올리면 陳主(陳叔寶)가 장귀비를 무릎 위에 올려놓고 함께 이를 재결하였다. 이로 말미암아 환관과 近習이 안팎으로 결탁하고 그들이 끌어들인 친척들이 거리낌 없이 불법을 저질러서[16] 뇌물이 공공연히 행해졌다. 大臣 중에 자기들을 따르지 않는 자가 있으면 이로 인하여 참소하니, 이에 대신이 모두 휩쓸려서 아첨하고 붙었다.

張貴妃(張麗華)

14) 欄檻 : 처마 밑 계단 양쪽에 설치한 것을 欄이라 하고, 창과 문 사이에 설치한 것을 檻이라 하는데, 모두 사람이 잡을 때 사용하는 것이다.

15) 呪術을……재주 : 원문은 '厭魅之術'이니, 厭魅는 厭媚로도 쓰는데, 귀신에게 기도해서 사람을 미혹하거나 해치는 것을 이른다. 여기서는 張貴妃가 귀신에게 빌어서 後主를 미혹시킨 것이다.

16) 그들이……저질러서 : 원문에는 '宗戚縱橫'으로 되어 있으나, ≪資治通鑑≫에는 '援引宗戚 縱橫不法'으로 되어 있다. 이를 참조하여 번역하였다.

孔範이 孔貴嬪과 오누이 관계를 맺었는데, 陳主가 자신의 허물을 듣기 싫어하였으므로 잘못된 일이 있을 때마다 공범이 반드시 왜곡하여 꾸며서 칭송하고 찬미하니, 이로 말미암아 두터운 은총을 입어 말을 하면 들어주고 계책을 내면 따라주었다. 〈이와 반대로〉 신하들 중에 간언하는 자가 있으면 곧바로 벌을 주어 내쳤다.

張貴妃는 名麗華니 本兵家女라 性敏慧有神彩하고 善候人主顏色하고 又有厭魅之術하여 置淫祠宮中하여 聚女巫鼓舞①하고 百司啓奏에 竝因宦者以進이어든 陳主置妃膝上하여 共決之하니 由是로 宦官近習이 內外連結하고 宗戚縱橫하여 貨賂公行②이라 大臣有不從者면 因而譖之하니 於是에 大臣皆從風諂附러라 孔範이 與孔貴嬪으로 結爲兄妹러니 陳主가 惡(오)聞過失일새 每有惡事에 範이 必曲爲文飾하여 稱揚贊美하니 由是로 寵遇優渥하여 言聽計從하고 群臣有諫者면 輒以罪斥之러라

① 厭(주술을 쓰다)은 一琰의 切이고, 魅(미혹하다)는 음이 媚이다. '厭魅'는 이른바 부인이 사람을 홀리는 술법이다.
厭, 一琰切. 魅, 音媚. 厭魅, 所謂婦人媚道也.

② 縱(마음대로 하다)과 橫(횡포를 부리다)은 모두 去聲이다.
縱橫, 竝去聲.

【目】 中書舍人 施文慶이 典籍을 많이 섭렵하였고, 일찍이 〈陳主(陳叔寶)가 태자로 있었을 때〉 東宮에서 陳主를 섬겼으며, 총명하고 기억을 잘하고, 관리의 일에 밝고 익숙하여 크게 총애를 받았다. 또 심문경은 자기와 친한 沈客卿・陽惠朗・徐哲・暨慧景 등을 추천하니 그들이 관리의 재능이 있다 하여 陳主가 모두 발탁하여 등용하였다. 심객경은 언변이 있고 典故를 잘 알며, 양혜랑과 기혜경은 본래 小吏 집안사람으로서 관부의 문서를 검토 털끝만큼도 어긋나지 않고 督責하는 것이 각박하고 번쇄하며 가렴주구를 끝없이 하니, 士民들이 한탄하고 원망하였다.[17] 그리하여 關市의 세금은 歲入이 수십 배로 늘어나니 陳主가 크게 기뻐하고 더욱더 시문경이 사람을 알아본다고 여겼다. 〈이에 시문경의 무리들이 친한 이들을〉 점점 서로 끌어들여서 귀고리를 차고 貂蟬冠을 쓴 자가 50명이나 되었다.

孔範은 스스로 文武의 재능이 온 조정에 자기보다 나은 사람이 없다고 생각하여 陳主에게 아뢰기를, "諸將들은 병졸에서부터 올라왔으니 匹夫를 대적할 뿐입니다." 하였다.

17) 士民들이……원망하였다 : ≪資治通鑑≫에 보면, 옛날 제도에 軍人과 士人은 關市의 세금이 없었는데, 施文慶이 府庫가 비어서 토목공사에 필요한 경비가 부족하다고 하여 군인과 사인에게도 아울러 세금을 거둘 것을 주청하니, 이에 陽惠朗을 太市令으로 暨慧景을 尙書 金部와 倉部의 都令史로 삼았다. 이들이 가렴주구해서 관시의 稅收가 매년 수십 배로 늘어났다고 하였다.

이로부터 장수들에게 조금이라도 과실이 있으면 곧바로 그 병권을 빼앗아 문관에게 나누어주었다. 이로 말미암아 문무 관원들의 마음이 떠나서 나라가 멸망하는 데에 이르렀다.

中書舍人施文慶이 頗涉書史하고 嘗事陳主於東宮하며 聰敏强記하고 明閑吏職하니 大被親幸①이라 又薦所善沈客卿陽惠朗徐哲暨慧景等하니 有吏能이라하여 陳主皆擢用之②라 客卿有口辯하여 頗知典故하고 惠朗慧景이 家本小吏로 考校簿領하여 毫釐不差하고 督責苛碎하며 聚斂無厭하니 士民嗟怨이러라 關市之稅가 歲入數十倍하니 陳主大悅하여 益以文慶爲知人이라하여 轉相汲引하니 珥貂蟬者 五十人③이러라 孔範이 自謂文武才能이 擧朝莫及이라하여 白陳主曰 諸將은 起自行伍하니 匹夫敵耳니이다 自是로 將帥가 微有過失에 卽奪其兵하여 分配文吏하니 由是로 文武解體하여 以至覆滅하다

① 閑은 익숙함이다.
閑, 習也.
② 暨는 居乙의 切이니 姓이다. 慧景은 그 이름이다.
暨, 居乙切, 姓也. 慧景, 其名.
③ 물을 긷는 자는 두레박줄을 잡아당겨서 기필코 물을 길어 올리니, 신하들이 서로 끌어올리는 것이 또한 이와 같다. 珥는 음이 貳이니 귀에 꽂는 것이다.
汲水者引綆期必上, 人臣之相汲引, 亦猶是也. 珥, 音貳, 挿也.

乙巳年(585)

陳나라 後主 陳叔寶 至德 3년이고, 隋나라 高祖 文帝 楊堅 開皇 5년이다.

陳至德三年이요 隋開皇五年이라

【綱】 봄 정월에 일식이 있었다.

春正月朔에 日食하다

【綱】 隋나라가 五禮를 반포하였다.

◑ 隋頒五禮①하다

① 五禮는 吉禮 · 凶禮 · 軍禮 · 賓禮 · 嘉禮이다.
五禮, 吉 · 凶 · 軍 · 賓 · 嘉之禮.

【目】〈五禮는〉 禮部尙書 牛弘이 纂修한 것이다.

禮部尙書牛弘所修也라

【綱】 여름 5월에 隋나라가 처음 義倉을 설치하고, 호적에 기록된 사람과 실제의 인물이 맞는지 용모를 살펴서 輸籍法[18]을 만들었다.

夏五月에 隋初置義倉[19]하고 貌閱[20]戶口하여 作輸籍法하다

【目】 度支尙書 長孫平이 아뢰기를 "민간에서 매년 가을에 집집마다 곡식과 보리 1石 이하를 내게 하되 빈부에 따라 차등을 두어서 이것을 해당 社 안에 비축해두고 社司에게[21] 맡겨 조사하여 흉년에 대비하게 하고 명칭을 義倉이라 하소서." 하니, 隋主(楊堅)가 이를 따랐다.

度(탁)支尙書長孫平이 奏호되 令民間으로 每秋에 家出粟麥一石以下호되 貧富爲差하여 儲之當社하고 委社司檢校하여 以備凶年하고 名曰義倉이라하니 隋主從之①하다

① 至德 원년(583)에 隋나라가 이미 度支를 고쳐 民部라 하였다. ≪隋書≫ 〈食貨志〉에는 '工部尙書 長孫平'으로 되어 있다.[22] 장손평은 長孫儉의 아들이다. 當(해당하다)은 去聲이다.
元年, 隋已改度支爲民部, 志作工部尙書長孫平. 平, 儉之子也. 當, 去聲.

---

18) 輸籍法 : 隋나라 開皇 5년(585)에 각 戶의 등급(戶等)과 납세의 표준을 제정한 법이다. 이는 은닉되어 있는 戶口를 찾아내고 士族이나 豪族의 노동력 강점을 억제하고 지방 관리들의 부세에 대한 농간을 막아서 중앙 정부의 수입을 확보하기 위한 정책이다. 당시 戶等은 지방 관리들의 태만으로 실제와 다른 경우가 많았고 납부하는 세액도 일정하지 않아 농간을 부리는 경우가 많았다. 개황 5년에 戶口를 貌閱하는 조치를 통해 戶口數가 크게 증가되자 이를 바탕으로 賦稅에 대한 새로운 조치를 시행할 필요가 있게 되었다. 이에 高熲의 건의로 輸籍法이 제정되었다. 수적법은 중앙 정부에서 戶等에 대한 규정을 정하여 이를 각 州縣에 반포하고 매년 정월 5일에 縣令이 민간을 순행하여 5黨 또는 3黨의 가구를 1團으로 묶어서 반포된 기준에 따라 戶等의 상하를 정하고 과세액을 규정한 것이다.

19) 隋初置義倉 : "'義倉을 설치했다.'고 기록한 것은 훌륭한 법임을 인정한 것이다. 그러므로 '처음〔初〕'이라고 기록한 것이다. ≪資治通鑑綱目≫에 의창을 기록한 것은 이 한 번뿐이다. ○이는 후세 의창의 시작이다.〔書置義倉 予良法也 故書初 綱目書義倉 一而已 ○此後世義倉之始〕" ≪書法≫

20) 貌閱 : 얼굴과 나이를 살펴서 戶籍簿에 기록된 사람과 맞는지를 일일이 대조하는 일이다. 隋唐時代에 戶口를 누락시키거나 나이를 속여 賦役을 회피하는 행위를 막기 위해 시행하던 제도이다.

21) 해당……社司에게 : 社는 중국 고대 시대의 지방 기초 행정 단위로, 일반적으로 25家를 社로 삼았다. 社司는 社倉의 관리이기보다는 社의 책임자로 보인다.(≪新譯資治通鑑≫ 23(張大可 等 注釋, 三民書局, 2017))

22) 隋書……있다 : ≪隋書≫ 〈食貨志〉에는 '工部尙書 襄陽縣公 長孫平'으로 되어 있다.

【目】 胡氏(胡寅)가 다음과 같이 평하였다.

"굶주린 백성을 구제하는 데에는 그 사람을 〈곡식 창고에〉 가깝게 하는 것보다 더 요긴한 것이 없다. 隋나라의 義倉은 백성들에게 거두는 곡식이 많지는 않지만 해당 社에 창고를 설치하였으니, 굶주린 백성들이 곡식을 얻는 것이 가능했을 것이다. 그러나 후세에는 의창이라는 명칭은 여전히 있기는 하지만 州郡에 창고를 설치하였으니, 한번 기근이 들면 형편없는 담당관은 아예 조정에 보고하지 않고, 어진 담당관은 감히 아뢰지만 조정의 재가가 내림에 미쳐서는 吏屬에게 맡겨 나가서 시행하게 한다. 그래서 공문이 왔다 갔다 하여 곡식을 나누어주는 일이 몹시 어렵고, 감독하는 서리들이 서로 떼어먹는다. 그 혜택을 입는 자들은 대저 성곽 근처에 살면서 제 힘으로 도달하여 곡식을 갖다 먹을 수 있는 사람뿐이다. 먼 곳에 사는 사람들이 어찌 적은 양식을 얻고자 노인을 부축하고 어린이를 끌고 수백 리를 올 수 있겠는가. 반드시 흉년에 대비하여 기근을 피하고자 한다면 수나라의 의창 제도를 본받고 목민관을 잘 선발하여 勸農의 법을 시행하고 救荒의 정사로 보충해야 하니, 근본과 말단이 모두 잘 시행되면 굶주린 백성을 구제할 수 있을 것이다."

胡氏曰 賑飢는 莫要乎近其人이라 隋義倉은 取之於民不厚而置倉亠當社하니 饑民之得食也 其庶矣乎인저 後世義倉之名固在而置倉于州郡하니 一有凶饑면 無狀有司가 固不以上聞也하고 良有司가 敢以聞矣로되 比及報可에 委吏屬出而施之니 文移反復에 給散艱阻하고 監臨胥吏가 相與侵沒이라 其受惠者가 大抵城郭之近에 力能自達之人耳라 居之遠者가 安能扶老携幼數百里하여 以就龠合之廩哉[①]아 必欲有備無患이면 當以隋氏爲法하고 而擇長民之官하여 行劭農之法하고 輔以捄荒之政이니 本末具擧면 民之饑也 庶有瘳乎[②]인저

① '無狀有司'는 無狀한(형편없는) 담당관을 이른다. 매우 불량한 담당관은 형용하여 가리켜 말할 수 없으므로 '無狀'이라 한 것이다. 龠과 合은 모두 量器의 명칭이다. 龠은 기장 1,200알이 들어가니, 2龠이 1合이고 10合이 1升이다.
無狀有司, 謂無狀之有司也. 有司不良之尤甚者, 不可形容指言, 故曰無狀. 龠・合, 竝量名也. 龠, 容千二百黍, 兩龠爲合, 十合爲升.

② 劭는 勸勉함이다.
劭, 勸勉也.

【目】 당시에 민간에서 대부분 老・小를 사칭하여 부역을 피하였는데, 隋主(楊堅)가 州縣에 명하여 크게 수색하여 戶籍에 기록된 사람과 실제의 인물이 맞는지 용모를 살펴보게

하고 실제와 부합하지 않는 경우에는 里正과 黨長[23]을 먼 곳에 유배 보내게 하였다. 그리고 〈친족 중에〉 堂兄弟 이하를 모두 戶籍에서 떼어 分家시켜 호구를 숨기지 못하게 하였다. 그리하여 計帳(戶籍臺帳)에 새로 올린 것이 164만여 구였다.

高熲이 또 말하기를 "민간에 세금을 징수하는 데에 일정한 簿籍이 없어 따져보기가 어렵습니다."라 하고 輸籍法을 제정할 것을 청하였는데, 隋主가 이 말을 따랐다. 이로부터 간사한 짓이 용납되지 않았다.

◑ 時에 民間이 多妄稱老小하여 以免賦役①이러니 隋主가 命州縣大索하여 貌閱戶口하여 不實者어든 里正黨長을 遠配하고 大功以下를 皆令析籍하여 以防容隱하니 於是에 計帳得新附一百六十四萬餘口②하다 高熲이 又言 民間課輸에 無定簿하여 難以推校라하고 請爲輸籍法한대 隋主從之하니 自是로 姦無所容矣③러라

① 隋나라는 北周의 제도를 계승하여 남녀 3세 이하를 '黃'이라 하고 10세 이하를 '小'라 하고 60세를 '老'라 하였다.
隋承周制, 男女三歲已下爲黃, 十歲已下爲小, 六十者爲老.

② '貌閱'은 그 얼굴을 검열하여 老·小의 실제를 징험하는 것이다. 配는 멀리 유배하여 刑隷(죄를 지어 노예가 된 사람)로 삼은 것이니, 호구를 숨기고 사실대로 보고하지 않은 자를 먼 곳에 유배하는 것이다. 堂兄弟는 그 상복이 大功服이다.
貌閱者, 閱其貌以驗老小之實也. 配, 流刑隷也, 容隱不實者配流於遠地. 堂兄弟, 其服大功.

③ '輸籍'은 무릇 민간에서 세금을 징수할 적에 그 수량을 모두 장부에 적어서 州縣의 長吏들이 농간을 부려 숫자를 조작할 수 없게 한 것이다.
輸籍, 凡民間課輸, 皆籍其數, 使州縣長吏不得以走弄出沒.

【綱】 後梁主 蕭巋가 세상을 떠나니, 태자 蕭琮이 즉위하였다.

梁主巋殂하니 太子琮이 立하다

【目】 蕭巋가 효성스럽고 인자하고 검약하니, 境內가 편안하였다.

巋가 孝慈儉約하니 境內安之러라

---

23) 里正과 黨長 : ≪資治通鑑≫ 胡三省 註에 "隋나라가 새로운 令을 반포하여 사람들을 묶어 5家가 保가 되니 보에는 長이 있다. 5보가 閭가 되고 4려가 族이 되니, 모두 正이 있다. 京畿 밖에는 里正을 두었는데 閭正에 비견되고, 黨長은 族正에 비견된다. 이는 서로 감시하게 한 것이다.〔隋頒新令 制人五家爲保 保有長 保五爲閭 閭四爲族 皆有正 畿外置里正 比閭正 黨長 比族正 以相檢察焉〕"라고 하였다.

【綱】가을 8월에 突厥 可汗이 아들을 보내 隋나라에 들어와 조회하게 하였다.

秋八月에 突厥可汗이 遣子入朝于隋하다

【目】突厥 阿波可汗[24)]이 점차 강성해져서 여러 胡族들이 모두 그에게 귀부하니 '西突厥'이라 칭하였다. 沙鉢略可汗이 이미 達頭可汗에게 곤욕을 당하였고[25)] 또 契丹을 두려워하여 隋나라에 사신을 보내 위급함을 고하고 부락을 거느리고 漢南(고비 사막 남쪽)으로 건너와 살게 해주기를 청하였다. 隋主(楊堅)가 晉王 楊廣에게 명하여 군대를 거느리고 가서 구원하게 하고, 옷과 식량을 공급하고 수레와 복식, 鼓吹(樂隊)를 하사하였다. 이로 인하여 사발략가한이 서돌궐을 공격하여 격파하였는데, 阿拔國이 빈틈을 노려 사발략가한의 처자식을 잡아가자 官軍(수나라 군대)이 사발략가한을 위해 아발국을 공격하여 패배시켰다. 사발략가한이 크게 기뻐하여 이에 맹약을 맺어 사막(고비 사막)을 경계로 삼고, 이어서 표문을 올려 말하기를 "하늘에는 두 개의 태양이 없고 땅에는 두 명의 왕이 없으니, 위대한 수나라 황제야말로 진정한 황제입니다. 어찌 감히 군사와 험한 지형을 믿고서 제왕의 명칭을 훔칠 수 있겠습니까. 이제 무릎을 꿇고 머리를 조아리면서 속국이 되기를 바랍니다."라고 하였다. 그리고 아들 庫合眞[26)]을 보내 수나라로 들어가 조회하게 하였다. 이로부터 歲時마다 계속 공물을 바쳤다.

突厥阿波可汗이 寖强하여 諸胡皆附하니 號西突厥이라 沙鉢略이 旣爲達頭所困[①]하고 又畏契丹하여 遣使告急於隋하고 請將部落하여 度漢南[②]하니 隋主命晉王廣하여 以兵援之하고 給以衣食하고 賜以車服鼓吹[③]하다 沙鉢略이 因擊西突厥하여 破之한대 而阿拔國이 乘虛掠其妻子어늘 官軍爲擊阿拔敗之[④]하니 沙鉢略이 大喜하여 乃立約以磧爲界하고 因上表曰 天無二日이요 土

---

24) 阿波可汗 : 阿史那大邏便으로 원래는 突厥의 小可汗이었는데, 이때 達頭可汗의 지원을 받아 세력이 강성해졌다. 여기 아파가한의 '西突厥'은 阿史那室點密이 세운 '서돌궐'과는 다르다. 아사나실점밀은 중앙아시아의 에프탈을 멸망시키고 페르시아를 패퇴시킨 후 西面可汗을 칭하였는데, 그 세력이 돌궐 본국과 거의 대등할 정도였다. 역사학계에서 일반적으로 말하는 서돌궐은 아사나실점밀의 아들 달두가한이 東突厥과 결별하고 세운 나라를 가리킨다. 역사학계에서는 아파가한의 서돌궐은 돌궐 내 大可汗의 계승 문제를 두고 일시적으로 형성된 국가로 보고 있다.(≪周書·隋書 外國傳 譯註≫(동북아역사재단, 2010))

25) 達頭可汗에게……당하였고 : 達頭可汗은 西面可汗 阿史那室點密의 아들 阿史那玷厥이다. 예전에 沙鉢略可汗이 阿波可汗을 습격하자 아파가한이 달두가한에게 도망가니, 달두가한이 아파가한에게 병사를 주어 사발략가한을 공격하게 하여 여러 차례 격파하였다. 자세한 내용은 본서 제35권 하 至德 원년(583)에 보인다.

26) 庫合眞 : ≪隋書≫ 〈突厥傳〉에는 "일곱째 아들의 신하 窟含眞[第七兒臣窟含眞]"으로 되어 있다.

無二王이니 大隋皇帝는 眞皇帝也라 豈敢阻兵恃險하여 偸竊名號리오 今屈膝稽顙하여 求爲藩附라하고 遣其子庫合眞入朝하니 自是로 歲時貢獻不絶하다

① 達頭可汗이 阿波可汗에게 군대를 주어 沙鉢略可汗을 공격하게 하였으니, 이것이 달두가한에게 곤욕을 당한 것이다.
達頭資阿波以兵, 使攻沙鉢略, 是爲其所困者也.

② 〈'請將部落 度漠南(부락을 거느리고 漠南으로 건너와 거주할 것을 청하였다.)'은〉 남쪽으로 내려와 長城 부근에 이웃하여 隋나라에 의지하여 원조를 얻고자 한 것이다.
欲南傍長城下, 倚隋爲援.

③ 晉王 楊廣이 당시 幷省[27]이 되어 북쪽 변경 지역이 모두 그에게 소속되었다. 그러므로 그에게 명하여 군대를 거느리고 가서 沙鉢略可汗을 구원하게 한 것이다.
晉王廣時爲幷省, 北邊皆屬焉, 故命以兵援沙鉢略.

④ 阿拔은 北狄의 국명이다. 爲(위하다)는 去聲이다.
阿拔, 北狄國名. 爲, 去聲.

【綱】 陳主(陳叔寶)가 中書通事舍人 傅縡를 죽였다.[28]

陳主가 殺其中書通事舍人傅縡하다

【目】 傅縡가 재주를 믿고 기세를 부리니 사람들이 대부분 그를 원망하였다. 施文慶과 沈客卿이 함께 부재가 高句麗 사신의 금을 받았다고 참소하자, 陳主가 부재를 체포하여

---

27) 幷省 : 幷州에 설치한 行臺尙書省을 말한 것이다. 본서 제35권 하에 太建 14년(582) 정월 조에 "晉王 楊廣을 河北行臺尙書令으로 삼았다."고 하였고 그 訓義에 "幷州에 河北道行臺를 설치했다."고 하였다.

28) 陳主 殺其中書通事舍人傅縡 : "'主(임금)'를 지적하여 기록한 것은 어째서인가. 음탕하고 포학한 것을 미워한 것이다. ≪資治通鑑綱目≫에서는 형벌하고 죽임에 있어서 굳이 '主'를 지적하여 기록한 것은 다섯 군주이다.(宋나라 劉子業, 齊나라 蕭寶卷, 北齊 高洋·高緯, 陳나라 陳叔寶) 이들은 모두 음탕하고 포학한 군주이니, 이들 외에는 형벌하고 죽임에 있어서 전적으로 '主'를 지적한 경우가 없다.〔斥書主 何 惡淫虐也 綱目於刑殺必斥書主者 五君焉(宋子業 齊寶卷 北齊高洋 高緯 陳叔寶) 皆淫虐之主也 舍是刑殺無專斥主者矣〕" ≪書法≫
"諫臣을 죽이는 자는 반드시 나라를 망하게 한다. 傅縡가 재주를 믿고 기세를 부린 것이 비록 과격함에 빠져 잘못되었으나, 그가 말한 것은 모두 陳主의 실제이니, 이미 그 말을 따를 수 없었던 것이다. 그런데 도리어 부재에게 잘못을 고치게 하여 용서하려고 하였으니, 대저 응당 고쳐야 할 잘못은 陳主에게 있는데, 부재에게 다시 무슨 잘못이 있겠는가. 그러므로 특별히 '陳主가 中書通事舍人을 죽였다.'라고 기록하여 그를 미워한 것이니, 아래에 '大市令 章華를 죽였다.'고 기록한 것 또한 이와 같다.〔殺諫臣者 必亡國 傅縡負才使氣 雖失之激 然其所言 則皆陳主之實 旣不能從 反欲使縡改過而赦之 夫過在陳主 所當改也 彼又何過之有 故特書陳主殺其中書通事舍人以惡之 下書殺大市令章亦然〕" ≪發明≫

하옥시켰다. 부재가 옥중에서 다음과 같이 글을 올렸다.

"대저 임금은 上帝를 공손히 섬기고 백성들을 사랑하며, 嗜欲을 줄이고 아첨을 멀리하며, 〈정사에 힘쓰느라〉 날이 밝기 전에 옷을 찾아 입고 해가 저물도록 밥 먹기를 잊습니다. 이 때문에 은택이 천하에 베풀어지고 福澤이 자손에게 전해집니다.

폐하께서는 근래에 酒色에 과도하게 빠지고, 郊廟의 大神을 공경히 섬기지 않고 淫昏한 귀신에게만 아첨하며, 小人이 곁에 있고 환관들이 권력을 농간하며, 충직한 이를 원수처럼 미워하고 백성들을 초개처럼 하찮게 여기며, 후궁들은 비단 옷자락을 끌고 다니고 마구간의 말들은 콩과 조가 남아돕니다. 그리하여 백성들은 유리걸식하고 시체는 들판을 덮으며, 뇌물은 공공연히 행해지고 국고는 텅 비며, 神이 노여워하고 백성이 원망하며 大衆은 반란을 일으키고 친척은 떠나가니, 신은 東南(陳나라)의 王氣가 이로부터 다할까 두렵습니다."

글이 올라가자 陳主가 크게 노하였는데, 잠시 뒤에 마음이 다소 풀려서 使者를 보내 이르기를, "내가 경을 용서하려고 하니, 경은 잘못을 고치겠는가?" 하니, 대답하기를 "신의 마음은 얼굴과 같으니, 얼굴을 고칠 수 있다면 마음을 고칠 수 있을 것입니다." 하였다. 陳主가 더욱 노하여 마침내 賜死하였다. 陳主가 매번 郊祀 때가 되면 항상 병을 핑계 대고 가지 않았기 때문에 부재가 언급한 것이다.

縡가 負才使氣하니 人多怨之[①]러니 施文慶沈客卿이 共譖縡受高麗使金이라한대 陳主收縡下獄하니 縡於獄中에 上書曰 夫君人者 恭事上帝하고 子愛下民하며 省(생)嗜欲하고 遠諂佞하며 未明求衣하고 日旰忘食하니 是以로 澤被區宇하고 慶流子孫[②]이라 陛下頃來에 酒色過度하고 不虔郊廟大神하고 專媚淫昏之鬼[③]하며 小人在側하고 宦豎弄權하며 惡(오)忠直若仇讎하고 視生民如草芥하며 後宮이 曳綺繡하고 廐馬가 餘菽粟하니 百姓流離하고 僵尸蔽野하며 貨賄公行하고 帑藏損耗하며 神怒民怨하고 衆叛親離하니 臣恐東南王氣 自斯而盡矣[④]일가하노이다 書奏에 陳主大怒러니 頃之요 意稍解하여 遣使謂曰 我欲赦卿하니 卿能改過不(부)[⑤]아 對曰 臣心이 如面하니 面可改則心可改矣니이다 陳主益怒하여 遂賜死하다 陳主每當郊祀에 常稱疾不行이라 故縡言에 及之니라

① 縡는 음이 宰이다.
縡, 音宰.

② 區는 온 천하이고, 宇는 사방과 상하이다.
區, 寰區也. 宇, 四方上下也.

③ 〈'專媚淫昏之鬼(淫昏한 귀신에게만 아첨한다.)'는 陳主가〉 張貴妃를 총애하여 여자 무당에게 궁중에서 북을 치며 춤을 추며 淫祀를 지내게 한 것을 이른다.

謂寵張貴妃，使女巫鼓舞於宮中而淫祀也.

④ 王은 于況의 切(왕성하다)이고, 또 본음대로 읽는다.
王，于況切，又如字.

⑤ 不(의문사)는 否로 읽는다.
不，讀曰否.

【綱】 隋나라가 다시 江陵摠管을 설치하였다.

隋復置江陵摠管하다

【目】 後梁의 大將軍 戚昕이 수군을 거느리고 〈陳나라의〉 公安을 습격하였는데, 이기지 못하고 돌아왔다. 隋主(楊堅)가 後梁主(蕭琮)의 숙부 吳王 蕭岑을 불러 들어와 조회하게 하고, 그에게 大將軍을 제수하여 그대로 머물러 있게 하고 보내지 않았다. 다시 江陵摠管을 설치하여 후량을 감독하였다.

梁大將軍戚昕이 **以舟師**로 **襲公安**하여 **不克而還**[①]하다 **隋主徵梁主叔父吳王岑入朝**하고 **拜大將軍**하여 **因留不遣**하고 **復置江陵摠管**하여 **以監之**하다

① 公安은 陳나라 荊州의 治所이다.
公安，陳荊州治所.

【綱】 隋나라가 長城을 축조하였다.

隋築長城하다

【目】 隋主(楊堅)가 壯丁 3만을 징발하여 朔方과 靈武에 長城을 쌓았는데, 동쪽으로는 黃河에 이르고 서쪽으로는 綏州에 이르러 동서로 이어진 거리가 700리였다. 至德 4년(586)에 또다시 15만 명을 징발하여 변경에 수십 개의 성을 축조하여 오랑캐의 침입을 막았다.

隋主가 **發丁三萬**하여 **於朔方靈武**에 **築長城**하니 **東距河**하고 **西至綏州**하여 **綿歷七百里**[①]하고 **四年**에 **又發十五萬**하여 **緣邊築數十城**하여 **以遏胡寇**하다

① 朔方郡은 夏州이다. ≪五代志≫에 "雕陰郡은 西魏 때에 綏州를 설치하였다." 하였다.
朔方郡，夏州. 五代志"雕陰郡，西魏置綏州."

丙午年(586)

陳나라 後主 陳叔寶 至德 4년이고, 隋나라 高祖 文帝 楊堅 開皇 6년이다. 後梁 後主 蕭琮 廣運 원년이다.

陳至德四年이요 隋開皇六年이라 ◑ 梁後主琮廣運元年이라

【綱】봄 정월에 党項羌이 隋나라에 항복을 받아줄 것을 요청하였다.

春正月에 **党項羌**이 **請降于隋**①하다

① 党項羌은 西羌의 別種이다. 그 나라가 ≪書經≫ 〈禹貢〉 析支(西戎族의 하나)의 지역에 있는데, 동쪽으로는 松州에 이르고 서쪽으로는 葉護(西突厥)에 접하고 남쪽으로는 舂桑(羌族의 일종)과 경계를 짓고, 북쪽으로는 吐谷渾과 이웃하니, 3천여 리의 땅을 소유하였다.
党項羌, 西羌別種, 其國在禹貢析支之地, 東至松州, 西接葉護, 南界舂桑, 北鄰吐渾, 有地三千餘里.

【綱】隋나라가 突厥에 冊曆을 반포하였다.

◑ **隋頒曆于突厥**[29)]하다

【綱】2월에 隋나라가 刺史의 上佐에게 매년 들어와 조회하고 〈해당 州의 관리들의〉 考課를 올리도록 하였다.

◐ **二月**에 **隋制刺史上佐每歲入朝考課**①하다

① 上佐는 長史와 司馬를 이른다.
上佐, 謂長史·司馬.

【綱】가을 윤8월에 隋나라가 上柱國인 梁士彦·宇文忻·劉昉을 죽였다.

◑ **秋閏八月**에 **隋殺其上柱國梁士彦宇文忻劉昉**[30)]하다

---

29) 隋頒曆于突厥 : "冊曆을 外夷에 반포한 것이 이때 시작되었다.〔頒曆外夷始此〕" ≪書法≫
30) 隋殺……劉昉 : "이 3명이 원망하고 딴 마음을 품은 것은 죄인데, 어찌하여 '주벌하였다〔誅〕'고 기록

【目】 이전에 梁士彦은 尉遲迥을 토벌하여 격파하고서[31] 울지형을 대신하여 相州刺史가 되었고, 宇文忻은 隋主(楊堅)와 어렸을 적에 서로 매우 친하였는데 用兵을 잘하여 威名이 있자, 隋主가 이들을 모두 시기하였다. 이에 양사언과 우문흔이 견책을 당하여 관직을 떠나고, 劉昉 역시 소외당하니, 모두 원망을 품었다. 우문흔이 양사언에게 蒲州에서 군대를 일으키게 하고 자기는 〈長安에서〉 내응하고자 하였다. 양사언의 생질 裴通이 모의에 참여하였다가 이를 고발하였는데, 隋主가 이 일을 숨기고 양사언을 晉州刺史로 삼아서 그 의중을 살펴보려고 하였다. 양사언이 기뻐하며 유방 등에게 이르기를 "하늘의 뜻이로다." 하였다. 隋主는 그들이 알현할 때를 틈타 체포하여 힐책하니, 마침내 모두 죽임을 당하였다. 隋主가 상복을 입고 射殿에 나와서 백관에게 명하여 양사언·우문흔·유방 세 집안의 재물에 활을 쏘게 하여 경계로 삼았다.

初에 士彦이 討尉(울)遲迥하여 破之하고 代爲相州刺史하고 忻이 與隋主少相厚러니 善用兵하여 有威名하니 隋主皆忌之하여 以譴去官하고 昉亦被疎遠하니 俱懷怨望이라 忻欲使士彦於蒲州起兵하고

하지 않았는가. 隋主를 허물한 것이다. 이들은 佐命功臣인데도, 용병을 잘하는 것으로 시기하여 면직시키거나 소원히 대했으니, 그렇다면 隋主 또한 다소 신의를 저버린 것이다. 그러므로 여기에서 특별히 '죽였다〔殺〕'라고 기록한 것이다.〔三人怨望有異心 則罪也 曷爲不書誅 咎隋主也 佐命功臣 而以善兵加忌 或免之 或疎之 則隋主亦少負矣 故於是特書殺〕" ≪書法≫

"梁士彦의 무리가 반란한 정황이 명백한데, 어찌 그들이 반란을 도모하다가 죽임을 당하였다고 기록하지 않았는가. 隋主가 황위를 찬탈할 적에 劉昉은 실로 나라(北周)를 팔아서 그에게 주었고, 심지어 양사언은 總管이 되어서 대군을 이끌고 尉遲迥을 공격하였고, 宇文忻은 속임수를 써서 〈울지형의〉 전투를 지켜보던 〈鄴城의〉 사람들에게 화살을 쏘아서 마침내 울지형을 격파하고 찬탈의 일을 이루었으니, 이 3명의 경우는 찬탈한 나라의 충신이고 佐命功臣 중 으뜸이라 할 만하다. 시세가 변하여 점차 疏斥을 당하자 평소 음험한 생각을 품고 마침내 바라서는 안 되는 모의를 일으켰다. 다른 사람이 그들을 주벌할 경우에는 죽어도 남은 죄가 있지만 隋主의 경우에는 마음속으로 저버림이 있음을 면치 못하였고, 더구나 시기하는 마음에서 나옴에 있어서겠는가. 이는 ≪資治通鑑綱目≫에서 '죽였다〔殺〕'고 기록하고 그 관직을 제거하지 않은 이유이니, 隋主가 이들을 주벌함을 인정하지 않은 것이다. 그 뜻이 엄격하다.〔梁士彦輩反狀明白 何不書其謀反伏誅 隋主簒竊 昉實賣國與之 至於士彦身爲總管 將大兵以擊尉遲迥 忻設詭謀 以射觀戰之人 遂能破迥以成簒事 若三人者 可謂簒國之忠臣 佐命之元功矣 時移事改 浸被疏斥 素懷傾險之志 遂起非望之謀 在他人誅之 則死有餘罪 若隋主則未免有負於中 況又出於忌克之心者乎 此綱目所以書殺而不去其官者 不予隋主之誅也 其旨嚴矣〕" ≪發明≫ 隋主(楊堅)가 北周의 丞相이 되고 나서 찬탈을 도모하였는데, 울지형이 업성에서 반란을 일으켰다. 이에 隋主가 군대를 보내어 울지형과 싸웠는데, 전황이 불리하였다. 당시 우문흔이 전투를 지켜보던 업성의 士民들에게 화살을 쏘아서 혼란하게 하자 울지형의 군대가 패하여 업성으로 후퇴하였다. 자세한 내용은 본서 제35권 하 太建 12년(580) 8월 조에 보인다.

31) 梁士彦이……격파하고서 : 太建 12년(580)에 隋 文帝 楊堅은 北周의 승상의 자리에 있으면서 왕위를 찬탈하고자 하였다. 이에 불복한 尉遲迥이 鄴에서 반란을 일으키자 양견은 韋孝寬에게 반란을 진압하게 하였다. 梁士彦은 위효관의 휘하에 있었는데, 위효관이 울지형을 격파할 때 공을 세웠다. 자세한 내용은 ≪隋書≫ 〈梁士彦傳〉에 보인다.

己爲內應①이러니 士彦之甥裴通이 預其謀而告之한대 隋主隱其事하고 以士彦爲晉州刺史하여 欲觀其意②러니 士彦이 欣然謂昉等曰 天也로다 隋主因其朝謁하여 執而詰之하니 遂皆伏誅하고 隋主素服臨射殿하여 命百官射三家資物하여 以爲戒③하다

① 蒲州는 蒲坂으로 황하 나루터의 요충지이니, 長安과의 거리가 300여 리이다.
蒲州, 蒲坂, 河津之要, 去長安三百餘里.

② 晉州는 平陽이니 전쟁하기에 좋은 지역이다. 北周와 北齊의 군대가 싸울 적에 중요한 鎭으로 삼았다.
晉州, 平陽, 用武之地. 周・齊兵爭, 以爲重鎭.

③ 梁士彦・宇文忻・劉昉 3명은 隋主와 오랜 친분이 있고 게다가 隋主를 황제로 추대한 공이 있었으나 반역을 도모하였으므로 그들을 위해 상복을 입는 한편 백관을 경계한 것이다.
三人者與隋主有舊, 又有翊戴之功, 而謀爲不軌, 故爲之素服而又以誡百官.

【綱】 겨울 10월 隋나라가 楊尙希를 禮部尙書로 삼았다.

冬十月에 隋以楊尙希爲禮部尙書하다

【目】 隋主(楊堅)가 새벽마다 조정에 나아가 국사를 살펴서 해가 기울어도 피곤한 줄 몰랐으니, 楊尙希가 간언하기를 "周나라 文王은 국사를 위해 근심하고 힘쓰느라 수명이 줄어들었고, 武王은 안락하게 지냈기 때문에 수명을 연장하였습니다. 바라건대 폐하께서는 큰 綱領만 살피시고 재상에게 정무를 위임하여 성공을 책임지워야 하니, 세세한 업무는 임금이 친히 처리할 것이 아닙니다."라 하였는데, 隋主가 그 말을 좋게 여겼으나 따르지 못하였다.

隋主가 每旦臨朝에 日昃不倦하니 尙希諫曰 周文王이 以憂勤損壽하시고 武王이 以安樂延年①하시니 願陛下擧大綱이요 責成宰輔니 繁碎之務는 非人主所宜親也라하니 隋主善之而不能從하다

① 鄭玄의 ≪禮記≫ 註에 이 말이 있다.[32]
鄭玄註禮記有是言.

【綱】 隋나라가 秦王 楊俊을 山南行臺尙書令으로 삼았다.

隋以秦王俊爲山南行臺尙書令①하다

32) 鄭玄이……있다 : ≪禮記正義≫ 〈文王世子〉 鄭玄의 注에 보인다.

① 襄州에 山南道行臺를 설치하였다. 襄州의 治所는 襄陽이니, 그 지역이 長安 南山 남쪽에 있다.
置山南道行臺於襄州. 襄州治襄陽, 其地在長安南山之南.

【綱】 陳나라가 江摠을 尙書令으로 삼았다.

◑ **陳以江摠爲尙書令**하다

【綱】 吐谷渾의 태자 慕容訶가 隋나라에 항복을 받아줄 것을 요청하였는데, 隋主(楊堅)가 받아들이지 않았다.

◑ **吐谷**(욕)**渾太子訶 請降于隋**하니 **隋主弗納**하다

【目】 吐谷渾의 可汗 慕容夸呂가 백 년 동안 가한의 자리에 있으면서 여러 차례 喜怒의 감정에 따라 태자를 폐위하여 죽였다. 그 후에 태자가 된 자가 두려워하여 모용과려를 사로잡아 隋나라에 항복할 것을 모의하고서 수나라에 군대를 요청하였다. 변경의 관리[33]가 군대를 가지고 호응할 것을 〈조정에〉 요청하였는데, 隋主가 허락하지 않았다. 태자는 모의가 누설되어 죽임을 당하였고 〈모용과려가〉 다시 작은아들인 嵬王(외왕) 慕容訶를 태자로 세웠는데, 모용가 역시 주살될까 두려워하여 部落 15,000호를 거느리고 수나라에 항복할 것을 모의하고서 수나라에 사신을 보내 군대를 요청하였다.

隋主가 말하기를 "토욕혼의 풍속은 人倫을 버려 中國과 매우 달라서 부모가 자식을 사랑하지 않고 자식도 부모에게 효도하지 않는다. 짐은 덕으로 백성을 교화하는데 어찌 그 패역무도한 짓을 이루어줄 수 있겠는가."라고 하고, 이에 사신에게 이르기를 "부모가 과실이 있으면 자식이 응당 간쟁해야 하니, 어찌 몰래 불법을 도모하여 불효의 오명을 받아들이겠는가. 온 하늘 아래 모든 사람이 짐의 臣民이니 각기 좋은 일을 하는 것이 바로 짐의 마음에 꼭 들게 하는 것이다. 외왕이 이미 짐에게 歸附하고자 하였으니, 짐은 외왕에게 신하의 법도를 행하도록 할 뿐 멀리 兵馬를 보내어 패악한 짓을 하는 것을 돕지 않을 것이다." 하니, 외왕 모용가가 마침내 그만두었다.

吐谷渾可汗夸呂가 在位百年에 屢因喜怒하여 廢殺太子①러니 後太子懼하여 謀執夸呂而降하여 請兵於隋하니 邊吏請以兵應之한대 隋主不許하니 太子謀洩被殺하고 復立其少子嵬王訶하니 復

33) 변경의 관리 : ≪資治通鑑≫에는 隋나라 秦州摠管 河間王 楊弘으로 되어 있다.

懼誅하여 謀帥(솔)部落萬五千戶하여 降隋하고 遣使請兵하니 隋主曰 渾賊風俗이 特異人倫[②]이라 父既不慈하고 子復不孝하니 朕以德訓人이라 何有成其惡逆乎아 乃謂使者曰 父有過失이면 子當諫諍이니 豈可潛謀非法하여 受不孝之名이리오 溥天之下 皆朕臣妾이라 各爲善事가 卽稱朕心이니 嵬王이 旣欲歸朕이라 朕惟敎嵬王爲臣子之法하고 不可遠遣兵馬하여 助爲惡事라하니 嵬王訶乃止하다

① 夸呂는 ≪隋書≫ 〈吐谷渾傳〉에는 呂夸로 되어 있다.
夸呂, 隋書吐谷渾傳作呂夸.

②〈'渾賊風俗 特異人倫'은〉 吐谷渾은 인륜을 버려 중국의 풍속과 다름을 말한 것이다.
言其去人倫, 與中國異俗.

丁未年(587)

陳나라 後主 陳叔寶 禎明 원년이고, 隋나라 高祖 文帝 楊堅 開皇 7년이다. 이해에 後梁이 망하니, 모두 두 나라이다.

陳禎明元年이요 隋開皇七年이라 ◑ 是歲에 梁亡하니 凡二國이라

【綱】 봄 정월에 隋나라가 여러 州에 매년 조정에 천거하는 士人을 〈州마다〉 3명으로 하도록 하였다.

春正月에 隋制諸州歲貢士三人하다

【綱】 2월에 隋나라가 揚州에 山陽瀆[34)]을 개통하였다.

◑ 二月에 隋開揚州山陽瀆[①]하다

① 揚州의 治所는 廣陵이니 山陽縣이 여기에 속하였다. ≪春秋左氏傳≫을 살펴보건대, "吳나라가 邗에 성을 쌓고, 水路를 뚫어 長江과 淮水를 貫通시켰다." 하였으니, 山陽瀆을 광릉에 연결한 지 오래되었다. 隋나라가 특별히 산양독을 깊고 넓게 파서 개통한 것은 陳나라를 정벌하려고 해서였다.

---

34) 山陽瀆 : 옛 운하의 이름이다. 山陽縣(현 江蘇省 淮安)의 경계에서 시작하였기 때문에 이렇게 이름한 것이다. 북쪽의 산양현에서 시작하여 남쪽으로 廣陵郡(현 江蘇省 揚州 서북)에 이른다. 수로를 뚫어 長江과 淮水를 연결시킨 것이다.(≪新譯資治通鑑≫ 23(張大可 等 注釋, 三民書局, 2017))

揚州治廣陵, 山陽縣屬焉. 按春秋"吳城邗, 溝通江・淮." 山陽瀆通於廣陵尙矣, 隋特開而深廣之, 將以伐陳也.

【綱】突厥 沙鉢略可汗이 죽으니 동생 莫何可汗 阿史那處羅侯가 즉위하였다.

◑突厥沙鉢略可汗이 死하니 弟莫何可汗處羅侯가 立하다

【目】예전에 沙鉢略可汗이 자신의 아들 阿史那雍虞閭가 나약하다 하여 자신의 동생인 葉護(섭호)[35] 阿史那處羅侯를 세우도록 遺命을 내렸다. 사발략가한이 죽자 雍虞閭가 사신을 파견하여 處羅侯를 맞이하였는데, 처라후가 말하기를 "木杆可汗 이래로 대부분 동생이 형의 지위를 대신하고 庶子가 적자의 자리를 빼앗아서 先祖의 법도를 잃고 서로 경외하지 않았으니, 네가 마땅히 可汗의 자리를 이어받아야 한다. 내가 너에게 절을 하는 것을 꺼리지 않겠다."고 하였다. 옹우려가 말하기를, "叔父와 나의 아버지는 같은 뿌리에서 나온 줄기이고 저는 지엽에 불과하니, 어찌 도리어 〈숙부께서〉 어린 손아랫사람에게 굽히실 수 있겠습니까. 또한 亡父의 유명을 어찌 저버릴 수가 있겠습니까. 바라건대 숙부께서는 의심하지 마십시오." 하고, 사신을 보내 서로 사양하기를 대여섯 차례 하였다. 결국 처라후가 즉위하니 이가 莫何可汗이다. 옹우려를 섭호로 삼았다.

初에 沙鉢略이 以其子雍虞閭懦弱이라하여 遺令立其弟葉(섭)護處羅侯①러니 沙鉢略이 死에 雍虞閭가 遣使迎之한대 處羅侯曰 自木杆以來로 多以弟代兄하며 以庶奪嫡하여 失先祖之法하고 不相敬畏하니 汝當嗣位라 我不憚拜汝②호리라 雍虞閭曰 叔與我父로 共根連體하고 〔我枝葉也〕[36]니 豈可反屈於卑幼乎아 且亡父之命을 何可廢也리오 願叔勿疑라하고 遣使相讓者 五六이러니 處羅侯竟立하니 是爲莫何可汗이라 以雍虞閭爲葉護하다

① 葉은 失涉의 切이다. 葉護는 突厥의 高官이다.
葉, 失涉切. 葉(섭)護, 突厥達官.

② 逸可汗이 자신의 아들을 버리고 〈동생인〉 木杆可汗을 세우고, 목간가한이 자신의 아들을 버리고 〈동생인〉 佗鉢可汗을 세우고, 타발가한이 죽자 阿史那攝圖(沙鉢略可汗)와 阿史那大邏便(阿波可汗)이 마침내 나라를 두고 싸우는 지경에 이른 일이 모두 앞에 보인다.[37] '不相

35) 葉護(섭호) : 고대 투르크어인 야브구(yabghu)의 음역으로 보인다. 可汗의 바로 아래에 해당하는 고위의 관직으로 주로 西方 통치자의 관칭이다.(≪周書・隋書 外國傳 譯註≫(동북아역사재단, 2010)) 역사학계에서는 주로 '엽호'로 읽지만 여기서는 반절음에 따라 '섭호'로 읽었다.

36) 〔我枝葉也〕 : 저본에는 '我枝葉也'가 없으나, ≪資治通鑑≫에 의거하여 보충하였다.

敬畏(서로 경외하지 않았다.)'는 大邏便이 阿史那菴羅(타발가한의 아들)를 꾸짖고 욕하며, 또 사발략가한과 적이 되었고, 達頭可汗(阿史那玷厥)이 또 〈대라편을〉 따라 도운 것을 이른다.
逸可汗捨其子而立木杆, 木杆捨其子而立佗鉢, 佗鉢卒, 攝圖・大邏便遂至爭國事, 竝見(현)前. 不相敬畏, 謂大邏便詈辱菴羅, 又與沙鉢略爲敵, 達頭又從而助之也.

【目】莫何可汗은 용감하고 지략이 있어서 隋나라가 내려준 깃발과 북을 가지고 서쪽으로 阿波可汗(阿史那大邏便)을 공격하니, 아파가한의 무리들은 수나라의 군대가 이들을 돕는다고 여겨서 대부분 멀리서 소문만 듣고도 항복하여 따랐다. 마침내 아파가한을 생포하고 수나라에 글을 올려 아파가한의 목숨을 어떻게 할지 청하였다.

隋主(楊堅)가 長孫晟에게 물었는데, 장손성이 대답하기를, "돌궐이 명령을 어기고 제멋대로 행동하였다면 반드시 형벌을 가지고 다스려야 하지만, 지금 형제간에 자기들끼리 죽여 없앤 것이니, 아파가한의 죄악은 우리 나라(수나라)를 저버린 것이 아닙니다. 그의 곤궁함을 이용하여 잡아다 죽인다면 먼 나라를 위무하여 복종시키는 방도가 아닐 듯합니다. 둘 다 보존하는 것만 못합니다." 하였다. 高熲 또한 말하기를 "친족간에 서로 죽이는 것은 교화를 해치는 일이니, 의당 아파가한을 살려주고 위로하여 관대함을 보이는 것만 못합니다."라고 하니, 隋主가 그들의 말을 따랐다.

莫何가 勇而有謀라 以隋所賜旗鼓로 西擊阿波하니 阿波之衆이 以爲隋兵助之라하여 多望風降附어늘 遂生擒阿波하여 上書請其死生之命하니 隋主以問長孫晟한대 晟이 對曰 若突厥背誕이면 須齊之以刑①이어니와 今其昆弟 自相夷滅하니 阿波之惡이 非負國家니 因其困窮하여 取而爲戮하면 恐非招遠之道라 不如兩存之라하고 高熲이 亦曰 骨肉相殘은 敎之蠹也니 宜存養以示寬大라하니 隋主從之하다

① '背誕'은 명령을 어기고 제멋대로 행동하는 것이다.
背誕, 背命放誕.

---

37) 逸可汗이……보인다 : 逸可汗은 乙息記可汗이라고도 하는데, 阿史那科羅이고, 木杆可汗은 阿史那俟斤이다. 일가한, 목간가한, 佗鉢可汗은 모두 伊利可汗의 아들이다. 阿史那攝圖는 일가한의 아들이고, 阿史那大邏便은 목간가한의 아들이다. 타발가한이 죽을 때 자신의 아들인 阿史那菴羅를 세우지 않고 아사나대라편에게 가한의 자리를 물려주었으나 돌궐의 國人들이 이를 받아들이지 않고 아사나암라를 세웠는데, 아사나대라편이 반발하자 결국 아사나섭도를 세우니 이가 沙鉢略可汗이다. 이와 관련된 내용은 본서 제33권 하 承聖 2년(553) 3월 조, 제35권 상 太建 4년(572) 12월 조와 태건 13년(581) 12월 조, 그리고 ≪隋書≫ 〈突厥傳〉에 자세히 보인다.

【綱】 여름 5월 초하루에 일식이 있었다.

夏五月朔에 日食하다

【綱】 가을 9월에 隋나라가 後梁을 멸망시키고 後梁主 蕭琮을 莒公으로 삼았다.

◑ 秋九月에 隋滅梁하고 以其主蕭琮爲莒公[38)]하다

【目】 隋나라가 後梁主(蕭琮)를 불러 들어와 조회하게 하니 後梁主가 200여 명의 신하들을 거느리고 江陵을 출발하였는데, 隋主(楊堅)이 武鄕公 崔弘度를 파견하여 군대를 이끌고 강릉에 주둔하게 하였다. 後梁主의 숙부인 安平王 蕭巖과 동생 蕭瓛(소환) 등은 최홍도가 습격할까 두려워하여 사신을 보내어 陳나라에 항복을 받아줄 것을 요청하였다.

9월에 진나라 荊州刺史 陳慧紀가 군사를 이끌고 강릉에 이르니, 소암 등이 문무 관원과 남녀 10만 명을 이끌고 陳나라로 도망하였다. 隋主가 그 소식을 듣고 梁國(後梁)을 없애고 高熲을 파견하여 남은 백성들을 편안하게 하였고, 後梁主 蕭琮을 柱國에 제수하고 莒公의 爵位를 하사하였다.

隋徵梁主入朝하니 梁主帥其群臣二百餘人하고 發江陵이라 隋主遣武鄕公崔弘度하여 將兵戍江陵이러니 梁主叔父安平王巖弟瓛(환)等이 恐弘度襲之하여 遣使請降于陳①하다 九月에 陳荊州刺史陳慧紀가 引兵至江陵하니 巖等이 驅文武男女十萬口하여 奔陳②이러니 隋主聞之하고 廢梁國하고 遣高熲하여 安集遺民하고 拜梁主琮柱國하고 賜爵莒公하다

① 瓛은 음이 桓이다.
瓛, 音桓.

38) 隋滅梁 以其主蕭琮爲莒公 : "이때에, '蕭巖과 蕭瓛이 만 명을 이끌고 陳나라로 도망가니 隋主가 그 소식을 듣고 마침내 梁國을 없앴다.'고 기록하지 않고 '梁(後梁)을 멸망시켰다.'고 기록한 것은 어째서인가. 隋主의 뜻을 주벌한 것이다. 일찍이 江陵總管을 없앴는데, 戚昕이 조금 잘못을 저지른 것으로 또한 어찌 훈계하여 꾸짖지 않고 다시 강릉총관을 설치할 수 있단 말인가. 얼마 후 後梁主(蕭琮)를 불러서 들어와 조회하게 하고 또 崔弘慶에게 군사를 거느리고 강릉에 주둔하게 하였으니 隋主의 뜻을 알 만하다. 소암과 소환의 일이 아니더라도 〈나라가 멸망함을〉 어찌 면할 수 있었겠는가. 곧바로 '梁을 멸망시켰다.'고 기록하였으니, 이것이 隋나라의 뜻이다.〔於是蕭巖蕭瓛 驅萬口奔陳 隋主聞之 遂廢梁國不書 書滅梁 何 誅意也 嘗罷江陵總管矣 戚昕小犯 亦豈不可訓責而復置焉 旣而徵其主入朝 又使崔弘慶將兵戍之 隋主之意 可知矣 雖微巖瓛之擧 其能免乎 直書滅梁 隋志也〕" ≪書法≫

본서 太建 14년(582) 12월 조에 수나라가 강릉총관을 없애어 後梁主에게 자신의 나라를 온전히 다스릴 수 있게 하였다. 至德 3년(585) 8월 조에 후량의 大將軍 척흔이 수군을 거느리고 陳나라 公安을 공격하였으나 이기지 못하고 돌아오자, 隋主가 강릉총관을 다시 설치하여 後梁을 감시하였다.

② 陳慧紀는 高祖(陳 武帝 陳霸先)의 從孫이다.
慧紀, 高祖之從孫也.

【綱】 겨울 11월에 隋主(楊堅)가 馮翊에 가서 고향의 社廟(토지신에게 제사 지내는 사당)에 제사를 지냈다.

冬十一月에 **隋主如馮翊**하여 **祠故社**①하다

① 隋主가 馮翊에서 태어났으니, 漢나라가 豐邑의 枌榆社[39]에 제사한 뜻과 같다.
隋(王)〔主〕[40]生於馮翊, 猶漢祀豐枌榆社之意.

【目】 이 행차에 李德林이 병으로 인해 隨從하지 못하였는데, 勅書를 내려 그를 불러 그와 함께 陳나라를 정벌할 계책을 논의하였다. 〈京師로〉 돌아올 적에 隋主가 말 위에서 채찍을 들어 남쪽을 가리키며 말하기를, "陳나라를 평정하는 날에 일곱 가지 보물로 公을 치장하여 太行山 동쪽(山東) 사람 중에 누구도 공과 견줄 자가 없도록 하겠다." 하였다.

是行也에 **李德林**이 **以疾不從**하니 **勅書追之**하여 **與議伐陳之計**①하고 **及還**에 **隋主馬上**에 **擧鞭南指曰 待平陳之日**하여 **以七寶裝嚴公**하여 **使自山以東**으로 **無及公者**②호리라

① 追는 부르는 것이다.
追, 召也.

② 嚴은 바로 '裝(꾸미다)'이니, '裝嚴'은 대개 重語(同義語를 되풀이한 말)로 '單盡'과 '謨謀'라고 말하는 것과 같다.[41] 〈'使自山以東 無及公者(太行山 동쪽 사람 중에 누구도 공과 견줄 자가 없도록 하겠다.)'는〉 李德林을 顯貴하게 하여서 同輩들 중에서 뛰어나게 하려고 함을 말한 것이다. 이덕림은 山東 사람이다.
嚴, 卽裝也. 裝嚴, 蓋重語, 猶言單盡·謨謀也. 言又將顯貴之使出於等夷. 李德林, 山東人.

---

39) 枌榆社 : 漢 高祖의 고향인 豐邑에 있던 사당의 이름이다.
40) (王)〔主〕 : 저본에는 '王'으로 되어 있으나, ≪資治通鑑≫ 胡三省 註에 의거하여 '主'로 바로잡았다.
41) 裝嚴은……같다 : 裝嚴의 裝과 嚴은 모두 '꾸미다'의 뜻이고, 마찬가지로 單盡의 單과 盡은 '다하다'의 뜻이고 謨謀의 謨와 謀는 '꾀하다'의 뜻이니, '裝嚴'·'單盡'·'謨謀'는 각기 同義語를 되풀이한 것이다. ≪後漢書≫ 〈南匈奴傳〉 '況種類繁熾 不可單盡' 아래 있는 李賢의 注에 "單은 또한 다하다〔盡〕의 뜻이니, ≪書經≫에 '謨謀'라고 한 것과 같다. 孔安國이 말하기를 '謨도 꾀하다〔謀〕의 뜻이다.'라고 하였으니, 바로 古書의 重語이다.〔單亦盡也 猶書云謨謀 孔安國曰 謨亦謀也 卽是古書之重語〕"라고 하였다. ≪尙書正義≫ 권4 '皐陶謨' 아래 있는 공안국의 傳에 "〈皐陶謨의〉 謨는 謀의 뜻이다〔謨 謀也〕"라고 하였다.

【綱】 陳나라 臨平湖의 물길이 열렸다.

陳臨平湖가 開[42]하다

【目】 처음에 隋主(楊堅)가 이웃 나라인 陳나라와 우호가 매우 돈독하여 진나라의 간첩을 잡을 때마다 모두 옷과 말을 지급하고 예를 갖추어 돌려보냈는데, 진나라가 예전처럼 침략하였기 때문에 수나라가 〈군사를 보내〉 진나라를 정벌하였다. 때마침 高宗(陳 宣帝 陳頊)이 세상을 떠나자, 隋主가 즉시 회군하라고 명하고, 사신을 보내 조문하여 書信에 자기의 姓名을 칭하여 '楊堅頓首'라고 썼다. 〈이에 교만해진〉 陳主(陳叔寶)가 답서의 말미에 "그대가 통치하는 境內는 편안할 것이라 생각되니, 이는 천하(陳나라)가 조용하고 태평하기 때문이다."라고 하였다. 이에 隋主가 불쾌하여 이를 조정의 신하들에게 보이니, 上柱國 楊素가 "임금이 욕을 당하면 신하는 죽어야 합니다." 하고 두 번 절하고 죄

---

42) 陳臨平湖 開 : "호수의 물길이 열렸다고 기록한 것은 어째서인가. 괴이함을 기록한 것이다. 그러므로 吳나라 때 臨平湖가 열리자 오나라가 멸망하였고, 陳나라 때 임평호가 열리자 진나라가 멸망하였다. 陳主(陳叔寶)는 행실을 닦고 잘못을 반성할 줄 모르고 〈이를 막기 위해 절에〉 자기를 팔아서 종이 되었으니 무슨 소용이 있겠는가.〔書湖開 何 記異也 故吳臨平湖開而吳亡 陳臨平湖開而陳滅 陳主不知修省 自賣爲奴 則何益哉〕" ≪書法≫

"〈吳나라〉 孫皓 丙申年(276)에 臨平湖의 물길이 열린 것을 ≪資治通鑑綱目≫에서 특별히 책에 기록하였는데, 庚子年(280)에 이르러 오나라가 멸망하였다. 이제 陳나라는 丁未年(587)에 임평호의 물길이 다시 열렸고 己酉年(588)에 이르러 진나라가 멸망하였다. 그렇다면 두 나라의 멸망은 바로 天數가 본래 그러한 것이지 손호와 陳叔寶의 죄는 아닌 것이다. 아, 어찌 옛일을 돌이켜 찾지 않았단 말인가. 대저 祥桑과 祥穀이 조정의 뜰에 생겨났는데도 太戊가 殷나라를 부흥시켰고, 꿩이 날아와 鼎에 앉아서 울었는데도 高宗(殷나라 武丁)이 은나라의 옛 도를 회복하였으니, 옛사람은 災異를 만나면 두려워하여 자신을 책망하고 덕을 닦았다. 그러므로 妖孼을 되돌려서 祥瑞를 이르게 할 수 있었으니 어찌 天數가 이미 정해졌다 하여 마침내 人事를 내버려두고 문제 삼지 않는단 말인가. 가령 진숙보가 호수의 물길이 열린 怪變을 통해서 통렬히 자신을 경계하고 인재를 등용하고 政事를 바로잡고 변방의 수비를 엄히 단속하여 화가 당장 닥쳐올 것처럼 벌벌 떨며 위태롭게 여기고 두려워했다면 대번에 멸망에 이르지는 않았을 것이다. 대저 어찌 음탕하고 방자한 짓을 그치지 않고 오히려 절에 자신을 팔아서 災異를 억누르고자 하였단 말인가. 天道를 과연 글로 속일 수 있겠는가. ≪資治通鑑綱目≫에서 이를 기록한 것은 바로 그가 두려워할 줄 모르는 뜻을 드러내기 위해서이다. 그렇지 않고 호수의 물길이 열린 뒤로 陳主가 그것을 보고서 행실을 닦고 반성하였다면 과연 어떠했겠는가. ≪詩經≫ 〈周頌 我將〉에 '하늘의 위엄을 두려워하여 이에 보전하네.'라고 하였으니, 예로부터 어찌 하늘의 뜻을 돌리지 못함이 있었겠는가.〔孫皓丙申之歲 臨平湖開 綱目特書于冊 至庚子歲而吳亡 今陳以丁未之歲 臨湖又開 至己酉歲而陳滅 然則二國之亡 乃天數當然 非皓叔寶之罪也 嗚呼 曷不反而求之古乎 夫桑穀生朝 大戊以興 飛雉鳴鼎 高宗復古 古人遇災而懼 責躬修德 故能反妖致祥 豈以天數已定 而遂置人事於不問之域乎 向使叔寶因湖開之變 痛自警飭 擢用人才 改紀其政 嚴戢邊備 慄慄危懼 若禍至之無日 則亦未至遽爾滅亡 夫何淫恣不已 乃自賣於佛寺以厭(압)之 天道果可以文欺哉 綱目書此 正所以著其不知恐懼之意耳 不然 自湖開之後 陳主見之修省者 果何如耶 詩曰 畏天之威 于時保之 自古豈有不可回之天意哉〕" ≪發明≫ 祥桑과 祥穀은 殷나라 太戊 때 있었다는 요사스러운 뽕나무와 닥나무이다.

를 받기를 청하였다. 隋主가 高熲에게 진나라를 빼앗을 계책을 물으니, 다음과 같이 대답하였다.

"江北은 〈날씨가 추워서〉 밭에서 수확하는 시기가 다소 늦지만 江南은 〈날씨가 따뜻하여〉 水田의 곡식이 일찍 여뭅니다. 저들의 수확 시기를 헤아려 약간의 兵馬를 징발하여 기습공격을 하겠다고 소문을 내면 저들은 반드시 병사를 주둔시켜 지키느라 수확할 시기를 놓치게 될 것입니다. 저들이 병사를 집결시킨 뒤에 우리는 곧바로 병사를 해산하여 이렇게 하기를 두세 번 하면, 저들이 심상한 일로 여겨서 이후에는 우리가 다시 병사를 집결시키더라도 저들은 반드시 믿지 않을 것입니다. 저들이 머뭇거리는 사이에 우리가 바로 군대를 渡江시켜 육지로 올라가 싸우면 우리 병사들의 사기가 더욱 배가될 것입니다. 강남은 땅이 척박하고 띠풀과 대나무로 지은 가옥이 많고 저축을 모두 움 속에 보관하지 않으니, 은밀히 사람을 보내어 바람을 따라 불을 놓아 〈가옥과 곡식 창고를 불태운 다음〉 저들이 수리하고 다시 세우기를 기다렸다가 다시 불을 놓아 태우면 몇 년이 채 못 되어 저들의 재물과 힘이 모두 고갈될 것입니다."

隋主가 그 계책을 따르니, 陳나라 사람들이 비로소 곤궁해졌다.

初에 隋主가 與陳鄰好甚篤이라 每獲陳諜에 皆給衣馬하여 禮遣之로되 而陳侵掠如故라 故隋伐之러니 會에 高宗이 殂하니 隋主가 卽命班師하고 遣使赴弔하여 書稱姓名頓首하니 陳主答書末에 云 想彼統內如宜하니 此는 宇宙淸泰라한대 隋主不悅하여 以示朝臣하니 上柱國楊素가 以爲主辱臣死라하고 再拜請罪한대 隋主가 問取陳之策於高熲하니 對曰 江北은 田收差晩하고 江南은 水田早熟하니 量彼收穫之際하여 微徵士馬하고 聲言掩襲이면 彼必屯兵守禦리니 廢其農時라 彼旣聚兵에 我便解甲하여 再三如此하면 彼以爲常하여 後更集兵에 彼必不信하리니 猶豫之頃에 我乃濟師하여 登陸而戰이면 兵氣益倍[①]리라 江南土薄하고 舍多茅竹하며 儲積이 皆非地窖[②]니 當密遣人因風縱火하여 待彼修立하여 復更燒之면 不出數年에 財力俱盡矣리이다 隋主用其策하니 陳人始困이러라

① 〈'登陸而戰 兵氣益倍(육지로 올라가 싸우면 우리 병사들의 사기가 더욱 배가될 것입니다.)'는〉 병사들이 강안을 오르고 나면 뒤에 長江이 가로막혀서 병사들이 후퇴할 마음을 먹지 못하고 필사의 각오를 다지게 되므로 그들의 사기가 더욱 배가됨을 이른 것이다.
謂兵旣登岸, 後限大江, 士無反顧之心, 有必死之志, 其氣益倍.

② 窖는 땅속의 창고이다.
窖, 地藏也.

【目】 이에 信州摠管 楊素·吳州摠管 賀若弼·光州刺史 高勱 등이 다투어 강남을 평정할 계책을 올렸다. 虢州刺史 崔仲方이 글을 올려 말하기를 "이제 단지 武昌 이하의 지역에서는 精兵을 더 늘려서 은밀히 渡江할 계책을 진행하게 하고, 益州·信州·襄州·荊州·基州·郢州 등에서는 속히 함선을 건조하여 크게 허장성세를 부려야 합니다. 〈이렇게 할 경우〉 만일 적이 정병을 거느리고 상류[43]로 달려가 구원하면 하류[44]에 있는 우리 장수들이 즉시 유리한 시기를 택하여 도강을 할 수 있고, 만일 적이 병력을 집중하여 〈하류를〉 지키면 상류의 水軍이 북을 치며 앞으로 나아갈 수 있습니다. 저들이 비록 九江과 五湖[45]의 험요한 지형에 의지하고 있지만 덕이 없어 험고한 지형을 견고함으로 삼을 수 없고[46] 다만 三吳와 百越의 병사가 있지만 은혜를 베풀지 않아 스스로 존립할 수 없습니다." 하였다. 隋主(楊堅)가 최중방을 基州刺史로 삼았다.

於是에 信州摠管楊素와 吳州摠管賀若弼과 及光州刺史高勱等이 爭獻平江南之策①하니 虢州刺史崔仲方이 上書曰② 今에 唯須武昌以下에 更帖精兵하여 密營度計③하고 益信襄荊基郢等州에 速造舟楫하여 多張形勢④하여 若賊以精兵赴援上流면 則下流諸將이 卽可擇便橫度⑤요 如其擁衆自衛면 則上江水軍이 鼓行以前⑥이니 彼雖恃九江五湖之險이라도 非德無以爲固요 徒有三吳百越之兵이라도 無恩不能自立矣니이다 隋主以仲方爲基州刺史러라

① ≪五代志≫에 "弋陽郡에 梁나라 때 光州를 설치하였다."라고 하였다.
五代志 "弋陽郡, 梁置光州."
② ≪五代志≫에 "弘農郡에 隋나라 때 虢州를 설치하였다."라고 하였다.
五代志 "弘農郡, 隋置虢州."
③ 武昌은 陳나라 때 郡이 되었는데, 隋나라가 진나라를 평정하고서 武昌郡을 폐지하여 縣으로 삼아 江夏郡에 소속시켰다. 武昌 이하는 蘄州·和州·滁州·方州·吳州·海州 등을 이른다. 帖은 보충하는 것이다.
武昌, 陳爲郡, 隋平陳, 廢爲縣, 屬江夏郡. 武昌以下, 謂蘄·和·滁·方·吳·海等州. 帖, 添帖也.
④ 蜀郡은 益州이고, 巴東郡은 信州이고, 襄陽郡은 襄州이고, 南郡은 荊州이다. 竟陵郡 豐鄉縣

43) 상류 : 아래 訓義 ⑤와 ≪資治通鑑≫을 살펴보면 蜀江과 漢水 지역이니, 바로 앞에서 말한 益州·信州·襄州·荊州·基州·郢州 지역으로 隋나라가 함선을 건조하고 水軍을 기르는 곳이다.
44) 하류 : 앞에서 말한 武昌 이하의 지역으로 바로 은밀히 長江을 건너려고 하는 군대가 있는 곳이다.
45) 九江과 五湖 : 九江은 長江으로 흘러 들어가는 아홉 개의 물줄기를 말하고, 五湖는 보통 太湖와 그 주변의 네 개 호수를 말한다. 구강과 오호에 대한 설은 다양하다.
46) 비록……없고 : 戰國時代 魏나라 武侯가 西河에 배를 띄워 내려갈 때에 吳起를 돌아보며 이르기를, "아름답다. 山河의 險固함이여. 이는 魏나라의 보배이다."라고 하니, 오기가 대답하기를, "나라를 지키는 것은 德에 있지 險固함에 있지 않습니다.〔在德 不在險〕" 하였다.(≪史記≫ 〈吳起列傳〉)

에 西魏 때 基州를 설치하였고, 弋陽郡 定城縣에 옛날에 郢州를 설치하였다.
蜀郡, 益州. 巴東郡, 信州. 襄陽郡, 襄州. 南郡, 荊州. 竟陵郡豐鄕縣, 西魏置基州. 弋陽郡定城縣, 舊置郢州.

⑤ 蜀江은 三峽에서 발원하여 南郡을 지나고, 漢水는 襄陽·竟陵·沔陽을 지나서 두 강이 합류한다. 동남쪽에 있는 나라의 경우 두 강이 상류에 해당한다.
蜀江出三峽, 過南郡, 漢江過襄陽·竟陵·沔陽而二江合流. 國於東南者, 二江其上流也.

⑥ '上江水軍(상류의 水軍)'은 蜀江·漢水의 흐름을 따라 동쪽으로 내려오는 군대를 이른다.
上江水軍, 謂蜀江·漢江順流東下之軍也.

【目】 陳나라가 〈後梁의 신하였던〉 蕭巖 등의 항복을 받아들이자 隋主(楊堅)가 더욱 분개하여 高熲에게 이르기를 "내가 백성의 부모가 되어서 어찌 옷의 띠처럼 작은 물줄기 하나에 가로막혀서 江南의 백성들을 구원하지 않겠는가." 하고서 대대적으로 戰船을 건조할 것을 명하였다. 어떤 사람이 은밀히 진행할 것을 청하자, 隋主가 말하기를 "내가 드러내놓고 천벌을 내리려고 하니 어찌 숨길 것이 있겠는가." 하였다. 배를 만들 때 나오는 대팻밥을 강에 던지게 하고 말하기를 "저들이 두려워하여[47] 자신들의 과오를 고칠 수 있다면 내가 다시 무엇을 바라겠는가." 하였다.

楊素가 永安에서 五牙라는 큰 전함을 건조하였는데, 〈배 안에〉 높이가 100여 척인 5층 누각을 세우고 길이가 50척인 拍竿[48] 여섯 개를 설치하였으며, 800명의 戰士를 수용할 수 있었다. 그다음으로 건조된 戰船인 黃龍·平乘·舴艋(책맹)은 크기에 차이가 있었다.

晉州刺史 皇甫績이 말하기를 "陳나라를 멸망시킬 수 있는 세 가지 이유가 있으니, 大國이 小國을 병탄하는 것이 첫 번째이고, 有道함으로써 無道함을 토벌하는 것이 두 번째이고, 陳나라가 배반한 신하인 소암을 받아들여 우리에게 〈군대를 출동할〉 명분이 있는 것이 세 번째입니다. 폐하께서 만일 장수에게 명하여 군대를 출동시키신다면 臣은 미력이나마 바치기를 원합니다." 하였다. 隋主가 그를 위로하고 보냈다.

이때 강남에 괴이한 일이 특히 많아서 臨平湖에 풀이 무성하게 자라 오랫동안 물길이 막혀 있다가 홀연히 저절로 물길이 열리니, 陳主가 이것을 싫어하여 마침내 절에 자기를 팔아서 종이 되어 그것을 억눌렀다.

---

47) 저들이 두려워하여 : 陳나라 사람들이 강물을 따라 떠내려가는 대팻밥을 보고 隋나라가 戰船을 건조하여 長江을 따라 쳐들어올까 두려워한다는 의미이다.
48) 拍竿 : 兵車나 戰艦에 장착하는 무기로, 지렛대나 도르래를 이용하여 石塊·釘板·火種 등을 멀리 투척하여 적군을 타격하는 것이다.

及陳이 受蕭巖等降에 隋主益忿하여 謂高熲曰 我爲民父母하여 豈可限一衣帶水하여 不拯之乎아 命大作戰船하니 人請密之한대 隋主曰 吾將顯行天誅니 何密之有리오 使投其柹(폐)於江曰 若彼懼而能改면 吾復何求①리오 楊素在永安하여 造五牙大艦하고 起樓五層하니 高百餘尺이요 置六拍竿하니 高五十尺이요 容戰士八百人이요 其次黃龍平乘舴艋이 大小有差②하다 晉州刺史皇甫績이 言陳有三可滅하니 大呑小가 一也요 以有道伐無道가 二也요 納叛臣蕭巖하여 於我有詞가 三也라 陛下가 若命將出師하시면 臣이 願展絲髮之效라한대 隋主가 勞而遣之러라 時에 江南妖異特衆하여 臨平湖草久塞(색)이라가 忽然自開하니 陳主惡(오)之하여 乃自賣於佛寺하여 爲奴以厭(압)之③하다

① 柹는 음이 肺이니, 나무를 깎을 때 나오는 대팻밥이다.
柹, 音肺, 斫木札也.

② 蜀漢 先主(劉備)가 秭歸에서 〈吳나라에게〉 패하여 白帝로 되돌아가서 永安宮을 건설하고 그곳에서 머물렀다. 그러므로 巴東에 永安이라는 지명이 있는 것이다. 五牙는 큰 전함의 이름이다. 黃龍·平乘·舴艋은 모두 戰船의 이름이다.
蜀先主敗於秭歸, 退還白帝, 起永安宮居之, 故巴東有永安之名. 五牙, 大艦名. 黃龍·平乘·舴艋, 皆船名.

③ 臨平湖는 餘杭郡 錢塘縣에 있으니, 이 호수는 항상 풀이 무성하여 물길이 막혔다. 노인들이 전하는 말에 "호수의 물길이 열리면 천하가 태평해진다."고 하였다.
臨平湖在餘杭郡錢塘縣, 此湖常蓁塞(색), 故老相傳 "湖開則天下平."

【綱】 陳主(陳叔寶)가 太市令[49] 章華를 죽였다.

陳主가 殺其大(태)市令章華하다

【目】 吳興 사람 章華는 학문을 좋아하고 문장을 잘 지었지만 공적이 없다고 하여 太市令에 제수하니, 뜻을 얻지 못하여 울울해하였다. 그리하여 글을 올려 지극히 간하였는데, 그 대략에 이르기를 "폐하께서는 先帝들의 創業의 어려움[50]을 생각지 않고 天命이 두려

49) 太市令 : 원문에는 大市令으로 되어 있으나 ≪資治通鑑≫ 등에는 太市令으로 되어 있다. 梁나라 때에 처음 설치되었으며 太府卿의 속관으로 백성들의 교역을 주관한다. 陳나라에도 설치되었다.(≪中國歷史大辭典≫(上海辭書出版社, 2000))

50) 先帝들의……어려움 : ≪資治通鑑≫에 보면 이 구절 앞에 高祖(武帝 陳霸先)는 남쪽으로 百越을 평정하고 북쪽으로 반란한 侯景을 주벌하였고, 世祖(文帝 陳蒨)는 동쪽으로 吳興과 會稽를 평정하고 서쪽으로 王琳을 격파하였고, 高宗(孝宣帝 陳頊)이 淮南을 수복하였다고 하였다.

움을 알지 못하고, 총애하는 자들에 빠지고 酒色에 미혹되며, 七廟에 제사 지낼 때에는 나가지 않고 세 妃를 책봉할 때에는 친히 平臺에 나아가며, 老臣과 宿將(전쟁 경험이 많은 장수)을 지푸라기 버리듯 하고 아첨하고 참소하는 간사한 자들을 조정에 오르게 합니다. 이제 영토가 나날이 줄어들고 隋나라 군대가 국경을 압박하는데, 폐하께서 악기의 줄을 고쳐 매어 조절하듯이 기존의 정사를 혁신하지 않으시면 〈나라가 망하여 황폐해져서〉 신은 또다시 사슴이 姑蘇에서 노니는 것을 보게 될 것입니다."라고 하니, 陳主가 크게 노하여 그를 참수하였다.

吳興章華가 好學能文호되 以無閥閱로 除大(태)市令①하니 鬱鬱不得志러니 上書極諫하니 略曰 陛下가 不思先帝之艱難하고 不知天命之可畏하고 溺於嬖寵하며 惑於酒色하고 祠七廟而不出하며 拜三妃而臨軒②하고 老臣宿將을 棄之草莽하고 諂佞讒邪를 升之朝廷하시니 今에 疆埸日蹙하고 隋軍壓境하니 陛下가 如不改絃易張이면 臣見麋鹿復遊於姑蘇矣일가하노이다 陳主가 大怒하여 斬之③하다

①'閥閱'의 注는 漢나라 武帝 征和 4년(B.C. 89)에 보인다.[51] 梁나라 제도에 太市令은 太府卿에 속하니, 官秩이 六百石이다.
閥閱, 注見(현)漢武帝征和四年. 梁制, 大(태)市令屬太府卿, 秩六百石.

② 세 妃는 龔貴妃, 孔貴妃, 張貴妃이다.
三妃, 龔·孔·張也.

③ 董仲舒가 말하기를 "비유하건대 거문고와 비파의 음률이 고르지 않으면 반드시 줄을 풀어서 고쳐 매야 비로소 탈 수 있다."라고 하였다. 吳王 夫差가 越나라를 격파하자 월나라가 西施를 바치고 군대를 물릴 것을 요청하였다. 오왕이 서시를 얻고서 높이가 3丈인 姑蘇臺를 짓고 그 위에서 놀며 연회를 베풀었다. 伍子胥가 말하기를 "신은 오래지 않아 〈나라가 망하여 고소대가 황폐해져서〉 사슴이 노니는 곳이 될까 염려됩니다." 하였는데, 오왕이 듣지 않았다.
董仲舒曰 "譬之琴瑟不調, 必改〔絃〕[52]而更(경)張之, 乃可鼓也." 吳王夫差破越, 越進西施, 請退軍. 吳王得西施, 築姑蘇臺, 高三百丈, 遊宴其上. 子胥曰 "臣恐不久爲麋鹿之遊." 王不聽.

【目】胡氏(胡寅)가 다음과 같이 평하였다.

"신하의 의리로 볼 때 진실로 망해 가는 임금을 보고 간언하지 않을 수 없다. 그러나 그 가운데는 옳고 그른 의리가 있다. 章華가 충성스럽기는 하지만 公卿의 지위도 아니

51) 閥閱의……보인다 : 본서 제5권 중 征和 4년(B.C. 89) 6월 조 訓義에 보이는데, "등급을 밝히는 것을 閥이라 하고, 공을 쌓음을 閱이라 한다. 혹은 家世(家系)와 門戶를 閥閱이라 하니, 이는 잘못이다.〔明其等曰閥 積其功曰閱 或以家世門戶爲閥閱 誤矣〕"라고 하였다. 본문 역시 이에 의거하여 번역하였다.
52)〔絃〕: 저본에는 '絃'이 없으나, ≪資治通鑑≫ 胡三省 註에 의거하여 보충하였다.

고 간쟁의 직책도 아닌데, 바른말로 임금에게 간하여 형벌을 받을 각오를 하였다. 그러나 그의 본심은 당시에 배척을 당함으로 인해 뜻을 얻지 못하여 울울한 마음을 토로한 것이니, 비록 直言을 하다가 죽었으나 또한 어찌 泄冶의 뒤를 이을 수 있겠는가."

胡氏曰 人臣之義가 固不可視君垂亡而不諫이나 然有可否之義焉하니 章華가 忠矣나 然位非公卿이요 官非諫爭이요 危言劘上하여 以蹈斧鉞이나 而其本心은 乃以見擯於時하여 鬱鬱不得志而發也니 則雖死於直言이나 又安得繼泄冶之後乎①아

① 劘는 음이 磨이니, 면려함이다. 春秋時代 陳 靈公이 그 大夫 御叔의 처 夏姬와 私通하니 泄冶가 간언을 하였다가 죽임을 당하였다.
劘, 音磨, 厲也. 春秋陳靈公通其(太)〔大〕[53]夫御叔妻夏姬, 泄冶諫而被殺.

戊申年(588)

陳나라 後主 陳叔寶 禎明 2년이고, 隋나라 高祖 文帝 楊堅 開皇 8년이다.

陳禎明二年이요 隋開皇八年이라

【綱】 봄 3월에 隋나라가 詔書를 내려 陳나라를 정벌하게 하였다.

春三月에 隋下詔伐陳[54]하다

【目】 詔書에 이르기를 "陳叔寶(陳 後主)가 손바닥만 한 땅을 차지하고서 끝없는 욕심을 부려서 민간의 재산을 빼앗고 안팎의 백성들을 노역에 내몰며, 극도로 사치하고 낮을 밤삼아 놀며, 直言한 사람을 참수하고 죄 없는 집안을 멸하며, 하늘을 속여 악행을 저지르고 귀신에게 제사하여 복을 구하였다. 그래서 군자들은 몰래 도망가고 소인들은 뜻을 얻어서 天災地變이 발생하고 物怪와 人妖가 출현하였다. 게다가 우리의 은덕을 저버리고 우리와의 약속을 어기고 우리 변경을 침범하였다. 군대를 출동시키고 軍令을 내려서 時機에 응하여 〈폭군 진숙보를〉 주벌하는 것이 이 한 번의 거사에 달려 있으니 吳越 지역

53) (太)〔大〕 : 저본에는 '太'로 되어 있으나, ≪春秋左氏傳≫ 宣公 9년 조에 의거하여 '大'로 바로잡았다.
54) 隋下詔伐陳 : "高熲이 諸軍을 감독할 때에 '침략하다〔侵〕'라고 기록하였는데,(辛丑年(581)) 여기서 '정벌하다〔伐〕'로 기록한 것은 어째서인가. 陳叔寶가 무도하였기 때문이다.〔高熲督諸軍書侵(辛丑年) 此書伐 何 叔寶無道也〕" ≪書法≫

을 영원히 평안하게 하겠다." 하였다. 또다시 璽書를 〈陳나라에〉 보내어 陳主(陳叔寶)의 20가지 죄악을 밝히고 종이 30만 장에 詔書를 필사하여 江南 지역에 두루 알렸다.

詔曰 陳叔寶가 據手掌之地①하여 恣谿壑之(險)〔欲〕②[55]하여 劫奪閭閻하고 驅逼內外하며 窮奢極侈하고 俾晝作夜하며 斬直言之客하고 滅無罪之家하며 欺天造惡하고 祭鬼求恩하니 君子潛逃하고 小人得志하여 天災地孽하고 物怪人妖라 背德違言하고 搖蕩疆埸하니 可出師授律하여 應機誅殄이 在斯一擧하니 永淸吳越이라하고 又送璽書하여 暴陳主二十惡하고 寫詔三十萬紙하여 遍諭江外③하다

① 辛臣이 田戎을 설득하여 말하기를 "洛陽의 땅은 손바닥만 할 뿐이다."라고 하였다.[56]
辛臣說(세)田戎曰 "洛陽地如掌耳."
② 계곡은 채우기 어렵기 때문에 이로써 비유한 것이다.
溪壑難盈, 故以爲喩.
③ 中原에서는 江南을 江外라 하였다.
中原以江南爲江外.

【綱】 여름 5월에 陳主(陳叔寶)가 태자 陳胤을 폐하고 아들 陳深을 세워서 태자로 삼았다.

夏五月에 陳主廢其太子胤하고 立子深하여 爲太子하다

【目】 陳胤은 천성이 총명하고 민첩하며 문학을 좋아하였지만 잘못이 상당히 많았는데, 詹事 袁憲이 간절히 간언을 올렸으나 듣지 않았다. 당시에 沈皇后가 총애를 잃었으므로, 陳主가 그들 모자(심황후와 진윤)가 원망한다고 의심하여 싫어하였다. 張貴妃와 孔貴妃는 밤낮으로 그들 모자의 잘못을 날조하고 孔範의 무리는 궁궐 밖에서 이를 부추겼

55) (險)〔欲〕: 저본에는 '險'으로 되어 있으나, ≪資治通鑑≫과 ≪資治通鑑綱目≫(≪朱子全書≫ 10 上海古籍出版社)에 의거하여 '欲'으로 바로잡았다.

56) 辛臣이……하였다 : ≪後漢書≫ 〈馮岑賈列傳〉에 보인다. 당시는 後漢 光武帝 建武 3년(27)으로 前漢이 멸망한 후에 각 지역의 군웅들이 할거하고 있었다. 당시 荊州의 군웅 중 하나인 秦豐이 黎丘를 거점으로 삼고 있었는데, 광무제의 장군인 岑彭이 여구를 포위하였다. 夷陵을 차지하고 있던 田戎이 이 소식을 듣고 잠팽에게 항복하고자 하자, 전융의 아내의 오빠인 辛臣이 전융에게 "지금 사방의 호걸들이 각기 郡國을 차지하고 있으니, 洛陽(광무제의 後漢을 가리킴)의 땅은 손바닥만 할 뿐이다. 병력을 움직이지 말고 그 사태의 변화를 살펴보는 것만 못하다.〔今四方豪傑 各據郡國 洛陽地如掌耳 不如按甲以觀其變〕"라고 하였으나, 전융은 신신에게 이릉을 맡기고 군대를 거느리고 여구에 주둔하면서 날을 정하여 투항하고자 하였다. 그런데 신신이 전융의 보물을 가지고 먼저 잠팽에게 투항하고서 편지를 보내 전융에게 투항하게 하니, 이에 전융은 신신이 자기를 팔았다고 여기고 진풍과 군대를 연합하여 항거하였다가 패하였다.

다. 陳主가 장귀비의 아들 始安王 陳深을 후사로 세우고자 하니, 尙書 蔡徵이 陳主의 뜻에 영합하여 진심을 칭찬하였는데, 원헌이 정색하며 그를 책망하였다. 결국 陳主가 진윤을 폐하여 吳興王으로 삼고 진심을 태자로 세웠다.

袁憲

진심 또한 총명하고 지혜로우며 지조가 있고 행동거지가 의젓하여 좌우의 近侍들도 진심이 기뻐하거나 노여워하는 모습을 본 적이 없었다. 陳主는 원헌이 일찍이 진윤에게 간언하였다는 말을 듣고 그날로 원헌을 僕射로 삼았다. 陳主가 심황후에게 평소 박하게 대하니, 장귀비가 後宮의 정사를 전횡하였는데도 심황후는 담담하게 받아들이고 시기하거나 원망하는 바가 없었다. 그리고 스스로 검약하게 생활하여 의복을 비단으로 꾸미지 않고, 오로지 圖書와 史書·佛經을 보는 것을 일삼으며 자주 글을 올려 간언하니, 陳主가 심황후를 폐하고 장귀비를 세우고자 했으나 끝내 나라가 망하여 실행하지 못하였다.

胤이 性聰敏하고 好文學이나 然頗有過失하니 詹事袁憲切諫호되 不聽①하다 時에 沈后가 無寵하니 陳主가 疑其母子怨望하여 惡(오)之러니 張孔二妃가 日夜에 構成其短하고 孔範之徒가 又於外助之러라 陳主가 欲立張貴妃子始安王深하여 爲嗣하니 尙書蔡徵이 順旨稱贊한대 袁憲이 厲色折之②호되 陳主가 卒廢胤하여 爲吳興王하고 而立深爲太子하니 深亦聰慧하며 有志操하고 容止儼然이라 雖左右近侍라도 未嘗見其喜慍이러라 陳主가 聞袁憲이 嘗諫胤하고 卽日에 用憲爲僕射하다 陳主가 遇沈后素薄하니 張貴妃가 專後宮之政호되 后가 澹然未嘗有所忌怨하고 身居儉約하여 衣服無錦繡之飾하고 唯尋閱圖史及釋典爲事하고 數(삭)上書諫爭③하니 陳主가 欲廢之而立張貴妃러니 會國亡不果하다

① 袁憲은 袁樞의 동생이다.
憲, 樞之弟也.
② 蔡徵은 蔡景歷의 아들이다.
徵, 景歷之子也.
③ '圖史'는 圖書와 史書이고, '釋典'은 佛經이다.
圖史, 圖書史籍. 釋典. 佛經也.

【綱】 겨울 10월에 隋나라가 晉王 楊廣을 淮南行省尙書令 行軍元帥로 삼아서

군사를 거느리고 陳나라를 정벌하게 하였다.

冬十月에 隋以晉王廣爲淮南行省尙書令行軍元帥하여 帥師伐陳하다

【目】 隋나라가 壽春에 淮南行省을 설치하고 晉王 楊廣을 尙書令으로 삼았다. 陳主(陳叔寶)가 王琬과 許善心을 보내어 수나라에 빙문하게 하였는데, 수나라 사람들이 그들을 억류하고 마침내 太廟에 제사를 지내어 祖宗에 출전을 고하였다. 진왕 양광, 秦王 楊俊, 淸河公 楊素를 임명하여 모두 行軍元帥로 삼았으니, 양광은 六合에서 출병하고 양준은 襄陽에서 출병하고 양소는 永安에서 출병하고 廬州總管 韓擒虎는 廬州에서 출병하고 吳州總管 賀若弼은 廣陵에서 출병하였다. 도합 總管이 90명이고 군사가 51만 8천 명이니, 이들이 모두 진왕의 지휘를 받았는데, 깃발과 배들이 수천 리에 걸쳐 늘어섰다. 高熲을 元帥長史로 삼고 王韶를 元帥司馬로 삼아서 軍中의 일을 모두 처결하게 하였다.

隋가 置淮南行省於壽春하고 以晉王廣爲尙書令①하다 陳主가 遣王琬許善心하여 聘于隋러니 隋人留之하고 遂有事於太廟라 命晉王廣秦王俊淸河公楊素하여 皆爲行軍元帥하니 廣은 出六合하고 俊은 出襄陽하고 素는 出永安하고 廬州總管韓擒虎는 出廬州하고 吳州總管賀若弼은 出廣陵②하다 凡揔管九十과 兵五十一萬八千이 皆受晉王節度하니 旌旗舟楫이 橫亘數千里라 以高熲으로 爲元帥長史하고 王韶로 爲司馬하여 軍事를 皆取決焉이러라

① 行省은 바로 行臺이다.
行省, 卽行臺也.

② 六合은 본래 漢나라 堂邑縣의 지역이고, 江左(南朝) 때 秦郡과 尉氏縣[57]을 세웠고, 後周(北周) 때 秦郡을 六合郡으로 바꿨고, 隋나라 開皇 초에 육합군을 없애고 위씨현을 六合縣으로 바꿨다.
六合, 本漢堂邑縣之地, 江左立秦郡及尉氏縣, 後周改秦郡爲六合郡, 隋開皇初, 廢郡, 改尉氏縣爲六合縣.

【目】 高熲이 郎中 薛道衡에게 이르기를 "江東을 이길 수 있겠는가?" 하니, 설도형이 대답하기를 "이길 수 있습니다. 郭璞이 말하기를 '강동 지방이 나뉘어 왕 노릇 한 지 300년 만에 다시 中國(中原)과 통일된다.'고 하였는데, 지금 이 300년이 거의 한 바퀴 돌았으니, 이것이 첫 번째 이유입니다. 主上(隋 文帝)은 공손하고 검소하고 부지런하고 陳叔寶

57) 尉氏縣 : 현재 중국어 음은 'Wèishìxiàn'이다. ≪廣韻≫ 등에 보이는 반절음에 의거하여 '위씨현'으로 읽었다.

는 주색에 빠져 교만하고 사치하니 이것이 두 번째 이유입니다. 국가의 安危는 인재를 등용하는 데에 달려 있는데, 저들은 江摠을 재상으로 삼아 오직 시 짓고 술 마시는 것을 일삼고, 小人인 施文慶을 발탁하여 政事를 맡기고, 일개 필부나 대적하는 蕭摩訶와 任蠻奴를 대장으로 삼았으니, 이것이 세 번째 이유입니다. 우리는 道가 있으면서 나라가 크고 저들은 德이 없으면서 나라가 작으며, 저들의 甲士를 헤아려보면 십만에 불과하여 서쪽으로 巫峽에서 동쪽으로 滄海까지 군대를 나누어 수비하면 형세가 외롭고 힘이 약하며 군대를 집결시켜 수비하면 이곳을 지킬 경우 저곳을 잃을 것이니, 이것이 네 번째 이유입니다. 형세상 강동을 席卷할 것이 의심할 나위 없습니다." 하였다.

熲이 謂郎中薛道衡曰 江東을 可克乎아 道衡曰 克之라 郭璞言 江東이 分王三百年에 復與中國合①이라하니 今에 此數將周하니 一也②요 主上이 恭儉勤勞하고 叔寶가 荒淫驕侈하니 二也요 國之安危在所寄任이어늘 彼以江摠爲相하여 唯事詩酒하고 拔小人施文慶하여 委以政事하고 蕭摩訶任蠻奴로 爲大將하니 皆一夫之用耳니 三也③라 我有道而大하고 彼無德而小하며 量其甲士에 不過十萬이라 西自巫峽으로 東至滄海하여 分之則勢懸而力弱하고 聚之則守此而失彼하니 四也라 席卷之勢가 事在不疑라하다

① 郭璞은 晉나라 사람이니, 하늘의 運數를 잘 헤아린 선비이다. 王(왕 노릇 하다)는 于況의 切이다.
郭璞, 晉人, 知數之士也. 王, 于況切.
② 晉나라 元帝가 남쪽으로 장강을 건너와 建康에서 왕위에 오른 것이 丁丑年(317)이고, 이해가 戊申年(588)이니, 그 사이가 모두 272년이다.
晉元帝南渡, 卽王位於建康, 歲在于丑, 是年, 歲在戊申, 凡二百七十二年.
③ 蠻奴는 任忠의 어렸을 적의 字이다.
蠻奴, 任忠小字.

【目】秦王 楊俊이 여러 군대를 감독하여 漢口에 주둔하여 장강 상류의 군대를 지휘하였는데, 陳나라가 周羅睺에게 여러 군대를 감독하여 양준을 막게 하였다. 楊素가 수군을 거느리고 三峽에서 강을 따라 내려가서 流頭灘으로 진군하자, 진나라 장군 戚昕이 백여 척의 青龍[58]과 수천 명의 병사를 거느리고 狼尾灘을 지켰는데, 그 지세가 험하고 가파르니 수나라 사람들이 근심하였다. 양소가 말하기를 "승부의 關鍵이 이 한 거사에 달려

58) 青龍 : 戰船의 이름이다. 隋나라의 黃龍과 비슷한 전선으로, 백여 명을 태울 수 있는 큰 전선이다. (≪新譯資治通鑑≫ 23, 張大可 等 注釋, 三民書局, 2017) 황룡에 대해서는 본서 제36권 상 禎明 원년(587) 11월 조에 보인다.

있다. 대낮에 배에서 내리면 저들이 우리의 허실을 볼 것이고, 더욱이 이곳은 물살이 빠르고 세차서 배를 인력으로 제어하기 어려우니 우리의 유리함을 잃을 것이다. 밤에 급습함만 못하다."라고 하고, 이에 밤에 黃龍(戰船) 수천 척을 거느리고 병사들에게 자갈을 물려 강을 따라 내려가고, 장군 劉仁恩에게 갑옷 입은 기병을 거느리고 척흔을 공격하게 하여 물리치고 그 군사들을 모두 사로잡았다. 사로잡은 자들을 위로하여 돌려보내고 털끝만큼도 해치지 않았다. 드디어 수군을 이끌고 동쪽으로 내려가니, 배들이 수면을 덮고 깃발과 갑옷이 햇빛에 반짝거렸다. 진나라의 鎭戍에서 〈隋나라 군대의 침입을〉 연이어 보고하였으나 施文慶과 沈客卿이 모두 억누르고 〈陳主(陳叔寶)에게〉 말하지 않았다. 진나라 長江 가운데에는 한 척의 戰船도 없고[59] 상류 지역의 군대(주나후의 군대)는 양소의 군대에게 저지되어 모두 〈建康으로〉 올 수 없었다.

秦王俊이 督諸軍屯漢口하여 爲上流節度①하니 陳이 以周羅睺로 督諸軍拒之어늘 楊素가 引舟師下三峽하여 軍至流頭灘②하라 陳將軍戚昕이 以青龍百餘艘兵數千人으로 守狼尾灘한대 地勢險峭하니 隋人患之③어늘 素曰 勝負大計在此一擧하니 若晝日下船하면 彼見我虛實이요 灘流迅激하여 制不由人則吾失其便이니 不如以夜掩之라하고 乃夜帥黃龍數千艘하여 銜枚而下하고 遣將軍劉仁恩하여 帥甲騎擊昕하여 敗之하고 悉俘其衆하여 勞而遣之하고 秋毫不犯이라 遂帥水軍東下하니 舟艫被江하고 旌甲耀日하니 陳之鎭戍가 相繼以聞호되 施文慶沈客卿이 竝抑而不言하고 陳江中에 無一鬪船하고 上流兵이 皆阻楊素軍不得至하다

① 漢口는 바로 夏口이다.
漢口, 卽夏口.

② ≪水經註≫에 이르기를 "江水는 夷陵을 지나 동쪽으로 흘러서 流頭灘에 이르면 그 물살이 급하게 흐르고 세차게 솟구쳐 물고기가 헤엄치지 못하고 여행객이 고생스럽게 여긴다." 하였다.
水經註 "江水過夷陵而東, 至流頭灘, 其水峻激奔暴, 魚鼈所不能游, 行者苦之."

③ ≪水經註≫에 이르기를 "江水는 流頭灘을 지나서 다시 동쪽으로 흘러 옛 宜昌縣 북쪽을 지나고 다시 동쪽으로 흘러 狼尾灘을 지나나니, 그 지역이 아직도 黃牛峽 서쪽에 있다." 하였다. 峭는 가파름이다.
水經注 "江水過流頭灘, 又東逕古宜(呂)〔昌〕[60]縣北, 又東逕狼尾灘, 其地猶在黃牛峽之西."

59) 진나라……없고 : 이 부분 앞에는 생략된 내용이 있는데, ≪資治通鑑≫에 자세히 보인다. 陳나라가 南平王 陳嶷을 江州에 鎭守하게 하고 永嘉王 陳彦을 南徐州에 진수하게 하였는데, 얼마 후 두 왕에게 명년 元旦의 朝會에 나오게 하고 장강 연안을 지키고 있던 함선들도 두 왕을 따라 도성으로 돌아오게 하였다. 이에 장강 가운데에 함선이 없게 되었다.

60) (呂)〔昌〕: 저본에는 '呂'로 되어 있으나, ≪資治通鑑≫ 胡三省 註에 의거하여 '昌'으로 바로잡았다.

峭, 峻也.

【目】 湘州刺史 晉熙王 陳叔文이 직책을 맡은 지 오래되어 매우 人和를 이루니 陳主(陳叔寶)가 그를 시기하였고, 스스로 헤아려 보건대 평소 신하들에게 은혜를 베푼 것이 적어서 명을 따르지 않을까 염려하였다. 이에 진숙문 대신에 施文慶을 상주자사로 삼고 정예 병사 2천을 주어서 서쪽으로 올라가서 湘州에 부임하게 하였다. 시문경이 매우 기뻐하였으나 외직으로 나간 뒤에 執事者가 자기의 약점을 잡을까 염려하여 이 때문에 〈자신의 黨與인〉 沈客卿을 천거하여 자신의 직책(中書舍人)을 대신하게 하였다. 시문경이 상주로 출발하기 전까지 두 사람이 함께 기밀을 관장하였다.

護軍將軍 樊毅가 袁憲에게 이르기를 "京口와 采石이 모두 요충지이니 〈이를 지키기 위해서는〉 각기 정예 병사 5천이 필요하고 아울러 金翅(戰船) 200척을 내어 강안을 따라 왕래하며 순찰하도록 하여 이를 방비로 삼아야 한다."라고 하니, 원헌과 驃騎將軍 蕭摩訶가 모두 옳다고 하였다. 〈이렇게 되면〉 시문경은 자기가 데리고 갈 병사들이 없어서 상주자사로 부임하는 것을 중지하게 할까 염려하였고,[61] 심객경도 시문경이 상주로 부임하면 자기 혼자서 조정의 권력을 좌지우지할 수 있는 것을 이롭게 여겼다. 그리하여 〈시문경과 심객경이〉 陳主에게 아뢰기를 "隋나라 군대가 쳐들어오는 것은 일상적인 일입니다. 邊城의 장수들이 충분히 막을 수 있으니, 만약 〈建康에서〉 사람과 배를 보내면 반드시 놀라서 동요할까 염려됩니다."라고 하였다.

수나라 군대가 長江에 이르자 첩자들이 급히 소식을 알려오니 원헌 등이 두세 번 奏請을 올렸는데, 시문경이 〈陳主에게〉 말하기를 "元旦의 朝會가 임박하였고 南郊의 제사 또한 가까운데 지금 만약 出兵한다면 이 일들을 폐하고 행하지 못할 것입니다."라고 하고, 다시 뇌물을 써서 江揔을 움직여 원헌 등을 억누르게 하니, 이로 말미암아 의논이 오래도록 결정되지 못하였다.

陳主가 조용히 侍臣에게 이르기를, "王氣가 여기에 있다. 그리하여 北齊의 군대가 세 차례 침범하고 北周의 군대가 두 차례 침범하였으나 모두 쳐부수었는데, 저 수나라 군대는 뭐 하는 자들인가." 하였다.

---

61) 상주자사로……것 : 원문은 '述職'이다. ≪孟子≫ 〈梁惠王 下〉에 "제후가 천자에게 조회 가는 것을 述職이라 하는데, 술직이란 자기가 맡은 일을 진술한다는 뜻이다.〔諸侯朝於天子曰述職 述職者 述所職也〕"라고 하였다. 후대에는 지방관이 조정에 직무를 보고하는 것으로 쓰였다. 여기서는 施文慶이 湘州刺史로 부임하는 것을 가리킨다.

孔範이 아뢰기를, "천혜의 참호인 장강이 남북을 가로막고 있으니, 오늘날 오랑캐 군대(수나라 군대)가 어찌 날아서 건널 수 있겠습니까. 변방의 장수들이 공로를 세우려고 상황이 급하다고 망령되이 말하는 것입니다. 신은 매번 관직이 낮음을 근심하였는데, 오랑캐가 강을 건너온다면 신이 바로 太尉公이 될 것입니다." 하였다. 陳主가 그 말을 옳게 여겼기 때문에 크게 대비하지 않고서 女樂에게 음악을 연주하게 하고 술을 마시고 시를 읊는 것을 그치지 않았다.

湘州刺史晉熙王叔文이 在職既久에 大得人和①하니 陳主忌之하고 自度(탁)素與群臣少恩하니 恐不爲用하여 乃以施文慶으로 代叔文하고 配以精兵二千하여 欲令西上하니 文慶이 深以爲喜나 然懼出外之後에 執事者가 持己短長하여 因進沈客卿自代러니 未發間에 二人共掌機密이라 護軍將軍樊毅가 言於袁憲曰 京口采石이 俱是要地니 各須銳兵五千하고 幷出金翅二百하여 緣江上下하여 以爲防備②라하니 憲及驃騎將軍蕭摩訶가 皆以爲然호되 施文慶이 恐無兵從己하여 〔廢其述職〕62)하고 而客卿이 又利文慶이 之任에 己得專權③하여 白陳主曰 此是常事라 邊城將帥가 足以當之니 若出人船이면 必恐驚擾라하고 及隋軍臨江에 間諜驟至하니 憲等이 奏請再三한대 文慶曰 元會將逼하고 南郊復邇④하니 今若出兵이면 事便廢闕이라하고 復以貨로 動江摠하여 使抑憲等하니 由是議久不決이러라 陳主가 從容謂侍臣曰 王氣在此라 齊兵三來하고 周師再來하나 無不摧敗하니 彼何爲者邪⑤아 孔範曰 長江天塹이 限隔南北하니 今日虜軍이 豈能飛度邪아 邊將이 欲作功勞하여 妄言事急하니 臣每患官卑라 虜若度江이면 定作太尉公矣⑥라하니 陳主가 以爲然이라 故不爲深備하고 奏伎縱酒하여 賦詩不輟⑦하더라

① 湘州의 治所는 長沙이다. 陳叔文은 文宣帝 陳頊의 아들이다.
湘州治長沙. 叔文文宣帝頊子.
② 金翅는 戰船의 이름이다.
金翅, 戰船名.
③ 之는 가다는 뜻이다.
之, 往也.
④ 陳나라는 梁나라 제도를 따라서 한 해 걸러 한 번씩 정월 上辛日(한 달 중 첫 번째 辛日)에 南郊와 北郊에서 하늘과 땅을 제사 지내는데 特牛(수소) 한 마리를 쓴다. 여기서는 대개 다음 해(己酉年(589)) 정월에 이 의례를 행해야 하므로 施文慶이 그렇게 말한 것이다.
陳仍梁制, 以間歲正月上辛祀天地於南・北二郊, 用特牛一. 蓋來年正月當行此禮, 故施文慶云然.

62) 〔廢其述職〕: 저본에는 '廢其述職'이 없으나, ≪資治通鑑≫에 의거하여 보충하였다.

⑤ 北齊의 군대가 세 번 쳐들어온 것은, 梁나라 敬帝 紹泰 원년(555)에 徐嗣徽와 任約이 북제의 군대를 거느리고 建康을 습격하여 石頭를 점거한 것과, 太平 원년(556)에 〈서사휘와 임약이〉 다시 采石을 습격하여 격파하고 북제의 蕭軌와 함께 침입하여 건강을 압박한 것과, 世祖(陳 文帝 陳蒨) 天嘉 원년(560)에 북제 장수인 劉伯球와 慕容恃德이 王琳을 도와 蕪湖로 내려왔던 것을 말하는데, 모두 패하였다. 北周의 군대가 두 번 쳐들어온 것은, 천가 원년 獨孤盛과 賀若敦이 湘川으로 쳐들어 온 것과, 臨海王(陳伯宗) 光大 원년(567)에 宇文直과 元定이 華皎를 도왔던 것을 말하는데, 모두 패하였다.

齊兵三來, 謂梁敬帝紹泰元年徐嗣徽・任約以齊師襲建康, 據石頭, 太平元年, 復襲破采石, 與齊蕭軌同入寇, 逼建康, 世祖天嘉元年, 齊將劉伯球・慕容恃德助王琳下蕪湖, 皆敗. 周師再來, 謂天嘉元年獨孤盛・賀若敦入湘川, 臨海王光大元年, 宇文直・元定助華皎, 皆敗.

⑥ 孔範이 스스로 문무의 자질을 겸비했다고 여겼기 때문에 큰 소리 치며 스스로 공을 세울 것을 다짐한 것이다. 晉나라와 宋나라 이래로 대체로 三公은 太尉公・司徒公・司空公을 이른다.

孔範自謂兼資文武, 故大言自詭立功. 自晉・宋以來, 率謂三公爲太尉公・司徒公・司空公.

⑦ 伎는 여자 樂士이다.

伎, 女樂也.

【綱】 突厥 莫何可汗이 죽으니, 형의 아들 頡伽施多那都藍可汗[63]이 즉위하였다.

突厥莫何可汗이 **死**하니 **兄子頡伽施多那都藍可汗**이 **立**하다

【綱】 吐谷渾의 裨王[64]인 拓拔木彌가 隋나라에 항복하였다.

◑吐谷渾裨王木彌降隋하다

【目】 吐谷渾의 裨王 拓跋木彌가 천여 家戶를 거느리고 隋나라에 항복을 받아줄 것을 청하였는데, 隋主(楊堅)가 말하기를 "토욕혼의 도적놈은 어리석고 미쳐 날뛰어서 아내와 자식들조차 그를 두려워하는 마음을 품고 있다.[65] 그러나 아내가 남편을 배반하고 아들이

---

63) 頡伽施多那都藍可汗 : 阿史那雍虞閭를 가리킨다. 沙鉢略可汗의 아들로 보통 都藍可汗이라 이른다. 참고로 莫何可汗은 사발략가한의 동생인 阿史那處羅侯이다.

64) 裨王 : 小王의 의미이다. ≪漢書≫ 〈衛青霍去病傳〉의 顔師古 注에 "裨王은 小王이란 뜻이니, 裨將이란 말과 같다.〔裨王 小王也 若言裨將也〕"라고 하였다. 吐谷渾이나 匈奴 같은 유목민족에 대한 기록에서 종종 보인다.

65) 토욕혼의……있다 : 원문의 '渾賊'은 吐谷渾의 可汗 慕容夸呂를 가리킨 것이다. 모용과려가 오랫동안 가한의 자리에 있으면서 喜怒의 감정에 따라 태자를 폐출하거나 죽였다. 이에 태자가 된 사람

아버지를 저버리는 일은 용납할 수 없고, 또 그들의 본심은 단지 죽음을 피하려는 것인데, 이제 이를 거절한다면 또다시 어질지 못한 일이다. 다만 그들을 위로하여 스스로 빠져나오도록 내버려둘 것이요, 군사를 내어 그들을 맞아들일 필요는 없다."고 하였다.

吐谷渾裨王拓跋木彌가 請以千餘家로 降隋①하니 隋主曰 渾賊惛狂하여 妻子懷怖하나 然叛夫背父를 不可收納하고 又其本意正自避死러니 今若違拒면 又復不仁이니 但宜慰撫하여 任其自拔하고 不須出兵應接이라하더라

① 吐谷渾에는 별도로 拓跋姓이 있다.[66]
吐谷渾自亦有拓跋姓.

己酉年(589)

【綱】 隋나라 高祖 文皇帝(楊堅) 開皇 9년 봄 정월에 總管 賀若弼과 韓擒虎가 진군하여 陳나라를 멸하고 陳主 陳叔寶를 사로잡았다.

隋高祖文皇帝開皇九年春正月에 總管賀若弼과 韓擒虎가 進軍滅陳하고 獲其主叔寶[67]하다

들이 자기가 죽을까 두려워하여 隋나라에 항복할 것을 도모하였다. 이 내용은 본서 제36권 상 至德 4년(586) 10월 조에 자세히 보인다.

66) 吐谷渾에는……있다 : 吐谷渾의 姓氏는 慕容氏로 鮮卑族의 하나이다. 拓跋氏는 역시 선비족으로 北魏를 건국하였다. 토욕혼의 시조인 慕容吐谷渾은 慕容部에서 갈라져 나와 서쪽으로 이동하였는데, 지금의 중국 靑海省에 국가를 형성하였다. 拓跋部 역시 중국의 大興安嶺에서 시작하여 여러 지역으로 이동하였으며, 그중 일부가 화북 지역으로 진출하여 북위를 건국하였으며, 이들 외에도 다른 지역에 탁발씨들이 존재하였다. 토욕혼은 서쪽으로 이동하면서 여러 부족을 흡수하였는데, 여기 보이는 拓跋木彌의 탁발씨는 이런 경우에 해당하는 것으로 보인다. 토욕혼의 역사와 관련하여 ≪中世東北亞史硏究≫(지배선, 일조각, 1986.) 참조

67) 總管賀若弼……獲其主叔寶 : "亡國의 군주를 표현하는 말에 다섯 가지가 있는데, '死之(死節하였다)'가 최상이고, '執虜(사로잡았다)'가 다음이고, '以歸(데리고 돌아가다)'가 다음이고, '獲(얻었다)'이 다음이고, '降(항복했다)'이 최하이다. 여기서 '獲'이라고 쓴 것은 어째서인가? 항복한〔降〕 것도 아니고 붙잡힌〔執〕 것도 아니고, 우물을 살펴보고 〈우물 속에 숨어 있던 陳主 陳叔寶를〉 얻었으니 얻은〔獲〕 것일 뿐이다. 그렇다면 어째서 陳나라를 멸하였다는 것을 먼저 썼는가? 저항하는 자가 없으면 이미 멸망한 것이기 때문이니, 진나라를 멸한 것은 진숙보를 얻은 것과 관련이 없다. 賀若弼의 지략과 韓擒虎의 용맹이 모두 공이 있으므로 두 장수를 나란히 쓰되 한 명을 앞에 쓰고 한 명을 뒤에 썼으니 ≪資治通鑑綱目≫이 이로써 이 논쟁(하약필과 한금호가 자기 공을 주장할 때 隋文帝가 결단을 못 내리고 두 사람 모두 上功으로 인정한 것에 대한)에 대해 판단을 내린 것이다. ≪자치통감강목≫이 끝날 때까지 망국의 군주에 대해 '獲'이라고 쓴 경우가 세 번 있다.(劉曜와 齊緯와 진숙보이다.)〔亡國之君其辭五 死之上也 執虜次之 以歸次之 獲次之 降爲下 此其書獲何 非降非執 窺井得之

【目】 정월 초하루에 陳主(陳叔寶)가 朝會를 받을 때에 짙은 안개가 사방을 덮으니 陳主가 혼절하여 申時(오후 3시~5시)가 되어서야 깨어났다. 이날에 賀若弼이 廣陵에서 군대를 이끌고 강을 건넜다. 이보다 앞서 하약필이 늙은 말을 가지고 陳나라 배를 많이 사서 숨겨두고 낡은 배 5, 6십 척을 사서 河溝 안쪽에 정박시켜두니 진나라 사람이 이를 엿보고 中國(隋나라)에 〈쓸 만한〉 배가 없다고 여겼다. 또 강변을 방어하는 군사들로 하여금 교대할 때에 반드시 광릉에 집결하여 깃발을 널리 펼쳐놓고 군영의 장막으로 들판을 뒤덮게 하니, 진나라 사람들이 수나라 군대가 대거 몰려온다고 여겨 급히 군사를 동원하여 방비하였는데 〈강변을 방어하는 군사들이 교대하는 것임을〉 알고 나서 다시는 방비를 하지 않게 되었다. 또 강변에서 항상 사냥을 하여 사람과 말이 떠들썩하였으므로 이날 강을 건널 때에 진나라 사람들이 끝내 눈치 채지 못하였다. 韓擒虎가 500인을 거느리고서 橫江[68]으로부터 밤중에 采石江[69]을 건넜는데 지키는 군사들이 모두 술에

則獲而已矣 然則曷爲先書滅陳 無抗者 則已滅矣 滅不繫其獲也 賀若之謀 擒虎之勇 俱爲有功 二將竝書 一先一後 綱目有以斷此訟矣 終綱目亡國之君書獲三(劉曜齊緯陳叔寶)〕" ≪書法≫

"晉나라가 吳나라를 평정할 때 ≪資治通鑑綱目≫에서 '張悌가 맞아 싸우다가 죽었다.'라고 썼으니, 이는 그래도 항거하여 싸운 사람이 있는 것이고 그래도 죽음으로 적에 맞선 사람이 있는 것이다. 그러나 隋나라가 진나라를 정벌할 때에는 지난겨울에 군사를 일으킨 때로부터 지금까지 수개월 사이에 적을 맞아 항거하여 막은 사람이 진나라에 한 사람도 있다는 말을 들은 적이 없다. ≪자치통감강목≫에 기록된 내용을 보면 賀若弼과 韓擒虎가 進軍하여 陳나라를 멸한 것이 썩은 나뭇가지를 부러뜨리는 것보다 쉬워서 마치 無人之境에 들어가는 것과 같았다. 그렇다면 진나라 사람들은 가만히 앉아서 멸망하기를 기다린 것이니 불쌍히 여길 가치도 없다. 무릇 나라를 다스리는 일 중에 변경에 관한 위급한 보고보다 중요한 것이 없는데, 진나라 사람들은 이를 불문에 부쳤을 뿐만 아니라 위와 아래가 서로 속이며 제왕의 상서로운 기운을 이야기하고 천연의 垓子인 長江을 자랑하여 泰山처럼 안전하다고 여기다가 隋나라 군대가 일단 성안에 들어오자 陳叔寶가 우물에 뛰어들었다. 살펴보건대 진숙보가 '나는 나대로 계책이 있다.'라고 말한 것이 이와 같은 데 지나지 않으니, 망하지 않기를 바란들 어찌 가능하겠는가. 예로부터 망한 나라는 많았으나 진숙보처럼 그릇된 경우는 없었다. 내가 이 때문에 자세히 논하였다. ○金履祥이 말하기를, '孟子가 「仁하지 않으면서 천하를 얻은 경우는 없었다.」라고 말하였다. 맹자 이전에는 仁하지 않으면서 천하를 얻은 일이 없었으니, 夷羿와 寒浞과 같은 경우가 있지만 본인이 곧바로 誅滅되었다. 맹자 이후에는 仁하지 않으면서 천하를 얻은 경우가 참으로 많았으나, 단지 한두 대를 전하고 천하를 잃어버리고 말았을 뿐만 아니라 곧바로 자손이 誅滅되어 살아남은 자가 거의 없었으니 천하를 얻지 못한 것과 같은 데에 그칠 뿐이 아니었다. 맹자의 말은 증명되지 않은 적이 없었다.'라고 하였다.〔晉之平吳 綱目書張悌迎戰死之 是猶有人拒戰 猶有人死敵也 隋氏伐陳 自去冬興師 距今數月間 未聞陳有一人抗禦迎敵 觀綱目所書 弼擒虎進軍滅陳 易於拉朽 如入無人之境 則陳人坐取滅亡 無足恤者 夫有國之事 莫重於邊報之急 而陳人付之不問 方且上下相蒙 談王氣夸天塹 儼然泰山之安 兵旣入城 乃投于井 觀叔寶所謂吾自有計者 不過如此 雖欲不亡 奚可得乎 自古亡國多矣 未有如叔寶之謬者 臣故備而論之 ○金履祥曰 孟子言不仁而得天下 未之有也 孟子以前 未有不仁而得天下之事 得夷羿寒浞(착) 本身卽已誅滅 孟子以後 固多有不仁而得天下者矣 不但一再傳失之 然子孫誅滅 殆無遺類 不止於猶不得而已 孟子之言 未嘗不驗也〕" ≪發明≫

68) 橫江 : 지금의 安徽省 和縣 동남쪽 長江 北岸에 있는 나루터 이름이다. 橫江浦라고도 한다.
69) 采石江 : 지금의 安徽省 馬鞍山市 牛渚山 아래 江 가운데 솟아 있는 바윗돌을 采石 또는 采石磯라

취해 있었으므로 마침내 승리하였다.

正月朔에 陳主朝會할새 大霧四塞(색)하니 陳主昏睡하여 至晡時乃寤하다 是日에 賀若弼이 自廣陵으로 引兵濟江하다 先是에 弼以老馬로 多買陳船而匿之하고 買弊船五六十艘(소)하여 置於瀆內하니 陳人覘之하고 以爲中國無船이라 又令緣江防人으로 交代之際에 必集廣陵하여 大列旗幟하고 營幙被野하니 陳人以爲隋兵大至라하고 急發兵爲備러니 旣而知之하고 不復設備라 又緣江時獵하여 人馬諠譟하니 及是濟江에 陳人遂不知覺이어늘 韓擒虎가 將五百人하여 自橫江으로 宵濟采石하니 守者皆醉라 遂克之①하다

① 胡三省이 말하기를, "橫江浦는 和州의 경계에 있고, 采石磯는 지금의 太平州 북쪽 30리 되는 곳의 강 건너편 기슭에 있으니 나루터이다."라고 하였다.
胡三省曰 "橫江浦, 在和州界, 采石磯, 在今太平州北三十里對岸, 津渡處."

【目】 지키던 장수가 급히 狀啓를 올려 변란을 고하자 陳主(陳叔寶)가 蕭摩訶·樊毅·魯廣達을 나란히 都督으로 삼고, 司馬消難·施文慶을 나란히 大監軍으로 삼고, 樊猛을 보내 水軍을 거느리고 白下에서 출진하게 하였다. 얼마 지나지 않아 賀若弼이 京口를 함락하였는데, 군령이 엄숙하여 털끝만큼도 백성을 침범하지 않았다. 민간에서 술을 산 군사가 있었는데 하약필이 즉시 참수하였고, 사로잡은 陳나라 군사 6,000여 인을 하약필이 모두 풀어주어 양식을 주고 위로하여 보내면서 황제의 勅書를 주어 길을 나누어가며 황제의 뜻을 宣諭하게 하니, 이에 隋나라 군대가 가는 곳마다 바람에 풀이 쓰러지듯이 항복하였다. 韓擒虎가 姑孰으로 진군하여 공격해서 반나절 만에 함락하니 강남의 父老들 중에 찾아와 뵙는 자가 밤낮으로 끊이지 않았다. 이에 하약필은 북쪽 길에서 남쪽으로, 한금호는 남쪽 길에서 북쪽으로 동시에 진군하니 강변의 여러 군영을 지키는 군사들이 소문만 듣고도 모두 달아났다.

戍主가 馳啓告變하니 陳主가 以蕭摩訶·樊毅·魯廣達로 竝爲都督하고 司馬消難·施文慶으로 竝爲大監軍하고 遣樊猛하여 帥(솔)舟師出白下러니 旣而賀若弼이 拔京口하니 軍令嚴肅하여 秋毫不犯이라 有軍士於民間酤酒者한대 弼立斬之하고 所俘獲六千餘人을 弼皆釋之하여 給糧勞遣하고 付以勅書하여 令分道宣諭하니 於是에 所至風靡러라 韓擒虎가 進攻姑孰하여 半日에 拔之하니 父老來謁者가 晝夜不絶이라 於是에 弼自北道하고 擒虎自南道하여 竝進하니 緣江諸戍가 望風盡走①라

고 하는데, 여기서는 채석 주변의 강을 가리킨다. 李白이 술에 취하여 달을 잡으려다 빠져 죽은 곳이라고도 한다.

① 京口는 建康 북쪽에 있고, 姑孰은 건강 남쪽에 있다.
京口於建康爲北, 姑孰於建康爲南.

【目】 賀若弼이 鍾山을 점거하고 晉王 楊廣이 總管 杜彦을 보내 韓擒虎와 군대를 합쳐서 新林에 주둔하니, 陳나라 사람들이 크게 놀라서 항복하는 자들이 서로 잇따랐다. 이때 建康의 甲士가 아직 10여만 명이 있었는데, 陳主(陳叔寶)는 밤낮으로 눈물만 흘리면서 조정의 결정을 일체 施文慶에게 위임하였다. 시문경이 이미 여러 장수들이 자기를 미워하는 것을 알고 그들이 공을 세울까 염려하여 이에 陳主에게 아뢰기를 "이들이 불만이 많으니 어찌 전적으로 믿을 수 있겠습니까."라고 하니, 이로 인해 여러 장수들이 아뢰어 청하는 일이 있으면 모두 시행하지 않았다. 하약필이 京口를 공격할 때에 蕭摩訶가 맞아 싸우기를 청하였으나 허락하지 않았는데, 하약필이 鍾山에 이르자 소마가가 다시 아뢰기를 "하약필이 孤立無援의 군대를 이끌고 우리 쪽으로 깊숙이 들어왔고 보루와 참호가 아직 견고하지 않으니 군대를 이끌고 나가 불시에 습격하면 반드시 승리할 수 있을 것입니다."라고 하였으나 또 허락하지 않았다.

弼進據鍾山하고 晉王廣이 遣總管杜彦하여 與韓擒虎合軍하여 屯于新林하니 陳人大駭하여 降者相繼①러라 時에 建康甲士가 尙十餘萬人이어늘 陳主가 唯晝夜啼泣하고 臺內處分을 一以委施文慶하니 文慶이 旣知諸將疾己하고 恐其有功하여 乃奏曰 此等이 怏怏하니 那可專信이리잇가 由是로 諸將이 凡有啓請에 率皆不行하다 賀若弼之攻京口也에 蕭摩訶請逆戰호되 不許러니 及弼至鍾山에 摩訶又曰 弼懸軍深入하고 壘塹未堅하니 出兵掩襲하면 可以必克이라하여늘 又不許하다

① 胡三省이 말하기를, "新林浦는 지금의 建康城으로부터 20리 떨어져 있으며, 서쪽으로 白鷺洲와 맞닿아 있다."라고 하였다.
胡三省曰 "新林浦, 去今建康城二十里, 西直(치)白鷺洲."

【目】 任忠이 陳主(陳叔寶)에게 아뢰기를, "병법에, 공격하는 쪽은 속전속결을 중요하게 여기고 방어하는 쪽은 신중하게 대처하는 것을 중요하게 여깁니다. 지금 나라에 식량과 군사가 넉넉하니 의당 臺城을 굳게 지키며 秦淮河를 따라 목책을 세워서 北軍(隋나라 군대)이 오더라도 더불어 교전하지 말고 군사를 나누어 강의 뱃길을 차단하여 저들이 연락을 주고받지 못하도록 하여야 합니다. 신에게 精兵 1만과 金翅(戰船의 이름) 300척을 주어 강을 따라 내려가 곧바로 六合을 기습하게 하면 저들의 大軍은 필시 강을 건넌 군

사들이 이미 사로잡혔다고 생각하고 자연히 士氣가 꺽일 것입니다. 淮南의 토착민들은 신과 더불어 오래전부터 서로 잘 알고 지낸 사이이니 지금 신이 간다는 소식을 들으면 반드시 모두 그림자처럼 신을 따를 것입니다. 신이 다시 떠들썩하게 소문을 내어 徐州로 가서 저들의 퇴로를 끊으려 한다고 하면 수나라의 여러 군대는 공격하지 않아도 스스로 물러갈 것입니다. 봄이 되어 長江 상류에 물이 불어나기를 기다리면 周羅睺 등의 여러 군대가 반드시 강물을 따라 내려와 구원하러 달려올 것이니 이것이 좋은 계책입니다."라고 하였으나, 陳主가 따르지 않고 다음날에 갑자기 말하기를, "군대가 오랫동안 승부를 결정짓지 못하고 있어 사람의 마음을 번잡하게 하니 蕭郞(蕭摩訶)을 불러서 한 번 군대를 내보내 공격하게 하겠다."라고 하였다.

任忠이 言於陳主曰 兵法에 客貴速戰하고 主貴持重하니 今國家足食足兵이라 宜固守臺城하고 緣淮立柵하여 北軍이 雖來라도 勿與交戰하고 分兵斷江路하여 無令彼信得通하고 給臣精兵一萬과 金翅三百艘(소)하여 下江徑掩六合하면 彼大軍이 必謂其度江將士가 已被俘獲하고 自然挫氣라 淮南土人이 與臣舊相知悉하니 今聞臣往이면 必皆景(영)從[①]하리니 臣復揚聲欲往徐州하여 斷彼歸路면 則諸軍이 不擊自去[②]리니이다 待春水旣漲上江하면 周羅睺等衆軍이 必沿流赴援하리니 此良策也[③]니이다 陳主不能從하고 明日에 欻(훌)然曰[④] 兵久不決하여 令人腹煩하니 可呼蕭郞하여 一出擊之라하다

① '景從'은 그림자가 형체를 따르는 것과 같다는 말이다. 景은 影과 똑같이 읽는다.
景(영)從, 言如景之從形也. 景讀如影同.

② 徐州는 彭城과 汴水 지역이다.
徐州, 彭·汴之路也.

③ 周羅睺는 이때 郢·漢 지역에서 水軍을 통솔하고 있었다. 沿流는 물을 따라 내려오는 것이다.
周羅睺時督水軍在郢漢. 沿流, 緣水而下也.

④ 欻(갑자기)은 許勿의 切이다.
欻, 許勿切.

【目】 任忠이 머리를 조아리며 싸우지 말 것을 간곡하게 청하였는데, 孔範이 또 아뢰어 청하기를 "한번 싸워서 승부를 결정짓고서 폐하〔官〕를 위하여 燕然山에 올라 돌에 戰功을 새기겠습니다."라고 하니 陳主(陳叔寶)가 그 말을 따랐다. 많은 금과 비단을 내어 상으로 충당하고 魯廣達로 하여금 白土岡에 진을 치게 하였다. 任忠·樊毅·孔範·蕭摩訶

의 군대가 차례로 늘어서서 북쪽으로 20리를 뻗으니 선두와 후미가 전진하고 후퇴하는 것을 서로 알지 못하였다. 賀若弼이 산에 올라 바라보고 달려 내려와서 휘하의 甲士 8천 명을 거느리고 진영을 정비하고서 기다렸다.

陳主가 소마가의 妻와 사통하였기 때문에 소마가는 싸우려는 의지가 없었고, 오직 魯廣達만이 그 군사들을 거느리고 힘껏 싸워 하약필의 군대와 서로 대등하게 맞서니 隋나라 군대가 여러 차례 퇴각하였는데 하약필은 불을 질러 연기를 피워 스스로를 은폐하였다. 陳나라 군사들이 〈수나라 군사의〉 목을 베고서 모두 首級을 바쳐 상을 받으려고 달려가니, 하약필이 그들이 교만하고 나태한 것을 알아차리고 다시 군사를 이끌고 공범에게로 향하였다. 공범의 군사들이 잠시 교전하다가 곧바로 敗走하였고 〈이를 본〉 진나라의 모든 군대가 뿔뿔이 흩어져 더 이상 제지할 수가 없었다. 소마가를 사로잡아 〈하약필에게 보냈는데 하약필이 그를〉 풀어주고 예를 갖추어 대하였다.

任忠이 叩頭苦請勿戰이어늘 孔範이 又奏請호되 作一決하여 當爲官勒石燕然①이라하니 陳主從之하고 多出金帛充賞하고 使魯廣達로 陳於白土岡이라 任忠・樊毅・孔範・蕭摩訶軍이 以次而北亘(긍)二十里하니 首尾進退不相知②러라 賀若弼이 登山望之하고 馳下하여 以所部甲士八千으로 勒陳待之라 陳主가 通於蕭摩訶之妻라 故摩訶無戰意하고 唯魯廣達이 以其徒力戰하여 與弼相當하니 隋師退走數(삭)四어늘 弼縱煙以自隱이라 陳兵이 斬首하고 皆走獻求賞하니 弼이 知其驕惰하고 更引兵趣孔範한대 範兵이 暫交卽走하고 諸軍이 亂潰하여 不可復止라 擒蕭摩訶어늘 釋而禮之하다

① '一決'은 한번 싸워서 승부를 결정짓는 것이다. 내(孔範)가 황제를 위하여 隋나라 군대를 공격하여 물리치고, 漢 和帝 때 竇憲이 北匈奴를 공격했을 때처럼 燕然山에 올라 돌에 전공을 새기고 돌아오겠다고 말한 것이다.
一決, 謂一戰以決勝負也. 言我當爲官家攻逐隋軍, 如漢和帝時竇憲擊北匈奴, 登燕然山刻石勒功而還也.

② 白土岡은 金陵城 동쪽에 있는데, 북쪽으로는 鍾山에 잇닿아 있고 남쪽으로는 秦淮河에 이른다.
白土岡在金陵城東, 北連鍾山, 南至秦淮.

【目】 任忠이 급히 달려가 陳主(陳叔寶)를 뵙고서 패배한 상황을 말하고 아뢰기를, "폐하〔官〕께서는 잘 계십시오. 신은 쓸 힘이 없습니다."라고 하니, 陳主가 금 두 자루를 주면서 사람을 모아서 나가서 싸우도록 하였다. 임충이 아뢰기를 "폐하께서는 上流에 있는 周羅睺 등에게 가셔야 합니다. 신이 죽음으로 받들어 보위하겠습니다."라고 하니, 陳主

가 이를 믿고 임충에게 나가서 일을 按排하도록 명하였는데 때마침 韓擒虎가 新林으로부터 進軍하였다. 임충이 마침내 몇 명의 기병을 거느리고서 石子岡에서 〈한금호를〉 맞이하여 투항하고 한금호의 군사를 이끌고 곧장 朱雀門[70]으로 들어갔다. 陳나라 군사들이 싸우려고 하였는데 임충이 손을 휘저으며 말하기를, "이 늙은이도 오히려 투항하였는데 그대들이 무슨 일을 하겠는가?"라고 하니 군사들이 모두 흩어져 달아났다.

任忠이 馳見陳主하여 言敗狀曰 官好住하소서 臣無所用力矣①라하니 陳主與金兩縢(등)하여 使募人出戰②하니 忠曰 陛下當就上流衆軍이니 臣以死奉衛③라한대 陳主信之하고 勅出部分이러니 會에 韓擒虎가 自新林으로 進軍이라 忠이 遂帥(솔)數騎하여 迎降於石子岡하고 引擒虎軍하여 直入朱雀門하니 陳人이 欲戰이어늘 忠이 揮之曰 老夫尙降하니 諸君은 何事오하니 衆皆散走하다

① 好는 적절함이고, 住는 머무름이다.
好, 宜也. 住, 止也.
② 縢은 緘(노끈)이니, 緘은 상자에 넣어 묶는 것을 말한다.
縢, 緘(함)也. 緘, 謂束篋(협)也.
③ '就上流衆軍'은 周羅睺 등에게 가라는 말이다.
就上流衆軍, 謂往就周羅睺等.

【目】 오직 袁憲만이 궁중에 남아 있었는데 陳主(陳叔寶)가 이르기를 "내가 이제까지 경을 다른 사람들보다 잘 대우하지 못하였으니, 지금 후회스럽고 부끄러울 뿐이다."라고 하였다. 陳主가 두렵고 불안하여 도망쳐 숨으려 하였는데, 원헌이 엄숙한 낯빛으로 말하기를 "大事가 이렇게 되었는데 떠난들 어디로 가시겠습니까. 衣冠을 정제하고 正殿에 나아가서 梁 武帝가 侯景을 접견하였던 故事대로 하소서.[71]"라고 하였다. 陳主가 따르지 않고 말하기를 "나는 나대로 생각이 있다."라고 하고, 이에 宮人 10여 명을 뒤따르게 하고 景陽殿으로 나가서 우물에 스스로 몸을 던지려고 하였는데, 원헌이 간곡하게 간언하였으나 따르지 않았다. 後閤舍人 夏侯公韻이 몸으로 우물을 덮어 가리는 바람에 陳主가 그와 다투느라 한참 후에야 우물에 들어갈 수 있었다. 얼마 뒤에 〈隋나라〉 군사들이

70) 朱雀門 : 陳나라의 都城인 建康(지금의 江蘇省 南京市)의 남쪽 성문의 이름이다. 東晉 成帝 成康 2년(336)에 세웠다. 문 위에 구리로 만든 朱雀 두 마리가 있었기 때문에 붙여진 이름이다.

71) 梁 武帝가……하소서 : 侯景은 東魏의 장군 출신으로 南朝 梁나라에 귀순하였다가 다시 양나라를 배반하고 양나라의 수도 建康을 포위하여 함락시켰는데, 당시 양나라의 황제였던 武帝는 군사를 거느리고 궁에 들어온 후경을 御座에 앉아서 태연하게 맞이하며 후경의 안부를 물었다.(≪梁書≫ 〈侯景傳〉, 본서 제33권 상 太淸 3년(549) 3월 조 참조)

우물 안을 살펴보며 〈陳主를〉 불렀는데 응답이 없자 돌을 던지려고 하다가 〈우물 안에서〉 부르짖는 소리를 듣고 밧줄을 이용하여 끌어당겼는데 너무 무거워서 의아하게 생각하였다. 밖으로 끄집어내고 보니 張貴妃, 孔貴嬪과 함께 밧줄로 몸을 묶고 올라왔다.

沈皇后는 평상시와 다름없이 거처하였다. 太子 陳深은 나이가 열다섯 살이었는데 閤門을 닫은 채 앉아 있고 舍人 孔伯魚가 옆에서 모시고 있었다. 군사들이 합문을 두드리고 들어가자 진심이 편안히 앉아서 그들을 위로하니 군사들이 모두 공경을 표하였다.

唯袁憲이 在殿中이어늘 陳主謂曰 我從來遇卿이 不勝餘人하니 今但追愧耳라 陳主가 遑遽將避匿이러니 憲이 正色曰 大事如此하니 去欲安之오 不若正衣冠御正殿하여 依梁武帝見侯景故事라한대 陳主不從曰 吾自有計라하고 乃從宮人十餘하여 出景陽殿하여 將自投于井하니 憲이 苦諫不從이어늘 後閤舍人夏侯公韻이 以身蔽井하니 陳主與爭하여 久之乃得入①이라 旣而軍人이 窺井呼之호대 不應이라 欲下石이라가 乃聞叫聲하고 以繩引之한대 驚其太重이러니 及出에 乃與張貴妃孔貴嬪으로 同束而上이라 沈后는 居處如常이라 太子深이 年十五라 閉閤而坐하고 舍人孔伯魚가 侍側②이러니 軍士叩閤而入한대 深安坐勞之하니 軍士咸致敬焉이러라

① 後閤舍人은 대개 後閤을 지키는 殿中舍人일 것이다. 夏侯는 復姓이고, 公韻은 이름이다.
後閤舍人, 蓋殿中舍人之守後閤者. 夏侯, 復姓, 公韻, 名.
② 여기의 舍人은 太子舍人이다.
此太子舍人也.

【目】賀若弼이 승세를 타고 樂遊苑에 이르렀는데, 魯廣達이 여전히 남은 군사를 독려하여 쉬지 않고 惡戰苦鬪를 벌여 죽이거나 포로로 붙잡은 隋나라 군사가 수백 명이었다. 해 질 녘이 되자 이에 갑옷을 벗고 臺城을 바라보면서 두 번 절하고 통곡한 뒤에 군사들에게 이르기를 "나라를 구하지 못하였으니 지은 죄가 크다."라고 하니, 사졸들이 모두 눈물을 흘리며 탄식하고서 마침내 수나라에 투항하여 포로가 되었다. 하약필이 北掖門에 불을 지르고 궁으로 들어가서 韓擒虎가 이미 陳叔寶를 붙잡았다는 말을 듣고 불러서 보니 진숙보가 두려워서 식은땀을 흘리고 다리를 후들거리며 하약필을 향해 두 번 절하였다. 이윽고 하약필이 한금호보다 공이 뒤쳐진 것을 부끄럽게 생각하여 그와 서로 욕을 하고 칼을 뽑아 들고 밖으로 나갔다. 진숙보로 하여금 투항하는 箋文을 작성하여 자기에게 귀순하게 하려고 하였는데 뜻을 이루지 못하였다.

賀若弼이 乘勝至樂遊苑한대 魯廣達이 猶督餘兵하여 苦戰不息하여 所殺獲이 數百人이라 會日暮에 乃解甲面臺하여 再拜慟哭하고 謂衆曰 不能救國하니 負罪深矣라 士卒이 皆涕泣歔欷하여 遂就擒하다 弼이 燒門入하여 聞擒虎已得叔寶하고 呼視之하니 叔寶惶懼하여 流汗股慄하여 向弼再拜러라 既而 弼이 恥功在擒虎後하여 與之相詾하고 挺刃而出하여 欲令叔寶로 作降箋歸己러니 不果①하다

① 詾는 訽와 통하니, 욕한다는 뜻이다. 挺은 뽑는다는 뜻이다.
詾, 與訽通, 罵也. 挺, 拔也.

【綱】晉王 楊廣이 建康에 입성하여 陳나라 都督 施文慶 등 5인을 주살하였다.
晉王廣이 入建康하여 誅陳都督施文慶等五人[72]하다

【目】高熲이 建康에 먼저 들어가니 晉王 楊廣이 사람을 시켜 급히 고하게 하여 張麗華[73]를 살려두도록 하였는데, 고경이 말하기를 "옛날에 太公(呂尙)이 妲己의 얼굴을 가리고 목을 베었으니 장려화를 어찌 살려둘 수 있겠습니까."라고 하고 참수하였다. 양광이 이를 듣고 낯빛을 바꾸며 말하기를 "옛사람이 이르기를 '德에 보답하지 않음이 없다.'[74]라고 하였으니, 내가 반드시 高公(高熲)에게 보답할 일이 있을 것이다."라고 하였다. 이로 인하여 고경을 원망하게 되었다.

---

72) 晉王廣……誅陳都督施文慶等五人 : "施文慶에 대해 誅라고 쓴 것은 그에게 죄를 물은 것이다. 죄를 물은 것이라면 어째서 官名을 갖추어 쓴 것인가? 이는 '都督이 되어서 한번 싸워보지도 못했다.'라고 말하는 것과 같을 뿐이다. 孔範 등에 대해서 쓸 때에는 그 관명을 삭제하였다. 그러므로 陳나라 신하 중에서는 시문경에 대해서만 〈부정적인 의미에서〉 도독이라고 썼고, 周羅睺에 대해서만 〈긍정적인 의미에서〉 도독이라고 썼다.〔文慶書誅 罪之也 罪之則曷爲具官 若曰身爲都督而不能一戰云爾 至書孔範等則削其官矣 故陳臣惟施文慶書都督 惟周羅睺書都督〕" ≪書法≫
"施文慶과 沈客卿은 다른 일은 논하지 않고 隋나라 군대가 長江을 건너도록 한 이 한 가지 일만 가지고 보더라도 이 두 사람이 서로 더불어 진실을 감추고 속여서 가만히 앉아서 陳나라를 망하게 만들었으니, 그 죄가 참으로 죽음으로도 용서받을 길이 없다. 하물며 평상시에 나라를 어지럽히고 조정을 그르친 자야 더 말할 나위가 있겠는가. 楊廣이 이들을 誅伐하여 三吳의 백성들에게 사죄하였으니, 백성을 위로하고 죄 있는 자를 주벌하는 뜻을 얻은 자라고 말할 수 있다. ≪資治通鑑綱目≫에서 또한 이를 기록하여 인정한 것은 당연한 일이다.〔施文慶沈客卿 未論其他 止以隋兵渡江一事觀之 二人相與蒙蔽 坐致陳亡 其罪固不容於死 況又平時迷國誤朝者乎 廣能誅之以謝三吳 可謂得弔民伐罪之意者 宜乎綱目亦書而予之也〕" ≪發明≫

73) 張麗華 : 南朝 陳 後主의 妃. 10세에 궁중에 들어가 후주의 총애를 받고 太子 陳深을 낳았다. 영리하여 後宮들의 인망을 얻었으나 후주의 총애를 믿고 권세를 휘둘러 기강을 어지럽혔다. 隋나라 군대가 臺城을 함락시켰을 때 후주와 함께 붙잡혔다가 참수당하였다.(≪陳書≫ 〈皇后列傳〉)

74) 德은……없다 : ≪詩經≫ 〈大雅 抑〉에 "말에 갚지 않음이 없고 德이 보답하지 않음이 없다.〔無言不讐 無德不報〕"라고 하였다.

이윽고 〈양광이〉 건강에 입성하여, 施文慶은 아첨하여 영합하고 沈客卿은 과중하게 세금을 거두어 陽慧朗・徐哲・暨慧景과 함께 모두 백성들에게 해악이 되었다고 하여 이들을 참수하여 三吳 지방의 백성들의 기대에 부응하였다. 그리고는 고경으로 하여금 記室[75] 裴矩와 함께 지도와 호적을 수습하고 府庫를 봉하게 하여 재물을 조금도 취하지 않으니 이를 들은 자들이 양광을 어질게 여겼다. 〈양광은〉 賀若弼이 군령을 어기고 약속한 기일에 앞서 〈공격하였다고〉 하여 붙잡아 法吏에게 넘겼는데, 황제(隋 文帝)가 하약필을 驛馬로써 불러들이고 또 양광에게 詔書를 내려 말하기를 "江南(長江 이남의 南朝 통치 지역)을 평정한 것은 하약필과 韓擒虎의 공이다."라고 하여 비단 1만 段을 내려주고 별도로 조서를 내려 〈그들의 공을〉 표창하였다.

開府 王頒은 王僧辯의 아들인데 밤에 陳 高祖(陳霸先)의 陵을 파헤쳐서 유골을 불태우고 타고 남은 재를 가져다가 물에 뿌리고 그 물을 마신 뒤에 스스로를 결박하고서 양광에게 自首하였다. 양광이 이 일을 황제에게 아뢰자, 황제가 왕반을 사면하였다.

高熲이 先入建康하니 晉王廣이 使人馳告之하여 令留張麗華한대 熲曰 昔에 太公이 蒙面하여 以斬妲己하니 此豈可留也리잇고하고 斬之①하다 廣聞之하고 變色曰 昔人云 無德不報라하니 我必有以報高公矣라 由是로 恨熲하더라 尋入建康하여 以施文慶이 諂佞하고 沈客卿이 聚斂하여 與陽慧朗・徐哲暨慧景으로 皆爲民害라하여 斬之하여 以謝三吳하고 使高熲與記室裴矩로 收圖籍封府庫하여 一無所取하니 聞者賢之②러라 以賀若弼이 違令先期라하여 收以屬(촉)吏③러니 帝驛召之하고 且詔廣曰 平定江表는 弼與擒虎之力也라하여 賜物萬段하고 別詔褒美하다 開府王頒은 僧辯之子也라 夜發陳高祖陵하여 焚骨取灰하여 投水而飮之④하고 旣而自縛하여 歸罪於廣하니 廣이 以聞而赦之⑤하다

① 妲己는 商나라 紂王의 妃이다.
妲己, 商紂之妃.
② '圖籍'은 地理圖 및 戶籍이다.
圖籍, 地理圖及戶籍也.
③ 先(앞지르다)은 悉薦의 切이다.
先, 悉薦切.
④ 원수를 갚은 것이다. 梁 敬帝 紹泰 원년(555)에 陳霸先이 王僧辯 父子를 습격하여 죽였다.
報讐也. 梁敬帝紹泰元年, 陳霸先襲殺王僧辯父子.
⑤ '歸罪'는 自首이다.

75) 記室 : 문서의 작성과 기록을 담당하는 관원이다.

歸罪, 自首也.

【綱】 許善心을 散騎常侍로 삼았다.

以許善心爲散騎常侍하다

【目】 황제(隋 文帝)가 陳나라가 망하였다는 소식을 許善心[76]에게 알리자 허선심이 喪服 차림으로 서쪽 섬돌 아래에서 목 놓아 울고서 바닥에 풀을 깔고 동쪽을 향하여 3일간 앉아 있으니 勅書를 내려 위로하였다. 다음 날 허선심이 客館에 나아갔는데 散騎常侍에 제수하니 허선심이 몹시 애통해하며 곡을 하고 나서 〈상복을 벗고〉 朝服으로 갈아입고, 눈물을 흘리며 두 번 절하고 詔書를 받았다. 다음 날 조정에 나아가 御殿 아래에 엎드려 눈물을 흘리며 비통해하여 일어나지 못하니, 황제가 좌우의 신하들을 돌아보면서 말하기를 "내가 陳나라를 평정하고 오직 이 사람을 얻었다. 능히 옛 임금을 그리워하니, 바로 나의 충신이로다."라고 하였다.

帝使以陳亡으로 告許善心하니 善心이 衰(최)服號哭於西階之下하고 藉草東向坐三日이라 勅書唁焉①한대 明日에 就館이어늘 拜散騎常侍②하니 善心이 哭盡哀하고 改服垂泣하고 再拜受詔라 明日에 乃朝하여 伏泣於殿下하여 悲不能興하니 上이 顧左右曰 我平陳國에 唯獲此人이라 既能懷其舊君하니 卽我之誠臣也로다

① 亡國을 위로하는 것을 唁이라고 한다.
弔亡國曰(言)〔唁〕[77].

②〈'拜散騎常侍'는〉 ≪資治通鑑≫에 '拜通直散騎常侍 賜衣一襲(通直散騎常侍에 제수하고 옷 1벌을 내려주었다.)'으로 되어 있다.
通鑑, 拜通直散騎常侍, 賜衣一襲.

【綱】 陳나라 水軍都督 周羅睺가 항복하였다.

陳水軍都督周羅睺降하다

76) 許善心 : 본래 陳나라의 관원으로 전년(588)에 隋나라에 聘問하러 왔는데, 隋나라가 그를 客館에 붙잡아두고 돌려보내지 않았다.(본서 제36권 상 開皇 8년(558) 10월 조 참조.)

77) (言)〔唁〕 : 저본에는 '言'으로 되어 있으나, 규장각본(奎7512)에 의거하여 '唁'으로 바로잡았다.

【目】 처음에 周羅睺가 江夏를 지키니 秦王 楊俊이 진격하지 못하고 〈서로 대치한 채〉 한 달이 지났다. 陳나라 南康內史 呂忠肅이 巫峽에 雄據하여 바위에 구멍을 뚫고 쇠사슬을 연결하여 上流를 가로질러 차단하여 隋나라 병선을 저지하고, 私財를 다 털어서 軍用에 충당하였다. 楊素가 이를 공격하여 40여 차례 전투를 벌였는데 여충숙이 험준한 요지를 지키며 힘껏 싸우니 수나라 군사 중에 죽은 자가 5,000여 명이었다. 얼마 지나지 않아 수나라 군대가 여러 번 승리하자 여충숙이 성채를 버리고 도망하여 다시 荊門의 延洲에 웅거하니, 양소가 五牙船 4척을 보내 拍竿[78]을 이용하여 진나라의 함선을 부수고 마침내 크게 승리하였다.

楊素・岐停攻柵

이에 巴陵 동쪽으로는 더 이상 성을 지키는 자가 없어졌고, 建康이 평정되고 나서는 여러 성이 모두 갑옷을 벗고 〈투항하였다.〉 주나후가 여러 장수와 함께 3일 동안 모여서 곡을 하고 군사들을 해산한 다음 양준에게 가서 투항하니, 上江(長江 상류 지역)이 모두 평정되었다. 王世積이 蘄口에 있으면서 서신을 보내 〈진나라가 이미 망하였다는 사실을〉 알리고 항복하도록 타이르니 江南의 여러 郡이 모두 항복하였다.

初에 羅睺守江夏하니 秦王俊이 不得進하고 踰月이라 陳南康內史呂忠肅이 據巫峽하여 鑿巖綴鐵鏁하여 橫截(절)上流하여 以遏隋船하고 竭其私財하여 以充軍用①이라 楊素擊之하여 四十餘戰에 忠肅이 守險力爭하니 隋兵死者가 五千餘人이러라 旣而요 隋師屢捷하니 忠肅이 棄柵而遁하여 復據荊門之延洲하니 素遣五牙四艘(소)하여 以拍竿으로 碎其艦하고 遂大破之②하다 於是에 巴陵以東이 無復城守者하고 及建康平에 諸城皆解甲하다 羅睺가 乃與諸將으로 大臨三日하고 放兵散하고 然後에 詣俊降하니 上江이 皆平③하다 王世積이 在蘄(기)口하여 移書告諭하니 江南諸郡이 皆降④하다

---

78) 拍竿 : 兵車나 戰艦에 장착하고서 지렛대나 도르래를 이용하여 돌이나 불을 날려 보내는 兵器의 일종이다.(≪聖武記≫)

① 巫峽은 응당 江峽(長江 상류의 협곡)이 되어야 한다.
巫峽當作江峽.
② 五牙는 배 이름이다.
五牙, 船名.
③ 臨(弔哭하다)은 力禁의 切이다. 散(흩어지다)은 去聲이다. '放兵散'은 병사들을 풀어주어 흩어져 가게 한다는 말이다.
臨, 力禁切. 散, 去聲. 放兵散, 謂縱放兵士, 散去也.
④ 蘄口는 蘄水가 長江으로 들어가는 어귀이다.
蘄口, 蘄水入江之口.

【綱】 使者를 보내 陳 땅의 州郡을 순시하며 위무하게 하였다.

遣使巡撫陳地州郡이라

【綱】 2월에 鄕正과 里長을 설치하였다.

二月에 **置鄕正里長**하다

【目】 蘇威가 500家戶에 鄕正을 설치하여 민간의 訴訟을 다스리게 할 것을 奏請하였다. 李德林이 말하기를 "본래 鄕官이 獄訟을 審理하는 것을 폐지한 것은 향관이 鄕里 사람들과 가깝고 잘 아는 사이이기 때문에 판결이 공평하지 않아서였습니다. 지금 향정으로 하여금 백성을 다스리게 한다면 해가 됨이 매우 심할 것입니다."라고 하였는데, 황제(隋文帝)가 끝내 소위의 주장을 채용하고 이어 100가호를 里로 삼아 里長 1인을 두었다.

蘇威奏請五百家에 **置鄕正**하여 **使治民間辭訟**하니 **李德林以爲本廢鄕官判事**는 **爲其里閭親識**일새 **剖斷不平**이라 **今令鄕正治民**이면 **爲害最甚**이라한대 **上竟用威議**하고 **仍以百家爲里**하여 **置里長一人**하다

【綱】 將軍 宇文述이 吳州와 東揚州를 함락하고 그 刺史 蕭巖과 蕭瓛을 붙잡아 돌아와서 죽였다.

將軍宇文述이 **拔吳東揚州**하고 **執其刺史蕭巖蕭瓛**(환)**以歸**하여 **殺之**하다

【目】陳나라 吳州刺史 蕭瓛이 능히 민심을 얻었는데 진나라가 망하자 吳州 사람들이 소환을 추대하여 임금으로 삼았다. 右衛大將軍 宇文述 등이 그를 토벌하여 그 성채를 부수고 소환을 붙잡으니 東揚州刺史 蕭巖이 會稽 땅을 가지고 투항하였는데, 소환과 함께 모두 長安으로 압송하여 참수하였다.

陳吳州刺史蕭瓛이 能得物情이러니 陳亡에 吳人이 推瓛爲主어늘 右衛大將軍宇文述等이 討之하여 破其柵하고 執瓛하니 東揚州刺史蕭巖이 以會稽降이어늘 與瓛皆送長安하여 斬之①하다

① 蕭巖 등이 江陵의 백성들을 몰아 陳나라에 투항하였기 때문이다.[79]
以巖等驅江陵士女降陳也.

【綱】陳나라 湘州刺史 陳叔愼이 長沙에서 군사를 일으켰으나 패하여 죽었다.

陳湘州刺史陳叔愼이 起兵長沙어늘 敗死[80]하다

【目】楊素가 荊門으로 내려갈 때에 龐暉를 보내 군사를 거느리고 땅을 점령하게 하여 남쪽으로 湘州에 이르니 성안에 있는 장수와 병사들이 그날로 투항할 것을 청하였다. 刺史인 岳陽王 陳叔愼이 나이가 열여덟 살이었는데 술자리를 마련하고 屬僚들을 불러 모았다. 술이 거나하게 취하자 탄식하며 말하기를 "君臣 간의 義理가 여기에서 끝나는 것인가."라고 하니, 長史 謝基가 엎드려 눈물을 흘렸다. 助防官인 遂興侯 陳正理가 일어나서 말하기를 "임금이 욕을 당하면 신하는 목숨을 바쳐야 한다고 하였는데,[81] 그대들은

79) 蕭巖……때문이다 : 蕭巖은 蕭瓛의 숙부로 원래 後梁의 宗室이었는데, 隋나라가 장수 崔弘度를 보내 후량의 수도 江陵을 점거하자 소환과 함께 달아나 陳나라에 투항하였다. 자세한 내용은 본서 제36권 상 開皇 7년(587) 9월 조에 보인다.

80) 陳湘州刺史陳叔愼……敗死 : "'吳東揚州' 앞에 '陳'을 쓰지 않은 것은 陳나라가 망했기 때문인데, 여기서 다시 쓴 것은 어째서인가? 陳叔愼의 마음에는 陳나라가 없었던 적이 없기 때문이다. 진나라가 망하고서 복수할 뜻을 품은 자는 진숙신 한 사람뿐이었다. 그래서 ≪資治通鑑綱目≫은 그가 처음 隋나라에 항거할 때 '起兵'이라 쓰고 그가 참수당할 때 '死'라고 썼으니, 그의 의로움을 인정한 것이다. 이 때문에 韓나라가 비록 망했으나 張良이 복수할 뜻을 품었다면 '韓나라 장량'이라 쓰고(秦 始皇 29년(B.C. 218)), 梁나라가 비록 망했으나 王琳이 복수할 뜻을 품었다면 '梁나라 왕림'이라 쓰고(陳 武帝 永定 2년(558)) 진나라가 비록 망했으나 진숙신이 복수할 뜻을 품었다면 '진나라 진숙신'이라 썼으니(이해(589)) 모두 그 의로움을 인정한 것이다.〔吳東揚州不書陳 陳亡也 此其復書何 叔愼之心未嘗無陳也 陳亡而有復讐之志者 叔愼一人而已 故綱目於其始拒隋也 書起兵 其斬之也 書死 予義也 是故韓雖亡矣 張良有復讐之志 則書韓張良(秦始皇二十九年) 梁雖亡矣 王琳有復讐之志 則書梁王琳(陳武帝永定二年) 陳雖亡矣 叔愼有復讐之志 則書陳叔愼(是年) 皆予其義也〕" ≪書法≫

81) 임금이……하였는데 : 春秋時代 越나라 范蠡가 "임금이 근심하면 신하는 노고를 아끼지 않아야 하고, 임금이 욕을 당하면 신하는 죽어야 한다.〔君憂臣勞 君辱臣死〕"라고 하였다.(≪國語≫ 〈越語 下〉)

어찌 陳나라의 신하가 아니란 말이오? 지금 천하에 환난이 있으니 실로 목숨을 바쳐야 할 때이다. 설사 성공하지 못하더라도 오히려 신하된 자의 절조를 드러낼 수 있을 것이고, 靑門 밖에서 오이나 심으며 사는 일[82]은 죽는 한이 있어도 할 수 없으니, 오늘의 기회는 망설여서는 안 된다. 뒤늦게 호응하는 자는 참수할 것이다."라고 하니, 자리에 있던 사람들이 모두 찬성하였다.

이에 犧牲을 잡아 結盟을 하고 사람을 보내 방휘에게 거짓으로 투항하겠다는 문서를 바쳤다. 진숙신이 甲士들을 매복시켜 기다리고 있다가 방휘가 성안으로 들어오자 그를 붙잡아 조리돌린 다음 그 군사들과 함께 모두 목을 베었다. 진숙신이 射堂에 앉아서 군사들을 불러 모으니 며칠 사이에 5천 명을 얻었다. 衡陽太守 樊通과 武州刺史 鄔居業이 모두 군사를 일으켜 도왔는데, 隋나라가 제수한 湘州刺史 薛胄가 군사를 거느리고 때마침 도착하여 공격하였다. 진숙신이 진정리와 번통을 보내서 맞서 싸우게 하였는데 이들의 군대가 패하자 설주가 승세를 타고 성에 들어와서 진숙신과 오거업을 붙잡아 秦王 楊俊에게 압송하여 참수하였다.

楊素之下荊門也에 遣龐(방)暉將兵略地하여 南至湘州하니 城中將士가 刻日請降이어늘 刺史岳陽王叔愼이 年十八이라 置酒會僚吏①하여 酒酣에 嘆曰 君臣之義가 盡於此乎아 長史謝基가 伏而流涕러니 助防遂興侯正理起曰② 主辱臣死라하니 諸君이 獨非陳國之臣乎아 今天下有難하니 實致命之秋也라 縱其無成이라도 猶見(현)臣節이요 靑門之外는 有死不能이니 今日之機는 不可猶豫라 後應者斬③이라한대 衆咸許諾하니 乃刑牲結盟하여 遣人詐奉降書於龐暉하다 暉入이어늘 叔愼이 伏甲하여 執之以徇하고 幷其衆皆斬之하다 叔愼이 坐于射堂하여 招合士衆하니 數日之中에 得五千人이라 衡陽太守樊(번)通과 武州刺史鄔(오)居業이 皆擧兵助之④러니 隋刺史薛胄(주)가 將兵適至하여 擊之⑤하다 叔愼이 遣陳正理樊通하여 拒戰이어늘 兵敗하니 胄乘勝入城하여 擒叔愼居業하여 送秦王俊斬之하다

① 陳叔愼은 陳 宣帝 陳頊의 아들이다.
叔愼, 陳宣帝頊(욱)子.

② 沈約의 ≪宋書≫ 〈州郡志〉에 廬陵郡의 속현으로 遂興縣이 나오는데 "吳나라가 세웠을 때에는 新興이라 하였는데, 晉 武帝 太康 원년(280)에 遂興으로 이름을 고쳤다."라고 하였다. 陳正理는 陳 武帝의 從孫 陳詳의 아들로 助防官이 되어 遂興縣侯에 봉해졌다.
沈約志廬陵郡有遂興縣, 吳立曰新興, 晉武帝太康元年更名. 正理, 陳武帝從孫詳之子, 爲助

82) 靑門……일 : 秦나라 때 東陵侯를 지냈던 邵平이 진나라가 망하자 長安城 동쪽 靑門 밖에서 오이를 심어 가꾸며 은거하였던 일을 가리킨다.(≪史記≫ 〈邵平列傳〉)

防之官, 封遂興縣侯.

③ 邵平은 秦나라 東陵侯였는데, 秦나라가 망하자 평민이 되어 靑門 밖에서 오이를 심었다. 陳正理가, 陳나라가 이미 망하였는데 만약 우리가 隋나라에 항복하여 長安으로 간다면 소평처럼 靑門 밖에서 살게 될 것이니 죽을지언정 갈 수 없다고 한 것이다.

邵平爲秦東陵侯, 秦破爲布衣, 種瓜靑門外. 正理謂陳國旣亡, 若使我降隋至長安, 如邵平居於靑門之外, 有死而已, 不能往也.

④ ≪隋書≫ 〈地理志〉에 "長沙郡 衡山縣에 옛날에는 衡陽郡을 두었고, 武陵郡에 옛날에는 武州를 두었다."고 하였다. 鄔는 烏古의 切이니 姓이다.

隋志"長沙郡衡山縣, 舊置衡陽郡, 武陵郡, 舊置武州." 鄔, 烏古切, 姓也.

⑤ 薛胄는 隋나라가 제수한 湘州刺史이다.

胄, 隋所除湘州刺史.

【綱】陳나라 馮魂이 嶺南 땅을 가지고 항복하니 陳나라 땅이 모두 평정되었다.

陳馮(풍)魂以嶺南降하니 **陳地悉平**하다

【目】嶺南이 아직 歸附하기 전에 여러 郡이 高涼郡 太夫人 冼氏(선씨)를 함께 받들어 主君으로 삼았다. 隋主(隋 文帝)가 詔書를 내려 柱國 韋洸 등을 보내 嶺外 지방을 按撫하게 하였는데, 陳나라 豫章太守 徐璒이 南康을 근거지로 삼아 항거하니 위광 등이 나아가지 못하였다. 晉王 楊廣이 陳叔寶를 시켜 태부인에게 편지를 보내서 진나라가 망하였다고 타이르고 隋나라에 귀순하도록 하니, 태부인이 首領 수천 명을 모아놓고 하루 종일 통곡을 하고 나서 손자 馮魂을 보내 무리를 거느리고서 위광을 맞이하게 하였다. 위광이 서등을 공격하여 참수하니 영남 지방이 모두 평정되었다. 表文을 올려 풍혼을 儀同三司로 삼고 선씨를 宋康郡夫人으로 冊封하게 하였다.

衡州司馬 任瓌가 都督 王勇에게 嶺南을 근거지로 삼아 陳氏의 子孫을 찾아서 황제로 세우도록 권하였는데, 왕용이 받아들이지 않고 거느리고 있는 무리를 이끌고 와서 투항하니 임회가 관직을 버리고 떠났다. 이에 진나라가 모두 평정되니, 30州 100郡 400縣을 얻었다. 詔書를 내려 建康의 城邑과 宮室을 〈모두 헐어서〉 평평하게 만들고 다시 石頭城에 蔣州를 설치하게 하였다.

嶺南이 未有所附에 數郡이 共奉高涼郡太夫人冼氏爲主어늘 詔遣柱國韋洸等하여 安撫嶺外①한대 陳豫章太守徐璒이 據南康拒之하니 洸等이 不得進②이러니 晉王廣이 遣陳叔寶하여 遺夫人書하여 諭

以國亡하고 **使之歸隋**하니 **夫人**이 **集首領數千人**하여 **盡日慟哭**하고 **遣其孫馮魂**하여 **帥**(솔)**衆迎洸**하다 **洸**이 **擊斬徐璒**하니 **嶺南皆定**이어늘 **表魂爲儀同三司**하고 **冊冼氏爲宋康郡夫人**③하다 **衡州司馬任瓌勸都督王勇**하여 **據嶺南**하여 **求陳氏子孫**하여 **立以爲帝**④어늘 **勇**이 **不能用**하고 **以所部來降**하니 **瓌棄官去**하다 **於是**에 **陳國皆平**하니 **得州三十郡一百縣四百**⑤하다 **詔夷建康城邑宮室**하고 **更以石頭城置蔣州**⑥하다

① 韋洸은 韋敻의 아들이다. 洸은 古黃의 切이다.
洸, 敻(형)之子也. 洸, 古黃切.
② 璒은 음이 登이다.
璒, 音登.
③ ≪隋書≫ 〈地理志〉에 "高涼郡 杜原縣에 옛날에는 永寧郡과 宋康郡의 두 郡이 있었다."고 하였다.
隋志 "高涼郡杜原縣, 舊有永寧·宋康二郡."
④ 任瓌는 任忠의 동생이다.
瓌, 忠之弟也.
⑤ ≪隋書≫ 〈地理志〉에 따르면, 陳나라 境內에 당시 揚州·東揚州·南徐州·吳州·閩州·豐州·湘州·巴州·武州·江州·郢州·廣州·東衡州·衡州·高州·羅州·新州·瀧州·建州·成州·桂州·東寧州·靜州·南定州·越州·南合州·崖州·安州·交州·愛州의 총 30州가 있었다.
按隋志, 陳境當時有揚·東揚·南徐·吳·閩·豐·湘·巴·武·江·郢·廣·東衡·衡·高·羅·新·瀧·建·成·桂·東寧·靜·南定·越·南合·崖·安·交·愛, 凡三十州.
⑥ 〈蔣州는〉 蔣山으로 州의 이름을 붙인 것이다.
以蔣山名州也.

【綱】 여름 4월에 晉王 楊廣이 군대를 이끌고 돌아올 때에 陳叔寶를 포로로 잡아 京師에 데리고 오니 〈황제(隋 文帝)가〉 太廟에 바치고 차등을 두어 論功行賞을 하였다.

夏四月에 **晉王廣**이 **班師**에 **俘陳叔寶至京師**하니 **獻于太廟**하고 **論功行賞有差**[83)]하다

83) 夏四月……論功行賞有差 : "나라를 멸망시킨 일을 기록한 것은 많은데 '俘(포로로 잡다)'라고 쓴 적은 없었다. '俘'라고 쓴 것은 어째서인가? 포로로 잡은 자를 천하게 여겨서이다. ≪資治通鑑綱目≫이 끝날 때까지 나라를 멸망시켰을 때 '俘'라고 쓴 경우가 2번 있다.(陳叔寶와 王世充 등이다.)〔書滅國多矣 未有書俘者 書俘 何 賤獲者也 終綱目滅國書俘二(陳叔寶王世充等)〕" ≪書法≫

【目】 황제(隋 文帝)가 廣陽門의 樓臺에 앉아서 陳叔寶를 御座 앞으로 끌어내어 納言으로 하여금 詔書를 선포하여 위로하게 하고, 內史令으로 하여금 조서를 선포하여 여러 신하들이 제대로 보좌하지 못하여 〈陳나라를〉 멸망에 이르게 한 것을 책망하게 하였다. 진숙보와 그의 여러 신하들이 모두 부끄럽고 두려워 땅에 엎드려서 숨을 죽이고 아무런 대답도 하지 못하였는데, 얼마 지나지 않아 용서하였다. 魯廣達이 진나라가 멸망한 것을 돌이켜 생각하고 상심하여 병을 얻었는데 치료를 받지 않고 울분을 품고 개탄하다가 죽었다.

황제가 진숙보에게 매우 후하게 하사품을 내려주었는데 진숙보가 官號 하나를 얻기 원하였다. 그러자 황제가 "진숙보는 전혀 부끄러움이란 게 없구나."라고 하였다. 얼마 지나지 않아 陳氏의 子弟들이 많으므로 京城에서 말썽을 일으킬까 염려하여 이에 그들을 변경의 州郡에 나누어 배치하고 田地를 주어 생계를 꾸리도록 하였으며 歲時마다 의복을 내려주어 편안히 보전하게 하였다.

帝가 坐廣陽門觀①하여 引陳叔寶於前하여 使納言宣詔勞之하고 內史令宣詔하여 責以群臣不能相輔하여 乃至滅亡하니 叔寶及其群臣이 竝愧懼伏地하여 屛息不能對어늘 旣而宥之하다 魯廣達이 追傷本朝淪覆하여 得疾이어늘 不療하고 憤慨而卒하다 帝給賜叔寶甚厚한대 叔寶願得一官號하니 帝曰 叔寶全無心肝이라하더라 旣而요 以陳氏子弟多하니 恐其在京城爲非하여 乃分置邊州給田業하여 使爲生하고 歲時에 賜衣服하여 以安全之하다

① 廣陽門은 大興宮城의 正南門이다. 觀(누대)은 去聲이니, 門 위의 觀闕(宮門 앞 양쪽에 세운 樓臺)이다.
廣陽門, 大興宮城正南門也. 觀, 去聲, 門上觀闕也.

【目】 楊素를 올려 越公에 封爵하고 賀若弼을 宋公에 봉작하였다. 하약필이 韓擒虎와 더불어 황제(隋 文帝) 앞에서 공을 다투었는데, 하약필은 "신이 蔣山에서 죽기를 각오하고 싸워서 적의 精銳 군사들을 격파하고 용맹한 장수를 사로잡아 威武를 떨쳐서 마침내 陳나라를 평정하였습니다."라고 하였고, 한금호는 "신이 輕騎兵 500명을 거느리고 곧바로 金陵(建康)을 함락하여 陳叔寶를 붙잡았는데, 하약필은 저녁에야 비로소 도착하여 신이 關門을 열어 들어오게 하였으니 어찌 신과 비교가 되겠습니까."라고 하니, 황제가 말하기를 "두 장수가 모두 으뜸가는 공을 세웠다."라고 하였다.

이에 한금호를 上柱國으로 올리고 高熲을 齊公에 봉작하고서 조용히 고경에게 명하

여 하약필과 함께 陳나라를 평정한 일에 대해 논하게 하였다. 고경이 말하기를, "하약필은 먼저 10가지 계책을 진헌하고 나중에는 惡戰苦鬪하여 적을 격파하였습니다. 신은 文官일 뿐이니 어찌 감히 그와 공을 논하겠습니까."라고 하니, 황제가 크게 웃고서 그가 謙讓하는 마음이 있음을 칭찬하였다.

進楊素爵爲越公하고 賀若弼宋公①하다 弼이 與韓擒虎로 爭功於帝前이러니 弼曰 巨이 在蔣山死戰하여 破其銳卒하고 擒其驍將하여 震揚威武하여 遂平陳國이라하고 擒虎曰 臣이 以輕騎五百으로 直取金陵하여 執陳叔寶러니 弼夕方至에 臣이 啓關納之하니 安得與臣比리오 帝曰 二將이 俱爲上勳이라하고 於是에 進擒虎上柱國하고 高熲爵齊公하고 從容命熲하여 與弼論平陳事하니 熲曰 弼이 先獻十策하고 後苦戰破賊하니 臣은 文吏耳라 焉敢與之論功이리오 帝大笑하고 嘉其有讓이러라

① ≪隋書≫ 〈楊素列傳〉에 따르면, 楊素는 淸河郡公에서 郢國公으로 進封되었는데, 양소가 역적 王誼가 전에 郢에 봉해졌으므로 그와 같이 〈郢에 봉해지기를〉 원하지 않는다고 말하여 越公으로 고쳐 봉하였다.
按隋書, 楊素自淸河郡公, 進封郢(영)國公, 素言逆人王誼前封於郢, 不願與之同, 改封越公.

【目】 당초 황제(隋 文帝)가 高熲을 시켜 李德林에게 〈陳나라를 칠〉 方略을 묻게 한 적이 있었는데, 이때에 와서 그 공로를 포상하여 이덕림을 柱國에 제수하고 郡公에 봉하였다. 勅命이 선포되자 어떤 이가 고경을 설득하기를, "지금 이덕림에게 공이 돌아갔으니 여러 장수들이 반드시 분개하고 원망할 것이며 公 또한 헛걸음을 한 격이 될 것입니다."라고 하였다. 고경이 궐에 들어가서 황제에게 아뢰니, 〈황제가 이덕림의 공을 포상하는 일을〉 중지하였다.

韓擒虎・威臨突厥

賀若弼이 〈陳나라를 칠 때〉 세웠던 계책을 찬술하여 문제에게 올리면서 '御授平陳七策(황제께서 내리신 陳나라를 평정한 7가지 계책)'이라고 이름 붙였는데, 황제가 살펴보지도 않고 "나는 명예를 추구하지 않는다. 公은 의당 공의 家傳에 스스로 싣도록 하

라."라고 말하였다. 후일에 突厥의 사신이 來朝하였는데, 황제가 이르기를 "그대는 江南에 진나라가 있다는 말을 들어보았는가?"라고 하고, 이어 좌우의 신하들에게 명하여 돌궐의 사신을 이끌어 韓擒虎 앞으로 나아가게 하고서 말하기를 "이 사람이 진나라의 天子를 붙잡은 자이다."라고 하였다. 한금호가 준엄한 표정으로 돌아보니 돌궐 사신이 두려워서 감히 올려다보지 못하였다.

龐晃 등이 고경을 헐뜯으니 황제가 노하여 방황 등을 모두 내쫓고 〈고경을〉 더욱 가까이 신임하고 예우하였다. 이어서 고경에게 말하기를 "公은 거울과 같다. 매번 갈고 닦을 때마다 더욱 밝게 비춘다."라고 하였다.

初에 上이 嘗使熲으로 問方略於李德林이러니 至是에 賞其功하여 授柱國封郡公하니 已宣勅에 或說(세)熲曰 今歸功德林하니 諸將이 必當憤惋而公亦爲虛行矣라 熲이 入言之한대 乃止하다 賀若弼이 撰其所畫(획)策하여 上之하고 謂之御授平陳七策이라하니 帝弗省曰 我不求名이라 公宜自載家傳[①]이라하다 後에 突厥이 來朝어늘 帝謂之曰 汝聞江南에 有陳國乎아하고 因命左右하여 引突厥하여 詣韓擒虎前曰 此是執得陳國天子者라하니 擒虎가 厲色顧之한대 突厥이 惶恐不敢仰視러라 龐晃(방황)等이 短高熲하니 帝怒하여 皆黜之하고 親禮逾密하고 因謂熲曰 公猶鏡也라 每被磨瑩에 皎然益明[②]이라하더라

① ≪北史≫〈賀若弼傳〉에 "七策은 다음과 같다. '첫째, 廣陵에 군사 1만 명을 주둔시키기를 청하여 번갈아가며 교대하여 오고가게 하였습니다. 陳나라 사람들이 처음 보고서는 방비를 하였다가 나중에는 일상적인 일이라 여겨서 대군이 남하하여 공격할 때에는 더 이상 의심하지 않게 되었습니다. 둘째, 군사들을 시켜 강을 따라 때때로 사냥을 해서 사람과 말이 떠들썩하게 하여 우리 군사가 강에 접근할 때 진나라 사람들이 사냥을 한다고 여기게 하였습니다. 셋째, 늙은 말들을 가지고 진나라 배들을 많이 사서 숨겨두고 낡은 배 5, 60척을 사서 河溝 안쪽에 정박해두게 하니 진나라 사람들이 이를 엿보고서 內國(隋나라)에 쓸 만한 배가 없다고 여겼습니다. 넷째, 揚子津에 갈대와 억새를 쌓아두었는데 그 높이가 艦船을 가릴 정도였습니다. 대군이 長江을 건너려 할 때에 갑작스레 하구를 통해 장강에 들어갔습니다. 다섯째, 戰船을 황색으로 칠하였는데, 마른 억새와 같은 색이므로 진나라 사람들이 미리 알아차리지 못하였습니다. 여섯째, 京口의 창고에 비축된 물자를 먼저 탈취하고 白土岡을 빠르게 점거한 다음 군대를 死地에 배치하였기 때문에 한번 싸워서 승리하였습니다. 일곱째, 신이 勅命을 받들어 義로써 군대를 일으켰고 경구를 평정하고 난 뒤에는 사로잡은 5천여 인에게 모두 식량을 지급하고 위로하여 보내면서 勅書를 주어 길을 달리하여 宣諭하도록 명하였습니다. 이 때문에 대군이 강을 건너자 풀이 바람에 쓰러지듯이 진나라 군사들이 항복하여 17일 사이에 남쪽으로는 林邑, 동쪽으로는 滄海, 서쪽으로는 象林에 이르기까

지 모두 평정되었습니다.'"라고 하였다. 傳(기록)은 直戀의 切이다.

賀若弼傳"七策, 其一, 請廣陵頓兵一萬, 番代往來, 陳人初見設備, 後以爲常, 及大兵南伐, 不復疑也. 其二, 使兵緣江時獵, 人馬喧噪, 及兵臨江, 陳人以爲獵也. 其三, 以老馬多買陳船而匿之, 買弊船五六十艘(소)於瀆內, 陳人覘以爲內國無船. 其四, 積葦荻於(楊)〔揚〕[84]子津, 其高蔽艦, 及大兵將度, 乃卒通瀆於江. 其五, 塗戰船以黃, 與枯荻同色, 故陳人不預覺之. 其六, 先取京口倉儲, 速據白土岡, 置兵死地, 故一戰而剋. 其七, 臣奉勅, 兵以義擧, 及平京口, 俘五千餘人, 便悉給糧勞遣, 付其勅書, 命別道宣喩. 是以大兵度江, 莫不草偃, 十七日之間, 南至林邑, 東至滄海, 西至象林, 皆悉平定." 傳, 直戀切.

② 瑩은 닦음〔飾〕이다.
瑩, 飾也.

【綱】옛 陳나라 영토에 10년간 賦役을 면제해주고, 나머지 州는 1년간 면제해주었다.

復(복)**故陳境十年**[85]하고 **餘州一年**①하다

① 復은 役을 부과하지 않는 것이다.
復, 不賦役也.

【綱】陳나라 孔範 등을 변방으로 쫓아버렸다.

◑**投陳孔範等於邊裔**[86]하다

【目】晉王 楊廣이 陳나라의 5명의 간신들을 誅戮할 때에 孔範·王瑳·王儀·沈瓘의 죄를 알지 못하였기 때문에 〈이들이 처벌을〉 면할 수 있었는데, 이때에 와서 비로소 그 죄악이 드러나자 그들을 변방으로 쫓아버림으로써 吳越 지역 백성들의 여망에 보답하였다. 왕차는 시기하고 각박하며 탐욕스럽고 비루하며, 왕의는 교활하고 능글맞으며 간사하

---

84) (楊)〔揚〕: 저본에는 '楊'으로 되어 있으나, ≪北史≫ 〈賀若弼傳〉에 의거하여 '揚'으로 바로잡았다.
85) 復故陳境十年 : 나라를 멸망시키고 백성을 위로하는 것은 善政이다. 일찍이 魏나라가 益州를 收復하고 5년간 租稅를 절반으로 감면해 주었다고 썼는데(蜀漢 後主(劉禪) 炎興 원년(263)이다.), 여기에 다시 보인다. ≪資治通鑑綱目≫이 끝날 때까지 나라를 멸하였을 때 그 백성들에게 조세를 면제해 주었다고 쓴 것이 2번인데, 이때보다 후한 적은 없었다.〔滅國弔民 善政也 嘗書魏復益州 半租五年矣 (漢後主炎興元年) 於是再見 終綱目滅國書復其民二 未有厚於此者也〕" ≪書法≫
86) 投陳孔範等於邊裔 : "5명의 간신은 이미 주살되었는데 孔範 등은 법망을 빠져나갔다. 지금 그들의 죄를 알고 나서도 여전히 변방으로 쫓아버리는데 그쳤으니, 이를 책에 쓴 것은 형벌이 공정함을 잃은 것을 비판한 것이다.〔五佞旣誅 而範等漏網 今旣知其罪矣 乃止投於邊裔 書之于冊 譏失刑也〕" ≪發明≫

고 아첨하며, 심관은 음험하고 잔혹하며 사악하고 아첨을 잘하였다. 그래서 같은 죄로 다스린 것이다.

晉王廣之戮陳五佞也에 未知孔範・王瑳・王儀・沈瓘之罪라 故得免①이러니 至是에 始暴其惡하니 投之邊裔하여 以謝吳越之人②이라 瑳忌刻貪鄙하고 儀傾巧側媚하고 瓘險酷邪諂이라 故同罪焉하니라

① 五佞은 施文慶, 沈客卿, 陽慧朗, 徐析, 暨慧景을 말한다.
五佞, 謂施文慶・沈客卿・陽慧朗・徐析・暨慧景.
② 投는 버리는 것(벼슬을 강등시켜 멀리 보냄)이다.
投, 棄也.

【綱】 陳나라 江總과 袁憲 등을 開府儀同三司로 삼았다.

以陳江總袁憲等으로 爲開府儀同三司[87)]하다

【目】 江總, 袁憲, 蕭摩訶, 任忠을 開府儀同三司로 삼았다. 황제(隋 文帝)가 원헌의 高雅한 節操를 가상히 여겨 詔書를 내려 江南에서 으뜸이라고 하였고, 陳나라 散騎常侍 袁元友가 여러 번 直言을 하였다고 하여 발탁하여 主爵侍郎에 제수하였다. 여러 신하들에게 이르기를 "진나라를 평정한 초기에 任蠻奴[88)]를 죽이지 않은 것을 내가 후회하였다. 남의 영예로운 俸祿을 받고 아울러 막중한 임무를 맡아서 싸우다 죽어 나라를 위해 목숨을 바치지는 못하고 도리어 '힘을 쓸 길이 없습니다.'라고 하였으니, 弘演이 〈자신의 배를 갈라 군주의〉 肝을 집어넣었던 일과 어쩌면 그리도 큰 차이가 난단 말인가."라고 하였다.

周羅睺를 만나 위로하고 富貴를 허락하니 주나후가 눈물을 흘리며 대답하기를 "신이 陳氏의 두터운 은혜를 입었는데 나라가 멸망할 때에 후세에 기록될 만한 절개를 보이지 못하였습니다. 죽음을 면할 수 있었던 것은 폐하의 은혜인데, 어찌 감히 부귀를 바라겠습니

87) 以陳江總袁憲等 爲開府儀同三司 : "孔範과 江總은 모두 陳 後主의 狎客으로 모두 陳나라를 망하게 한 자들인데, 한 명(공범)은 형벌을 주고 한 명(강총)은 상을 주었으니 이를 일러 뭐라고 하겠는가. ≪資治通鑑綱目≫에서 이들을 나란히 기록하였으니 得失을 알 수 있다.〔孔江皆狎客也 皆亡陳者也 一刑一賞 謂之何哉 綱目比而書之 得失見矣〕" ≪書法≫
"강총은 狎客으로 袁憲이나 忠正에 비할 바가 결코 아닌데 그들과 함께 나란히 임명하였으니 도리에 맞지 않는 것이다. 사실에 근거해서 그대로 기록하였으니 의리가 저절로 드러난다.〔江總狎客甚非袁憲忠正之比 而乃與之竝命 則非其倫矣 據事直書 而義自見〕" ≪發明≫
88) 任蠻奴 : 任忠을 말한다. 蠻奴는 남방 사람을 낮잡아 부르는 말이다.

까."라고 하였다. 賀若弼이 주나후에게 이르기를 "公이 郢・漢 지역에서 군대를 지휘하고 있다는 말을 듣고 揚州를 얻을 수 있으리라는 것을 바로 알았습니다."라고 하니, 주나후가 말하기를 "만약 公과 交戰을 벌였다면 승패를 장담할 수 없을 것입니다."라고 하였다.

以江總袁憲蕭摩訶任忠으로 爲開府儀同三司하다 帝嘉袁憲雅操하여 下詔以爲江表稱首라하고 又以陳散騎常侍袁元友가 數直言이라하여 擢拜主爵侍郎①하고 謂群臣曰 平陳之初에 我悔不殺任蠻奴하니 受人榮祿하고 兼當重寄하여 不能橫屍徇國하고 乃云無所用力이라하니 與弘演納肝으로 何其遠也②오 見周羅睺하여 慰諭之하고 許以富貴하니 羅睺泣對曰 臣荷陳氏厚遇어늘 本朝淪亡에 無節可紀하니 得免於死는 陛下之賜也라 何富貴之敢望이리오 賀若弼이 謂羅睺曰 聞公郢(영)漢捉兵하고 卽知揚州可得③이라하니 羅睺曰 若得與公周旋이면 勝負를 未可知也라하다

① ≪隋書≫ 〈百官志〉에, 主爵侍郎은 吏部尙書에 속해 있다.
隋志, 主爵侍郎, 屬吏部尙書

② '弘演納肝'은 다음과 같은 故事이다. 春秋時代에 狄人이 衛나라를 공격하자 衛 懿公이 군대를 일으키려 하였는데, 〈의공이 평소에 鶴만 좋아하고 백성을 학대하였으므로〉 군사들이 더러 배반하였다. 狄人이 마침내 의공을 죽여 그 살을 다 먹고 肝만 남겨놓았는데, 弘演이 사신으로 나갔다가 돌아와서 哭을 하여 극진히 애도하고 나서 곡을 그치고 말하기를 "신이 청컨대 겉싸개가 되겠습니다."라고 하고, 이에 스스로 〈배를 갈라〉 자신의 간을 꺼내고 의공의 간을 자신의 뱃속에 넣었다. 晉 安帝 隆安 원년(397)에 상세히 보인다.
弘演納肝, 春秋狄伐衛, 衛懿公欲發兵, 兵或畔, 遂殺懿公, 盡食其肉, 獨舍其肝. 弘演使而還, 哭盡哀而止曰 "臣請爲(儤)〔襮〕[89]." 乃自出其肝, 納公之肝焉. 詳見晉安帝隆安元年

③ 捉은 잡음이다.
捉, 把也.

【目】 陳나라를 정벌한 전쟁에 진나라의 투항한 장수 羊翔을 길잡이로 삼았는데, 양상의 官位가 上開府儀同三司에 이르러 班列이 周羅睺보다 위에 있었다. 韓擒虎가 희롱하여 말하기를 "임기응변할 줄 몰라 오히려 양상의 아래에 서게 되었습니다."라고 하였는데, 주나후가 "일찍이 公을 천하의 節義 있는 선비라고 생각하였는데, 오늘 하신 말씀은 기대하던 바가 아닙니다."라고 하니 한금호가 부끄러워하는 기색을 보였다.

과거에 진나라 散騎常侍 韋鼎이 北周에 聘問하였는데, 황제(隋 文帝)를 만나보고 남다르게 여겨 "公은 반드시 크게 귀해질 것이니 공이 귀해지면 천하가 一家가 될 것입니다.

89) (儤)〔襮〕: 저본에는 '儤'로 되어 있으나, ≪呂氏春秋≫, ≪御批歷代通鑑輯覽≫, ≪儀禮經傳通解≫ 등에 의거하여 '襮'로 바로잡았다.

歲星이 天體를 一周하는 12년 뒤에 이 늙은이는 公에게 몸을 의탁해야 할 것입니다."라고 하였다. 그러고는 진나라로 돌아가서 전답과 집을 다 팔아버리자 어떤 이가 그 이유를 물었는데, 위정이 말하기를 "江東의 제왕의 기운은 여기에서 다하였다."라고 하였다. 이때에 와서 황제가 그를 불러 上儀同三司로 삼았다.

伐陳之役에 以陳降將羊翔으로 爲鄕導러니 位至上開府儀同三司하여 班在羅睺上이라 韓擒虎戲之曰 不知機變하여 乃立羊翔之下라하여늘 羅睺曰 昔嘗謂公天下節士러니 今日之言은 非所望也라하니 擒虎有愧色이러라 初에 陳散騎常侍韋鼎이 聘于周[①]러니 遇帝而異之하여 謂曰 公當大貴니 貴則天下一家러니 歲一周天에 老夫當委質(지)于公矣[②]라하고 及歸에 盡賣田宅하니 或問其故한대 鼎曰 江東王氣盡於此矣라하더라 至是하여 召爲上儀同三司하다

① 韋鼎은 韋叡의 손자이다.
鼎, 叡之孫也.
② 歲星은 木星이니, 12년에 天體를 한 바퀴 돈다.
歲星, 木星也, 十二年一周天.

【綱】 詔書를 내려 병장기를 부수어 없애도록 하였다.

詔除毁兵仗[90)]하다

【目】 詔書를 내리기를, "지금 온 천하가 통일되었고 만물이 타고난 본성대로 살고 있으니, 皇宮을 보위하는 禁衛軍과 변방을 수비하는 鎭守軍을 제외하고 군대와 무기의 사용을 모두 정지하여 없앨 것이다. 군인의 자식은 모두 經書를 배우도록 하고 민간의 갑옷과 병장기는 모두 부수어 없애도록 하라."라고 하였다.

詔曰 今率土大同하고 含生遂性하니 禁衛之餘와 鎭守之外에 戎旅軍器를 皆宜停罷라 武力之子는 俱可學經이요 民間甲仗은 悉皆除毁라하다

---

90) 詔除毁兵仗 : "秦나라 때 '兵器를 녹였다.'라고 쓴 것(秦 始皇 26년(B.C. 221))은 그 마음 씀이 사사로운 것을 나무란 것이다. 여기에서 다시 '병장기를 부수어 없애도록 하였다.'라고 썼으니 秦나라와 隋나라가 같은 길을 간 것이다. 이 뒤에 또 '천하의 兵器를 거두었다.'라고 쓰고(開皇 15년(595)) '민간의 軍器를 금지하였다.'라고 썼는데(隋 煬帝 大業 5년(609)), 쇠스랑과 쇠갈퀴 종류를 모두 금지하기까지 하였으니 隋 文帝가 더욱 심했다.〔秦書銷兵器(始皇二十六年) 譏私也 於是復書除毁兵仗 秦隋一轍矣 是後又書收天下兵器(開皇十五年) 書禁民間軍器(煬帝大業五年) 至於鐵叉搭鉤之類皆禁之 隋文又甚矣〕" ≪書法≫

【綱】樂安公 元諧를 죽였다.

殺樂安公元諧[91)]하다

【目】元諧는 성품이 호방하고 의협심이 강하며 기개가 있고 남을 배척하고 헐뜯기를 좋아하여 황제(隋 文帝)의 近臣들의 비위를 맞추지 못하였다. 上柱國 王誼와 사이가 좋았는데, 왕의가 주살당하고 나서 어떤 이가 원해가 반역을 도모하고 있다고 고하니 法官에게 넘겨져 신문을 받고 처형되었다.

諧性豪俠하고 **有氣調好排詆**하여 **不能取媚左右**라 **與王誼善**이러니 **誼誅**에 **或告諧謀反**하니 **案驗伏誅**①하다

① '氣調'는 氣概와 風格이다.
氣調, 氣概風調也.

【綱】윤4월에 蘇威를 僕射로 삼고 楊素를 納言으로 삼았다.

閏月에 **以蘇威爲僕射**하고 **楊素爲納言**하다

【綱】가을 7월에 여러 신하들이 封禪을 거행할 것을 청하였는데, 허락하지 않았다.

◐**秋七月**에 **群臣**이 **請封禪**한대 **不許**[92)]하다

91) 殺樂安公元諧 : "'어떤 이가 元諧가 반역을 〈도모하고 있다고〉 고하였다.'라고 쓰지 않고 '〈원해를〉 죽였다.'라고 썼으니 《資治通鑑綱目》이 이 獄事에 대해 판단을 내린 것이다.〔或告諧反不書 書殺綱目有以斷斯獄矣〕" 《書法》

92) 群臣……不許 : "漢 世祖(光武帝) 말년에 여러 신하들이 封禪을 거행할 것을 청하였는데 허락하지 않은 일은 기록하지 않았는데(광무제 建武 30년(54)) 여기서는 어째서 기록한 것인가? 끝내 봉선을 거행하지 않았기 때문이니, 貞觀 6년(632)에는 허락하지 않았다가 11년(637)에는 詔書를 내려 封禪의 禮를 논의하도록 한 것과는 다르다.(唐 太宗 정관 11년)〔漢世祖末年 群臣請封禪 不許 不書(光武建武三十年) 此何以書 卒不封禪也 與六年不許 而十一年詔議封禪禮者異矣(唐太宗貞觀十一年)〕" 《書法》

"아첨하는 것이 풍조를 이룬 것은 이미 하루 이틀의 일이 아니지만, 이해(589)에 비로소 陳나라를 평정하여 전쟁의 상처가 아직 아물지도 않았는데 여러 신하들이 이미 封禪을 거행할 것을 청하였다. 온 조정에 어찌 올바른 의론을 펼치는 사람이 한 사람도 없었겠는가마는 결국은 역시 바람에 휩쓸리듯이 따라간 것이다. 隋 文帝가 허락하지 않았으니 이는 또한 훌륭한 일이다. 사실을 있는 그대로 기록한 것은 그 군주를 인정하고 그 신하들을 폄하한 것이다.〔諛佞成風 已非一日 是歲甫平陳國 瘡痍未瘳 而群臣已請封禪 擧朝豈無一人正議 要亦從風而靡 隋文不許 此亦盛德之事 直筆書之 所以予其君而貶其臣也〕" 《發明》

【綱】 8월에 王雄을 司空으로 삼았다.

◑ 八月에 以王雄爲司空하다

【目】 左衛大將軍 王雄이 특별히 존귀한 지위에 있으면서 두터운 총애를 받았으나 관대하게 포용하여 선비들에게 자신을 낮추니 朝野가 모두 그에게 마음이 기울어 흠모하였다. 황제(隋 文帝)가 암암리에 이를 시기하여 왕웅을 司空으로 삼았으니 실제로는 그에게서 권력을 빼앗은 것이었다. 왕웅이 이에 문을 닫아걸고 賓客들과 왕래하지 않았다.

左衛大將軍王雄이 貴寵特盛이로되 寬容下士하니 朝野傾屬(촉)이라 帝陰忌之하여 以雄爲司空하니 實奪之權이라 雄이 乃杜門不通賓客①하다

① 王雄은 ≪資治通鑑≫에는 廣平王 雄으로 되어 있다. 왕웅의 初名은 惠이니 高祖의 족형제의 아들이다. ≪隋書≫〈高祖帝紀〉開皇 원년에 "邗國公 楊雄을 봉하여 광평왕으로 삼았다."라고 하였다.
王雄, 通鑑作廣平王雄, 王初名惠, 高祖族子也. 帝紀開皇元年 "封邗(한)國公楊雄爲廣平王."

【綱】 겨울 12월에 詔書를 내려 雅樂을 정하였다.

冬十二月에 詔定雅樂하다

【目】 황제(隋 文帝) 즉위 초에 柱國 鄭譯이 雅樂을 바로잡을 것을 청하니, 太常卿 牛弘, 國子祭酒 辛彦之, 博士 何妥 등에게 詔書를 내려 논의하게 하였는데 여러 해가 지나도록 결정을 하지 못하였다. 정역이 말하기를 "古樂의 十二律은 서로 돌아가며 宮音이 되고,[93] 각 音調가 〈宮·商·角·徵·羽·變宮·變徵의〉 七聲을 사용하니, 세상에 이를 이해하는 사람이 없다."라고 하였다. 정역이 비파를 잘 타는 龜玆(지금의 新疆省 위구르자

93) 古樂의……되고 : ≪禮記≫〈禮運〉에 "五聲, 六律, 十二管이 돌아가며 서로 宮이 된다.〔五聲六律十二管 旋相爲宮也〕"라고 한 데서 유래한 旋宮法을 말하는 것으로 秦漢 시대 이전의 諧音 법칙이다. 十二律을 宮, 商, 角, 徵, 羽, 變宮, 變徵의 七音에 배합해서 律마다 골고루 宮聲을 내게 하여 수많은 곡조를 이루게 하였다. 십이율은 陽聲인 六律과 陰聲인 六呂를 합하여 부르는 말로, 육률은 黃鐘·大蔟(태주)·姑洗·蕤賓(유빈)·夷則(이칙)·無射(무역)의 여섯 음이고, 육려는 大呂·夾鐘·仲呂·林鐘·南呂·應鐘의 여섯 음이다. 한 옥타브(8도 음정)를 열두 음으로 나누고 각 음 사이의 음정을 반음 곧 一律로 쳐서 저음에서부터 차례로 황종·대려·태주·협종·고선·중려·유빈·임종·이칙·남려·무역·응종의 순서로 십이율이 된다.

치구 쿠차현) 사람 蘇祗婆를 통하여 비로소 〈音調와 樂律의〉 법칙을 터득하고, 이를 미루어 넓혀 十二均(운)[94]과 八十四調[95]를 만들어서 그것을 가지고 太樂署에서 연주하는 음악과 비교해보니 대부분 서로 어긋났다. 또 七音 외에 다시 一聲을 만들어 이를 應聲이라 하고, 邳公(蘇威)의 世子 蘇夔와 함께 기장〔黍〕 낟알을 포개어 쌓아 律管의 길이를 측정하는 방법을 논의하여 音律을 정하였다.[96]

帝踐阼(조)之初에 柱國鄭譯이 請修正雅樂하니 詔太常卿牛弘과 國子祭酒辛彦之와 博士何妥等하여 議之한대 積年不決이러니 譯言 古樂十二律이 旋相爲宮하고 各用七聲하니 世莫能通이라하더니 譯因龜茲人蘇祇婆善琵琶하여 始得其法하고 推演爲十二均(운)八十四調하여 以校太樂所奏하니 例皆乖越하다 又於七音之外에 更立一聲하여 謂之應聲이라하고 與邳公世子蘇夔(기)로 議累黍定律①하다

① 均(운)[97]은 樂器(鍾의 운율을 조율하는 나무)이니, 길이 7尺으로 만들어 끈으로 묶어서 종소리를 고르게 한다. ≪國語≫ 韋昭의 注에 "十二律이 節氣에 고르게 분포되어 있기 때문에 六律과 六均이 있는 것이다."라고 하였다. ≪隋書≫ 〈音樂志〉에 다음과 같이 말하였다. "鄭譯이 말하기를 '樂府에 있는 鍾과 磬石의 律呂를 고찰해보니 모두 宮·商·角·徵·羽·變宮·變徵의 명칭이 있는데, 이 七聲 중에서 三聲이 조화를 이루지 못하여 항상 그 이유를 탐구하였으나 끝내 깨닫지 못하였다. 이보다 앞서 北周 武帝 때에 龜茲 사람 蘇祇婆가 突厥 출신 皇后를 따라 중국에 들어왔는데, 胡琵琶를 잘 탔다. 그가 연주하는 것을 들으니 一均의 가운데에 번갈아 七聲이 있기에, 그에게 물으니 그 音調에 일곱 가지 종류가 있었다. 그 七調를 중국의 七聲과 비교하여 보니 符節을 합한 듯이 딱 들어맞았다. 첫 번째는 娑陁力으로 중국어로 「낮고 순평한 소리〔平聲〕」라는 뜻이니 바로 宮聲이다. 두 번 째는 雞識으로 중국어로 「긴 소리〔長聲〕」라는 뜻이니 바로 南呂聲이다. 세 번째는 沙識으로 중국어로 「질박한 소리〔質直聲〕」라는 뜻이니 바로 角聲이다. 네 번째는 沙侯加濫으로 중국어로 「共鳴하는 소리〔應聲〕」라는 뜻이니 바로 變徵聲이다. 다섯 번째는 沙臘으로 중국어로 「조화롭게 어울

94) 十二均(운) : 十二律 중 한 율을 宮音의 음자리 기준으로 세우고 다른 율들을 이에 근거하여 변화하게 하는 것을 말한다.

95) 八十四調 : 宮調 이론에서 十二律로 돌려가며 宮을 삼아 十二均을 구성하고, 매 均마다 모두 일곱 가지 調式을 만드는 것을 말한다.

96) 기장〔黍〕……정하였다 : 기장 낟알을 대나무로 만든 律管에 포개어 쌓았을 때의 길이를 정하여 音을 확정하는 것을 말한다. 十二律의 기본 음계인 黃鍾의 경우는 기장 낟알 1,200개가 들어가는 黃鍾管을 사용하여 音을 정하였다.

97) 均(운) : 鍾에 운을 고르게 하는 나무. 調律器. 韋昭는 "均은 종에 운을 고르게 하는 나무이다. 길이가 7척이고, 줄을 매달아서 종을 고르게 하는 것인데, 종의 대소와 淸濁을 헤아리는 것이다. 漢나라의 太予 악관이 가지고 있었다."라고 하였다. 이에 대하여 均을 '音階'로 풀이한 견해도 있다.(≪國語讀本≫)

리는 소리〔應和聲〕」라는 뜻이니 바로 徵聲이다. 여섯 번째는 般贍으로 중국어로 「다섯 가지 소리〔五聲〕」라는 뜻이니 바로 羽聲이다. 일곱 번째는 俟利箑으로 중국어로 「두려워 떠는 소의 울음소리〔斛牛聲〕」라는 뜻이니 바로 變宮聲이다.'라고 하였다.

정역이 이에 이를 익혀서 연주하여 비로소 七聲의 正音을 얻었다. 그러나 그 七調로부터 다시 五旦이라는 명칭이 나오는데 각 旦이 각기 七調가 된다. 중국어로 번역하면 旦은 '고르다〔均〕'라는 말이다. 그 소리는 역시 黃鍾·太簇·林鍾·南呂·姑洗의 五均에 호응하며 그 외에 七律에는 다시 調와 聲이 없다. 정역이 마침내 가지고 있는 비파를 이용해 絃과 기러기발이 서로 맞물리는 것을 均으로 삼고 그 소리를 미루어 확장하여 다시 七均을 확립하고 〈五均과 七均을〉 합하여 十二均을 이루어 十二律에 호응하게 하였다. 각 律에는 七音이 있고 音마다 一調를 확립하였으므로 七調 十二律을 이루고 합하여 84調가 되니, 돌아가며 서로 교합하여 모두 조화로운 소리를 냈다.

이에 그 소리를 가지고 태악서에서 연주하는 음악을 대조하여 검토해보니, 林鍾의 宮音은 林鍾으로 宮音을 삼아야 하는 것인데 도리어 黃鍾으로 宮音을 삼고, 南呂로 商音을 삼아야 하는 것인데 도리어 太簇로 商音을 삼고, 應鍾으로 角音을 삼아야 하는데 도리어 姑洗을 취하여 角音으로 삼기 때문에 林鍾 一宮의 七聲 중에서 三聲이 모두 어긋나게 된 것이다. 그 외의 十一宮의 77音도 모두 어긋나서 통하는 것이 없었다. 또 編鐘과 懸磬 8개를 가지고 八音의 음악을 만들었다. 七音 외에 다시 一聲을 확립한 것이니 이를 應聲이라고 하였다."라고 하였다.

均(운), 樂器制長七尺, 繫之以〔絲, 以均鍾音. 韋昭曰 "十二律均布〕[98]節氣, 故有六律六均." 隋志 "譯云 '考尋樂府鍾石律呂, 皆有宮·商·角·徵(치)·羽·變宮·變徵之名. 七聲之內, 三聲乖應, 每恒求訪, 終莫能通. 先是周武帝時, 有龜玆人蘇祗婆, 從突厥皇后入國, 善胡琵琶. 聽其所奏, 一均之中, 間有七聲. 因而問之, 調有七種, 以其七調, 勘校七聲, 冥若合符, 一曰娑陁力, 華言平聲, 卽宮聲也. 二曰雞識, 華言長聲, 卽南呂聲也. 三曰沙識, 華言質直聲, 卽角聲也. 四曰沙侯加濫, 華言應聲, 卽變徵聲也. 五曰沙臘, 華言應和聲, 卽徵聲也. 六曰般贍, 華言五聲, 卽羽聲也. 七曰俟利箑, 華言斛牛聲, 卽變宮聲也.' 譯因習而彈之, 始得七聲之正. 然其就此七調, 又有五旦之名, 旦作七調. 以華言譯之, 旦者則謂均也. 其聲亦應黃鍾·太簇(주)·林鍾·〔南呂〕[99]·姑洗五均, 已外七律, 更無調聲. 譯遂因其所捻琵琶, 絃柱相飮爲均, 推演其聲, 更立七均, 合成十二, 以應十二律. 律有七音, 音立一調, 故成七調十二律, 合八十四調, 旋轉相交, 盡皆和合. 仍以其聲考校太樂所奏, 林鍾之宮, 應用林鍾爲宮, 乃用黃鍾爲宮, 應用南呂爲商, 乃用太簇爲商, 應用應鍾爲角, 乃取姑洗爲角. 故林鍾一宮七聲, 三聲竝戾. 其十一宮七十七音, 例皆乖越, 莫有通者. 又以編懸有八, 因作八音之樂. 七音之外, 更立一聲, 謂之應聲."

98) 〔絲……十二律均布〕: 저본에는 '絲 以均鍾音 韋昭曰 十二律均布'가 없으나, ≪御批資治通鑑綱目≫의 ≪集覽≫에 의거하여 보충하였다.
99) 〔南呂〕: 저본에는 '南呂'가 없으나, ≪隋書≫ 〈音樂志〉에 의거하여 보충하였다.

【目】 당시 사람들은 音律을 오랫동안 제대로 이해하는 사람이 없었으므로 鄭譯이나 蘇夔가 하루아침에 정할 수 있는 것이 아니라고 생각하였다. 황제(隋 文帝)는 본래 학문을 좋아하지 않았고 牛弘은 음률에 정통하지 못하였으며 何妥는 〈정역 등에게〉 미치지 못하는 것을 스스로 부끄러워하여 항상 그 일을 저지하고 망치고자 하여 이에 의론을 제기하여 비난하였다. 어떤 이가 각자 음악을 만들게 하여 그중에서 좋은 것을 고르게 하려고 하였는데, 하타가 또 음악이 완성되면 좋고 나쁨이 쉽게 드러날 것을 염려하여 이에 음악을 연주하게 하여 시험해보기를 청하고 먼저 황제에게 아뢰기를 "黃鍾은 人君의 덕을 상징합니다."라고 하였다. 황종의 樂調를 연주하자 황제가 말하기를 "도도하게 막힘이 없으며 온화하고 우아하여 내 마음과 부합한다."라고 하였다. 하타가 이에 黃鍾 한 宮의 음률만 사용하고 나머지 음률은 쓰지 말 것을 청하니 황제가 기꺼이 따랐다.

당시에 또 樂工 萬寶常이 있었는데 鍾律에 정통하였다. 황제가 그를 불러서 〈정역 등이 연주한 黃鍾의 樂調에 대해〉 물었는데, 만보상이 말하기를 "이는 나라를 망하게 하는 음악입니다."라고 하니 황제가 좋아하지 않았다. 만보상이 水尺[100]으로 律呂를 정하기를 청하였는데 황제가 허락하였다. 만보상이 여러 악기를 제조하였는데 그 소리가 대체로 정역이 정한 樂調보다 2律이 낮아서 그 소리가 高雅하고 담백하니, 당시 사람들이 좋아하지 않았다. 소기가 만보상을 더욱 시기하였는데, 소기의 아버지 蘇威가 당시 권력을 쥐고 있었으므로 음악에 대해 의론하는 자들이 모두 소기에게 붙으니 만보상의 음악이 끝내 폐기되어 시행되지 않았다.

時人이 以音律久無通者하니 非譯夔一朝可定이라 帝素不悅學而牛弘不精音律하고 何妥自恥不逮하여 常欲沮壞其事하여 乃立議非之라 或欲令各造樂而擇其善者하니 妥又恐樂成에 善惡易見(이현)하여 乃請張樂試之하고 先白帝云 黃鍾은 象人君之德이라하더니 及奏黃鍾之調에 帝曰 滔滔和雅하여 與我心會라하니 妥因奏止用黃鍾一宮하고 不假餘律하니 上이 悅從之러니 時에 又有樂工萬寶常이 妙達鍾律①이라 上이 召問之한대 寶常曰 此는 亡國之音也니이다하니 上이 不悅이어늘 寶常이 請以水尺爲律한대 上이 從之하다 寶常이 造諸樂器한대 其聲率下譯調二律하여 其聲雅淡하니 不爲時人所好라 蘇夔尤忌之한대 夔父威가 方用事하니 凡言樂者가 皆附之하니 寶常樂이 竟寢不行하다

① 萬은 姓이다.
萬, 姓也.

100) 水尺 : 五音의 律呂를 조절하는 기구를 말한다.

【目】陳나라를 평정하고서 宋나라, 齊나라의 樂器와 樂工을 얻으니 황제(隋 文帝)가 조정에서 연주하게 하고 찬탄하여 말하기를 "이것이 중국의 순정한 음악이로구나."라고 하고 五音을 조율하여 五夏, 二舞, 登歌, 房內 등 14개의 樂調를 만들어서 賓禮와 祭祀에 사용하게 하고, 太常寺에 淸商署를 설치하여 이를 관장하게 하였다. 이때에 와서 牛弘이 또 아뢰기를, "중국의 옛 음악이 江東 지방에 많이 남아 있는데 지금 梁나라와 陳나라의 옛 음악을 얻었으니 정리하고 모아서 雅樂을 整備하게 하고, 後魏(北魏)와 後周(北周)의 음악은 변방의 소리가 섞여 있으니 모두 사용을 중지하게 하소서."라고 하였다. 이에 우홍에게 詔書를 내려 許善心, 姚察, 虞世基와 더불어 아악을 참작하여 정하게 하였다.

及平陳에 獲宋齊樂器工人하니 上이 廷奏之하고 歎曰 此는 華夏正聲也①라하고 乃調五音하여 爲五夏二舞登歌房內等十四調하여 賓祭에 用之하고 太常에 置淸商署하여 以掌之②러니 至是에 牛弘이 又奏中國舊音이 多在江左어늘 今得梁陳舊樂하니 請加修緝하여 以備雅樂하고 其後魏後周之樂은 雜有邊裔之聲하니 請悉停之③라한대 乃詔弘하여 與許善心姚察及虞世基로 參定④하다

① '上廷奏之'는 ≪資治通鑑≫에 '帝令廷奏之(황제가 조정에서 연주하도록 시켰다.)'로 되어 있다. 上廷奏之, 通鑑作帝令廷奏之.

② 五夏는 昭夏, 皇夏, 諴夏, 需夏, 肆夏이고, 二舞는 文舞와 武舞이다. 登歌는 堂 위에 올라가서 노래 부르는 것으로 〈노래 부르는 자는 위에 있고〉 박이나 대나무로 만든 악기는 堂 아래에 있으니 사람의 소리를 귀하게 여긴 것이다. 隋 文帝가 즉위하기 전에 비파를 연주하며 '地厚'와 '天高'라는 제목의 노래 2首를 지어 부부간의 도리를 가탁하여 말하였는데, 이에 곧 그것을 취하여 房內曲 14調를 만든 것이다. 後周(北周)의 故事에 의하면 鍾과 경쇠를 매다는 방법이 7개는 正音이 나도록 매달고 7개는 倍音이 나도록 매달아 합하여 14개가 되게 하니, 이는 變宮과 變徵를 準用하여 모두 7聲이 되고 〈매 聲마다〉 正音과 倍音이 있어 14개가 되는 것이다.
五夏, 昭夏·皇夏·諴夏·需夏·肆夏. 二舞, 文武二舞. 登歌, 升堂上而歌, 匏竹在下, 貴人聲也. 帝龍潛時, 倚琵琶作歌二首, 名曰地厚·天高, 託言夫妻之義, 因卽取之爲房內曲十四調. 後周故事, 懸鍾磬法, 七正七倍, 合爲十四, 蓋準變宮變徵(치), 凡爲七聲, 有正有倍, 爲十四也.

③ 司馬氏의 西晉이 長江을 건너 남쪽으로 도읍을 옮길 때 미처 음악을 具備하여 내려오지 못하였는데, 石氏의 後趙가 망하자 〈후조의 도성이었던〉 鄴으로부터 장강을 건너 南下한 樂人들이 꽤 있었다. 前秦의 苻堅이 淮水와 淝水의 전투에서 패하자 東晉이 비로소 樂工을 얻고 종과 경쇠 등의 악기를 갖추었다. 後燕의 慕容垂가 西燕을 격파하고 苻氏의 옛 음악을 모두 얻었는데, 그 아들 慕容寶가 패망하자 그 鍾律令 李佛 등이 太樂의 젊은 伎工을 가지

고 南燕의 慕容德에게 달아났다. 모용덕의 아들 慕容超가 姚氏의 後秦에 기공을 바치고서 그 대가로 자신의 어머니를 돌려받았는데,[101] 南朝 宋의 武帝(劉裕)가 姚泓(후진의 末帝)을 평정하고 이를 거두어 建康으로 돌아왔으므로 〈중국의 옛 음악이〉 江東 지방에 많이 남아 있다고 말한 것이다.

典午南渡, 未能備樂. 石氏之亡, 樂人頗有自鄴而南者. 苻堅淮·淝之敗, 晉始獲樂工, 備金石. 慕容垂破西燕, 盡獲苻氏舊樂. 子寶喪敗, 其鍾律令李佛等將太樂細伎奔慕容德, 德子超獻之姚秦, 以贖其母. 宋武平姚泓, 收歸建康, 故云多在江左.

④ 虞世基는 虞荔의 아들이다.

世基, 荔(려)之子也.

【綱】 辛公義를 岷州刺史로 삼았다.

以辛公義로 爲岷州刺史[①102]하다

① ≪隋書≫ 〈地理志〉에 "臨洮郡 溢樂縣에 西魏가 岷州를 설치하였다."고 하였다.

隋志 "臨洮郡溢樂縣, 西魏置岷州."

【目】 岷州의 풍속이 疫病을 두려워하여 한 사람이 병에 걸리면 온 가족이 그를 피하는 탓에 病者들이 많이 죽었다. 辛公義가 〈병자들을〉 모두 수레에 실어 廳事에 두도록 명하니 여름에 청사와 行廊이 모두 병자로 가득 찼다. 신공의가 平牀을 설치하고 밤낮으로 병자들 사이에 머무르며 자신의 녹봉으로 醫藥을 마련하여 몸소 병세를 묻고 살폈다. 병자가 쾌유하면 그 친척들을 불러서 타이르기를 "죽고 사는 것은 운명에 달려 있으니 어찌 서로 전염시킬 수 있겠는가. 만약 서로 전염시킬 수 있다면 나는 오래 전에

---

101) 모용덕의……돌려받았는데 : 慕容超는 본래 慕容德의 아들이 아니라 그 형인 慕容納의 아들이다. 모용납과 모용덕의 가족들은 前秦의 張掖太守 符昌에게 모두 살해되고 모용납의 아내 段氏만 가까스로 탈출하여 後秦의 도읍인 長安에 숨어 살면서 모용초를 낳아 키웠는데, 아들이 없던 모용덕이 南燕을 세운 뒤 이 소식을 듣고 모용초를 불러들여 태자로 삼은 것이다. 모용초는 南燕의 군주로 즉위한 뒤에 후진에 남아 있던 어머니와 아내를 데려오는 대가로 후진과 君臣 관계를 맺었다.(≪晉書≫ 권128 〈慕容超載記〉)

102) 以辛公義 爲岷州刺史 : "辛公義에 대해 쓴 이유는 무엇인가? 良吏를 가상하게 여겨서이다. 漢나라 때 第五倫과 廉范에 대해서 쓴 이후로 蜀漢 때 裴潛과 張嶷에 대해서 쓰고, 元魏(北魏) 때 王慧龍에 대해 썼으니, 循吏나 良吏로 칭해진 자가 얼마 되지 않았다. 그런데 隋 文帝가 郡을 폐지하여 州로 삼고서 신공의에 대해 쓰고 劉曠에 대해 쓰고(開皇 11년(591)) 令狐熙에 대해 써서(개황 15년(595)) 良吏들이 비로소 계속해서 나오게 된 것이다.〔書公義 何 嘉良吏也 自漢書第五倫廉范之後 蜀漢書裴潛張嶷 元魏書王慧龍 以循良稱者無幾人 隋文罷郡爲州 書公義 書劉曠(開皇十一年) 書令狐熙(開皇十五年) 良吏始班班矣〕" ≪書法≫

죽었을 것이다."라고 하니, 모두들 부끄러워하며 사죄하고 돌아갔다. 그 후로 병자가 생겨 다투어 刺史에게 나아가려고 하면 그 집안 친척들이 굳이 머무르게 하고 보살펴서 비로소 서로 아끼고 사랑하니 풍속이 마침내 바뀌었다.

岷俗畏疫하여 一人病에 闔家避之하니 病者多死라 公義가 命皆輿置廳事하니 暑月에 廳廊이 皆滿이어늘 公義設榻하고 晝夜處其間하여 以秩祿具醫藥하고 身自省問하고 病者旣愈에 乃召其親戚하여 諭之曰 死生有命하니 豈能相染이리오 若能相染이면 吾死久矣라하니 皆慙謝而去하다 其後에 人有病者하여 爭就使君이면 其家親戚이 固留養之하여 始相慈愛하니 風俗遂變하다

【目】辛公義는 후에 幷州刺史로 遷轉하였는데 수레에서 내리자 먼저 獄中으로 가서 길바닥에 앉은 채 범죄 사실을 따져 물어 10여 일 사이에 모두 審理하여 판결하고 〈廳事로〉 돌아와 새로운 소송을 접수하여 사건을 모두 즉시 판결하였다. 반드시 구금해야 하는 자가 있으면 신공의는 곧 청사에서 묵으며 끝내 집으로 돌아가지 않았다. 어떤 이가 간언하기를 "공무에는 일정한 절차가 있는데 어찌 스스로 고생하십니까?"라고 하니, 신공의가 말하기를 "刺史가 덕이 없어서 백성들로 하여금 소송을 하는 일이 없도록 하지 못하였는데, 어찌 사람을 옥에 가두어놓고 집에서 편안하게 잘 수 있겠는가."라고 하였다. 죄인들이 이를 듣고 모두 진심으로 自服하였다. 이후로 소송을 하는 자가 있으면 향리의 父老들이 대뜸 타이르기를 "이는 작은 일인데 어찌 차마 刺史 어른을 수고스럽게 할 수 있는가."라고 하니, 소송을 하는 자들이 대부분 쌍방이 서로 양보하여 중지하였다.

後遷幷[103)]州刺史하니 下車에 先至獄中하여 露坐驗問하고 十餘日間에 決遣咸盡하고 還領新訟하여 事皆立決①호되 有須禁者면 公義가 卽宿廳事하고 終不還閤하니 或諫曰 公事有程하니 何自苦오 公義曰 刺史無德하여 不能使民無訟하니 豈可禁人在獄而安寢于家乎리오 罪人聞之하고 咸自款(관)服②이라 後有訟者에 鄕閭父老가 遽曉之曰 此는 小事라 何忍勤勞使君이리오 訟者가 多兩讓而止러라

① '露坐'는 장막을 설치하지 않고 앉는 것이다. '還領新訟'은 ≪資治通鑑≫에는 "方還廳事 受領新訟(비로소 청사로 돌아와 새로운 소송을 접수하였다.)"으로 되어 있다.
露坐, 不設幃帳而坐也. 還領新訟, 通鑑作方還廳事受領新訟.

② 款은 誠(진심)의 뜻이다. '款服'은 '誠服(진심으로 자복하다)'이라고 말하는 것과 같다.
款, 誠也. 款服, 猶言誠服也.

---

103) 幷州刺史 : ≪資治通鑑≫에는 '幷'이 '牟'로 되어 있다.

庚戌年(590)

【綱】 隋나라 高祖 文皇帝(楊堅) 開皇 10년 봄 2월에 李德林을 湖州刺史로 삼았다.

十年春二月에 以李德林으로 爲湖州刺史하다

【目】 李德林이 재주를 믿고 남을 이기기를 좋아하니 같은 반열의 사람들이 그를 미워하였다. 이 때문에 佐命功臣임에도 10년 동안 資級이 오르지 못하였다. 蘇威와 자주 異見이 있었는데 高熲이 항상 소위의 편을 드니 황제(隋 文帝)가 다 부분 소위의 의견을 따랐다. 황제가 이덕림에게 莊園과 市店을 하사하면서 스스로 고르게 하니 이덕림이 高阿那肱[104)]의 시점을 청하였는데, 시점 사람이 〈고아나굉의 시점은〉 본래 고아나굉이 民田을 강탈하여 만든 것이라고 고소하였다. 소위가 이 틈을 타 '이덕림이 황제를 속이고서 착복하였다.'고 아뢰니 황제가 더욱 이덕림을 미워하게 되었다.

虞慶則 등이 使命을 받들고 關東에 갔다가 돌아와서 아뢰기를 "鄕正이 소송을 전적으로 처리하면서 黨與의 편을 들고 愛憎에 따라 판결을 내리며 공공연히 뇌물을 받고 있습니다."라고 하니 황제가 향정을 폐지하도록 하였다. 이덕림이 말하기를 "이 일은 신이 본래 불가하다고 하였으나, 설치하자마자[105)] 곧바로 중지하고 아침에 만든 것을 저녁에 헐어 버리는 것은 제왕이 법을 제정하는 뜻에 어긋납니다. 이제부터 여러 신하들이 律令에 대해 번번이 고치려고 할 것이니 폐하께서는 바로 군법으로 다스리소서. 그렇지 않으면 의견이 분분하여 그치지 않을 것입니다."라고 하였다. 황제가 노하여 크게 꾸짖기를 "너는 나로 하여금 王莽이 되게 하려는 것이냐?"라고 하였다.

이보다 앞서 이덕림이 자신의 아버지가 太尉諮議參軍을 지냈다고 일컬으며 관직을 追贈받으려고 하였는데, 黃門侍郎 陳茂가 "이덕림의 아버지는 사실 校書郎으로 죽었습니다."라고 하니 황제가 이덕림에게 나쁜 감정을 갖게 되었다. 이때에 와서 그의 죄를 면전에서 책망하고 湖州刺史로 내보냈다가 懷州刺史로 옮겼는데 거기서 죽었다.

---

104) 高阿那肱 : 北齊 後主 때의 재상으로 몰래 北周와 내통하여 북주의 군사를 불러들여서 後主를 사로잡히게 만들었다.

105) 설치하자마자 : 鄕正은 바로 전년인 開皇 9년(589)에 설치하였다.

德林이 恃才好勝하니 同列疾之라 由是로 以佐命元功으로 十年不徙級[①]하고 數與蘇威異議하니 高熲이 常助威라 帝多從之러라 帝賜德林莊店하여 使自擇之하니 德林이 請高阿那肱店한대 店人이 訴本高氏强奪民田所爲라하고 威因奏德林誣罔自入이라하니 帝益惡(오)之하다 虞慶則(칙)等이 奉使關東還에 奏鄕正이 專理詞訟하여 黨與愛憎하고 公行貨賄(회)라하니 帝令廢之한대 德林曰 玆事는 臣本以爲不可나 然始置卽停하고 朝成暮毁는 非帝王設法之義라 自今群臣이 於律令에 輒欲改張이니 願陛下는 卽以軍法從事하소서 不然이면 紛紜不已니이다 帝怒하여 大詬曰 爾欲以我로 爲王莽邪[②]아 先是에 德林이 稱父爲太尉諮議하여 以取贈官이러니 黃門侍郎陳茂가 言 德林父實終於校書라하니 帝甚銜之[③]러니 至是하여 面數其罪하고 出爲湖州刺史라가 遷懷州卒[④]하다

① 〈'不徙級'은〉 資級이 예전 그대로라는 말이다.
謂資級仍舊.

② 隋 文帝가 권모술수로 나라를 얻었기 때문에 신하들을 시기하고 의심하였다. 王莽은 漢나라를 찬탈하고 법령을 變更하였으니, 이덕림이 자신을 왕망에 견준다고 의심하였기 때문에 노한 것이다.
帝以權數得國, 猜疑群下, 以王莽簒漢, 變更法令, 疑德林以況己, 故怒.

③ 李德林의 아버지는 後魏(北魏)와 後齊(北齊) 교체기에 벼슬하였던 듯하다. 후제의 제도에 公府의 諮議參軍은 종4품이고 校書郎은 9품이다.
德林之父, 蓋仕於魏・齊之間. 後齊之制, 公府諮議參軍從第四品, 校書郎第九品.

④ 烏程縣에 옛날에 吳興郡을 설치하였는데 隋나라 때 湖州를 설치하였다.[106] 河內郡에 옛날에 懷州를 설치하였다.
烏程縣舊置吳興郡, 隋置湖州. 河內郡舊置懷州.

【綱】 柳莊을 饒州刺史로 삼았다.

以柳莊으로 爲饒州刺史[①]하다

① 《隋書》 〈地理志〉에 "鄱陽郡에 南朝 梁나라 때 吳州를 설치하였는데 陳나라 때 폐지하였고 隋나라가 陳나라를 평정하고서 饒州를 설치하였다."라고 하였다.
隋志 "鄱陽郡, 梁置吳州, 陳廢, 隋平陳, 置饒州."

---

106) 烏程縣에……설치하였다 : 烏程縣은 秦 始皇 25년(B.C. 222)에 菰城에 설치되었고 吳興郡은 삼국시대 吳나라 때 설치되었다. 南朝 때 吳興郡은 烏程, 東遷, 武康, 長城, 原鄕, 故鄣, 安吉, 餘杭, 臨安, 於潛 10縣을 관할하였는데, 隋나라가 陳나라를 멸한 뒤에 烏程, 武康, 長城 등의 현을 폐지하고 합하여 湖州를 설치하였다.

【目】給事黃門侍郞 柳莊이 식견과 도량이 있으며 박학하고 辭令에 뛰어나며 典禮와 故事에 밝고 政事에 통달하였기에 황제(隋 文帝)와 高熲, 蘇威가 모두 그를 중시하였는데, 陳茂와 같은 관직에 있으면서 자신의 뜻을 굽히지 않으니 진무가 참소하여 외직으로 나가게 하였다.

給事黃門侍郞柳莊이 有識度하고 博學하고 善辭令하고 明習典故하고 雅達政事일새 帝及高熲蘇威皆重之어늘 與陳茂同僚하여 不能降意하니 茂譖而出之하다

【綱】楚州參軍 李君才를 殿閣 안에서 죽였다.

殺楚州參軍李君才於殿內①[107]하다

① ≪隋書≫ 〈地理志〉에 "江都郡 山陽縣에 옛날에 山陽郡을 설치하였는데 開皇 12년(592)에 楚州를 설치하였다."라고 하였다. 隋나라 제도에 州에는 刺史, 長史, 司馬, 參軍事, 行參軍을 두었다.
隋志 "江都郡山陽縣, 舊置山陽郡, 開皇十二年置楚州." 隋制, 州置刺史・長史・司馬・參軍事・行參軍.

【目】황제(隋 文帝)는 성품이 남을 시기하고 배움을 좋아하지 않았으며 지략에 의지하여 황제의 자리를 얻고 나서 이로 인해 법조문을 가지고 스스로 뽐내고 까다롭게 살피는 것으로 아랫사람을 다스려 항상 좌우 근신들로 하여금 조정 안팎을 살피게 하여 과실이

107) 殺楚州參軍李君才於殿內 : "〈사람을〉 죽였을 때 장소에 대해 기록한 적이 없는데 殿閣 안이라고 기록한 것은 어째서인가? 〈사람을 죽이기에〉 적절한 장소가 아님을 나무란 것이다. 隋나라 군주가 포악하고 각박하여 대궐의 뜰에서 사람을 죽인 일이 여러 번 있었으나 모두 기록하지는 않았는데, 전각 안에서 〈죽인 일을〉 기록한 것은 중요한 사례를 든 것이다.〔殺未有書地者 書殿內 何 譏非地也 隋主暴急 殺人殿廷屢矣 不悉書 書殿內 擧重也〕" ≪書法≫
"≪周官≫에 司刺는 三刺의 법을 담당하니 여러 신하와 여러 관리로부터 만백성에 이르기까지 모두에게 물어보고, 거기에 더하여 죄를 용서해야 하는 세 가지 경우(不識, 過失, 遺忘)와 죄를 사면해야 하는 세 종류의 사람(幼弱, 老耄, 庸愚)에 해당되는지를 살핀 이후에 형을 집행하게 되어 있다. 법을 집행하는 것을 가벼이 하지 않음이 이와 같은데, 하물며 저자에서 사람을 처형하여 백성들과 함께 버리는 경우야 더 말할 나위가 있겠는가. 어찌 한 순간의 노여움으로 끝내 대궐의 뜰에서 사람을 죽이는 일이 있는가. 隋 文帝는 세세하게 살피는 것을 명철함으로 여기고 마음대로 사람을 죽였으니, 비록 高熲과 馮基 등이 힘껏 간쟁하였으나 또한 다시 따르지 않았다. ≪資治通鑑綱目≫이 '參軍 李君才를 殿閣 안에서 죽였다.'라고 썼으니 이군재에게는 誅殺할 만한 죄가 없는 것이다. 전각 안은 사람을 처형하는 장소가 아니니 그 악함이 모두 말을 하지 않아도 저절로 드러난다.〔周官司刺掌三刺之法 自群臣群吏至於萬民皆訊之 加以三宥三赦而後致辟 其不輕於行法如此 況刑人於市 與衆棄之 烏有一怒之頃 遂殺人於殿廷之間哉 隋文以察爲明 任情殺戮 雖有高熲馮基之徒 固諫力諍 亦復不從 綱目書殺參軍李君才於殿內 則君才無可誅之罪 殿內非刑人之所 其惡皆不言自見(현)矣〕" ≪發明≫

있으면 무거운 죄를 가하였다. 또 小吏들이 뇌물을 탐할까 염려하여 은밀히 사람을 시켜 돈과 비단을 보내게 하여 법을 어기고 〈뇌물을 받는 정황을〉 포착하면 그 자리에서 斬하였다. 매번 대궐 뜰에서 사람에게 刑杖을 치게 하였는데 형장을 세게 치지 않으면 즉시 명하여 〈형장을 치는 사람을〉 참하게 하였다. 高熲과 柳彧 등이 간언하기를 "朝堂(조정)은 사람을 죽이는 곳이 아니고, 대궐 뜰은 형장을 치는 데가 아닙니다."라고 하였으나 받아들이지 않았다. 고경 등이 이에 모두 조당으로 나아가 죄를 청하였는데 황제가 기뻐하지 않았으나 이에 殿閣 안에서 형장을 없애도록 하였다.

후에 李君才가 황제가 고경을 지나치게 총애한다고 말하니, 황제가 노하여 이군재에게 형장을 치도록 명하였는데, 전각 안에 형장이 없으니 마침내 말채찍으로 때려죽이고 이어 다시 형장을 두도록 하였다. 얼마 지나지 않아 심하게 노하여 또 대궐 뜰에서 사람을 죽이자 兵部侍郎 馮基가 굳게 간언하였으나 따르지 않았는데, 곧 후회하여 풍기를 위로하고 간언하지 않은 여러 신하들에게 화를 내었다.

帝性猜忌하고 不說(열)學하며 既任智하여 以獲大位하고 因以文法自矜하며 明察臨下하여 恒令左右로 覘視內外하여 有過失이면 則加以重罪하고 又患令吏贓汙하여 私使人으로 以錢帛遺之하여 得犯立斬하고 每於殿廷에 捶人호되 揮楚不甚이면 卽命斬之①러니 高熲柳彧(욱)等이 諫曰 朝堂非殺人之所요 殿廷非決罰之地라호되 不納하니 熲等이 乃盡詣朝堂請罪한대 帝不懌이나 乃令殿內去杖하다 後에 李君才가 言帝寵高熲過甚하니 帝怒하여 命杖之而殿內無杖이라 遂以馬鞭으로 捶殺之하고 因復置杖하고 未幾에 怒甚하여 又於殿廷에 殺人하니 兵部侍郎馮基가 固諫不從이러니 尋悔하여 宣慰基而怒群臣之不諫者러라

① 楚는 杖과 같다. 《資治通鑑》 본문에 "일찍이 問事가 장을 세게 치지 않자 즉시 명하여 그를 참하게 하였다."라고 하였는데, 胡三省의 註에 "問事는 장을 치는 사람이다. 장을 아주 세게 치지 않았다고 하여 그를 참한 것이다."라고 하였다.
楚, 猶杖也. 通鑑本文云 "嘗怒問事揮楚不甚之, 卽命斬之." 胡三省註 "問事者, 行杖之人, 以揮楚不甚重而斬之也."

【綱】 여름 5월에 詔書를 내려 군인들을 모두 州縣에 속하게 하였다.

夏五月에 詔軍人悉屬州縣하다

【目】 詔書를 내리기를, "北魏 말에 전란으로 사람이 죽어나가던 때에 군인들을 임시로

坊府에 배치하였고 이곳저곳을 전전하며 전투를 치르느라 일정한 거처가 없었다. 지금 모든 군인을 州縣에 속하게 하여 田地를 개간하고 호적에 올리는 것을 한결같이 백성과 동일하게 하고, 軍府의 통솔은 의당 옛 제도에 의거하여 시행하라. 그리고 변경에 새로 설치한 군부는 폐지하라."라고 하였다.

詔曰 **魏末喪亂**에 **軍人**을 **權置坊府**하고 **南征北伐**에 **居處無定**①하니 **今可悉屬州縣**하여 **其墾田籍帳**을 **一與民同**하고 **軍府統領**을 **宜依舊式**하고 **仍罷緣邊新置軍府**라하다

① 北魏 말에 兵制에 六坊이 있었는데, 北齊가 이를 인습하여 또한 六府라고 하였다.
元魏之季, 兵制有六坊, 後齊因之, 亦曰六府.

【綱】 6월에 50세 이상의 백성에게 身役을 면제하고 庸(품삯)을 거두도록 하였다.

六月에 **制民年五十免役收庸**①하다

① ≪北史≫ 〈隋紀〉를 살펴보면 '收'자가 '折'로 되어 있다. 또 ≪唐書≫ 〈陸贄傳〉에 이르기를 "매 丁의 歲役을 庸으로 거두되, 하루〈의 신역〉을 絹 3자로 환산하였으니 이를 庸이라고 하였다."라고 하였다.[108)]
按北史隋紀, 收字作折. 又按唐陸贄傳云 "每丁歲役, 則收其庸, 日準絹三尺, 謂之庸."

【綱】 가을 7월에 楊素를 內史令으로 삼았다.

○**秋七月**에 **以楊素**로 **爲內史令**하다

【綱】 겨울 11월에 江南 지방이 혼란스러워지자 楊素를 行軍總管으로 삼아 토벌하여 평정하였다.

◑**冬十一月**에 **江南亂**이어늘 **以楊素爲行軍總管**하여 **討平之**하다

---

108) 唐書……하였다 : 위의 내용은 ≪舊唐書≫나 ≪新唐書≫의 〈陸贄傳〉이 아니라 ≪唐陸宣公奏議≫에 보인다. 참고로 ≪唐陸宣公奏議≫ 〈兩稅之弊須有釐革〉에는 "옛날에는 백성의 노동력을 이용할 때 해마다 사흘을 넘기지 않았는데, 후대에는 일이 많아져서 열 배나 증가하였습니다. 그리하여 국가가 백성의 적절한 사정을 참작하여 적절한 제도를 만들어 매 丁마다 한 해에 20일씩 身役을 하도록 정하고, 만약 身役을 하지 않으면 그 품삯을 거두되 하루의 신역을 絹 3자로 환산하여 絹을 내는 것으로 품삯을 매겼기 때문에 이를 '庸'이라 했습니다.〔古者 用人之力 歲不過三日 後代多事 其增十之 國家斟酌物宜 立爲中制 每丁一歲 定役二旬 若不役則收其傭 日準三尺 以其出絹而當傭直(치) 故謂之庸〕"라고 하였다. ≪舊唐書≫ 〈職官志〉와 ≪新唐書≫ 〈食貨志〉에도 이와 비슷한 내용이 실려 있다.

【目】江南은 東晉 이래로 형법이 성글고 느슨하여 世族이 寒門을 능멸하였는데 陳나라를 평정한 이후에 〈지방관이〉 그 정사를 모두 뒤집었고 蘇威가 다시 ≪五教≫를 만들어서 백성들로 하여금 암송하게 하니 사대부와 백성들이 한탄하고 원망하였다. 백성들 사이에서 다시 隋나라가 강남 백성들을 關中으로 이주시키려 한다는 유언비어가 퍼지니, 원근의 사람들이 놀라고 두려워하였다. 이에 越州의 高智慧와 蘇州의 沈玄懀가 모두 군사를 일으켜 반란을 하고서 스스로 天子라고 일컬으며 州縣들을 공격하여 함락하니, 진나라의 옛 영토가 거의 대부분 반란을 일으켜서 큰 무리는 수만 명에 달하고 작은 무리는 수천 명에 달하였다. 〈반란을 일으킨 무리들이〉 縣令을 붙잡아 죽이면서 말하기를 "다시 나에게 ≪오교≫를 암송시킬 수 있는가."라고 하니, 詔書를 내려 楊素를 보내 토벌하게 하였다.

양소가 長江을 건너려 할 적에 麥鐵杖으로 하여금 묶은 볏짚을 머리에 이고 밤에 물에 뜬 채로 강을 건너가 적진을 몰래 살펴보게 하였는데, 〈적진을 살피고〉 돌아와서 다시 〈적진으로〉 가다가 적들에게 사로잡히자 〈적들이〉 군사 30명을 보내서 그를 지키게 하였다. 맥철장이 적의 칼을 빼앗아 지키는 자들을 마구잡이로 베어서 모두 죽이고 돌아오니, 양소가 매우 기특하게 여겨서 황제에게 아뢰어 儀同三司를 제수하게 하였다.

江表自東晉以來로 刑法疏緩하여 世族이 陵駕寒門이러니 平陳之後에 盡反其政하고 蘇威復作五教하여 使民誦之하니 士民嗟怨하고 民間復訛言隋欲徙之入關하니 遠近驚駭라 於是에 越州高智慧와 蘇州沈玄懀(외)가 皆擧兵反하여 自稱天子하고 攻陷州縣①하니 陳之故境이 大抵皆反하여 大者有衆數萬하고 小者數千이라 執縣令殺之曰 更能使儂으로 誦五教邪②아하니 詔遣楊素討之하다 素將濟江에 使麥鐵杖으로 戴束藁하고 夜浮渡江하여 覘賊한대 還而復往이라가 爲賊所擒③하니 遣兵三十人하여 防之러니 鐵杖이 取賊刀하여 亂斬防者하여 盡殺之而歸어늘 素大寄之하여 奏授儀同三司하다

① ≪隋書≫ 〈地理志〉에 "會稽郡에 梁나라 때 東陽州를 설치하였고, 陳나라 때 吳州라고 이름을 고쳤으며, 〈隋나라가〉 진나라를 평정하고서 吳州로 고쳤다가 나중에 越州로 고쳤다. 吳郡에 진나라 때 吳州를 설치하였고, 〈수나라가〉 진나라를 평정하고서 蘇州로 고쳤다." 하였다. 懀는 烏外의 切이다.
隋志 "會稽郡梁置東陽州, 陳改曰吳州, 平陳改吳州, 後改越州.[109] 吳郡, 陳置吳州, 平陳改

109) 會稽郡梁置東陽州……後改越州 : 문맥으로 볼 때 저본에 오류가 있는 듯하다. ≪隋書≫ 〈地理志〉에는 "會稽郡梁置東揚州 陳初省(생) 尋復 平陳 改曰吳州 置總管府 大業初府廢 置越州(회계군에 양나라가 동양주를 설치하였고, 진나라 초기에 폐지하였다가 얼마 지나서 다시 복구하였고, 〈隋나라가〉 진

蘇州." 憹, 烏外切.

② 儂은 음이 農이니 '나'라는 뜻이다. 吳 지역 방언이다.
儂, 音農, 我也, 吳語.

③ 麥은 姓이다.
麥, 姓也.

【目】 楊素가 수군을 거느리고서 揚子津으로부터 들어가 적을 치니 沈玄憹가 패하여 달아났는데 추격하여 사로잡았다. 高智慧가 浙江 동쪽 기슭을 점거하여 군영으로 삼으니 100여 리에 걸쳐 죽 이어져 있고 함선이 강을 뒤덮었다. 양소가 공격하였는데, 副將 來護兒가 말하기를 "吳 지방 사람들은 민첩하고 날래며 배를 잘 다루고 죽기를 각오한 적이라서 승리를 다투기 어렵습니다. 公은 의당 삼엄하게 진영을 갖추고 기다리면서 적들과 교전하지 말고, 청컨대 〈저에게〉 奇兵 수천을 주어 은밀히 강을 건너 불시에 습격하여 적의 堡壘를 부수어 적으로 하여금 물러나 돌아갈 곳도 없고 나아가 싸울 수도 없게 하십시오. 이것이 韓信이 趙나라를 격파한 계책입니다."라고 하니, 양소가 따랐다.

素帥(솔)舟師하여 自揚子津으로 入擊賊하니 玄憹敗走어늘 追擒之①하다 智慧據浙江東岸爲營하니 周亘(긍)百餘里하고 船艦被江이어늘 素擊之러니 子摠管來護兒曰② 吳人輕銳하고 利在舟楫하며 必死之賊이라 難與爭鋒이니 公宜嚴陳以待하여 勿與接刃하고 請假奇兵數千潛度하여 掩破其壁하여 使退無所歸하고 進不得戰하소서 此韓信破趙之策也라하니 素從之하다

① 胡三省이 말하기를, "揚子津은 지금의 眞州 揚子縣 남쪽에 있다."라고 하였다.
胡三省曰 "揚子津, 在今眞州揚子縣南."

② 子摠管은 小摠管이라는 말과 같으니 裨將이다. 군사를 거느리는 일은 摠管에게 속한다.
子摠管, 猶言小摠管, 裨將也. 領兵屬摠管.

【目】 來護兒가 빠른 배 수백 척을 이끌고 곧바로 강기슭으로 올라가서 적의 진영을 습격하여 격파하고 이어 불을 놓으니 연기와 화염이 하늘을 가득 뒤덮었다. 양소가 군사들을 풀어 분발하여 공격해서 크게 격파하니 고지혜가 도망하여 바다로 들어갔다. 양소가 摠管 史萬歲를 보내니 군사 2천을 거느리고서 고개를 넘고 바다를 건너 溪洞[110]을 공

나라를 평정한 뒤에 吳州라고 이름을 고치고 總管府를 두었다. 大業 초에 총관부를 폐지하고 越州를 설치하였다.)"라고 되어 있다.

110) 溪洞 : 廣西와 湖南 일대의 苗族, 侗族, 壯族 등의 소수민족들의 거주지를 말하는데, 당시 高智慧의 잔당들이 도망하여 이러한 溪洞으로 숨어들었던 것으로 보인다.

격하여 파괴한 것이 이루 다 헤아릴 수가 없었고, 전후로 수백 수천 번의 전투를 벌이며 천여 리를 옮겨 다니며 싸웠는데, 100일이 지나도록 아무 소식도 들리지 않으니 遠近의 사람들이 모두 사만세가 이미 죽었다고 생각하였다. 사만세가 竹筒 안에 편지를 넣어 물 위에 띄워 보내니 이를 발견한 자가 〈양소에게〉 고하였다. 양소가 그 일을 황제(隋 文帝)에게 아뢰니, 황제가 탄식하고 사만세의 집에 후하게 하사품을 내렸다.

양소가 고지혜를 추격하여 溫州에서 승리하니 고지혜가 달아나 閩越 지역을 점거하였다. 황제는 양소가 오랫동안 외방에 있었다고 하여 역마를 타고 서둘러 올라와 入朝하게 하였는데, 양소가 적의 잔당들을 아직 멸하지 못하였다고 하여 다시 가기를 청하여 바다에 배를 띄워 불시에 泉州에 이르렀다. 적의 우두머리인 王國慶이 바닷길이 험난하다고 여겨 방비를 하지 않고 있다가 천주를 버리고 달아나니 잔당들이 모두 흩어져 버렸다. 양소가 군사를 나누어 추격하여 사로잡고 은밀히 사람을 시켜 왕국경을 설득해서 고지혜의 목을 베어 보내어 스스로 속죄하게 하니, 잔당들이 모두 항복하고 江南이 완전히 평정되었다.

護兒以輕舸數百으로 直登江岸하여 襲破其營하고 因縱火하니 煙焰張天①이라 素縱兵奮擊하여 大破之하니 智慧逃入海어늘 素遣摠管史萬歲하니 帥(솔)衆二千하여 踰嶺越海하여 攻破溪洞이 不可勝數요 前後千百餘戰하며 轉鬪千餘里한대 寂無聲問者十旬이라 遠近이 皆謂已沒이러니 萬歲置書竹筒中하여 浮之於水하니 得者以告한대 素上其事하니 上이 嗟嘆厚賜其家하다 素追智慧하여 克溫州하니 智慧走保閩越②이어늘 上이 以素久於外라하여 令馳傳入朝한대 素以餘賊未殄이라하여 復請行하여 泛海奄至泉州하니 賊帥(수)王國慶이 自以海路艱阻하여 不設備라가 棄州走하니 餘黨皆散③하다 素分兵追捕하고 密令人說(세)國慶하여 使斬送智慧하여 以自贖하니 餘黨悉降하고 江南大定이라

① 張(가득하다)은 음이 漲이다.
張, 音漲(창).

② 永嘉郡은 開皇 9년(589)에 處州를 설치하고 12년에 栝州로 고쳤으며, 唐 高宗 上元 원년(674)에 비로소 괄주의 永嘉와 安固를 쪼개서 溫州를 설치하였으니, 〈여기서 溫州라고 쓴 것은〉 史官이 이를 소급하여 기술한 것일 뿐이다.
永嘉郡, 開皇九年置處州, 十二年改栝州, 唐高宗上元元年, 始析栝州之永嘉・安固, 置溫州, 史追書耳.

③ 建安郡에 陳나라 때 閩州를 설치하였는데 〈隋나라가〉 진나라를 평정하고서 泉州라고 이름을 고쳤다.
建安郡, 陳置閩州, 平陳改曰泉州.

【目】楊素는 용병술에 權謀와 계략이 많고 군사들을 다스리는 것이 嚴整하여 매번 적진에 임하였을 때에 반드시 사람들의 잘못을 찾아내어 〈진영 앞에서〉 목을 베었으니, 많게는 100여 명에 이르러 눈앞에 流血이 낭자한데도 태연자약하게 談笑하였다. 적의 군대와 대치하면 먼저 1, 2백 명으로 하여금 敵陣으로 돌격하게 하여 혹 적진을 함락하지 못하고 돌아오면 모두 목을 베고, 다시 2, 3백 명으로 하여금 다시 돌격하게 하여 돌아오면 역시 그와 같이 하니, 장수와 병사들이 두려워 떨면서 죽기를 각오하는 마음을 가졌다. 이 때문에 항상 승리하여 名將이라고 일컬어졌다.

양소는 당시 지위가 높고 황제의 총애를 받아서 말을 하면 모두 들어주었으니, 양소를 따라 출정하는 자는 작은 공이라도 반드시 기록하였고, 다른 장수의 경우에는 설사 큰 공을 세우더라도 文吏들이 문책하여 물리치는 경우가 많았다. 그렇기 때문에 양소가 비록 잔인하였으나 군사들 또한 이 때문에 양소를 따라가기를 원하였다.

素用兵多權略하고 馭衆嚴整하여 每將臨敵에 必求人過失而斬之하니 多至百餘人이라 流血盈前호되 言笑自若하고 及其對陳에 先令一二百人으로 赴敵하여 或不能陷陳而還者면 悉斬之하고 更令二三百人으로 復進하여 還亦如之하니 將士股慄하여 有必死之心이라 由是로 無不勝하여 稱爲名將이러라 素時貴幸하여 言無不從하니 從素行者면 微功必錄하고 至他將은 雖有大功이라도 多爲文吏所譴却이라 故素雖殘忍이나 士亦以此願從焉①이러라

① 譴은 문책하는 것이고, 却은 물리치는 것이다.
譴, 謫問也. 却, 退也.

【目】胡氏(胡寅)가 다음과 같이 평하였다.

"원수를 정벌하고 역적을 토벌하며 포악한 자를 주살하고 분쟁을 해결하는 것은 군대의 중대한 용도이다. 원수를 갚지 못하고 역적을 항복시키지 못하며 포악한 자를 주살하지 못하고 분쟁을 해결하지 못하면 부득이하게 사람을 죽이는 경우가 있으나 적을 죽일 뿐이지, 먼저 우리 사람을 죽여서 우리 사람들로 하여금 남을 죽이는 데 힘을 다하게 한다는 말은 들어본 적이 없다. 단지 세 번 호령하고 다섯 번 신칙하여 경계시킬 뿐이다. 그러나 양소의 부대는 모두 잘 훈련된 정예병인데다가 대적하는 자들이 또 强敵이 아니었다. 그런데도 오히려 이처럼 잔인하게 한 다음에야 공을 이루었는데도 명장이라고 칭하니 또한 기이하지 않은가."

胡氏曰 伐讐討逆하며 誅暴解紛은 兵之大用也라 讐未復하고 逆未降하며 暴未誅하고 紛未解하면 則有不得已而殺人者로되 殺敵而已요 未聞先殺吾人而使之致力於殺人也라 特三令五申하여 以警懼之而已어늘 楊素部曲이 皆練習精銳요 而所當者가 又非强敵이로되 乃殘忍如此而後에 成功이어늘 猶稱名將하니 不亦異乎아

【綱】番禺의 夷狄이 반란을 일으켰는데 給事郞 裴矩를 보내어 토벌하여 평정하고, 馮盎을 高州刺史로 삼고 洗氏를 譙國夫人으로 삼았다.

番禺夷反이어늘 遣給事郞裴矩하여 討平之하고 以馮盎爲高州刺史하고 洗(선)氏爲譙國夫人①[111]하다

① ≪唐六典≫에 이르기를, "隋나라 開皇 6년(586)에 처음으로 6품 이하의 散官을 설치하고 아울러 郞을 正階로 삼고 尉를 從階로 삼았다. 정8품 上階는 給事郞이고 下階는 飛騎尉이다."라고 하였다.
唐六典云 "隋開皇六年, 始置六品以下散官, 竝以郞爲正階, 尉爲從階. 正八品上爲給事郞, 下爲飛騎尉."

【目】番禺의 夷狄 王仲宣이 반란을 일으키니 嶺南 지방의 首領들이 많이 호응하였고, 군사를 이끌고 廣州를 포위하니 韋洸이 流矢에 맞고 죽었다. 詔書를 내려 그 副將 慕容三藏을 檢校廣州道行軍事로 삼고 또 裴矩에게 조서를 내려 嶺南 지방을 巡撫하게 하였다. 배구가 南康에 이르러 군사 수천 명을 얻어서 왕중선이 보낸 別將 周師擧를 공격하여 목을 베고 南海에 이르렀다. 高涼의 洗夫人이 그 손자 馮暄을 보내서 군사를 거느리고 廣州를 구원하게 하였는데, 시일을 지체하고 나아가지 않자 부인이 크게 노하여 사람을 보내 풍훤을 붙잡아 옥에 가두고 다시 孫子인 馮盎을 보내어 모용삼장 등과 만나 힘을 합하여 왕중선을 공격하게 하였다.

왕중선의 군대가 붕괴되자 洗氏가 친히 갑옷을 입고 甲馬를 타고서 비단으로 된 日傘을 펼치고 彀騎[112]를 이끌고서 裴矩를 衛從하여 20여 州를 순행하며 위무하였다. 蒼梧

111) 番禺夷反……洗氏爲譙國夫人 : "洗氏는 여기에서 ≪資治通鑑綱目≫에 세 번째로 보인다. ≪자치통감강목≫에서 婦人의 封爵을 기록한 것이 12번인데 모두 비판한 것이고(漢나라 高后 丁巳年(B.C. 184)에 상세히 보인다.), 오직 洗氏에 대한 기록만 칭찬하는 말이다.〔洗氏於是三見綱目矣 綱目書婦人封爵十二 皆譏也(詳漢高后丁巳年) 惟洗氏爲予辭〕" ≪書法≫

112) 彀騎 : 활과 쇠뇌로 무장한 기병을 말한다.(≪史記≫ 〈張釋之馮唐傳〉)

의 首領 陳坦 등이 모두 와서 알현하였는데, 배구가 承制[113]하여 그들을 刺史와 縣令에 임명하고 돌아가 각자의 부락들을 다스리게 하니 嶺南이 마침내 평정되었다.

番禺夷王仲宣이 反하니 嶺南首領이 多應之하고 引兵圍廣州①하니 韋洸이 中流矢卒이라 詔以其副慕容三藏으로 檢校軍事하고 又詔裴矩하여 巡撫嶺南하니 矩至南康하여 得兵數千人하여 擊斬仲宣遣別將하고 至南海러라 高涼冼夫人이 遣其孫馮暄하여 將兵救廣州호되 逗遛不進하니 夫人大怒하여 遣使執暄繫獄하고 更遣孫盎하여 會三藏等하여 合擊仲宣하니 仲宣衆潰어늘 冼氏親被甲乘介馬하고 張錦繖(산)引彀(구)騎하여 衛從裴矩巡撫二十餘州②하다 蒼梧首領陳坦等이 皆來謁見이어늘 矩承制하여 署爲刺史縣令하고 使還統其部落하니 嶺表遂定③하다

① 廣州는 옛 치소가 番禺였는데, 隋나라 때 南海縣이 되었고 또 분할하여 番禺縣을 설치하였다. 이때는 광주의 치소가 始興이니 王仲宣이 포위한 곳은 남해이다.
廣州舊治番禺, 隋爲南海縣, 又分置番禺縣. 時廣州治始興, 仲宣所圍者, 南海也

② 介는 갑옷이고, 繖은 日傘이다. 彀騎는 활을 당기는 기병이다.
介, 甲也. 繖, 蓋也. 彀騎, 張弓之騎也.

③ ≪隋書≫ 〈地理志〉에 "蒼梧郡에 梁나라 때 成州를 설치하였고 隋나라 때 封州를 설치하였다."고 하였다.
隋志 "蒼梧郡, 梁置成州, 隋置封州."

【目】 황제(隋 文帝)가 裴矩를 民部侍郎으로 삼고 馮盎을 高州刺史에 除拜하고 馮寶를 譙國公으로 追贈하고 冼氏를 譙國夫人으로 책봉하여, 幕府를 열어 官屬을 두게 하고 印章을 주어 상황에 따라 적절하게 일을 처리하도록 위임하고 馮暄이 지체한 죄를 용서하였다. 番州總管 趙訥이 탐욕스럽고 포학하게 굴자 俚族과 獠族이 도망하여 반란을 일으켰는데, 부인(冼氏)이 封事를 올려 이 일을 논하니 황제가 사람을 보내 조눌을 推問하게 하여 끝내 법으로 다스리고, 부인에게 칙명을 내려 도망하여 반란을 일으킨 자들을 불러서 위로하게 하였다. 부인이 친히 詔書를 받들고 使者라고 칭하고서 10여 州를 돌아다니니 가는 곳마다 모두 항복하였다. 황제가 가상하게 여겨서 부인에게 臨振縣을 하사하여 湯沐邑[114]으로 삼게 하였다.

上以矩爲民部侍郎하고 拜盎高州刺史①하고 贈馮寶譙國公하고 冊冼氏爲譙國夫人하여 開幕

113) 承制 : 황제의 뜻을 받들어 황제의 명의로 상황에 따라 적절하게 임시조치를 행하는 것이다.

114) 湯沐邑 : 원래 周나라 때에 제후가 천자를 朝見할 때 묵으면서 목욕재계할 수 있도록 마련해준 封地를 말하는데, 후대에는 황실이나 귀족, 高官 등이 賦稅를 받는 사유의 영지를 의미하는 말로 쓰였다.(≪禮記≫ 〈王制〉)

府置官屬하고 給印章하여 聽便宜行事하고 赦暄逗遛之罪하다 番州總管趙訥이 貪虐하니 俚僚亡叛[②]이어늘 夫人이 上封事論之한대 上遣推訥하여 竟致於法하고 敕夫人하여 招慰亡叛하니 夫人이 親載詔書하여 稱使者하고 歷十餘州하니 所至皆降이라 上嘉之하여 賜臨振縣爲湯沐邑[③]하다

① 民部侍郎은 戶部尙書에 소속되어 있다. 高涼郡에 옛날에 高州를 설치하였다.
民部侍郎, 屬戶部尙書. 高涼郡, 舊置高州.

② ≪隋書≫ 〈地理志〉에 의하면, 廣州는 치소가 南海를 관할하였는데 仁壽 원년(601)에 番州를 설치하였다. 趙訥이 탐욕스럽고 포학하게 군 것은 반드시 이해(589)에 있었던 일은 아니지만 史官이 이 기회에 기록한 것이다. 俚는 音이 里이고, 僚는 魯皓의 切이다.
按隋志, 廣州治南海, 仁壽元年置番州. 趙訥貪虐必非是年事, 史因書之. 俚, 音里, 僚, 魯皓切.

③ 臨振縣은 漢나라 朱崖땅인데, 隋 煬帝가 臨振郡을 설치하였다.
臨振縣, 漢朱崖地, 隋煬帝置臨振郡.

附錄

〔附 錄〕

1. ≪思政殿訓義 資治通鑑綱目 22≫ 年表

年度	在位年	역문쪽수	주요 사건
572 壬辰年	陳 宣帝(陳頊) 太建 4 北齊 後主(高緯) 武平 3 北周 武帝(宇文邕) 建德 1 後梁 孝明帝(蕭巋) 天保 11	11	• 北齊 胡太后가 北宮에 유폐되자 祖珽이 陸令萱을 太后로 만들고자 하니 이에 僕射가 됨.
		12	• 北周 晉公 宇文護가 권력을 전횡하자 北周主 宇文邕이 宇文直, 宇文神擧, 王軌, 宇文孝伯과 우문호를 제거할 것을 도모하여 죽임. 우문효백을 車騎大將軍에 임명함.
		18	• 北周主 宇文邕이 親政할 적에 형벌을 엄히 적용함. 齊公 宇文憲을 大冢宰로 삼고 衛公 宇文直을 大司徒로 삼음.
		19	• 北齊 祖珽과 穆提婆가 丞相 咸陽王 斛律光을 미워하여 이간질하니, 北周主 宇文邕이 곡률광을 죽임. 이에 祖珽이 侍中 高元海와 함께 북제의 政權을 장악함. 이후 祖珽이 陸令萱에게 참소하여 고원해를 외직으로 좌천시킴. 이후 祖珽이 기무를 주관하고 騎兵과 外兵의 일을 총괄하고 정사를 결정함.
		25	• 北齊主 高緯가 皇后 斛律氏를 폐위함.
		25	• 北周가 杜杲를 陳나라로 보내어 같이 北齊를 도모하려고 함.
		25	• 北齊가 胡昭儀를 皇后로 세움.
		26	• 北齊가 陸令萱의 양녀 穆昭儀를 右皇后로 삼고, 胡皇后를 左皇后로 삼음.
		27	• 北周가 上善殿을 없앰.
		27	• 北齊 陸令萱이 胡太后를 격동시켜 胡皇后를 폐위시키니, 육영훤과 穆提婆가 권력을 휘두르고 매관매직하고 옥사를 멋대로 판결함. 얼마 후 右皇后 穆氏가 황후가 됨.
		28	• 突厥의 木杆可汗이 죽자 그의 아우 佗鉢可汗이 즉위함. 또한 영토를 동서로 분할하여 爾伏可汗을 세워 동쪽을 다스리게 하고 步離可汗을 세워 서쪽을 다스리게 함. 北周와 北齊가 돌궐과 화친하고 많은 공물을 바침.

年度	在位年	역문쪽수	주요 사건
573 癸巳年	陳 宣帝 太建 5 北齊 後主 武平 4 北周 武帝 建德 2 後梁 孝明帝 天保 12	29	• 北齊가 高阿那肱을 錄尙書事로 삼음. 고아나굉이 穆提婆와 韓長鸞과 함께 국가의 주요 政事를 처리하였으니, 이들을 三貴라고 부름.
		29	• 北齊가 文林館을 설치하여 侍郞 李德林과 顔之推에게 문림관의 일을 공동으로 주관하도록 하여 ≪修文殿御覽≫을 편찬하게 함.
		31	• 陳나라 將軍 吳明徹이 군대를 이끌고 北齊를 공격하여 長江 북쪽의 몇 개 郡을 탈취함. 이때 蕭摩訶가 활약함.
		36	• 北齊는 和士開가 政權을 잡은 이후로 政事가 문란해졌는데, 祖珽이 政權을 잡게 되자 인재를 등용하고 宦官들과 소인배들을 내치려고 하자 陸令萱과 穆提婆가 의견을 달리하니, 祖珽이 목제파와 육영훤을 제거하고자 함. 또 胡皇后의 무리를 후원세력으로 삼아 그녀의 오빠인 胡君瑜를 中領軍으로 삼고, 胡君璧을 御史中丞으로 삼으려 하니, 육영훤이 진노하여 그들을 내보내고 祖珽 역시 北徐州刺史로 좌천됨.
		37	• 北齊主 宇文邕이 蘭陵王 高長恭을 죽임.
		39	• 陳나라가 北齊의 瀶口城 등을 함락시킴.
		39	• 北齊主 高緯가 南苑에서 노닐었는데, 따라갔던 관리 60명이 더위에 죽음. 高阿那肱을 司徒로 삼음.
		40	• 北齊가 陸騫을 파견하여 齊昌을 구원하도록 하였는데, 巴水와 蘄水 사이에서 陳나라 장수 周炅과 싸움. 주경이 크게 이기고 巴州를 함락시킴. 진나라 吳明徹이 壽陽을 지키던 王琳을 공격하여 함락시키니, 山陽과 盱眙가 진나라에 투항함. 진나라가 다시 북제의 靑州·馬頭·廣陵 등을 함락시킴.
		41	• 北周의 太子 宇文贇이 隨公 楊堅의 딸을 太子妃로 맞이함.
		42	• 北齊 侍中 張雕와 崔季舒가 北齊主 高緯에게 신임을 받았는데, 韓長鸞이 모함하여 이들을 죽임.
		44	• 陳나라 吳明徹이 壽陽을 공격하여 王琳을 죽임. 진나라가 오명철을 車騎大將軍 豫州刺史로 삼고 北齊의 昌州·徐州 등을 탈취함.
		47	• 北齊主 高緯가 侍婢 馮小憐을 크게 총해하여 淑妃로 삼음.
		47	• 陳나라가 安州刺史 周炅을 불러들이자 田龍升이 長江 이북의 6州와 7鎭을 가지고 배반하여 北齊로 들어가니, 주경이 전용승을 토벌하여 장강 북쪽을 모두 회복함.

年度	在位年	역문쪽수	주요 사건
574 甲午年	陳 宣帝 太建 6 北齊 後主 武平 5 北周 武帝 建德 3 後梁 孝明帝 天保 13	48 49 49 51 53 53 53 54 55	• 北周가 齊公 宇文憲 등의 작위를 올려 王으로 삼음. • 北齊의 朔州行臺 高思好가 반란을 일으켰다가 패하여 죽음. • 北周의 太后 叱奴氏 사망. • 北周主 宇文邕이 佛敎와 道敎를 폐지하고 經典과 彫像을 훼손하고, 승려와 道士를 환속시켰으며, 祀典에 기록되지 않은 淫祠를 없앰. • 北周가 五行大布錢을 주조함. • 北周가 通道觀을 건립하여 聖賢의 가르침을 통일함. • 北周主 宇文邕이 雲陽에 갈 적에 이를 틈타 衛王 宇文直이 반란을 일으켰으나 尉遲運에게 패하여 荊州로 달아남. 북주가 울지운을 大將軍으로 삼음. • 陳나라가 孔奐을 吏部尙書로 삼음. • 北齊 韓長鸞이 南陽王 高綽을 모함하니, 北齊主 高緯가 그를 죽임.
575 乙未年	陳 宣帝 太建 7 北齊 後主 武平 6 北周 武帝 建德 4 後梁 孝明帝 天保 14	57 63 66	• 北齊主 高緯가 어눌하여 조정의 관원들을 접견하는 것을 좋아하지 않음. 이에 陸令萱, 穆提婆, 高阿那肱, 韓長鸞 등을 총애하여 정사를 주관하게 하고, 宦官인 鄧長顒, 陳德信, 胡兒 何洪珍 등이 전횡하니 매관매직과 뇌물이 성행함. 北周가 北齊를 정벌하고자 하니, 韋孝寬이 상소를 올려 세 가지 계책을 아룀. • 北周主 宇文邕이 北齊를 정벌하여 河陰을 함락하고 齊王 宇文憲이 洛口를 포위함. 北周主가 金墉을 공격하였으나 함락시키지 못하고 돌아가자 우문헌 등이 함락한 城 30여 곳을 모두 버림. • 陳나라가 北齊의 군대를 呂梁에서 격파함.
576 丙申年	陳 宣帝 太建 8 北齊 後主 隆化 1 北周 武帝 建德 5 後梁 孝明帝 天保 15	66 67 68 68	• 北周가 太子 宇文贇을 보내어 吐谷渾을 정벌하게 함. • 陳나라 太子 陳叔寶가 江總을 총애하여 太子詹事로 삼았는데, 陳主 陳頊이 태자가 노는 것을 보고 강총을 면직시킴. • 北齊 司徒 趙彦深 사망. • 北周主 宇文邕이 北齊를 정벌하여 平陽을 함락하여 晉州를 취함. 北齊主 高緯가 평양을 공격하였으나 이기지 못함. 北周主가 다시 평양으로 출전하여 북제의 군대와 대치함. 북제주가 馮淑妃와 함께 전투를 구경하다가 도망하니 이에 진형이 무너져 전투에서 패함. 穆

年度	在位年	역문쪽수	주요 사건
576 丙申年	陳 宣帝 太建 8 北齊 後主 隆化 1 北周 武帝 建德 5 後梁 孝明帝 天保 15	 72	提婆는 北周에 투항함. 高延宗이 晉陽에서 북제의 황제로 즉위함. 北周主가 진양에서 고연종과 전투를 벌였는데, 고연종이 크게 이김. 북주의 군대가 후퇴하고자 할 때에 宇文忻 등이 만류하여 다시 진격하여 고연종을 사로잡음. 北齊主 高緯가 鄴城으로 들어가서 태자에게 禪位함. • 北周 太子 宇文贇의 군대가 돌아왔는데, 태자가 군대 안에서 인망을 잃음. 이에 北周主 宇文邕이 크게 태자를 벌줌. 宇文憲 등은 태자의 장인인 楊堅을 제거할 것을 주장함.
577 丁酉年	陳 宣帝 太建 9 北齊 幼主(高恒) 承光 1 北周 武帝 建德 6 後梁 孝明帝 天保 16	84 88 90 92 93 94 96 96	• 北齊主 高緯가 太子 高恒에게 皇帝의 지위를 물려주고 자신은 太上皇帝가 됨. 莫多婁敬顯과 尉相願이 모반을 일으켜 廣寧王 高孝珩을 황제로 세우고자 하였으나 결행하지 못함. 北周의 군대가 鄴을 포위하니, 高緯가 탈출하여 도망침. 北周主 宇文邕이 鄴으로 들어갔는데, 北齊의 丞相 高阿那肱이 北周와 내통하여 高緯와 高恒 등을 추격하여 사로잡음.(北齊 멸망) • 北齊 廣寧王 高孝珩과 任城王 高湝가 信都에서 거병하자 北周主 宇文邕이 齊王 宇文憲과 柱國 楊堅을 보내어 토벌하여 이들을 사로잡음. 鄭州刺史 范陽王 高紹義가 馬邑에서 거병하였으나, 北周의 군대가 肆州를 점령하자 突厥로 도망감. 돌궐 佗鉢可汗이 고소의를 중하게 여기니, 북쪽에 있던 北齊 사람들이 고소의에게 귀의함. 北齊의 州와 鎭 가운데 東雍州行臺 傅伏과 營州刺史 高寶寧만이 굴복하지 않음. 북주는 北齊를 점령하여 州 50개, 郡 162개, 縣 380개, 家戶 303만 2,500을 얻음. • 後梁主 蕭巋가 鄴으로 들어가 北周에 조회함. • 北齊의 東雍州行臺 傅伏이 北周에 항복하니 上儀同大將軍을 제수함. • 北周主가 長安으로 돌아가 高緯를 溫公에 책봉함. • 北周가 李德林을 內史上士로 삼으니, 詔誥의 격식과 山東의 인물을 채용하는 일을 맡김. • 北周는 權衡과 度量을 정함. • 예전에 北魏가 西涼 사람들을 포로로 잡아들였을 때 奴隸戶로 편입시켰는데, 이때에 이르러 北周가 모두 풀어주어 일반 백성으로 편입시킴.

年度	在位年	역문쪽수	주요 사건
577 丁酉年	陳 宣帝 太建 9 北齊 幼主(高恒) 承光 1 北周 武帝 建德 6 後梁 孝明帝 天保 16	97	• 陳나라가 司空 吳明徹에게 北周를 침략하게 하여 彭城을 포위함.
		97	• 北周主 宇文邕이 溫公 高緯를 죽이고 그 종족인 高延宗 등을 죽임.
		99	• 北齊가 멸망했을 때 稽胡가 劉蠡升의 손자 劉沒鐸을 세워 군주로 삼자, 北周가 宇文憲을 보내 토벌하여 유몰탁을 사로잡음.
		99	• 北周가 後宮과 妃嬪의 숫자를 줄임.
		100	• 北周가 ≪刑書要制≫를 반포함.
		101	• 北周가 幷州에 있던 軍民 4만 戶를 關中으로 옮김.
		101	• 高寶寧이 黃龍에서 高紹義에게 권유하여 황제에 오르게 하고 자신은 丞相이 됨. 突厥이 군사를 일으켜 고소의를 도움.
578 戊戌年	陳 宣帝 太建 10 北周 宣帝(宇文贇) 宣政 1 後梁 孝明帝 天保 17	102	• 北周의 大將軍 王軌가 彭城을 공격하여 陳나라 吳明徹을 사로잡음. 蕭摩訶, 任忠, 周羅睺만이 군대를 온전히 하여 陳나라로 돌아감.
		104	• 北周主 宇文邕이 검은색 비단을 가지고 四脚으로 만든 冠을 착용함.
		105	• 突厥이 幽州를 침략하자 北周主 宇文邕이 친정하여 돌궐을 정벌할 적에 병이 나서 조서로 太子 宇文贇을 즉위하게 하고 죽음. 우문빈이 즉위하고 나서 鄭譯을 內史中大夫로 삼아서 朝政을 맡김.
		107	• 北周主 宇文贇이 叔父 齊王 宇文憲이 명망이 높은 것을 꺼려서 于智와 鄭譯 등과 모의하여 우문헌을 모반죄에 엮어 죽임.
		108	• 北周가 楊氏를 皇后로 세움.
		109	• 高紹義가 北周 武帝가 죽었다는 소식을 듣고 突厥의 군사를 거느리고 范陽을 공격함. 북주가 宇文神擧를 보내 토벌하니, 고소의가 다시 돌궐로 돌아감. 高寶寧이 범양을 구원하러 가다가 함락되었다는 소식을 듣고 和龍을 점거함.
		109	• 北周가 楊堅을 上柱國 大司馬로 삼음.
		109	• 陳主 陳頊이 婁湖에 方明壇을 세우고 백관들과 맹세함.
		111	• 突厥이 北周를 침략함.

年度	在位年	역문쪽수	주요 사건
579 己亥年	陳 宣帝 太建 11 北周 靜帝(宇文闡) 大象 1 後梁 孝明帝 天保 18	111	• 北周主 宇文贇이 즉위했을 때 高祖가 만든 ≪刑書要制≫가 과중하다 하여 자주 사면을 시행함. 이에 백성들이 법을 어기고 北周主 자신이 아랫사람들을 두렵게 하여 복종시키려고 하여 ≪刑經聖制≫를 제정하여 법을 더욱 엄격하게 함. 北周主가 사치하고 방종한 생활을 하자 樂運이 8가지 잘못을 아룀.
		114	• 北周가 洛陽을 東京으로 삼았고, 山東에 있는 여러 州의 군사를 동원하여 宮室을 수리함.
		114	• 北周主 宇文贇이 徐州摠管 王軌와 宮正 宇文孝伯을 죽임. 尉遲運 역시 근심하다 죽음.
		117	• 突厥의 佗鉢可汗이 北周에 화친을 청하자, 北周主 宇文贇이 趙王 宇文招의 딸을 千金公主로 삼아 타발가한에게 시집을 보냄.
		118	• 北周主 宇文贇이 太子 宇文闡에게 皇位를 넘겨주고, 스스로 天元皇帝라 칭하고 자신의 거처를 '天臺'라 일컬어 上帝에 비견하고 冕服과 車旂를 일상적인 제도보다 갑절로 함. 우문천은 그대로 東宮에 거처하면서 正陽宮이라 부름.
		119	• 北魏 正始年間(504~507)에 古文, 篆書, 隸書로 쓴 三字石經을 세웠는데 高澄이 鄴으로 옮겼음. 北周가 이를 洛陽으로 옮김.
		119	• 北周主 宇文贇이 妃 朱氏를 세워서 天元帝后로 삼음.
		119	• 北周가 王들을 모두 封國으로 돌아가게 함.
		120	• 陳나라가 五銖錢의 10배에 해당하는 大貨六銖錢을 사용함. 이후 백성들이 불편해하여 폐지됨.
		121	• 北周主 宇文贇이 四后를 세움.
		122	• 北周主 宇文贇이 道像과 佛像을 복구함.
		122	• 北周의 行軍元帥 韋孝寬이 陳나라를 침략하여 壽陽과 廣陵을 함락시킴.
		122	• 北周가 기존 동전의 1,000배에 해당하는 永通萬國錢을 주조함.
		122	• 北周가 관원과 宮人, 外命婦를 모아놓고 춤을 추는 여인들과 풍악을 울리는 乞寒胡戲를 만듦.
		123	• 北周가 陳나라의 長江 이북 지역을 탈취함.
		124	• 陳나라 周法尙이 長沙王 陳叔堅의 참소를 받자 北周에 투항함.

年度	在位年	역문쪽수	주요 사건
580 庚子年	陳 宣帝 太建 12 北周 靜帝 大象 2 後梁 孝明帝 天保 19	124	• 北周가 시장에 들어가는 사람에게 1錢의 세금을 거둠.
		124	• 北周의 杞公 宇文亮이 韋孝寬과 함께 陳나라를 공격하고자 하였는데, 天元皇帝가 우문량의 며느리 尉遲氏를 겁탈했다는 소식을 듣고 위효관을 공격하였다가 이기지 못하고 오히려 위효관에게 죽임을 당함. 천원황제가 울지씨를 長貴妃로 삼음.
		125	• 北周 天元皇帝 宇文贇이 5명의 皇后를 세움.
		127	• 北周 天元皇帝 宇文贇이 楊后를 죽이고자 하였는데, 皇后의 모친 獨孤氏에 의해 죽음을 면함. 천원황제가 병이 들자 양후의 부친 隨公 楊堅이 鄭譯 등의 지지에 힘입어 中外의 군사권을 장악함. 천원황제가 죽자 이를 비밀에 붙이고 封國의 왕들을 불러들임. 北周主 宇文闡이 양후를 높여서 皇太后라 하고, 朱后를 帝太后라 하고 陳后, 元后, 尉遲后를 모두 비구니로 삼고, 양견을 假黃鉞 左大丞相으로 삼아, 百官을 총괄하게 함. 양견이 승상부를 열고 盧賁에게 丞相府 宿衛를 관장하게 하고 鄭譯을 長史로, 劉昉을 司馬로, 劉昉을 司馬로, 李德林을 府屬으로, 高熲을 司錄으로 삼음.
		134	• 北周가 佛教와 道教를 회복시킴.
		134	• 北周 相州總管 尉遲迥이 丞相 楊堅을 공격할 것을 모의하고 스스로 大摠管이라 하고 趙王 宇文招의 아들을 군주로 받듦. 楊堅이 鄖公 韋孝寬을 行軍元帥로 삼아서 울지형을 토벌하게 함.
		137	• 北周의 畢王 宇文賢이 丞相 楊堅을 죽일 것을 모의하였는데, 누설되어 양견에게 죽임을 당함.
		137	• 北周가 賀若誼를 파견하여 佗鉢可汗에게 뇌물을 주고 高紹義를 요구하도록 하였는데, 타발가한이 하약의에게 고소의를 붙잡게 함. 고소의가 長安에 도착하자 그를 蜀으로 유배함.
		138	• 北周 青州摠管 尉遲勤이 尉遲迥에 호응하여 군대를 일으킴.
		140	• 北周 丞相 楊堅이 都督中外諸軍事를 더함.
		140	• 北周 鄖州摠管 司馬消難이 군대를 일으켜 尉遲迥에 호응함.
		140	• 北周 趙王 宇文招가 楊堅을 죽이려고 모의하였는데 실패하자, 양견이 우문초가 越王 宇文盛과 반란을 모의하였다고 하여 이들을 죽임.

年度	在位年	역문쪽수	주요 사건
580 庚子年	陳 宣帝 太建 12 北周 靜帝 大象 2 後梁 孝明帝 天保 19	141	• 北周 韋孝寬이 尉遲迥의 군대와 대치하고 나아가지 않으니, 丞相 楊堅이 제장들이 울지형과 내통한다고 하여 司錄 高熲을 보내어 相州에서 울지형과 대치하고 있던 여러 군대를 감독하게 함.
		143	• 北周의 司馬消難이 鄖州를 가지고 陳나라에 항복함.
		144	• 北周의 益州摠管 王謙이 蜀에서 군사를 일으켰는데, 丞相 楊堅이 行軍元帥 梁睿를 보내어 공격하게 함.
		144	• 後梁의 中書舍人 柳莊이 北周에 사신을 갔다가 돌아와서 後梁主에게 楊堅과 尉遲迥 간의 싸움에서 양견이 승리할 것이라 함.
		145	• 北周의 高熲과 韋孝寬이 尉遲迥의 아들 尉遲惇의 군대를 격파하고 鄴으로 진격하여 울지형의 군대와 싸워서 격파하니, 울지형이 자살함.
		147	• 北周 丞相 楊堅이 高熲을 司馬로 삼음.
		147	• 司馬消難이 陳나라로 달아나자, 北周가 다시 鄖州를 탈환함.
		147	• 北周 丞相 楊堅이 맏아들인 楊勇을 洛州總管으로 삼아서 옛 北齊 지역을 다스리게 함.
		148	• 北周 丞相 楊堅이 陳王 宇文純을 죽임.
		148	• 반란을 일으킨 北周의 益州摠管 王謙이 패배하여 죽음.
		148	• 北周의 相州摠管 鄖公 韋孝寬 사망.
		148	• 北周의 丞相 楊堅이 相國을 칭하고 隨王이 되고, 九錫을 더함.
		149	• 北周 隨王 楊堅이 代王 宇文達과 滕王 宇文逌를 죽임.
581 辛丑年	陳 宣帝 太建 13 北周 靜帝 大象 3 隋 文帝(楊堅) 開皇 1 後梁 孝明帝 天保 20	149	• 北齊 隋王 楊堅이 皇帝라고 일컬음.(隋나라 건국)
		151	• 隋나라가 北周의 六官을 제거하고 새롭게 관제를 정비하니, 三師 · 三公 · 尙書省 · 門下省 · 內史省 · 秘書省 · 內侍省 5省과 御史臺 · 都水臺 2臺와 太常寺 등 11寺와 左 · 右衛府 등 12府를 설치함. 上柱國에서 都督에 이르기까지 11등급의 勳官을 설치함. 特進에서 朝散大夫에 이르기까지 7등급의 散官을 설치함. 侍中을 納言으로 고치고 高熲을 僕射로 삼아 納言을 겸임하게 하였으며, 虞慶則을 內史監으로, 李德林을 內史令으로 삼음.
		154	• 隋 文帝가 先親인 楊忠을 武元帝로 추존함.
		153	• 隋나라가 獨孤氏를 皇后로 세움.
		154	• 隋나라가 楊勇을 太子로 삼고, 楊廣을 晉王으로, 楊俊을 秦王으로, 楊秀를 越王으로, 楊諒을 漢王으로 삼음.

年度	在位年	역문쪽수	주요 사건
581 辛丑年	陳 宣帝 太建 13 北周 靜帝 大象 3 隋 文帝(楊堅) 開皇 1 後梁 孝明帝 天保 20	154	• 隋나라가 北周主 宇文闡을 폐위하여 介公으로 삼고, 北周의 太后 楊氏를 樂平公主로 봉함.
		155	• 隋나라가 宇文氏를 멸족함.
		157	• 隋나라가 蘇威를 불러 太子少保로 삼음.
		157	• 隋나라가 賀若弼을 吳州摠管으로 삼고, 韓擒虎를 廬州摠管으로 삼음.
		160	• 隋나라가 蘇威를 納言으로 삼음.
		160	• 隋나라가 散樂에 종사하는 자를 풀어주고 雜戲를 금지함.
		160	• 隋나라가 長城을 축조하자, 汾州의 胡族 1천여 명이 배반하여 도망함. 汾州刺史 韋沖이 이들을 회유함.
		161	• 隋나라가 北周의 황제였던 介公 宇文闡을 시해함.
		161	• 隋나라가 服色을 정함.
		162	• 吐谷渾이 涼州를 침략하자, 隋나라가 격퇴함.
		162	• 隋나라가 蜀王 楊秀를 益州摠管으로 삼음.
		162	• 隋나라 僕射 高熲이 諸軍을 지휘하여 陳나라를 침략함.
		162	• 隋나라가 五銖錢을 주조하고 예전의 동전과 私錢을 금지하니, 동전이 통일되어 민간에서 편리하게 여김.
		163	• 隋나라 上柱國 鄭譯이 죄를 지어 除名됨.
		164	• 隋나라가 새로운 律을 시행하였는데, 기존의 梟刑, 轘刑, 鞭刑의 刑法을 없애고, 謀叛의 죄가 아니면 가족에게 연좌시키지 않았으며, 死刑에는 처음으로 絞刑과 斬刑의 두 종류로 제정하였고, 유배형에는 세 종류로 2천 리부터 3천 리까지였고, 徒刑에는 다섯 종류로 1년에서 3년까지였고, 杖刑에는 다섯 종류로 60대에서 100대까지였고, 笞刑에는 다섯 가지 종류로 10대에서 50대까지였고, 議, 請, 減, 贖, 官當에 대한 조목을 제정하여 士大夫를 우대하였으며, 죄수를 신문하는 혹독한 법을 없애고, 곤장을 칠 때에도 200대를 넘을 수 없게 하였으며, 형틀과 곤장의 크기를 모두 규격이 있게 함. 백성들은 縣, 郡, 州, 尙書省에서 上訴할 수 있고, 최종적으로 대궐에 가서 하소연하는 것을 허락함.
		167	• 隋나라가 梁彦光을 相州刺史로 삼고, 房恭懿를 海州刺史로 삼음.
		169	• 隋나라가 백성의 出家를 허락하고, 戶口를 계산하여 錢을 거두어 佛經을 베껴 만들고 佛像을 제조함.

年度	在位年	역문쪽수	주요 사건
581 辛丑年	陳 宣帝 太建 13 北周 靜帝 大象 3 隋 文帝(楊堅) 開皇 1 後梁 孝明帝 天保 20	169	• 突厥의 佗鉢可汗이 죽고 네 명의 可汗이 분립함. 네 가한은 沙鉢略可汗(阿史那攝圖), 第二可汗(阿史那菴邏), 阿波可汗(阿史那大邏便), 達頭可汗(阿史那玷厥)임.
		170	• 千金公主가 沙鉢略可汗에게 北周의 원수를 갚아줄 것을 요청하자 突厥이 수나라를 공격함. 이에 수나라가 都尉 長孫晟을 돌궐에 보냄. 수나라가 장손성의 계책을 써서 사발략가한과 達頭可汗을 이간함.
582 壬寅年	陳 宣帝 太建 14 隋 文帝 開皇 2 後梁 孝明帝 天保 21	174	• 陳 宣帝 陳頊이 사망하니, 始興王 陳叔陵이 난을 일으켜 죽임을 당하고, 太子 陳叔寶가 즉위함.
		175	• 隋나라가 晉王 楊廣을 河北行臺尙書令으로 삼고, 蜀王 楊秀를 西南行臺尙書令으로 삼고, 秦王 楊俊을 河南行臺尙書令으로 삼았는데, 王韶, 李雄, 李徹로 晉王府軍事를 총괄하게 하고, 元巖을 益州長史로 삼아 양수를 보좌하게 함.
		177	• 高寶寧이 突厥을 이끌고 隋나라의 平州를 침략하고 돌궐의 沙鉢略可汗, 第二可汗, 達頭可汗, 阿波可汗, 貪汗可汗이 40만 군사를 동원하여 長城을 침입함.
		177	• 隋나라가 龍首山에 새 도읍을 건립함.
		178	• 돌궐의 군대가 馮昱, 叱列長叉, 李崇 등에게 승리를 거두고 武威 등 7개 郡을 노략질함. 그러나 돌궐의 군대 중에 達頭可汗이 이탈하고 鐵勒 등이 반란을 일으켰다는 소문으로 인해 돌아감.
		179	• 隋나라가 後梁에 설치한 江陵摠管을 폐지하니 후량이 그 나라를 온전히 통치하게 됨.
583 癸卯年	陳 後主(陳叔寶) 至德 1 隋 文帝 開皇 3 後梁 孝明帝 天保 22	180	• 陳나라 長沙王 陳叔堅의 권세가 커지자 尙書 孔範과 舍人 施文慶의 참소로 江州刺史로 좌천됨.
		181	• 陳나라가 毛喜를 永嘉內史로 삼음.
		181	• 隋나라가 새 도읍으로 遷都함.
		182	• 隋나라가 賦稅와 徭役을 줄였는데, 백성 중에 21세가 된 〈남자를〉 役을 담당하는 壯丁으로 삼고, 役을 줄여서 매년 20일씩 복역하도록 하고, 調로 납부하던 명주를 줄여서 2丈으로 함. 기존의 酒禁과 鹽禁을 없앰.
		182	• 隋나라가 喪亂에 산실된 典籍을 구함.
		183	• 隋나라가 行軍元帥 衛王 楊爽을 보내어 突厥 沙鉢略可汗을 기습하여 대파함. 幽州摠管 陰壽가 高寶寧을 공격하니 고보녕이 부하에게 살해당함.

年度	在位年	역문쪽수	주요 사건
583 癸卯年	陳 後主(陳叔寶) 至德 1 隋 文帝 開皇 3 後梁 孝明帝 天保 22	185	• 隋나라가 度支尙書를 고쳐서 民部尙書라 하고, 都官尙書를 고쳐서 刑部尙書라 하고, 左僕射에게 吏部, 禮部, 兵部 3部를 관장하게 하고, 右僕射에게 民部, 刑部, 工部 3部를 관장하게 하였으며, 光祿寺, 衛尉寺, 鴻臚寺와 都水臺를 폐지함.
		185	• 隋나라의 秦州摠管 竇榮定이 涼州에서 突厥의 阿波可汗과 싸워 이기니 아파가한이 맹약을 맺고 돌아감. 長孫晟이 아파가한을 설득하여 입조하게 하여 沙鉢略可汗과 사이를 이간하니 사발략가한이 아파가한의 근거지를 공격하여 격파하자 아파가한이 達頭可汗에게 도망감. 달두가한이 아파가한을 지원하여 사발략가한을 공격하게 함.
		187	• 돌궐이 幽州를 침략하니, 摠管 李崇이 전사함.
		188	• 陳나라가 長沙王 陳叔堅을 司空으로 삼아 실제 그의 권한을 빼앗음.
		189	• 隋나라가 郡을 없애고 州를 만듦.
		189	• 陳나라가 長沙王 陳叔堅이 제사를 지내서 복을 빌자 면직시킴.
		190	• 隋나라가 蘇威와 牛弘 등에게 律令을 고치게 하고 사형에 해당하는 죄목 81조항, 유배형에 해당하는 죄목 154조항, 徒刑과 杖刑에 해당하는 죄목 1천여 조항을 폐지하고, 500조항만 결정하여 남겼는데, 모두 12권임. 또한 律博士와 弟子員을 설치함.
		191	• 隋나라가 하천 지역을 따라 창고를 설치하여 곡식을 운송하여 長安에 공급함.
		192	• 隋나라 杞州刺史 和干子가 면직됨
584 甲辰年	陳 後主 至德 2 隋 文帝 開皇 4 後梁 孝明帝 天保 23	194	• 後梁 孝明帝 蕭巋가 隋나라에 들어가 조회함.
		194	• 隋나라가 ≪甲子元曆≫을 반포함.
		195	• 西突厥 達頭可汗이 隋나라에 복속할 것을 보임.
		195	• 隋나라 賀婁子幹이 吐谷渾을 공격하여 패배시키고 토욕혼을 방비할 계책을 올림.
		196	• 陳나라가 江摠을 僕射로 삼음.
		196	• 隋나라가 關內에 廣通渠를 만듦.
		197	• 陳나라 장군 夏侯苗가 隋나라에 항복하였는데, 隋 文帝가 받아들이지 않음.
		197	• 隋나라가 詔命을 내려 공적인 문서와 사적인 서한을 모두 사실대로 기록하게 함.

年度	在位年	역문쪽수	주요 사건
584 甲辰年	陳 後主 至德 2 隋 文帝 開皇 4 後梁 孝明帝 天保 23	198 200 200	• 突厥 沙鉢略可汗이 隋나라에게 여러 번 패하자 화친을 요청함. 이때 수나라가 千金公主를 隋 文帝의 딸로 삼고 大義公主로 봉함. 이에 僕射 虞慶則와 長孫晟을 사신으로 보냄. • 隋나라가 陳나라에 사신을 파견함. • 陳나라가 臨春閣·結綺閣·望仙閣을 짓고 陳 後主가 張貴妃, 龔貴嬪, 孔貴嬪와 지내면서 음주가무에 빠짐. 특히 장귀비가 총애를 받아 정사에 관여하니 정사가 혼란해짐.
585 乙巳年	陳 後主 至德 3 隋 文帝 開皇 5 後梁 孝明帝 天保 24	205 206 208 210 212 212	• 隋나라가 禮部尙書 牛弘이 纂修한 五禮를 반포함. • 隋나라가 처음 義倉을 설치하고 輸籍法을 만듦. • 後梁의 孝明帝 蕭巋가 사망하니, 태자 蕭琮이 즉위함. • 陳 後主가 간언을 올린 中書通事舍人 傅縡를 죽임. • 後梁의 大將軍 戚昕이 陳나라의 公安을 공격하였다가 실패하자 隋나라가 이를 핑계로 吳王 蕭岑을 입조시켜 잡아두고 후량에 다시 江陵摠管을 설치함. • 隋나라가 壯丁 3만을 징발하여 朔方과 靈武에 長城을 쌓았는데, 동쪽으로는 黃河에 이르고 서쪽으로는 綏州에 이르니 거리가 700리임. 다음 해에 15만 명을 징발하여 변경에 수십 개의 성을 축조함.
586 丙午年	陳 後主 至德 4 隋 文帝 開皇 6 後梁 後主(蕭琮) 廣運 1	213 213 213 213 215 215 216 216	• 党項羌이 隋나라에 항복을 받아줄 것을 요청함. • 隋나라가 突厥에 冊曆을 반포함. • 隋나라가 刺史의 上佐에게 매년 조회하여 해당 州의 관리들의 考課를 올리도록 함. • 隋나라가 梁士彦·宇文忻·劉昉 등이 모반을 꾀하다 누설되어 죽임을 당함. • 隋나라가 楊尙希를 禮部尙書로 삼음. • 隋나라가 秦王 楊俊을 山南行臺尙書令으로 삼음. • 陳나라가 江摠을 尙書令으로 삼음. • 吐谷渾의 태자 慕容訶가 隋나라에 항복을 요청하였으나 수나라가 받아들이지 않음.
587 丁未年	陳 後主 禎明 1 隋 文帝 開皇 7 後梁 後主 廣運 2	217 217 217	• 隋나라가 매년 州에서 조정에 천거하는 士人을 3명으로 정함. • 隋나라가 揚州에 山陽瀆을 개통함. • 突厥 沙鉢略可汗이 죽으니 동생 莫何可汗 阿史那處羅侯가 즉위하고 阿史那雍虞閭를 葉護로 삼음. 막하가한

年度	在位年	역문쪽수	주요 사건
587 丁未年	陳 後主 禎明 1 隋 文帝 開皇 7 後梁 後主 廣運 2		이 阿波可汗을 공격하여 생포함. 막하가한은 隋나라에 아파가한의 처분을 요청하였는데, 수나라는 아파가한의 목숨을 살려줌.
		220	• 隋나라가 後梁 後主 蕭琮을 불러 조회하게 하고 崔弘度를 파견하여 군대를 이끌고 강릉에 주둔하게 하니, 後梁의 安平王 蕭巖과 蕭瓛 등이 陳나라로 항복함. 이에 後梁을 없앰.(後梁 멸망)
		221	• 隋 文帝가 馮翊에 가서 고향의 社廟에 제사 지냄.
		222	• 陳나라가 後梁의 蕭巖 등의 항복을 받아들이자 隋나라가 진나라를 정벌할 계책을 세우고 長江 상류에서 戰船을 건조하는 한편 하류에서 장강을 건너서 습격할 군사를 조련함.
		226	• 陳 後主가 간언을 한 太市令 章華를 죽임.
588 戊申年	陳 後主 禎明 2 隋 文帝 開皇 8	228	• 隋나라가 陳나라를 정벌하는 詔書를 내림.
		229	• 陳 後主가 태자 陳胤을 폐하고 張貴妃의 아들 陳深을 세워서 태자로 삼음.
		230	• 隋나라가 晉王 楊廣을 淮南行省尙書令 行軍元帥로 삼아 陳나라를 정벌하게 하였는데, 總管이 90명이고 군사가 51만 8천 명임. 장강 상류에서 秦王 楊俊의 군대가 陳나라가 周羅睺의 군대를 대치하던 사이에 楊素의 수군이 장강 하류로 나아감.
		236	• 突厥 莫何可汗이 죽으니, 형의 아들 阿史那雍虞閭가 頡伽施多那都藍可汗이 됨.
		236	• 吐谷渾의 裨王인 拓拔木彌가 隋나라에 항복함.
589 己酉年	陳 後主 禎明 3 隋 文帝 開皇 9	237	• 隋나라 總管 賀若弼과 韓擒虎가 진군하여 陳나라 수도 建康을 함락시키고 陳 後主를 사로잡음.
		245	• 晉王 楊廣이 建康에 입성하여 陳나라 都督 施文慶 등 5인을 주살함.
		247	• 陳나라 水軍都督 周羅睺가 隋나라에 항복함.
		249	• 隋나라가 蘇威의 건의로 鄕正과 里長을 설치함.
		249	• 隋나라 宇文述이 吳州와 東揚州를 함락하니, 그 刺史 蕭巖과 蕭瓛이 붙잡혀 죽임을 당함.
		250	• 陳나라 湘州刺史 陳叔愼이 長沙에서 군사를 일으켰으나 패하여 죽음.
		252	• 隋나라가 嶺南에 韋洸을 보내 안무하게 하니, 高涼郡 太夫人 洗氏가 馮魂을 보내어 수나라에 귀순하니, 영남

年度	在位年	역문쪽수	주요 사건
589 己酉年	陳 後主 禎明 3 隋 文帝 開皇 9		지역이 평정됨. 이에 陳나라의 지역이 모두 평정되자 建康의 城邑과 宮室을 부수고 石頭城에 蔣州를 설치함.
		253	• 隋나라 晉王 楊廣이 개선할 때에 陳叔寶를 京師에 데리고 오니 太廟에 바치고 차등을 두어 論功行賞을 함. 이때 賀若弼과 韓擒虎이 공을 다툼.
		257	• 옛 陳나라 지역에 10년간 賦役을 면제해주고 나머지 州는 1년간 면제해줌.
		257	• 隋나라가 陳나라의 간신들인 孔範・王瑳・王儀・沈瓘들을 변방으로 내쫓음.
		258	• 隋나라가 陳나라의 江摠, 袁憲, 蕭摩訶, 任忠을 開府儀同三司로 삼음.
		260	• 隋 文帝가 詔書를 내려 禁衛軍과 鎭守軍을 제외하고 군대를 해산하고 무기를 없앰. 또한 군인의 자식에게 經書를 배우게 하고 민간의 갑옷과 병장기를 없앰.
		260	• 隋나라 樂安公 元諧가 반역을 도모한다는 고발을 당해 죽임을 당함.
		261	• 隋나라가 蘇威를 僕射로 삼고 楊素를 納言으로 삼음.
		261	• 隋나라가 王雄을 司空으로 삼음.
		262	• 隋나라 鄭譯, 蘇夔, 何妥 등이 음률을 논하였는데, 결정이 안 되는 가운데 陳나라의 雅樂이 들어오니 牛弘에게 명하여 아악을 정하게 함.
		267	• 隋나라가 良吏인 辛公義를 岷州刺史로 삼음.
590 庚戌年	隋 文帝 開皇 10	268	• 隋나라가 市店을 착복했다는 혐의와 부친의 追贈 문제로 李德林을 湖州刺史로 좌천시킴. 이후 懷州刺史가 되었다가 거기서 죽음.
		270	• 隋나라가 給事黃門侍郎 柳莊을 饒州刺史로 삼음.
		271	• 隋 文帝가 殿閣 안에서 楚州參軍 李君才를 죽임.
		272	• 隋나라가 詔書를 내려 군인들을 모두 州縣에 속하게 함.
		273	• 隋나라가 50세 이상의 백성에게 身役을 면제하고 庸(품삯)을 거둠.
		273	• 隋나라가 楊素를 內史令으로 삼음.
		273	• 강남 지역 越州의 高智慧와 蘇州의 沈玄懀 등이 반란을 일으키자 楊素를 行軍總管으로 삼아 토벌하여 평정함.
		277	• 番禺의 夷狄이 반란을 일으키자, 給事郎 裴矩를 보내어 토벌하여 평정하고, 馮盎을 高州刺史로 삼고 洗氏를 譙國夫人으로 삼음.

2. ≪思政殿訓義 資治通鑑綱目 22≫ 地圖

1) 大建 8년(576) 北周의 北齊 征伐

2) 大建 9년(577) 北齊 멸망 후 각국의 영역

3) 大建 13년(581) 突厥 4可汗 분립

4) 開皇 9년(589) 隋나라의 陳나라 征伐

5) 開皇 9년(589) 隋나라의 中國 통일

6) 開皇 10년(590) 楊素의 江南 反亂 討伐

※ 이 지도는 ≪柏楊白話版 資治通鑑≫(北岳文藝出版社, 2006)을 참조하여 本書를 이해하는 데 도움이 되도록 수정 편집하였다.

1) 大建 8년(576) 北周의 北齊 征伐

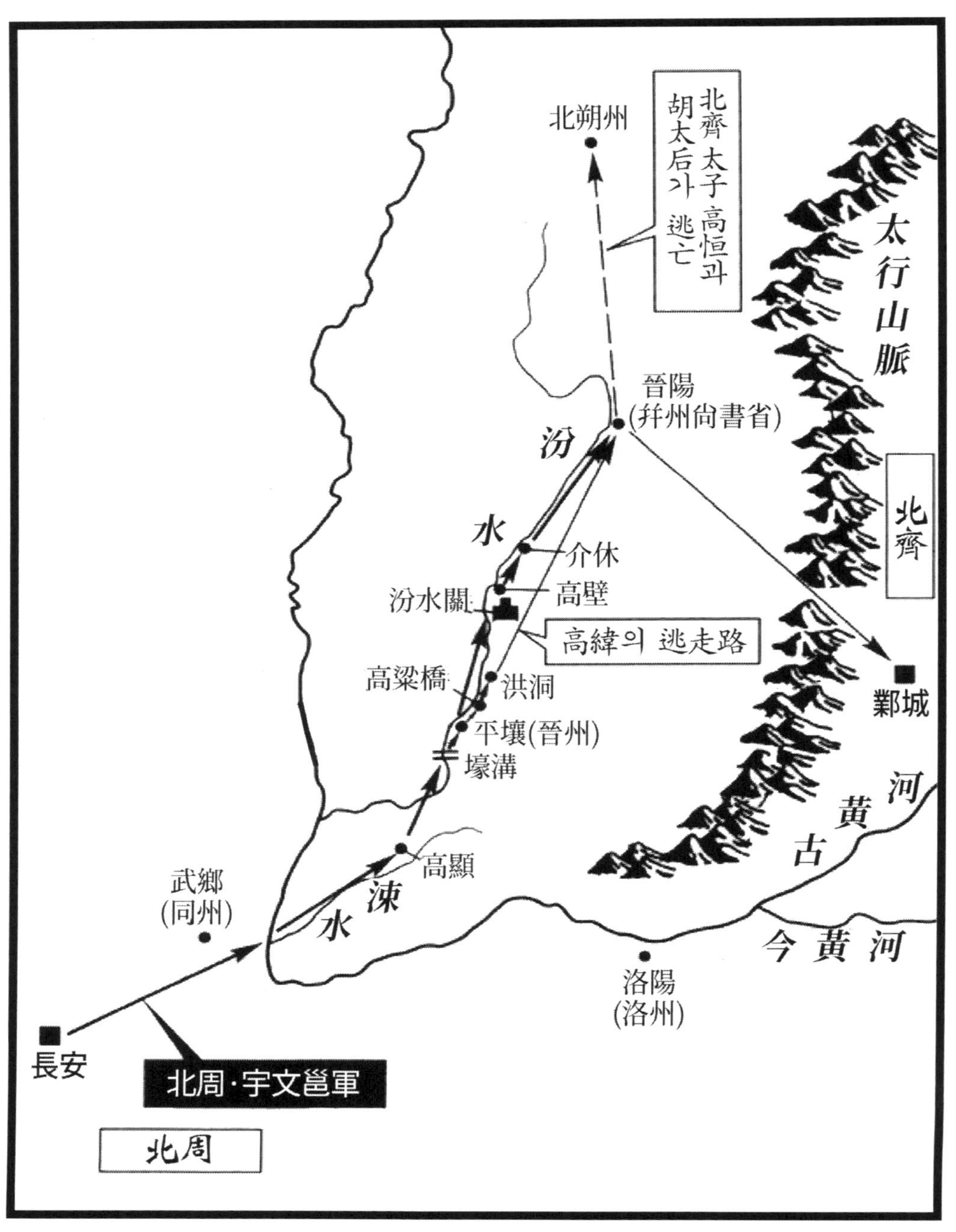

2) 大建 9년(577) 北齊 멸망 후 각국의 영역

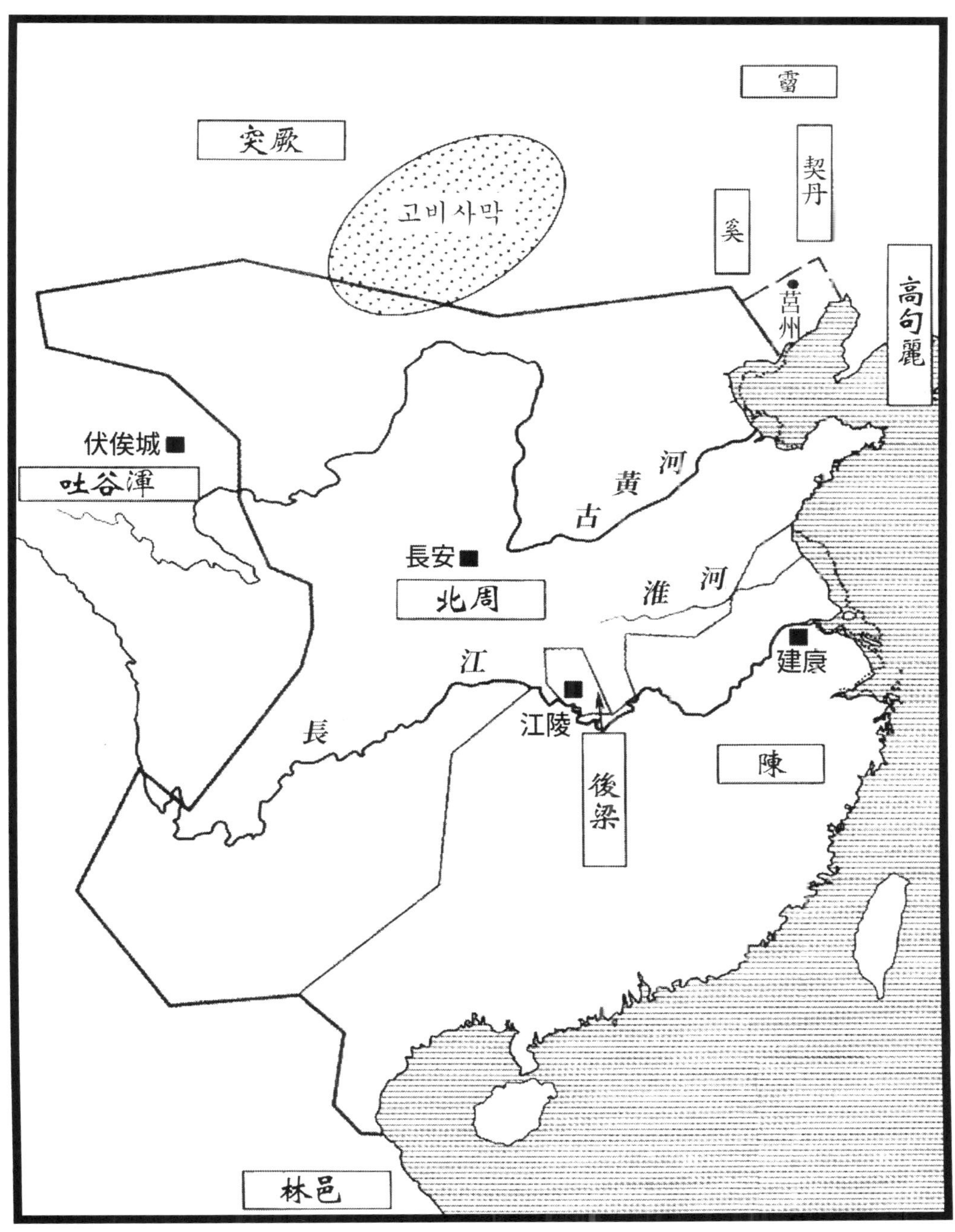

3) 大建 13년(581) 突厥 4可汗 분립

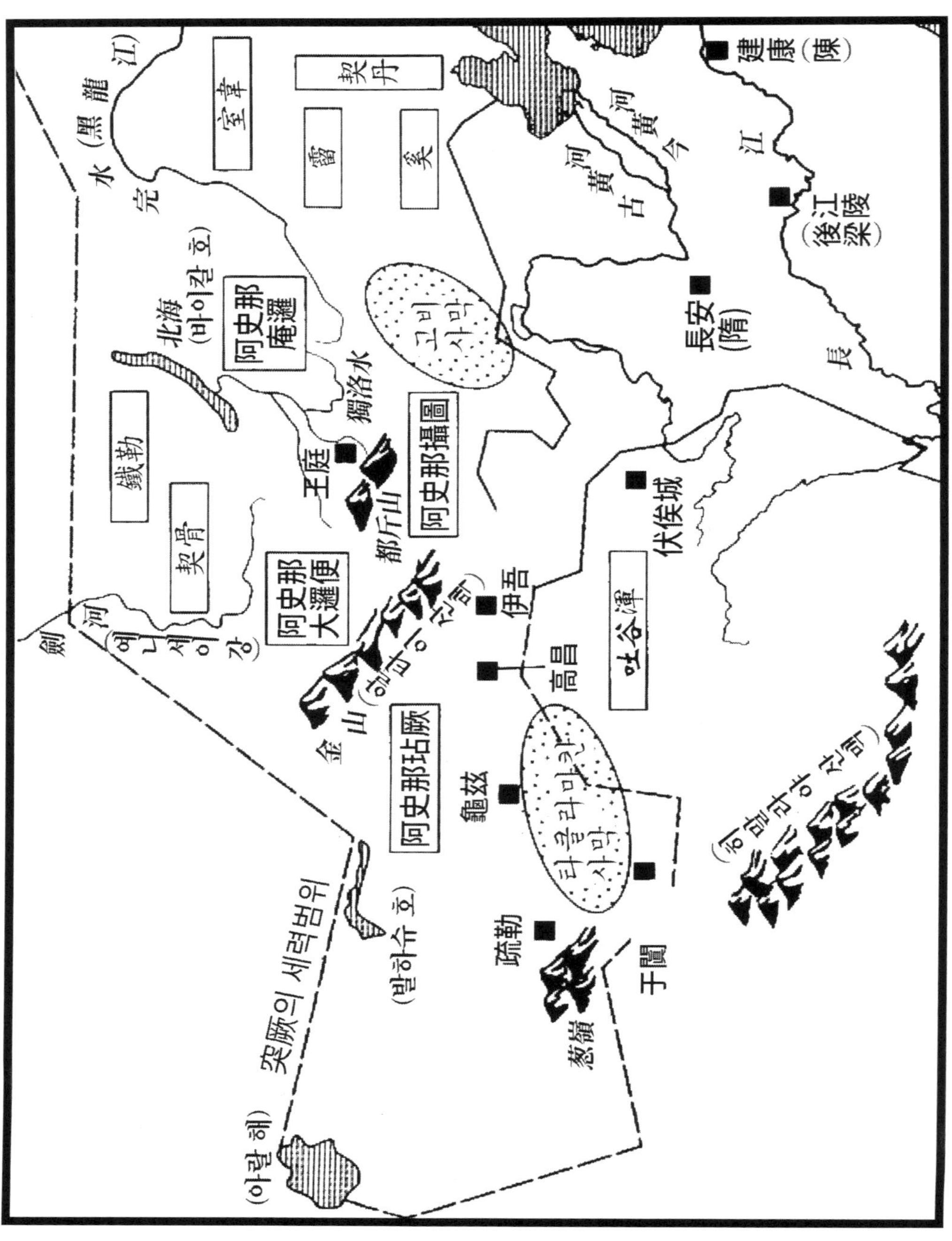

4) 開皇 9년(589) 隋나라의 陳나라 征伐

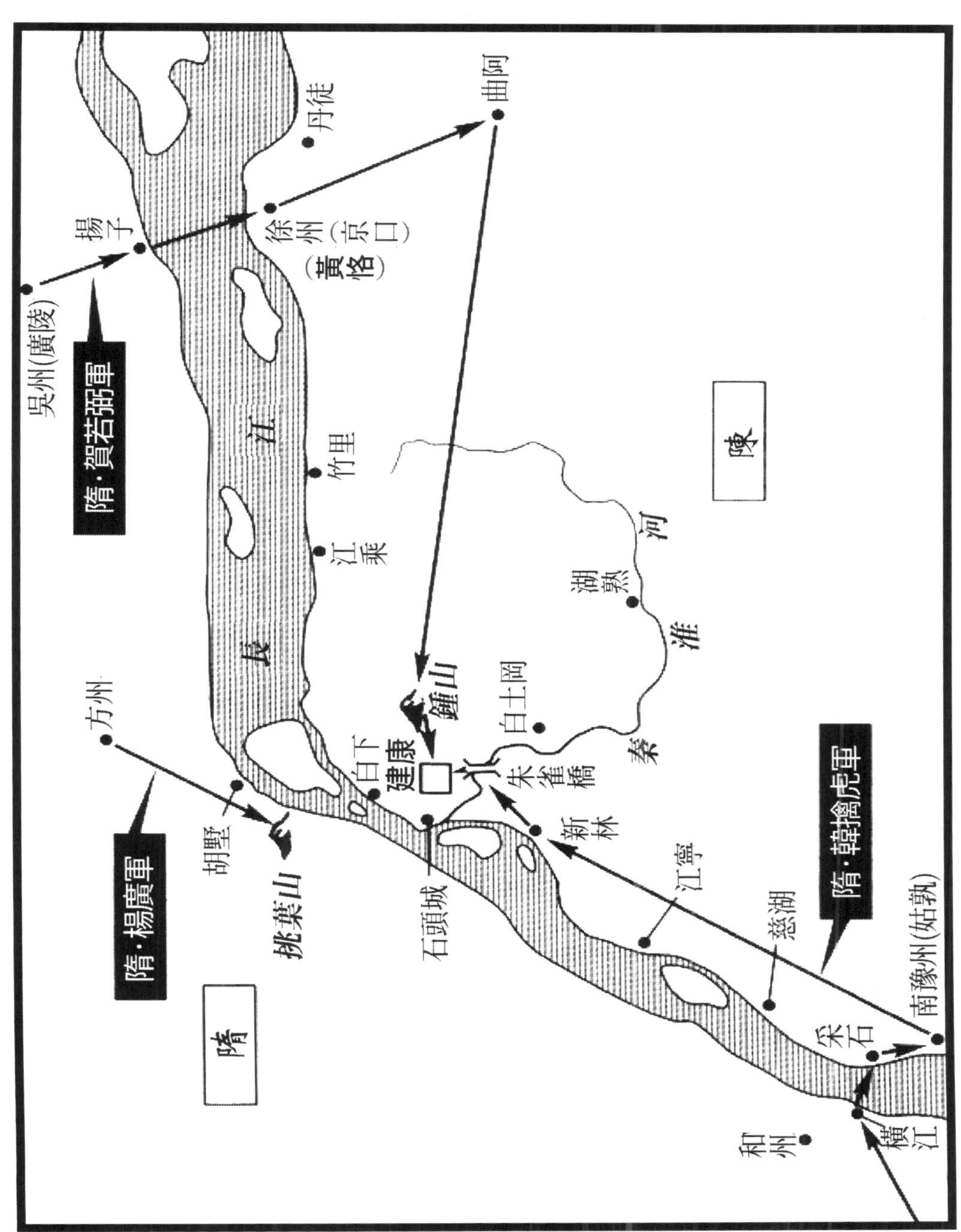

5) 開皇 9년(589) 隋나라의 中國 통일

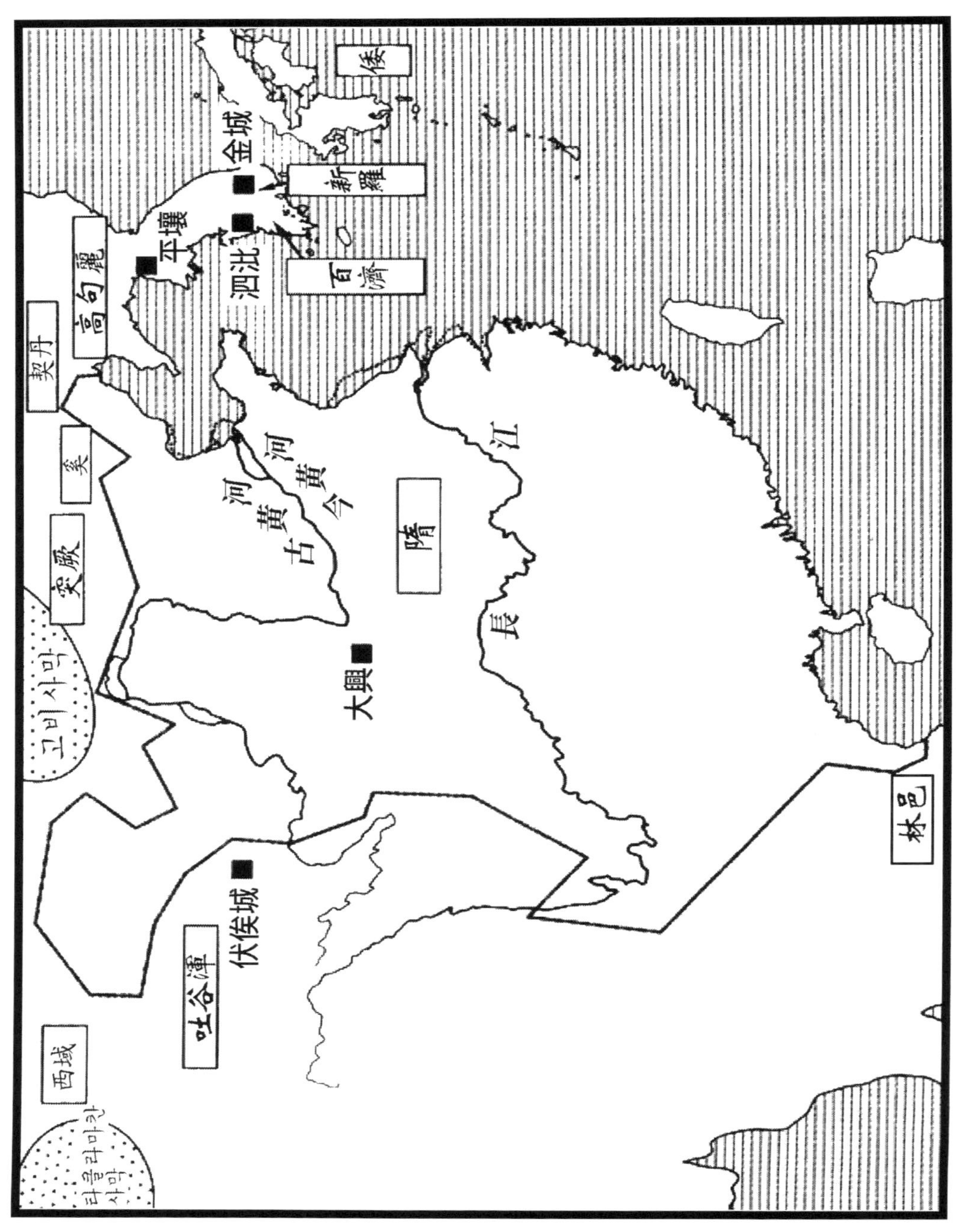

6) 開皇 10년(590) 楊素의 江南 反亂 討伐

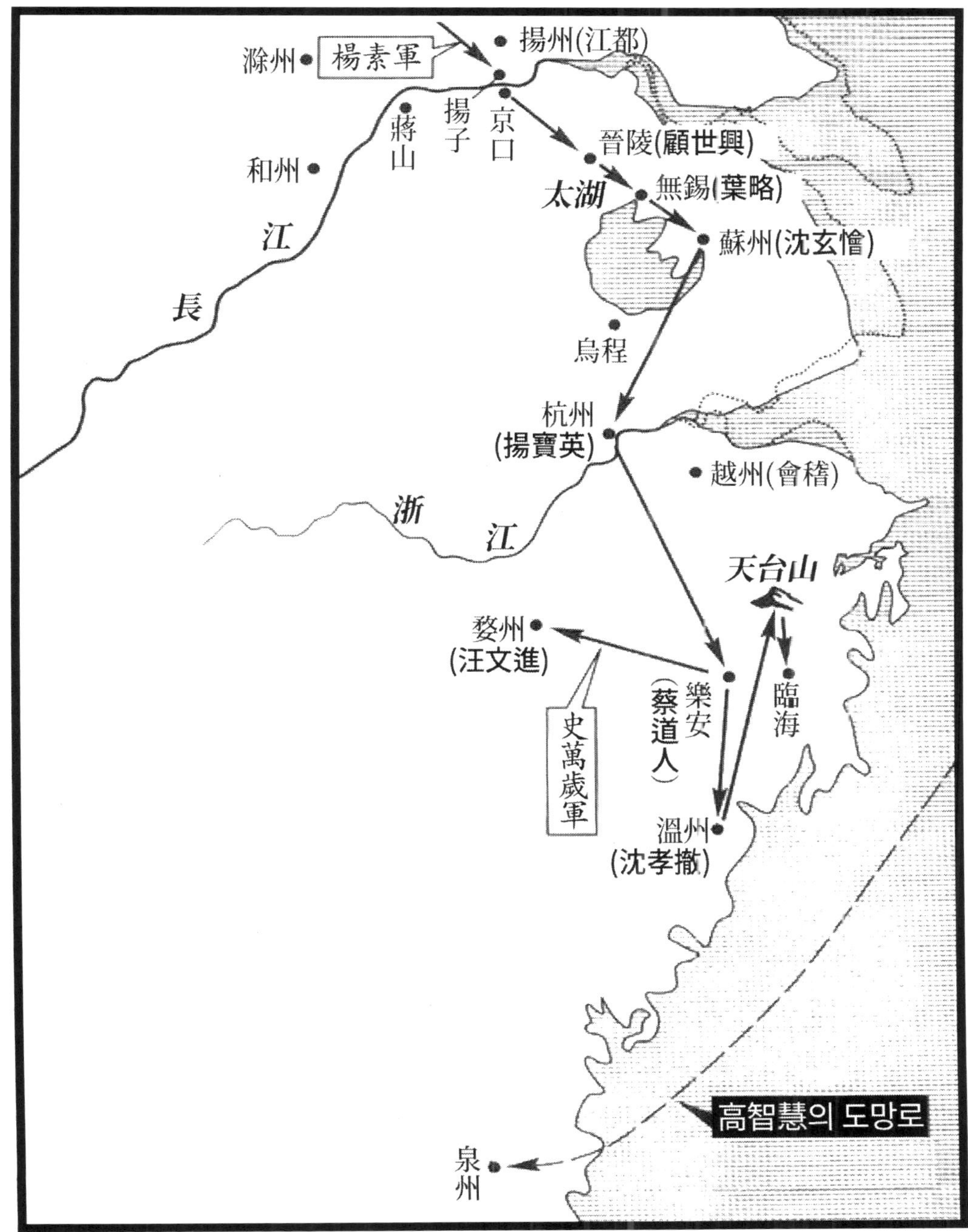

3. 陳나라 世系表

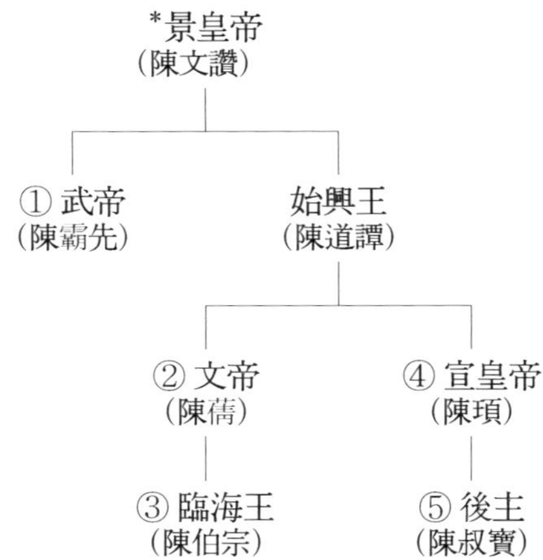

4. 北齊 世系表

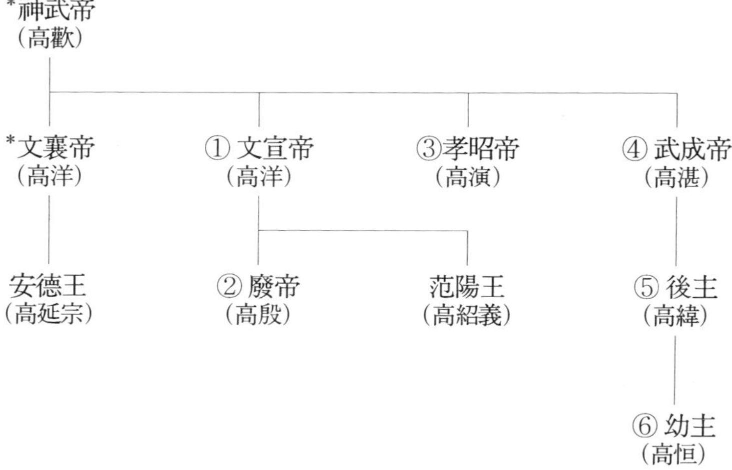

5. 北周 世系表

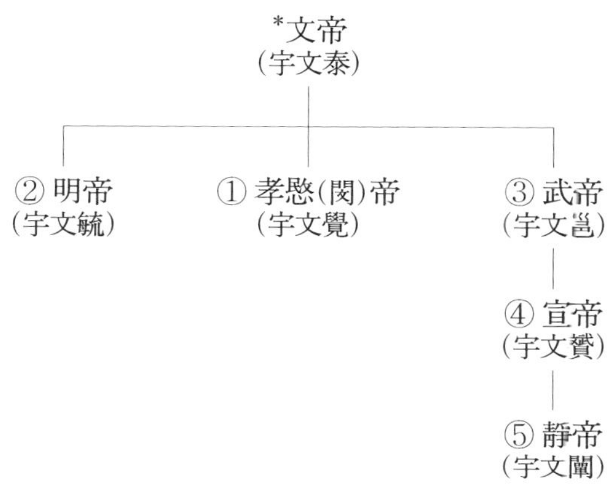

○ 帝位 순서 — 親屬關係 * 追尊

6. 隋 世系表

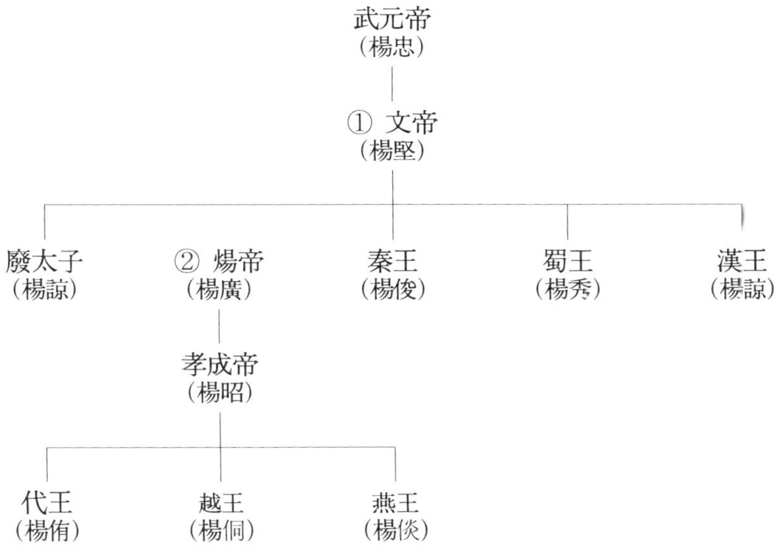

○ 帝位 순서 — 親屬關係 * 追尊

7. ≪思政殿訓義 資治通鑑綱目 22≫ 參考書目

◇ 底本

- ≪資治通鑑綱目≫, 朱熹(宋) 撰, 思政殿 訓義, 규장각 소장본.(奎7500)

◇ 底本 관련자료

- ≪資治通鑑綱目≫, 朱熹(宋) 撰, 思政殿 訓義, 규장각 소장본.(奎7512)
- ≪資治通鑑綱目≫, 朱熹(宋) 撰, 思政殿 訓義, 국립중앙도서관 소장본.(한古朝50-5)
- ≪資治通鑑綱目≫(≪朱子全書≫ 8~11), 朱熹(宋) 撰, 嚴文儒・顧宏義 校點, 上海古籍出版社・安徽教育出版社, 2002.
- ≪御批資治通鑑綱目≫, 朱熹(宋) 撰, 聖祖(淸) 批, 文淵閣四庫全書 제689~692책 史部447~450, 臺灣商務印書館, 1983~1986.
- ≪資治通鑑≫, 司馬光(北宋) 撰, 思政殿 訓義, 국립중앙도서관 소장본.(일산古221-43)
- ≪資治通鑑≫, 司馬光(北宋) 撰, 胡三省(元) 音註, 中華書局, 1992.(제5판)

◇ 原典 및 字典類

〔經部〕

- ≪廣韻≫, 陳彭年(宋) 撰, 文淵閣四庫全書 제236책, 臺灣商務印書館, 1983~1986.
- ≪論語集註大全≫, 朱熹(宋) 集註, 胡廣(明) 等 編, 朝鮮 內閣本, 影印本, 學民文化社.
- ≪孟子集註大全≫, 朱熹(宋) 集註, 胡廣(明) 等 編, 朝鮮 內閣本, 影印本, 學民文化社.
- ≪尙書正義≫, 十三經注疏整理委員會 整理, 北京大學出版社, 2000.
- ≪書傳大全≫, 蔡沈(宋) 集傳, 胡廣(明) 等 編, 朝鮮 內閣本, 影印本, 學民文化社.
- ≪詩傳大全≫, 朱熹(宋) 集傳, 胡廣(明) 等 編, 朝鮮 內閣本, 影印本, 學民文化社.
- ≪禮記正義≫, 十三經注疏整理委員會 整理, 北京大學出版社, 2000.
- ≪周禮注疏≫, 鄭玄(後漢) 注, 賈公彦(唐) 疏, 阮元(淸) 校刻, 十三經注疏(淸 嘉慶刊本), 中華書局, 1980.
- ≪春秋經傳集解≫, 左丘明(周) 傳, 杜預(晉) 註, 林堯叟(宋)・朱申(宋・元) 附註, 朝鮮 金屬活字本(戊申字), 影印本, 保景文化社.

〔史部〕

- ≪舊唐書≫, 劉昫(後晉) 撰, 中華書局, 1975.
- ≪國語≫, 左丘明(周) 撰, 文淵閣四庫全書 제406책, 臺灣商務印書館, 1983~1986.
- ≪南史≫, 李延壽(唐) 撰, 中華書局, 1975.
- ≪南齊書≫, 蕭子顯(梁) 撰, 中華書局, 1987.
- ≪唐六典≫, 唐 玄宗 撰, 李林甫(唐) 等奉敕注, 陳仲夫 點校, 中華書局, 1992.
- ≪北史≫, 李延壽(唐) 撰, 中華書局, 1974.
- ≪北齊書≫, 李百藥(唐) 撰, 中華書局, 1972.
- ≪史記≫, 司馬遷(漢) 撰, 點校本二十四史修訂本, 中華書局, 2013.
- ≪水經注≫, 酈道元(北魏) 撰, 文淵閣四庫全書 제573책, 臺灣商務印書館, 1983~1986.
- ≪宋書≫, 沈約(南朝 梁) 撰, 點校本二十四史修訂本, 中華書局, 2018.
- ≪新唐書≫, 歐陽脩(北宋)・宋祁(北宋) 等 撰, 中華書局, 1975.
- ≪隋書≫, 魏徵(唐) 等 撰, 點校本二十四史修訂本, 中華書局, 2018.
- ≪梁書≫, 姚思廉(唐) 撰, 點校本二十四史修訂本, 中華書局, 2020.
- ―――, 姚思廉(唐) 撰, 今注本二十四史, 巴蜀書社, 2013.
- ≪御批歷代通鑑輯覽≫, 傅恆(淸) 撰, 文淵閣四庫全書 제335~339책, 臺灣商務印書館, 1983~1986.
- ≪魏書≫, 魏收(北齊) 撰, 點校本二十四史修訂本, 中華書局, 2017.
- ≪周書≫, 令狐德棻(唐) 等 撰, 中華書局, 1971.
- ≪陳書≫, 姚思廉(唐) 撰, 點校本二十四史修訂本, 中華書局, 2021.
- ≪晉書≫, 房玄齡(唐) 等 撰, 中華書局, 1974.
- ≪通典≫, 杜佑(唐) 撰, 文淵閣四庫全書 제603~605책 臺灣商務印書館, 1983~1986.
- ≪漢書≫, 班固(後漢) 撰, 中華書局, 2002.
- ≪後漢書≫, 范曄(南朝 宋) 撰, 中華書局, 1965.

〔子部〕

- ≪呂氏春秋≫, 呂不韋(秦) 撰, 文淵閣四庫全書 제848책, 臺灣商務印書館, 1983~1986.

〔集部〕

- ≪陸贄集≫, 王素 點校, 中華書局, 2006.

〔字典類〕

- 戴逸 主編, ≪二十六史大辭典≫, 吉林人民出版社, 1993.

- 山腰敏寛, ≪中國歷史公文書讀解辭典≫, 汲古書院, 2004.
- 施丁・沈志華 共譯, ≪資治通鑑大辭典≫ 上・下, 吉林人民出版社, 1994.
- 呂宗力 主編, ≪中國歷代官制大辭典≫, 北京出版社, 1994.
- 日中民族科學研究所 編, ≪中國歷代職官辭典≫, 國書刊行會, 1980.
- 中國大百科全書總編輯委員會 編, ≪中國大百科全書≫, 中國大百科全書出版社, 2009.
- 中國歷史大辭典編纂委員會 編, ≪中國歷史大辭典≫, 上海辭書出版社, 2000.
- 陳振江, ≪二十六史典故辭典≫ 上・下, 天津人民出版社, 1994.
- 倉修良 主編, ≪史記辭典≫, 山東教育出版社, 1991.
- ――――――, ≪漢書辭典≫, 山東教育出版社, 1996.
- 貝塚茂樹 等 編, ≪アジア歷史事典≫, 平凡社, 1952~1962.

◇ 研究論著 및 飜譯書

〔韓國〕

- 權重達, ≪資治通鑑≫ 1~32, 삼화, 2007~2010.
- ―――, 〈≪資治通鑑≫의 사학사적 의미〉, 한국사학사학보 21, 2010.
- 김택민 등 역, ≪譯註 唐六典≫ 1~3, 신서원, 2003~2009.
- 노요한, 〈조선전기 관찬 역사서의 주해 방식에 대하여 : ≪資治通鑑綱目思政殿訓義≫를 중심으로〉, ≪규장각≫ 50, 규장각한국학연구원, 2017.
- ―――, 〈조선전기 관찬 역사서의 주해 방식에 대하여 : ≪資治通鑑綱目思政殿訓義≫를 중심으로(2)〉, ≪진단학보≫ 129, 진단학회, 2017.
- 동북아역사재단 편, ≪周書・隋書 外國傳 譯註≫, 동북아역사재단, 2010.
- 成百曉 譯註, ≪譯註 通鑑節要≫ 1~9, 傳統文化研究會, 2005~2011.
- 오항녕, 〈朝鮮 世宗代 ≪資治通鑑思政殿訓義≫와 ≪資治通鑑綱目思政殿訓義≫의 編纂〉, ≪태동고전연구≫ 15, 태동고전연구소, 1998.
- 지배선, ≪中世東北亞史研究≫, 일조각, 1986.
- 池松旭, ≪詳密註釋 通鑑諺解≫, 學民文化社, 1992.

〔日本〕

- 加藤繁・公田連太, ≪國譯 資治通鑑≫, 景仁文化社, 1996.
- 氣賀澤保規, ≪中國の歷史 6 : 絢爛たる世界帝國(隋唐時代)≫, 講談社, 2005.
- 松丸道雄 等 編, ≪中國史 2 -三國~唐-≫, 山川出版社, 1996.
- 川勝義雄, ≪中國の歷史3 -魏晉南北朝-≫, 講談社, 1974.

- 川本芳昭, ≪中國の歷史 5：中華の崩壞と擴大(魏晉南北朝)≫, 講談社, 2005.

〔中國・臺灣〕

- 馬建石 主編, ≪文白對照 資治通鑑輯覽≫ 1~36, 國際文化出版公司, 2002.
- 柏楊 編譯, ≪柏楊白話版 資治通鑑≫, 北岳文藝出版社, 2006
- 孫通海・李巨泰 主編, ≪文白對照 資治通鑑綱目≫ 1~5, 長征出版社, 1996.
- 李國祥 等, ≪資治通鑑全譯≫, 貴州人民出版社, 1994.
- 李宗侗・夏德儀 等 校註, ≪資治通鑑今註≫ 1~15, 臺灣商務印書館, 1985.
- 資治通鑑新注編纂委員會 編, ≪資治通鑑新注≫ 1~10, 陝西人民出版社, 1998.
- 張宏儒・沈志華 主編, ≪文白對照全譯 資治通鑑≫ 1~3, 改革出版社, 1991.
- 張大可・韓兆琦 注譯, ≪新譯 資治通鑑≫ 1~40, 三民書局, 2017.
- 朱永嘉, 蕭木 譯註, ≪新譯 唐六典≫, 三民書局, 2002.
- 許嘉璐 主編, ≪二十四史全譯≫, 漢語大詞典出版社, 2004.
- 黃惠賢, ≪中國政治制度通史4 魏晉南北朝≫, 人民出版社, 1996.

〔英美〕

- Yap, Joseph, *Wars With The Xiongnu, A Translation from Zizhi tongjian*, AuthorHouse, 2009.
- ――――――, *Zizhi tongjian: Warring States and Qin*, CreateSpace, 2016.

◇ 데이터베이스(DB) 자료

- 한국고전종합DB(http://db.itkc.or.kr)
- 동양고전종합DB(http://db.cyberseodang.or.kr)
- 상우천고(http://www.s-sangwoo.kr)
- 電子版 文淵閣四庫全書, 上海古籍出版社.

◇ 年表 관련 자료

- 氣賀澤保規, ≪中國の歷史 6：絢爛たる世界帝國(隋唐時代)≫, 講談社, 2005.
- 柏楊, ≪中國歷史年表 上・下≫, 南海出版社, 2006.
- 松丸道雄 等 編, ≪中國史 2 -三國~唐-≫, 山川出版社, 1996.
- 沈起煒, ≪中國歷史大事年表≫, 上海辭書出版社, 2001.
- 川本芳昭, ≪中國の歷史 5：中華の崩壞と擴大(魏晉南北朝)≫, 講談社, 2005.

8. ≪思政殿訓義 資治通鑑綱目 22≫ 參考圖版 目錄

9. ≪思政殿訓義 資治通鑑綱目≫ 總目次

總目次

※ 總目次는 QR코드를 통해 스마트 기기로만 이용 가능

10. ≪思政殿訓義 資治通鑑綱目≫ 解題

解題

※ 解題는 QR코드를 통해 스마트 기기로만 이용 가능

責任飜譯者 略歷

李忠九

京畿 果川 出生
龍田 金喆熙, 秀松 梁大淵 先生 師事
中央大學校 教育學科 國語國文學 副專攻
成均館大學校 大學院 國語國文學 碩士, 博士
民族文化推進會 國譯研修院
檀國大學校 韓中關係研究所 研究員(現)
傳統文化研究會 講師(現)

論文 및 譯書

〈經書諺解 研究〉〈說文解字에 나타난 漢字字源 研究〉 등
譯書 ≪東山先生奏議≫ ≪선비 安瀟 日誌≫ ≪小學集註≫ ≪註解千字文≫ 등
共譯 ≪國譯 治平要覽≫ ≪增補四禮便覽 譯註本≫ ≪譯註 國語≫ ≪譯註 貞觀政要集論≫ ≪爾雅注疏≫ 등

共同飜譯者 略歷

金奎璇

兼山 安秉杓, 松潭 李栢淳, 龍田 金喆熙 先生 師事
韓國外國語大學校 中國語科 學士, 碩士, 博士
鮮文大學校 教養學部 教授(現)

論文 및 譯書

〈王士禎의 文學批評 연구〉 등
譯書 ≪歷代詩話≫ ≪秋史派의 글씨≫ 등
共譯 ≪譯註 貞觀政要集論≫ ≪日省錄≫ ≪毅庵集≫ ≪秋史 金正喜 研究≫ 등

朴勝珠

弘益大學校 國語教育科 卒業
民族文化推進會 常任研究員 修了
韓國古典飜譯院 飜譯委員(現)
傳統文化研究會 研究委員(現)

論文 및 譯書

譯書 ≪譯註 揚子法言≫,
共譯 ≪承政院日記≫ 仁祖 10·20·26·55·58·69집 등, ≪承政院日記≫ 英祖 22·43·63·67·76집 등 多數

李承容

嶺南大學校 漢文教育科 卒業
成均館大學校 大學院 漢文學科 碩士, 博士
韓國古典飜譯院 專門課程 修了
檀國大學校 東洋學研究院 古典飜譯研究室 先任研究員(現)

論文 및 譯書

〈조선후기 江華學派 漢詩研究 - 全州李氏 德泉君派 八匡을 중심으로〉
共譯 ≪譯註 貞觀政要集論≫ ≪國譯 通鑑節要增損校註Ⅰ≫ ≪自著實紀≫ ≪樂全堂集≫ ≪寒溪日記≫ ≪晝永編≫ 등

李承俊

延世大學校 史學科 卒業
延世大學校 大學院 史學科 碩士
浙江大學(中) 大學院 歷史系 博士科程 修了
韓國古典飜譯院 古典飜譯教育院 研究課程 修了
韓國古典飜譯院 歷史文獻飜譯委員(現)
傳統文化研究會 研究員(現)

論文 및 譯書

〈濮議(1065-1066)와 臺諫 세력의 대두〉
共譯 ≪承政院日記(英祖代)≫, ≪世宗實錄≫, ≪端宗實錄≫, ≪世祖實錄≫

李孝宰

東國大學校 史學科 卒業
東國大學校 大學院 東洋史學 碩士, 博士 修了
民族文化推進會 國譯研修院 研修部 修了
傳統文化研究會 研究員(現)

論文 및 譯書
〈唐太宗期 西北遊牧君長의 宿衛와 對外遠征 從軍〉, 〈7세기 東突厥系 蕃將과 蕃兵의 활동 - 麗唐戰爭 시기 활동을 중심으로〉

黃鳳德

全州大學校 漢文教育科 卒業
成均館大學校 大學院 漢文學科 碩士, 博士

論文 및 譯書
〈李德懋 ≪士小節≫ 研究〉
共譯 ≪譯註 貞觀政要集論≫ ≪國譯 通鑑節要增損校註 I≫ ≪文苑叢寶≫ ≪千字文字解說≫ 등

譯註 思政殿訓義 資治通鑑綱目 22 30,000원

2022년 12월 30일 초판 발행
2023년 02월 28일 초판 2쇄

企劃編輯	東洋古典飜譯編輯委員會
飜譯研究管理	南賢熙
編　　著	朱　熹
訓　　義	思政殿(朝鮮 世宗)
責任飜譯	李忠九
共同飜譯	金奎璇 朴勝珠 李承容 李承俊 李孝宰 黃鳳德
潤　　文	朴勝珠
校　　訂	李孝宰
出　　版	白俊哲
裝　　幀	김진디자인

發 行 人　朴洪植

發 行 處　社團法人 傳統文化研究會

서울시 종로구 삼일대로 428 낙원빌딩 411호
전화 : (02)762-8401　전송 : (02)747-0083
전자우편 : juntong@juntong.or.kr
홈페이지 : juntong.or.kr
사이버書堂 : cyberseodang.or.kr
온라인서점 : book.cyberseodang.or.kr
등록 : 1989. 7. 3. 제1-936호

인쇄처 : 한국법령정보주식회사(02-462-3860)
총　판 : 한국출판협동조합(070-7119-1750)

ISBN 979-11-5794-549-8 94910
979-11-5794-061-5(세트)

전통문화연구회 도서목록

新編 基礎漢文教材

新編 四字小學·推句	고전교육연구실 編譯	11,000원
新編 啓蒙篇·童蒙先習	고전교육연구실 編譯	11,000원
新編 明心寶鑑	李祉坤·元周用 譯註	15,000원
新編 擊蒙要訣	咸賢贊 譯註	12,000원
新編 註解千字文	李忠九 譯註	13,000원
新編 原文으로 읽는 故事成語	元周用 編譯	15,000원
新編 唐音註解選	權卿相 譯註	22,000원

漢文讀解捷徑시리즈

漢文독해 기본패턴	고전교육연구실 著	15,000원
四書독해첩경	고전교육연구실 著	20,000원
한문독해첩경 文學篇	朴相水 李和春 李祉坤 元周用 著	15,000원
한문독해첩경 史學篇	朴相水 李和春 李祉坤 元周用 著	15,000원
한문독해첩경 哲學篇	朴相水 李和春 李祉坤 元周用 著	15,000원

東洋古典國譯叢書

大學·中庸集註 - 개정증보판	成百曉 譯註	10,000원
論語集註 - 개정증보판	成百曉 譯註	27,000원
孟子集註 - 개정증보판	成百曉 譯註	30,000원
詩經集傳 上·下	成百曉 譯註	各 35,000원
書經集傳 上·下	成百曉 譯註	各 35,000원
周易傳義 上·下	成百曉 譯註	各 40,000원
小學集註	成百曉 譯註	30,000원
古文眞寶 後集	成百曉 譯註	32,000원

五書五經讀本

論語集註 上·下	鄭太鉉 譯註	各 25,000원
孟子集註 上·下	田炳秀·金東柱 譯註	各 30,000원
大學·中庸集註	李光虎·田炳秀 譯註	15,000원
小學集註 上·下	李忠九 外 譯註	各 25,000원
詩經集傳 上·中·下	朴小東 譯註	各 30,000원
書經集傳 上·中·下	金東柱 譯註	各 30,000원
周易傳義 元·亨·利·貞	崔英辰 外 譯註	各 30,000원
詳說古文眞寶大全後集 上·下	李相夏 外 譯註	各 32,000원
春秋左氏傳 上·中·下	許鎬九 外 譯註	各 36,000원~38,000원
禮記 上·中·下	成百曉 外 譯註	各 30,000원

東洋古典譯註叢書

〈經部〉

十三經注疏		
周易正義 1~4	成百曉·申相厚 譯註	各 30,000원~40,000원
尙書正義 1~7	金東柱 譯註	各 25,000원~36,000원
毛詩正義 1~7	朴小東 外 譯註	各 32,000원~37,000원
禮記正義 1~2, 中庸·大學	李光虎 外 譯註	各 20,000원~30,000원
論語注疏 1~3	鄭太鉉·李聖敏 譯註	各 25,000원~40,000원
孟子注疏 1~3	崔彩基·梁基正 譯註	各 30,000원
孝經注疏	鄭太鉉·姜珉廷 譯註	35,000원
周禮注疏 1~3	金容天·朴禮慶 譯註	各 29,000원~34,000원
春秋左傳正義 1	許鎬九 外 譯註	27,000원
春秋左氏傳 1~8	鄭太鉉 譯註	各 18,000원~35,000원
禮記集說大全 1~4	辛承云 外 譯註	各 25,000원~40,000원
東萊博議 1~5	鄭太鉉·金炳愛 譯註	各 25,000원~35,000원
韓詩外傳 1~2	許敬震 外 譯註	各 29,000원~33,000원
說文解字注 1~3	李忠九 外 譯註	各 32,000원~38,000원

〈史部〉

思政殿訓義 資治通鑑綱目 1~22	辛承云 外 譯註	各 18,000원~35,000원
通鑑節要 1~9	成百曉 譯註	各 18,000원~40,000원
唐陸宣公奏議 1~2	沈慶昊·金愚政 譯註	各 35,000원~45,000원
貞觀政要集論 1~4	李忠九 外 譯註	各 25,000원~32,000원
列女傳補注 1~2	崔秉準·孔勤植 譯註	各 30,000원~38,000원
歷代君鑑 1~4	洪起殷·全百燦 譯註	各 32,000원~35,000원

〈子部〉

孔子家語 1~2	許敬震 外 譯註	各 35,000원/36,000원
管子 1~3	李錫明·金帝蘭 譯註	各 30,000원~32,000원
近思錄集解 1~3	成百曉 譯註	各 25,000원/35,000원
老子道德經注	金是天 譯註	30,000원
大學衍義 1~5	辛承云 外 譯註	各 26,000원~30,000원
墨子閒詁 1~6	李相夏 外 譯註	各 32,000원~38,000원
說苑 1~2	許鎬九 譯註	各 25,000원
世說新語補 1~5	金鎭玉 外 譯註	各 29,000원~40,000원
荀子集解 1~7	宋基采 譯註	各 25,000원~38,000원
心經附註	成百曉 譯註	35,000원
顔氏家訓 1~2	鄭在書·盧暻熙 譯註	各 22,000원/25,000원
揚子法言 1	朴勝珠 譯註	24,000원
列子鬳齋口義	崔秉準·孔勤植·權憲俊 共譯	34,000원
二程全書 1~5	崔錫起·姜導顯 譯註	各 30,000원~38,000원
莊子 1~4	安炳周·田好根 共譯	各 25,000원~30,000원
政經·牧民心鑑	洪起殷·全百燦 譯註	27,000원
韓非子集解 1~5	許鎬九 外 譯註	各 32,000원~38,000원
武經七書直解		
孫武子直解·吳子直解	成百曉·李蘭洙 譯註	35,000원
六韜直解·三略直解	成百曉·李鍾德 譯註	26,000원
尉繚子直解·李衛公問對直解	成百曉·李蘭洙 譯註	26,000원
司馬法直解	成百曉·李蘭洙 譯註	26,000원

〈集部〉

古文眞寶 前集	成百曉 譯註	30,000원
唐詩三百首 1~3	宋載卲 外 譯註	各 25,000원~36,000원
唐宋八大家文抄 韓愈 1~3	鄭太鉉 譯註	各 22,000원/28,000원
〃 歐陽脩 1~7	李相夏 譯註	各 25,000원~35,000원
〃 王安石 1~2	申用浩·許鎬九 共譯	各 20,000원/25,000원
〃 蘇洵	李章佑 外 譯註	25,000원
〃 蘇軾 1~5	成百曉 譯註	各 22,000원
〃 蘇轍 1~3	金東柱 譯註	各 20,000원~22,000원
〃 曾鞏	宋基采 譯註	25,000원
〃 柳宗元 1~2	宋基采 譯註	各 22,000원
明淸八大家文鈔 1 歸有光·方苞	李相夏 外 譯註	35,000원
〃 2 劉大櫆·姚鼐	李相夏 外 譯註	35,000원
〃 3 梅曾亮·曾國藩	李相夏 外 譯註	38,000원

東洋古典新譯

당시선	송재소·최경렬·김영죽 편역	22,000원
손자병법	성백효 역주	14,000원
장자	안병주·전호근·김형석 역주	13,000원
고문진보 후집	신용호 번역	28,000원
노자도덕경	김시천 역주	15,000원
고문진보 전집 上·下	신용호 번역	각 22,000원
신식 비문척독	빅상수 번역	25,000원

동양문화총서

동양사상 해설과 원전	정규훈 外 저	22,000원
화합의 길 《중용》 읽기	금장태 저	20,000원
호설과 시장	신용호 저	20,000원

문화문고

경전으로 본 세계종교 그리스도교	이정배 편저	10,000원
〃 도교	이강수 편역	10,000원
〃 천도교	윤석산·홍성엽 편저	10,000원
〃 힌두교	길희성 편역	10,000원
〃 유교	이기동 편저	10,000원
〃 불교	김용표 편저	10,000원
〃 이슬람	김영경 편역	10,000원
논어·대학·중용 / 맹자	조수익·박승주 공역	각 10,000원
소학	박승주·조수익 공역	10,000원
십구사략 1~2	정광호 저	각 12,000원
무경칠서 손자병법·오자병법	성백효 역	10,000원
〃 육도·삼략	성백효 역	10,000원
〃 사마법·울료자·이위공문대	성백효 역	10,000원
당시선	송재소·최경렬·김영죽 편역	10,000원
한문문법	이상진 저	10,000원
한자한문전통교재	조수익·이성민 공역	10,000원
士小節 선비 집안의 작은 예절	이동희 편역	12,000원
儒學이란 무엇인가	이동희 저	10,000원
동아시아의 유교와 전통문화	이동희 저	13,000원
현대인, 동양고전에서 길을 찾다	이동희 저	10,000원
100자에 담긴 한자문화 이야기	김경수 저	12,000원
우리 설화 1~2	김동주 편역	각 10,000원
대한민국 국무총리	이재원 저	10,000원
백운거사 이규보의 문학인생	신용호 저	14,000원